Max Liebig

Reaktivierungsmanagement von Not leidenden Unternehmen

GABLER RESEARCH

Max Liebig

Reaktivierungsmanagement von Not leidenden Unternehmen

Sanierungsmöglichkeiten im Rahmen der Insolvenzordnung

Mit einem Geleitwort von Prof. Dr. Peter Witt

GABLER

RESEARCH

Bibliografische Information der Deutschen Nationalbibliothek
Die Deutsche Nationalbibliothek verzeichnet diese Publikation in der
Deutschen Nationalbibliografie; detaillierte bibliografische Daten sind im Internet über
<http://dnb.d-nb.de> abrufbar.

Dissertation WHU – Otto Beisheim School of Management, Vallendar, 2010

1. Auflage 2010

Lektorat: Ute Wrasmann | Stefanie Loyal

Gabler Verlag ist eine Marke von Springer Fachmedien.
Springer Fachmedien ist Teil der Fachverlagsgruppe Springer Science+Business Media.
www.gabler.de

Umschlaggestaltung: KünkelLopka Medienentwicklung, Heidelberg
Gedruckt auf säurefreiem und chlorfrei gebleichtem Papier

ISBN 978-3-8349-2427-8

Geleitwort

Max Liebig befasst sich in seiner hier als Buch veröffentlichten Dissertation mit den Möglichkeiten der Sanierung von Unternehmen im Insolvenzplanverfahren. Er vergleicht diese in Deutschland noch recht junge Möglichkeit der Sanierung vor allem mit Verfahren der freien Sanierung, also Sanierungsmaßnahmen vor bzw. ohne Aufnahme eines Insolvenzverfahrens. Im Kern geht es um eine Darstellung der Interessenkonflikte zwischen den Anspruchsgruppen eines in Schwierigkeiten geratenen Unternehmens sowie um geeignete Verfahren der Auflösung solcher Interessenkonflikte. Die Arbeit widmet sich damit der ökonomischen Analyse von Rechtsregelungen. Solche Untersuchungen werden vergleichsweise selten durchgeführt, setzen einen interdisziplinären Forschungsansatz voraus und sind daher von besonderem theoretischem Interesse. Die theoretische Relevanz der hier gewählten Forschungsfrage ist auch deshalb hoch, weil es bei der Erforschung verschiedener Formen der Sanierung von Unternehmen vor allem auf Kosten-Nutzen-Analysen ankommt. Es gibt nicht die eine optimale Form der Sanierung. Vielmehr müssen verschiedene Krisenursachen, verschiedene zur Verfügung stehende rechtliche Rahmenbedingungen und verschiedene Konstellationen von Anspruchsgruppen unterschieden werden.

Ganz unbestreitbar ist auch die hohe praktische Relevanz des Themas Reaktivierungsmanagement von Krisenunternehmen. Die Anzahl der Unternehmensinsolvenzen liegt in Deutschland seit Jahren auf einem hohen Niveau. Die Wirtschaftskrise hat viele vormals gesunde Unternehmen an die Grenze der Zahlungsunfähigkeit geführt bzw. erheblichen Sanierungsbedarf bewirkt. Gleichzeitig gibt es seit 1999 in Deutschland eine neue Insolvenzordnung, die eine innovative Möglichkeit der Sanierung anbietet, das Insolvenzplanverfahren. Es hat die eher sanierungsfeindliche Tradition der Konkursordnung beendet und bietet nach Vorbild des US-amerikanischen Chapter 11-Verfahrens die Chance, im Rahmen eines Insolvenzverfahrens die Sanierung des Unternehmens zu betreiben. Allerdings fanden in der deutschen Praxis bisher auffallend wenige Insolvenzplanverfahren statt. Max Liebig hat sich daher der praktisch sehr relevanten Frage gewidmet, woran diese Zurückhaltung liegt. Dabei hat er auch die ökonomischen Anreize der Beteiligten analysiert, ohne die man die praktische Nutzung der Insolvenzordnung in Deutschland nicht richtig verstehen kann.

Der Verfasser beantwortet seine Forschungsfragen, indem er die Beteiligten der Sanierung nennt und detailliert auf deren mögliche Interessen eingeht. Es werden in durchaus innovativer und überzeugender Weise die potenziellen Interessenkonflikte zwischen den Beteiligten abgeleitet. Dabei geht es nicht nur um Interessenkonflikte zwischen bestimmten Stakeholdergruppen, z. B. der relativ offensichtliche Konflikt zwischen den Interessen der Gläubiger und denen der Anteilseigner, sondern auch um weniger offensichtliche und doch höchst praxisrelevante Interessenkonflikte innerhalb einer Gruppe von Stakeholdern, z. B. zwischen verschiedenen Arten von Gläubigern. Neben der Frage, ob ein Gläubiger über eine besicherte Forderung verfügt oder nicht, spielt hier auch die Frage nach unterschiedlichen Interessen an einer zukünftigen Geschäftsbeziehung mit dem Unternehmen eine wichtige Rolle. Schließlich untersucht der Autor die Anreize der Insolvenzverwalter, das Wagnis Reaktivierungsmanagement einzugehen. Max Liebig beschreibt in seiner Analyse auch sehr anschaulich und überzeugend, für welche Unternehmen ein Reaktivierungsmanagement durch Insolvenzplanverfahren in Frage kommt, welche Maßnahmen besonders wirksam sind und was bei der Durchführung eines Planverfahrens juristisch zu beachten ist.

Die vorliegende Arbeit besticht insgesamt durch eine hoch relevante Forschungsfrage und eine sehr schöne theoretische Analyse. Sie berücksichtigt sowohl die juristischen als auch die ökonomischen Aspekte des Themas. Die vom Autor abgeleiteten Ergebnisse sind nicht nur für die Fortentwicklung der Theorie des Reaktivierungsmanagements, sondern auch für die Praxis der Insolvenzverwaltung relevant und wichtig. Ich wünsche dem Buch daher eine sehr gute Aufnahme in Forschung und Praxis.

Prof. Dr. Peter Witt

Vorwort

Während der Entstehung dieser Arbeit hat das Thema Insolvenz in Deutschland aufgrund der Wirtschaftskrise kontinuierlich an Bedeutung gewonnen. Durch spektakuläre Unternehmensinsolvenzen wie Hertie, Rosenthal, Arcandor oder Escada sind die Insolvenz und die damit verbundenen Sanierungsmöglichkeiten wieder in das Blickfeld einer breiteren Öffentlichkeit gelangt. Ich beschäftige mich bereits seit meinem Studium intensiv mit der Möglichkeit, die Insolvenz auch zur Sanierung von Not leidenden Unternehmen zu nutzen. Im Zuge meiner Tätigkeit in der Insolvenzverwaltung habe ich dann festgestellt, dass die Insolvenz jedoch nach wie vor nur verhalten als Sanierungsvariante genutzt wird. Daraus ist mein Wunsch entstanden, mich wissenschaftlich mit dieser Problemstellung auseinanderzusetzen. Die vorliegende Arbeit wurde von der Wissenschaftlichen Hochschule für Unternehmensführung (WHU) – Otto Beisheim School of Management – als Dissertation angenommen.

Ein solches Dissertationsvorhaben lässt sich natürlich nicht ohne fremde Hilfe realisieren. Darum möchte ich an dieser Stelle die Gelegenheit nutzen, mich zu bedanken.

An erster Stelle gilt mein Dank meinem verehrten Doktorvater, Herrn Professor Dr. Peter Witt, für die engagierte Betreuung. Nur die große Freiheit und die nachhaltige Unterstützung, die er mir bei der Ausarbeitung gewährt hat, ermöglichten den erfolgreichen Abschluss dieser Arbeit. Herrn Professor Dr. Thomas Hutzschenreuter danke ich für die Übernahme des Zweitgutachtens. Zu großem Dank bin ich außerdem Herrn Professor Dr. Dr. h.c. mult. Erich Greipl verpflichtet, der mein Forschungsvorhaben ermuntert und gefördert hat. Der Begriff des Reaktivierungsmanagement wurde in einer Diskussion mit ihm geprägt.

Mein tief empfundener Dank gilt Herrn Emil Rinckens, der diese Arbeit von der Idee bis zur Publikation intensiv begleitet hat. Seine ständige Diskussionsbereitschaft sowie seine fachliche und menschliche Hilfe in kritischen Phasen des Projektes haben ganz entscheidend zum Gelingen der Arbeit beigetragen. Neben seinen beruflichen Verpflichtungen als Insolvenzverwalter und seinen familiären Aufgaben hat er sich immer wieder mit meinem Forschungsvorhaben befasst und die Arbeit mit wertvollen kritischen Anmerkungen vorangebracht. Für dieses außergewöhnliche Engagement bin ich sehr dankbar. Ebenso gebührt Herrn Tobias Ditgen besonderer Dank. Er hat während unserer langjährigen beruflichen Zusammenarbeit mein Projekt Dissertation über die ganze Zeit ihrer Entstehung geduldig unterstützt.

Zu Dank verpflichtet bin ich auch Herrn Wolfgang van Betteray, der meinen beruflichen Werdegang in der Insolvenzverwaltung maßgeblich beeinflusst hat. Nicht zuletzt ist es auch seinem Engagement zu verdanken, dass die Arbeit mit Fallstudien bereichert werden konnte.

Ein ganz besonderer Dank gilt meinen lieben Eltern, die mir meine Ausbildung ermöglicht und mich während meiner Dissertation permanent motiviert haben. Ohne sie wäre die Arbeit mit Sicherheit nicht entstanden.

Abschließend möchte ich mich bei meinen Freunden bedanken. Sie haben mich auf notwendige Abwechslungen aufmerksam gemacht, die wieder kreative Schaffensphasen ermöglicht haben.

Max Liebig

Inhaltsverzeichnis

Abbildungsverzeichnis

Abkürzungsverzeichnis

Abb.	Abbildung
Abs.	Absatz
AG	Aktiengesellschaft
AktG	Aktiengesetz
AO	Abgabenordnung
Aufl.	Auflage
Ausf.	Ausführlich
BB	Betriebs-Berater (Zeitschrift)
BGB	Bürgerliches Gesetzbuch
BGBl	Bundesgesetzblatt
bspw.	beispielsweise
BQG	Beschäftigungs- und Qualifizierungsgesellschaft
bzgl.	bezüglich
bzw.	beziehungsweise
ca.	circa
d. h.	das heißt
DB	Der Betrieb (Zeitschrift)
DCF	Discounted Cash Flow
Diss.	Dissertation
Dr.	Doktor
DStR	Deutsches Steuerrecht (Zeitschrift)
DZWiR	Deutsche Zeitschrift für Wirtschafts- und Insolvenzrecht
EBIT	earnings before interests and tax
EDV	Elektronische Datenverarbeitung
e. V.	eingetragener Verein
EGInsO	Einführungsgesetz zur Insolvenzordnung
et al.	und andere
etc.	et cetera: und so weiter
EuInsVO	Europäische Insolvenzverordnung
€	Euro
FAZ	Frankfurter Allgemeine Zeitung
f.	folgende
ff.	fortfolgende

Fn.	Fußnote
gem.	gemäß
ggf.	gegebenenfalls
GmbH	Gesellschaft mit beschränkter Haftung
GmbHG	GmbH-Gesetz
HGB	Handelsgesetzbuch
Hrsg.	Herausgeber
IDW	Institut der Wirtschaftsprüfer
IfM	Institut für Mittelstandsforschung
InsO	Insolvenzordnung
InVo	Insolvenz & Vollstreckung (Zeitschrift)
InsVV	Insolvenzrechtliche Vergütungsverordnung
i. S. d.	im Sinne des
i. S. v.	im Sinne von
i. V. m.	in Verbindung mit
JA	Juristische Arbeitsblätter (Zeitschrift)
JZ	Juristenzeitung
Kap.	Kapitel
KGaA	Kommanditgesellschaft auf Aktien
KO	Konkursordnung
KTS	Konkurs, Treuhand, Sanierung (Zeitschrift)
KWG	Kreditwesengesetz
Mio.	Million
M&A	Merger and Acquisition
NJW	Neue Juristische Wochenschrift (Zeitschrift)
Nr.	Nummer
NZI	Neue Zeitschrift für Insolvenz
o. ä.	oder ähnliches
PSV	Pensionssicherungsverein
RGBl	Reichsgesetzblatt
RH	Rechnungslegung-Hinweise
S.	Satz/Seite
sog.	sogenannt, -e, -r, -es
SGB	Strafgesetzbuch
u. a.	unter anderem
Univ.	Universität
USA	United States of America
VerglO	Vergleichsordnung

v. a.	vor allem
vgl.	vergleiche
VO	Verordnung
Vol.	Volume
vs.	versus (gegenüber)
WM	Zeitschrift für Wirtschafts- und Bankenrecht
WPg	Die Wirtschaftsprüfung (Zeitschrift)
WWW	World Wide Web
z. B.	zum Beispiel
ZfB	Zeitschrift für Betriebswirtschaft
ZGR	Zeitschrift für Unternehmens- und Gesellschaft

1 Einleitung

1.1 Relevanz des Themas

Das Thema Insolvenz ist allgegenwärtig. Im Jahr 2008 wurden 156.700 Anträge auf Eröffnung des Insolvenzverfahrens gestellt.[1] Die Zahl der Verbraucherinsolvenzen verzeichnete seit Einführung der Insolvenzordnung im Jahr 1999 deutliche Zuwächse und ist von 2.450 in 1999 auf 109.300 im Jahr 2007 angestiegen.[2] Erstmals reduzierten sich die Verbraucherinsolvenzen in 2008 auf 98.500 Anträge.[3] Die Unternehmensinsolvenzen stagnierten dagegen nach enormen Zuwächsen in den Jahren 1999 bis 2002 auf hohem Niveau. Das Jahr 2003 verzeichnete mit 39.470 Anträgen ein Rekordhoch im Bereich der Unternehmensinsolvenzen. In 2008 stiegen die Unternehmensinsolvenzen erstmalig seit 2003 wieder auf 29.800.[4] Die geschätzten Zahlen für 2009 ergeben nun Unternehmensinsolvenzen von 34.300.[5] Die Entwicklung der Unternehmensinsolvenzen ist damit auf dem Stand vor Platzen der Dotcom-Blase im Jahr 2000.[6] Damals konnten sich Unternehmen, die sich mit neuen technologischen Entwicklungen beschäftigten, über den Aktienmarkt mit übermäßiger Liquidität ausstatten, weil sich sowohl institutionelle Investoren wie auch teilweise unerfahrene Kleinanleger durch die rasante Entwicklung der New Economy hohe Börsengewinne erwarteten. Nachdem eine Großzahl dieser Unternehmen die Gewinnerwartungen ihrer Anleger nicht erfüllen konnten, zunehmend Unregelmäßigkeiten im Zahlenwerk dieser Unternehmen aufgedeckt wurden und einstige Hoffnungsträger der Anleger Insolvenz anmelden mussten, brach der Kapitalmarkt in sich zusammen. Eine Folge daraus war neben dem bis heute andauernden Vertrauensverlust der Anleger in den Aktienmarkt auch ein Anstieg von Insolvenzen.

---

[1] Vgl. *Creditreform*, Insolvenzen, 2008, S. 1.

[2] Vgl. *Creditreform*, Insolvenzen, 2007, S. 1.

[3] Der Rückgang der Verbraucherinsolvenzen rührt nach Angaben von *Creditreform* weniger von einer Verbesserung der Situation her, als vielmehr von der zunehmenden Kürzung der Beratungsangebote. Die Insolvenzgerichte lehnen immer häufiger die Übernahme der Kosten für eine rechtsanwaltliche Beratung im Rahmen der Verbraucherüberschuldung ab, da auch kostenfreie Schuldnerberatungsangebote existieren. Vgl. *Creditreform*, Insolvenzen, 2008, S. 5.

[4] Vgl. *Creditreform*, Insolvenzen, 2008, S. 2.

[5] Vgl. *Creditreform*, Insolvenzen, 2009, S. 1.

[6] Zur Entwicklung der Unternehmensinsolvenzen seit 1992 vgl. *Creditreform*, Insolvenzen, 2007, S. 2.

In den letzten Jahren war infolge des allgemeinen Konjunkturaufschwunges in Deutschland ein Rückgang der Insolvenzen feststellbar. Die Auswirkung der Krise der US-Finanzmärkte hat diese Entwicklung ins Gegenteil umgedreht. Die US-Immobilien- und die Investmentbankenkrise haben sich zu einem konjunkturellen Problem ausgeweitet, das auch die deutsche Wirtschaft erfasst hat. Die sich entwickelnde schwere Wirtschaftskrise hat die finanzielle Stabilität der deutschen Unternehmen stark in Mitleidenschaft gezogen. Finanzierungs- und Liquiditätsengpässe in Kombination mit schlechten Auftragslagen lassen ein weiteres Ansteigen der Insolvenzen erwarten.

Bereits in den Jahren 2001 bis 2003 gab es eine Vielzahl von Unternehmenszusammenbrüchen großer Traditionsunternehmen wie Herlitz, Kirch Media, Babcock Borsig, Phillip Holzmann oder Grundig.[7] Auch in den vergangenen Jahren sind wieder große und bekannte Unternehmen insolvent geworden. Insbesondere das Jahr 2009 ist wie kein anderes vom Scheitern vieler großer, namhafter Unternehmen wie Schiesser, Hertie, Märklin, Rosenthal und Arcandor (KarstadtQuelle) geprägt. Beim Handels- und Touristikkonzern Arcandor sind rund 52.000 Mitarbeiter von einer der größten Insolvenzen der Nachkriegsgeschichte betroffen.

Die zentrale Fragestellung aus dieser besorgniserregenden Entwicklung ist der Umgang mit der Insolvenz. Aus ökonomischer Sicht sind mit dem Thema Insolvenz die Themen Restrukturierung, Sanierung, Turnaround und Reaktivierung eines Unternehmens verbunden.[8] Im Vorfeld einer Insolvenz sind zumeist schon Maßnahmen zur Sanierung des angeschlagenen Unternehmens ergriffen bzw. ist versucht worden, den Turnaround herbeizuführen und die Ertragskraft des Unternehmens wieder herzustellen. Hierbei stellt sich die betriebswirtschaftliche Frage, welche Instrumente für die Sanierung eines krisenbehafteten Unternehmens zur Verfügung stehen. Ein Instrument, das in dieser Arbeit besonders untersucht werden soll, ist die Insolvenz des Krisenunternehmens („Unternehmenssanierung durch Insolvenz")[9].

Die Insolvenz eines Unternehmens und die damit potentiell verbundenen Sanierungsmöglichkeiten sind bislang nur wenig in der betriebswirtschaftlichen Literatur untersucht worden.[10] Bis zur Einführung der Insolvenzordnung (InsO) im Jahr 1999 war die Insolvenz auch nur die rechtliche Abfolge eines Liquidationsverfahrens und

---

[7] Vgl. *Creditreform*, Insolvenzen, 2003, S. 16ff.

[8] Zur Abgrenzung der Begriffe vgl. Kap. 3.1.1.

[9] So *Rattunde, R.*, Sanierungsplan, 2004, S. 424.

[10] Vgl. *Haarmeyer, H.*, Option, 2005.

damit der juristischen Forschung zuzuordnen. Die Konkursordnung kannte keine Fortführung eines Unternehmens und sah dessen Liquidation als ausschließliche Folge der Insolvenz vor.[11] Mit Inkrafttreten der Insolvenzordnung bedeutet die Insolvenz nun nicht mehr zwangsläufig das Ende der Geschäftstätigkeit des Unternehmens. Erstmals in der Insolvenzordnung wurde das Gebot der Fortführung gesetzlich manifestiert. Der Lebenszyklus eines Unternehmens kann nunmehr gerade durch seine Insolvenz verlängert werden.

§ 1 Abs. 1 der InsO definiert die Ziele des Insolvenzverfahrens. Neben der gemeinschaftlichen Befriedigung der Gläubiger durch Verwertung des Schuldnervermögens und Erlösverteilung an die Gläubiger ist auch die Möglichkeit einer Fortführung des Unternehmens und Erhalt des Rechtsträgers mittels eines Insolvenzplans als vorrangiges Ziel postuliert. Damit hat das Insolvenzrecht eine Sanierungsaufgabe.[12] Für ein sich in einer Krise befindliches Unternehmen kann insbesondere das Instrument des vorbereiteten Insolvenzplans („Prepackaged Plan") eine Basis für eine Sanierung darstellen.[13]

Daneben hat der Gesetzgeber eine Reihe weitere, die Sanierung erleichternde Instrumente zur Krisenbewältigung in der Insolvenz geregelt.[14] Eine solche Sanierung unter dem „Mantel des Gesetzes" beinhaltet erhebliche Vorteile, denen aber auch Risiken gegenüberstehen: Bei den Vorteilen ist u. a. zu nennen: die Zugriffssperre aller Gläubiger, die zeitlich befristete Finanzierung von Löhnen durch Insolvenzgeld, die Eigenverwaltung und erleichterte Kündigungsmöglichkeiten von Dauerschuldverhältnissen.[15] Dies ist nur ein Auszug der vielfältigen Möglichkeiten, das Insolvenzverfahren als Sanierungsinstrument einzusetzen. Bei den Risiken sind das negative Image der Insolvenz, der mögliche Vertrauensverlust bei Kunden und Lieferanten sowie die Ungewissheit, ob ein sanierungserfahrener- und williger Insolvenzverwalter bestellt wird, zu berücksichtigen.[16]

---

[11] Vor Inkrafttreten der Insolvenzordnung galt in Deutschland die Konkurs- und die Vergleichsordnung.

[12] Vgl. *Picot, G./Aleth, F.,* Unternehmenskrise, 1999, S. 244. sowie zur Sanierung als eigenständiges Verfahrensziel der InsO vgl. *Kautzsch, C.,* Unternehmenssanierung, 2001, S. 25f.

[13] Zum Prepackaged Plan allgemein vgl. *Kußmaul, R./Stefan, B.,* Insolvenzplanverfahren, 2000, S. 1849ff.

[14] Vgl. auch *Ehlers, H./Drieling, I.,* Unternehmenssanierung, 2000, S. 68ff.

[15] Vgl. *Rattunde, R.,* Sanierung, 2003, S. 2103.

[16] Zur ausführlichen Abgrenzung der Vor- und Nachteile von außergerichtlichen zu gerichtlichen Unternehmensreorganisationen vgl. *Eidenmüller, H.,* Unternehmenssanierung, 1999, S. 331ff. Kürzer *Uhlenbruck, W.,* Schicksalsfrage, 2001, S. 1641ff.

Das deutsche Insolvenzrecht stellt also eine rechtliche und betriebswirtschaftliche Basis für eine besondere Strategie der Unternehmenssanierung bereit, derer sich viele potentielle Investoren und Krisenunternehmen noch nicht ausreichend bewusst sind.[17] Die Insolvenz zur Reaktivierung und damit verbundenen Wertsteigerung eines Unternehmens wurde in der Vergangenheit jedenfalls mit Ausnahme von einigen spektakulären Erfolgen einzelner Unternehmensinsolvenzen nur sehr selten genutzt.[18] Nach nunmehr zehn Jahren praktischer Erfahrung mit den Instrumenten der InsO bietet es sich an, eine Analyse der Kosten und Nutzen sowie der praktischen Potenziale der insolvenzrechtlichen Sanierungsinstrumente vorzunehmen. Das ist das Forschungsthema der vorliegenden Arbeit.

Die Gründe für den verhaltenen Umgang mit dem Thema Sanierung aus der Insolvenz sind mannigfaltig. So haftet der Eröffnung eines Insolvenzverfahrens noch immer das Stigma des Scheiterns an. Das Insolvenzrecht als „Sanierungsrecht“[19] fand entsprechend bis heute keine hinreichende Akzeptanz in der Unternehmerschaft. Die sich in der Insolvenz bietenden Sanierungsinstrumente sind vielen Unternehmen weitgehend unbekannt. Der Insolvenzplan fristet aufgrund seiner Komplexität noch immer eher ein Schattendasein im „Pool der Sanierungsinstrumente“ der InsO.[20] Zudem erweckt in Deutschland der Begriff Insolvenz negative Assoziationen bei der Mehrzahl der am Markt beteiligten Akteure.[21] Im Gegensatz dazu wird in den USA eine „Insolvenzkultur“ gelebt, die die Möglichkeit des Scheiterns unternehmerischer Handlungen als normale Erscheinung im Wirtschaftsleben ansieht.[22] Dies zeigt sich insbesondere daran, dass die Unternehmen den Gläubigerschutz nach Kapitel 11 des amerikanischen Konkursrechts gern in Anspruch nehmen – dies haben der Auto-

[17] In seiner Arbeit zum Investment in ein Krisenunternehmen beschreibt *Spielberger* die Wertsteigerung durch operative und strategische Maßnahmen auf stand-alone Basis als wichtigstes Wertsteigerungspotential, ohne dabei die Insolvenz als gesondertes strategisches Sanierungsinstrument zu erwähnen. Das lag vermutlich an der zu diesem Zeitpunkt gültigen sanierungsfeindlichen Konkursordnung. Vgl. *Spielberger, K.*, Krisenunternehmen, 1996, S. 27.

[18] Hier ist bei Großunternehmen insbesondere an die erfolgreiche Sanierung der Firma Herlitz durch einen Insolvenzplan zu denken. Eine Kurzdarstellung dieser Sanierung gibt *Rattunde, R.*, Herlitz, 2003, S. 596ff. Ein Beispiel für den erfolgreichen Einsatz des Sanierungsinstruments Insolvenzplans bei einem mittelständischen Unternehmen zeigt *Friedhoff, H.*, Insolvenzplan, 2002, S. 497ff.

[19] Vgl. *Wellensiek, J.*, Praxiserfahrungen, 2000, S. 2.

[20] Vgl. *Vallendar, H.*, Unternehmensinsolvenzrecht, 1999, S. 2040.

[21] Zur Neustart-feindlichen Einstellung in Deutschland vgl. auch *Piepenburg, H.*, Neustart, 2001, S. 596.

[22] Vgl. *Haarmeyer, H.*, Option, 2005.

mobilzulieferer Delphi Corporation oder die Fluggesellschaften Delta Air Lines und Northwest Airlines getan. Daneben kann ein insolventes Unternehmen nach dem Insolvenzrecht der Vereinigten Staaten auch die Liquidation unter „Chapter 7“ anmelden. „Chapter 11“ beschreibt hingegen das amerikanische Insolvenzplanverfahren, das als Rechtsrahmen für Verhandlungen zwischen Schuldnerunternehmen und Gläubiger zur planvollen Reorganisation des Unternehmens dienen soll.[23] Der US-Gesetzgeber hat für dieses Konkursrecht eine Einigung zwischen Schuldner und Gläubiger und den Erhalt des Unternehmens als ausdrückliches Ziel definiert.[24] Gläubiger müssen ihre Zwangsvollstreckungsmaßnahmen einstellen, um dem Unternehmen die Chance zu geben, weiterhin handlungsfähig zu bleiben und sich selber aus der Insolvenzsituation zu befreien. Die spektakulärste Unternehmensinsolvenz im Jahr 2009, die eine Sanierung nach Chapter 11 anstrebte, war General Motors.

In der Forschung wird das Thema Insolvenz noch immer vorwiegend von Juristen bearbeitet, obwohl es einen großen Spielraum für die betriebswirtschaftliche Forschung erlaubt.[25] Das deutsche Insolvenzrecht ist längst kein reines Juristengesetz mehr, sondern ist heute in starkem Maße von (betriebs-)wirtschaftlichen Überlegungen und Erkenntnissen geprägt.[26] Dies zeigt sich insbesondere an den umfangreichen Rechnungslegungspflichten des Verwalters[27] sowie der Notwendigkeit, Planrechnungen[28] zu erstellen, um die Frage der Sanierungsfähigkeit- und -würdigkeit zu beantworten. Sogar in der juristischen Literatur wurde und wird deshalb immer wieder dazu aufgerufen, die Sanierungsinstrumente der InsO als interdisziplinäres Aufgabengebiet von Betriebswirten und Juristen anzusehen und im Zusammenwirken beider Disziplinen Lösungen für wirtschaftliche Problemfälle zu erarbeiten.[29] In den letzten zwei bis

---

[23] Der US bankruptcy code ist Buch 11 des United States Codes und regelt eine vom Insolvenzgericht überwachte Unternehmenssanierung.

[24] Vgl. *Terhart, P.*, Chapter 11, 1996, S. 54.

[25] Vgl. *Kußmaul, R./Stefan, B.,* Insolvenzplanverfahren, 2000, S. 1849; *Graf, U./Wunsch, I.,* Eigenverwaltung, 2001, S. 1040; *Groß, Paul. J,* Fortführungsgesellschaften, 1988, S. 16 sowie insbesondere *Risse, W.,* Betriebswirtschaftler, 2001, S. 1134f.

[26] Vgl. *Braun, E./Uhlenbruck, W.,* Unternehmensinsolvenz, 1997, S. V.

[27] So finden die Vorschriften der §§ 238ff. HGB über die Führung von Handelsbüchern für Kaufleute und für Kapitalgesellschaften mit Insolvenzeröffnung über den § 155 InsO Anwendung. Handels- und steuerrechtliche Pflichten der Insolvenzschuldnerin gelten uneingeschränkt auch im eröffneten Verfahren. Insolvenzrechtliche Rechnungslegungspflichten ergeben sich aus den §§ 5 Abs. 1, 16, 17, 18, 19, 66, 151, 152, 153 InsO.

[28] So bestehen beispielsweise die Rechenwerke im Insolvenzplanverfahren aus Planrentabilitäts-, Planliquiditätsrechnungen und Planbilanzen.

[29] So auch *Kußmaul, R./Stefan, B.,* Insolvenzplanverfahren, 2000, S. 1849.

drei Jahren ist dieser Aufruf insbesondere bei den großen Wirtschaftsprüfungs- sowie den Beratungsunternehmen auf fruchtbaren Boden gefallen. Das Institut der Wirtschaftsprüfer IDW hat diese Notwendigkeit aufgegriffen und die Standards zu den Rechnungslegungspflichten an das Insolvenzverfahren angepasst.[30] Beratungsunternehmen haben vermehrt Fachabteilungen aufgebaut, die sowohl mit Juristen als auch Betriebswirten besetzt sind.

1.2 Stand der Forschung und Forschungslücke

Zwar hat das akademische Interesse an der betriebswirtschaftlichen Bedeutung der Insolvenz in den letzten Jahren zugenommen, wissenschaftlich fundierte Erkenntnisse über den betriebswirtschaftlich sinnvollen Einsatz der insolvenzspezifischen Instrumentarien sind jedoch noch immer selten. In der Literatur ist jüngst lediglich die Arbeit von *Zirener* entstanden, der eine erste betriebswirtschaftliche Abhandlung über den gezielten Einsatz eines Insolvenzverfahrens zur Unternehmenssanierung und zu dessen Erhalt vorgenommen hat.[31] *Zirener* entwickelt ein situativ anwendbares Modell zur wertorientierten Sanierung eines Unternehmens in der Insolvenz. Dabei untersucht er die in einer Insolvenz bestehenden Verwertungsalternativen. Eine Arbeit von *Brüchner* aus dem Jahr 1999 zeigt die Möglichkeiten und Grenzen der Reorganisation im Rahmen des Insolvenzverfahrens und einem außergerichtlichen workout[32] auf und untersucht sie unter Effizienzgesichtspunkten.[33] Dabei berücksichtigt die Arbeit von *Brüchner* auch die Insolvenzpraxis in den USA. Des Weiteren sind in der Wissenschaft zu diesem Themengebiet zumeist nur juristische Arbeiten und Aufsätze zu finden,[34] es fehlt an interdisziplinären Ansätzen zur Bewäl-

---

[30] Der Hauptfachausschuss des Instituts der Wirtschaftsprüfer IDW hat am 13.06.2008 Rechnungslegungshinweise verabschiedet, die in Zusammenhang mit einem Insolvenzverfahren stehen: *IDW RH HFA 1.010* zur Bestandsaufnahme im Insolvenzverfahren, vgl. *Institut der Wirtschaftsprüfer e. V.,* WPg Supplement 3/2008, S. 37ff.; *IDW RH HFA 1.011* zur insolvenzspezifischen Rechnungslegung im Insolvenzverfahren, vgl. *Institut der Wirtschaftsprüfer e. V.,* WPg Supplement 3/2008, S. 49ff.; *IDW RH HFA 1.012* zur externen (handelsrechtlichen) Rechnungslegung im Insolvenzverfahren, vgl. *Institut der Wirtschaftsprüfer e. V.,* WPg Supplement 3/2008, S. 59ff.

[31] *Zirener, J.,* Sanierung, 2005.

[32] Als *workout* wird vorrangig im Finanzsektor die Sanierung und Abwicklung eines Not leidenden Engagements bezeichnet.

[33] *Brüchner, T.,* Reorganisationsstrategien, 1999.

[34] Stellvertretend für die juristische Literatur vgl. bspw. *Uhlenbruck, W.,* Herausforderung, 1998, S. 2009ff.; *Rattunde, R.,* Sanierung, 2003, S. 2103ff.; *Wellensiek, J.,* Sanieren, 1999, S. 405ff.

tigung dieser Thematik.[35] Die vorliegende Dissertation stellt sich diesen Aufgaben und leistet einen Beitrag zur Schließung dieser Forschungslücken.

Das Thema Insolvenz und der Einsatz von Reaktivierungsmanagement zur Werterhaltung- bzw. Wertsteigerung von in Not geratenen Unternehmen weist zweifellos eine hohe Praxisrelevanz auf, da die Anzahl der von der Insolvenz bedrohten Unternehmen gegenwärtig stark ansteigt.

Die Ausübung von Reaktivierungsmanagement erfordert ein hohes Maß an Knowhow sowohl von Betriebswirten als auch von Juristen. Besonders allen an Krisenunternehmen interessierten Investoren, die die Rettung eines Unternehmens durch Ausnutzung aller zur Verfügung stehender Sanierungsmöglichkeiten versuchen wollen, fehlt es an dem speziell interdisziplinär angelegten rechtlichen und betriebswirtschaftlichen Fachwissen zur Insolvenz als strategischem Sanierungsinstrument.[36] Die Schließung dieser Informationsdefizite ist ebenfalls Aufgabe dieser Arbeit.

1.3 Zielsetzung der Arbeit

Die Arbeit verfolgt das Ziel, die Möglichkeiten des Insolvenzverfahrens zur Werterhaltung bzw. Wertschaffung eines sich in einer Krise befindlichen Unternehmens zu prüfen. Es werden die hierfür vom deutschen Gesetzgeber bereitgestellten Gestaltungsmöglichkeiten aufgezeigt und geprüft, wann eine Sanierung mit den Instrumentarien der Insolvenzordnung der klassischen Sanierung überlegen ist. Hierbei finden alle mit einem Insolvenzverfahren verbundenen Chancen und Risiken gleichermaßen Berücksichtigung. Die Arbeit zeigt den insolvenzspezifischen Katalog sowohl juristischer wie auch betriebswirtschaftlicher Maßnahmen auf, die zusammenfassend als Reaktivierungsmanagement bezeichnet werden und welche die (Wieder-)Eingliederung des in der Krise befindlichen Unternehmens in das Wirtschaftsleben ermöglichen sollen. Der erfolgreiche Einsatz von Reaktivierungsmanagement, insbesondere des Sanierungsinstruments „Insolvenzplan", der auch auf Basis empirischer Untersuchungen erarbeitet wird, soll Investoren, Eigentümern und dem Management als Leitfaden für die Reaktivierung eines Not leidenden Unternehmens dienen.

---

[35] So ruft *Risse* dazu auf, den Einsatz theoretisch und praktisch qualifizierter Betriebswirtschaftler zur Bewältigung der insolvenzrechtlichen Sanierungsaufgaben- und möglichkeiten sicherzustellen vgl. *Risse, W.,* Betriebswirtschaftler, 2001, S. 1131ff.

[36] Vgl. *Buth, A. K./Hermanns, M.,* Restrukturierung, 2004, S. 432.

In dieser Arbeit wird die Sanierung eines Not leidenden Unternehmens in der Insolvenz durchgehend als Reaktivierungsmanagement bezeichnet. Reaktivierungsmanagement bezeichnet dabei alle konzeptionellen und instrumentellen Sanierungsmöglichkeiten innerhalb des Insolvenzverfahrens. Ziel des Reaktivierungsmanagements ist es, unter Zuhilfenahme der insolvenzspezifischen Sanierungsmaßnahmen das Not leidende Unternehmen wieder am Wirtschaftsgeschehen erfolgreich und nachhaltig teilhaben zu lassen.

Das Reaktivierungsmanagement beinhaltet ebenso wie Sanierungsmanagement einen Maßnahmenkatalog zur Beseitigung der (Krisen-)Ursachen, die ein Unternehmen in seine Notlage gebracht haben. Insoweit ist Reaktivierungsmanagement betriebswirtschaftliches Sanierungsmanagement unter Ergänzung der insolvenzspezifischen Besonderheiten bei solchen Unternehmen, die durch eine tiefgreifende Krise insolvent geworden sind.

Aus dieser Zielsetzung der Arbeit lässt sich die Forschungsfrage der Arbeit sowie weitere konkretisierende Teilfragen wie folgt ableiten:

Die zentrale Forschungsfrage lautet: Unter welchen Voraussetzungen und in welcher Form ist Reaktivierungsmanagement der klassischen Sanierung überlegen?

Hierbei wird untersucht, welche Instrumentarien die Insolvenzordnung für die nachhaltige Sanierung und damit Reaktivierung eines Krisenunternehmens zur Verfügung stellt und welche Besonderheiten gegenüber einer außergesetzlichen Sanierung bestehen. Ob die Werkzeuge der InsO tatsächlich dazu dienen, die Reaktivierung eines Unternehmens zu leisten, ist weiterhin Bestandteil der Untersuchungen. Letztlich wird aufgezeigt, wie insbesondere der Insolvenzplan effizient zur Reaktivierung eines Not leidenden Unternehmens eingesetzt werden kann und welche Ausgangslage für die Anwendung von Reaktivierungsmaßnahmen optimal ist.

1.4 Methodisches Vorgehen

Die vorliegende Arbeit ist in fünf Kapitel gegliedert. Im *ersten Kapitel* der Arbeit werden die Relevanz des Themas, der Stand der Forschung, die daraus resultierende Forschungslücke sowie die Zielsetzung der Arbeit erläutert. Die nachfolgend beschriebene Methodik der Arbeit stellt den Abschluss des ersten Kapitels dar.

Im *zweiten Kapitel* der Arbeit wird die Ausgangssituation eines Not leidenden Unternehmens dargestellt. Dabei werden zunächst das Not leidende Unternehmen und die

Unternehmenskrise definiert. Anschließend wird ein besonderer Fokus auf die Krise als Auslösetatbestand für die Notsituation eines Unternehmens und die Sanierung zur Bewältigung dieser Unternehmenskrise gelegt. Die unterschiedlichen Maßnahmen einer Reaktivierung von Not leidenden Unternehmen können nur dann erfolgreich sein, wenn die Krisenursachen dauerhaft beseitigt werden. Die Auswahl der jeweiligen Maßnahme ist insoweit von der jeweiligen Krisenursache abhängig. Deshalb werden auch die bestehenden Erkenntnisse der betriebswirtschaftlichen Krisenforschung dargestellt und systematisiert.

Schließlich werden im *zweiten* Kapitel die Interessenlagen der Beteiligten an einem Not leidenden Unternehmen eingehend erörtert. Nach einer Definition der Beteiligten werden gemeinsame Zielvorstellungen und die mit deren Erreichung verbundenen möglichen Interessenkonflikte erarbeitet. Diese sind Basis für die Entscheidungsfindung freier oder gerichtlicher Sanierungsbemühungen. Die Ergebnisse werden wissenschaftlich durch die Theorien der Neuen Institutionenökonomie untermauert.

Im *dritten Kapitel* erfolgt zunächst eine Darstellung der außergerichtlichen bzw. klassischen Sanierung. Neben der Darstellung der Sanierungsprüfung wird der Sanierungsprozess in Bezug zum Reaktivierungsprozess gesetzt. Dieser ist wiederum der Rahmen für die Anwendung des konzeptionellen und instrumentellen Reaktivierungsmanagements. Daraufhin werden die Grundzüge des Insolvenzverfahrens beschrieben. Es erfolgt eine allgemeine Skizzierung des Verfahrensablaufes und eine Beschreibung der dabei involvierten Beteiligten sowie deren Funktionen. Den besonderen reaktivierenden Maßnahmen, die nach der Insolvenzordnung für das Not leidende Unternehmen möglich sind, wird ein eigenes Unterkapitel gewidmet. Anschließend werden alle für den Einsatz von Reaktivierungsmanagement relevanten insolvenzspezifischen Rahmenbedingungen dargestellt. Im Rahmen dieser Betrachtungen kommt den Gestaltungsmöglichkeiten des Insolvenzplans als eines der wesentlichen Instrumente des Reaktivierungsmanagements eine besondere Bedeutung zu.

Zur Beantwortung der Forschungsfrage wird unter Berücksichtigung der vorangegangen Kapitel im Rahmen einer Kosten- und Nutzenanalyse eine Abwägung zwischen Reaktivierungsmanagement und der klassischen Sanierung unternommen. Dabei ist der Nutzen bzw. das Resultat für alle Beteiligte ein wiedererstarktes, saniertes Unternehmen. Demgegenüber werden Kostentreiber ermittelt, die eine Indikation dafür geben, welche Sanierungsform bei Vorlage bestimmter Fallkonstellationen die geeignetere ist.

Ziel des *vierten Kapitels* ist aufbauend auf den Ergebnissen der vorangegangenen Kapitel eine explorative, empirische Untersuchung von reaktivierenden oder insolvenzspezifischen Maßnahmen. Hierbei wird speziell der Einsatz des Insolvenzplans für die Sanierung bzw. Reaktivierung Not leidender Unternehmen eingehend untersucht. Mittels detaillierter Fallstudien von Unternehmen, die im Rahmen der drei Verfahrensarten der Insolvenzordnung reaktiviert wurden, werden die individuellen Maßnahmen ermittelt, die für eine erfolgreiche Reaktivierung vonnöten sind.

Das *fünfte* und letzte Kapitel fasst die wesentlichen Schlussfolgerungen der Arbeit für Theorie und Praxis zusammen. Darüber hinaus erfolgt ein Ausblick auf die weitere Entwicklung von Reaktivierungsmanagement. Abbildung 1 fasst den Aufbau der Untersuchung zusammen.

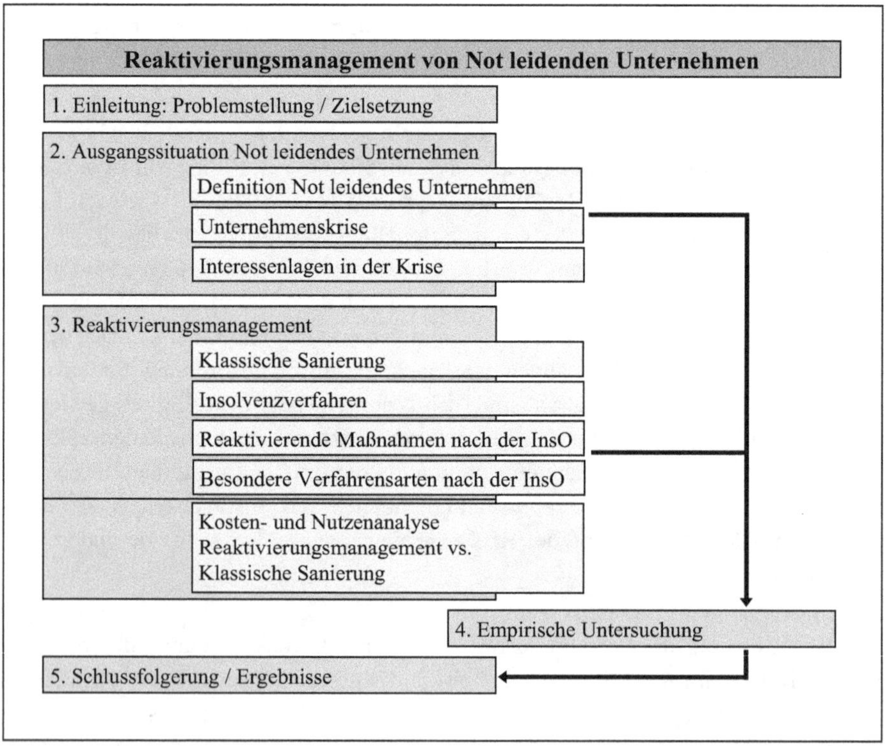

Abbildung 1: Aufbau der Arbeit[37]

[37] Eigene Darstellung.

2 Ausgangssituation Not leidendes Unternehmen

2.1 Not leidendes Unternehmen

Untersuchungsgegenstand dieser Arbeit ist ein Not leidendes Unternehmen und die geeigneten Maßnahmen zur Beseitigung dessen Krise.

Unter der allgemeinen Bezeichnung Unternehmen werden Begriffe wie „Firma", „Betrieb", „Unternehmung" und „Unternehmen" synonym verwendet. Eine Firma ist im eigentlichen Rechtssinne jedoch nur der Name, unter dem ein Kaufmann seine Geschäfte betreibt. In Abgrenzung zum Betrieb als technisch-organisatorische Seite eines Unternehmens[38] stellt sich das Unternehmen als Gesamtheit von Personen, Sachen und Rechten, tatsächlichen Beziehungen und Erfahrungen sowie unternehmerischer Handlungen dar. In dieser Arbeit wird der Ausdruck Unternehmen in Anlehnung an *Harz/Hub/Schlarb* als organisatorisch-rechtliche Einheit verstanden, die erwerbswirtschaftliche Ziele verfolgt.[39] Die vorliegende Arbeit differenziert den Begriff nicht anhand von Größenmerkmalen, der Rechtsform o. ä. Vielmehr wird das Unternehmen im klassischen Wortgebrauch als jedwede unternehmerische Tätigkeit innerhalb einer organisatorischen Einheit angesehen.

Auf eine eindeutige, allgemeingültige Definition eines Not leidenden Unternehmens konnte sich die betriebswirtschaftliche Literatur in der Vergangenheit nicht festlegen. Dies hängt damit zusammen, dass dem Anschein nach dieselbe Situation mit verschiedenen Begriffen belegt wird. So bezeichnet die Not-, oder Krisen-, oder Krankheitssituation eines Unternehmens vermeintlich jedes Mal dasselbe. Die Grenzen zwischen den Begriffen sind fließend. Abgrenzungsmerkmale könnten in der Abstufung zwischen einer akuten und einer weniger akuten Existenzgefährdung für das Unternehmen gesehen werden. Dabei ist die Krise die Ursache der Not. In einer Krisensituation ist das Unternehmen in einem noch nicht näher definierten Krankheitsstadium.

Der Begriff des Not leidenden Unternehmens wurde in der betriebswirtschaftlichen Literatur erstmalig von *Fleege-Althoff* verwendet. Er bezeichnet ein Unternehmen

---

[38] Vgl. *Groß, P. J.,* Fortführungsgesellschaften, 1988, S. 2.

[39] Vgl. *Harz, M./Hub, H.-G./Schlarb, E.,* Sanierungs-Management, 2006, S. 3.

dann als Not leidend, wenn „[...] eine Diskrepanz zwischen Leistungswillen und Leistungskönnen vorliegt. Das ist immer dann der Fall, wenn ein Krankheitszustand vorhanden ist."[40] Dabei wird über das Stadium der Krankheit keine Aussage getroffen. *Rinklin* wird dahingehend konkreter, als er als Not leidend solche Unternehmen bezeichnet, die bereits überschuldet oder zahlungsunfähig sind und damit die Voraussetzungen für die Eröffnung eines Insolvenzverfahrens erfüllen.[41] Eben dann schwankt das Unternehmen zwischen einem heilbaren und einem lebensbedrohlichen Zustand.

In Anlehnung an die Begriffsverwendung von *Rinklin* sowie der weiteren juristischen Literatur soll für den Zweck der vorliegenden Arbeit – das Aufzeigen der rechtlichen und betriebswirtschaftlichen Gestaltungsmöglichkeiten durch eine Sanierung mit Hilfe des Insolvenzrechts – ein Unternehmen dann als Not leidend definiert werden, wenn es zumindest den gesetzlich nicht verpflichtenden Insolvenzeröffnungsgrund der drohenden Zahlungsunfähigkeit erfüllt. Hierbei ist die Insolvenzreife eines Unternehmens nicht als Exitus zu verstehen, sondern als Option für weitere Not- oder Krisenbewältigungsmaßnahmen. Das in seiner Existenz bedrohte Unternehmen hat demnach noch eine Chance auf Heilung.

2.2 Unternehmenskrise

2.2.1 Begriffsbestimmung

Unter dem aus dem Altgriechischen[42] abgeleiteten Begriff der „Krise" versteht man allgemein eine kritische Entwicklung oder Zuspitzung einer Handlungsphase.[43] Der betriebswirtschaftliche Begriff der Unternehmenskrise[44] stellt eine das Unternehmen in seiner Existenz gefährdende Situation dar, die von drohender Handlungsunfähigkeit begleitet, in ihrem Ausgang ambivalent und zeitlich begrenzt ist.[45] Die Unterneh-

[40] *Fleege-Althoff, F.,* Unternehmung, 1930, S. 30.

[41] Vgl. *Rinklin, T. H.,* Unternehmung, 1960, S. 22.

[42] Von dem griechischen Wort *Crisis* = Scheidung, Streit, Entscheidung, angewandt im medizinischen, theologischen und juristischen Kontext.

[43] Vgl. *Wilden, P.,* Unternehmenskrisen, 2004, S. 1.

[44] Vgl. *Bea, F. X./Kötzle, A.,* Krisenvermeidung, 1983, S. 565.

[45] Eine ausführliche Definition der Unternehmenskrise unter Berücksichtigung der wesentlichen, mit dem Begriff der Unternehmenskrise verbundenen Charaktereigenschaften, findet sich bei *Krystek*: *„Unternehmenskrisen sind ungeplante und ungewollte Prozesse von begrenzter Dauer und Beeinflussbarkeit sowie mit ambivalentem Ausgang. Sie sind in der Lage,*
(Fortsetzung auf S. 13)

menskrise beginnt also in einem Zustand, in dem wesentliche Ziele und Werte des Unternehmens unmittelbar bedroht sind. Aus diesem Grunde hat sie entweder eine außergerichtliche Sanierung im Rahmen privatautonomer Verhandlungen oder die Eröffnung eines Insolvenzverfahrens zur Folge. In juristischer bzw. insolvenzrechtlicher Hinsicht ist der Eintritt einer Krise erst bei Vorliegen eines Insolvenzgrundes gegeben.[46] Dieser liegt vor, wenn entweder gemäß § 18 InsO drohende Zahlungsunfähigkeit, gemäß § 17 InsO Zahlungsunfähigkeit oder gemäß § 19 InsO Überschuldung des Unternehmens als Reaktion auf eine bereits länger anhaltende betriebswirtschaftliche Unternehmenskrise eingetreten sind.

Wesensbestimmend für den Begriff der Unternehmenskrise ist nach *Krystek* aber auch die im Begriff der Krise enthaltene Chance zur positiven Wende, die alternativ zur Beendigung der Unternehmenstätigkeit existiert.[47] Eine Krise bezeichnet die Zeit der Entscheidung zwischen Genesung und Zusammenbruch und ist noch auf kein Resultat festgelegt.[48] So kann das in einer Schieflage befindliche Unternehmen noch sämtliche Maßnahmen zur Überwindung der Krise durchführen. Die vorliegende Arbeit untersucht Unternehmen in einem sehr späten Stadium der Unternehmenskrise, in welcher den Akteuren nur noch wenig Zeit zur Abwendung der Notsituation zur Verfügung steht. Das Unternehmen ist Not leidend.

Das Krisenstadium eines Unternehmens kann entscheidende Anhaltspunkte dafür geben, wie der Weg aus der Krise heraus zu bewältigen ist. Dabei ist die Unternehmenskrise als Prozess zu verstehen, in dessen zeitlichem Verlauf sich unterschiedliche Krisenphasen entwickeln. Die Zuordnung dieser Phasen zu einer vorab definierten Krisenart ermöglicht im Idealfall die Identifikation der Krisenursache. Diese ist der Anknüpfungspunkt für die Krisenbewältigungsmaßnahmen.

---

[45] *(Fortsetzung von S. 12) den Fortbestand der gesamten Unternehmung substantiell und nachhaltig zu gefährden oder sogar unmöglich zu machen. Dies geschieht durch die Beeinträchtigung bestimmter Ziele (dominanter Ziele), deren Gefährdung oder gar Nichterreichung gleichbedeutend ist mit einer nachhaltigen Existenzgefährdung oder Existenzvernichtung der Unternehmung als selbstständig und aktiv am Wirtschaftsprozess teilnehmender Einheit mit ihren bis dahin gültigen Zweck- und Zielsetzungen."* Vgl. *Krystek, U.*, Unternehmenskrisen, 1987, S. 6f.

[46] Vgl. *Fechner, D./Kober, B.*, Unternehmenssanierung, 2004, S. 5.

[47] Vgl. *Krystek, U.*, Unternehmenskrisen, 1987, S. 6.

[48] Vgl. *Groß, P. J.*, Fortführungsgesellschaften, 1988, S. 2. In politischen Systemen unterscheidet *Jänicke* zwischen einem optimistischen und einem pessimistischen Krisenbegriff. Der optimistische Krisenbegriff sieht die Krise als Chance einer umfassenden Systemtransformation, der pessimistische Krisenbegriff als Bedrohung essentieller Werte. Vgl. *Jänicke, M.*, Krisenbegriff, 1973, S. 10.

Für die vorliegende Forschungsarbeit ist die Krise eines Not leidenden Unternehmens Ausgangssituation der Untersuchung für deren Bewältigung. Zur Beantwortung der aufgeworfenen Forschungsfrage ist eine Krise dahingehend zu untersuchen, ob deren Verlauf Rückschlüsse auf die Beurteilung zulässt, welche Formen einer Krisenbewältigung in bestimmten Krisensituationen erfolgversprechend zur Beseitigung von Krisenursachen sind oder ob nur im Zusammenwirken mehrerer Sanierungsformen eine vollumfängliche Krisenbewältigung ermöglicht wird. Untersuchungsgegenstand der hiesigen Ausführungen sind zwei mögliche Sanierungsformen: die Sanierung allein mit klassischen Maßnahmen und das Reaktivierungsmanagement. Dabei erfolgt das klassische Sanierungsmanagement über privatautonome Verhandlungen der an einem Sanierungsprozess Beteiligten. Das Reaktivierungsmanagement ist Sanierungsmanagement unter Zuhilfenahme der konzeptionellen und instrumentellen Möglichkeiten innerhalb des rechtlichen Rahmens eines Insolvenzverfahrens.

Somit erscheint zunächst eine Untersuchung der theoretischen Grundlagen der Krisenforschung notwendig, um anhand der gewonnenen Erkenntnisse mögliche Abgrenzungs- und Unterscheidungsmerkmale der beiden Sanierungsformen zu identifizieren.

2.2.2 Krisenforschung

Die betriebswirtschaftliche Forschung, die sich mit dem Thema Krise intensiv erst seit Mitte der 70er Jahre befasst[49], hat zwischen verschiedenen Formen der wissenschaftlichen Untersuchung von Unternehmenskrisen unterschieden (s. Abb. 2).

Anhand dieser „Bausteine“ für eine allgemeine Theorie zur Unternehmenskrise und deren Bewältigung hat die wissenschaftliche Forschung[50] sich mit Einzelaspekten der Krise befasst, um im Ergebnis hieraus Handlungsempfehlungen für eine Krisenfrüherkennung und/oder Krisenbewältigung abzuleiten. In der Krisenfrüherkennungs-

---

[49] Vgl. *Krystek, U.,* Unternehmenskrisen, 1987, S. 2 sowie die dort in Fußnote 2 verwiesene Literatur aus dieser Zeit. Ursprünglich hat die Auseinandersetzung mit der Krise eines Unternehmens bereits in den 30er Jahren begonnen. Vgl. *Fleege-Althoff, F.*, Unternehmung, 1930 sowie *Schmalenbach, E.,* Finanzierungen, 1932. Nach dem 2. Weltkrieg rückte die Krisenforschung aufgrund des Wirtschaftswunders und der sich im Wachstum befindlichen Unternehmen in den Hintergrund. Die Forschung zur Krisensituation eines Unternehmens sowie deren Krisenbewältigung keimte erst Mitte der 70er wieder auf. Vgl. *Zirener, J.,* Sanierung, 2005, S. 11f.

[50] Vgl. *Krystek, U.,* Unternehmenskrisen, 1987, S, 2; *Gless, S.-E.*, Unternehmenssanierung, 1996, S. 17 sowie *Zirener, J.,* Sanierung, 2005, S. 13f.

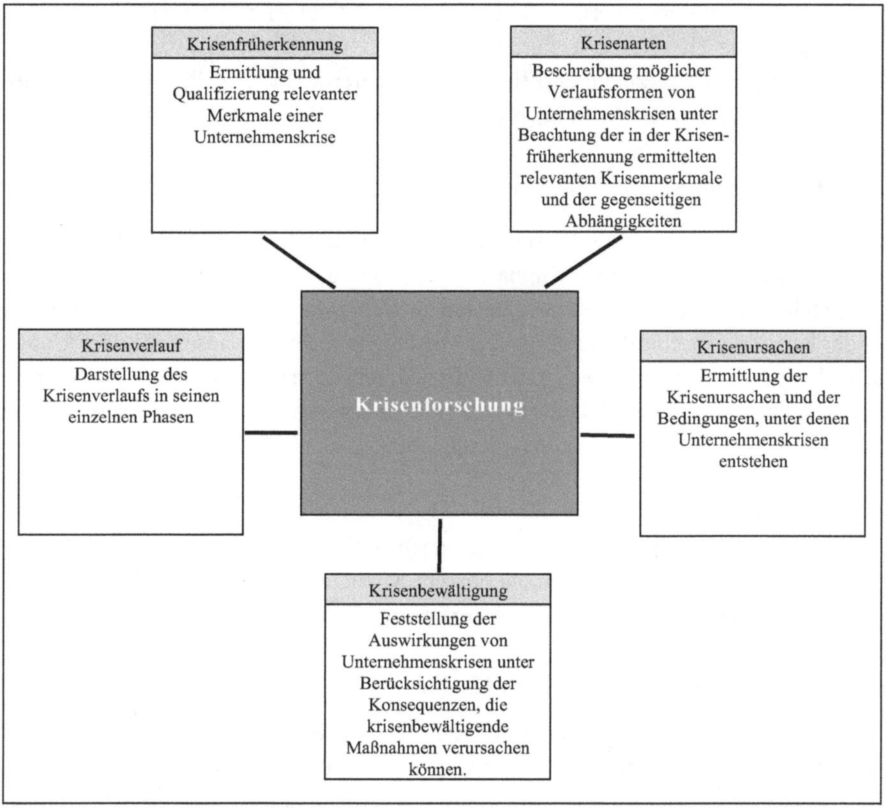

Abbildung 2: Vorgehensweise zur Krisenforschung[51]

forschung sollen mit Hilfe der Insolvenzprognoseforschung relevante Merkmale einer Unternehmenskrise ermittelt und qualifiziert werden. Die Krisenartenforschung berücksichtigt diese Merkmale und die Abhängigkeiten der Merkmale untereinander und beschreibt mögliche Verlaufsformen von Unternehmenskrisen. In der Krisenverlaufsforschung wird der Krisenverlauf durch Einbindung einer Zeitachse in einzelne Phasen zerlegt. Im Rahmen der Krisenursachenforschung ermittelt die Insolvenzursachenforschung mögliche Krisenursachen und die Bedingungen, unter den Unternehmenskrisen entstehen. Die Krisenbewältigungsforschung stellt die Auswirkungen von Unternehmenskrisen unter Berücksichtigung der Konsequenzen, die krisenbe-

[51] Eigene Darstellung.

wältigende Maßnahmen verursachen können, fest. Ohne den Anspruch zu erheben, eine allgemeine Theorie zur Unternehmenskrise vorzulegen, wird nachfolgend eine Bestimmung von Unternehmenskrisen anhand deren unterschiedlichen Phasen, deren Ursachen und deren Wirkungen vorgenommen.

2.2.2.1 Phasen der Unternehmenskrise

Zum effizienten Einsatz von Krisenbewältigungsinstrumenten jeglicher Art sind zunächst die Ermittlung der Krisenphase, in der sich das Unternehmen befindet, und die sich hieraus ergebenden Konsequenzen unabdingbar.[52] In Folge dessen haben sich in der betriebswirtschaftlichen Literatur verschiedene Forschungsansätze zur Unterscheidung der einzelnen Phasen einer Unternehmenskrise etabliert.[53] Die unterschiedlichen Krisenphasen legen dann die jeweilige Krisenart fest, der idealerweise eine konkrete Krisenursache zugeordnet werden kann.

Als Grundlage betriebswirtschaftlicher Forschung zur Einteilung des Krisenprozesses in verschiedene Krisenphasen kann auch auf Erkenntnisse der Politikwissenschaften zurückgegriffen werden. Neben der Medizin wird der Krisenbegriff in der Politologie am längsten verwendet und erforscht.[54]

2.2.2.1.1 Vier-Phasen-Modell nach Jänicke

Jänicke definiert seinen Prozess politischer Krisen mit vier Phasen. Dabei unterscheidet er zwischen verschiedenen Systemzuständen, die ein Krisenprozess vom Stabilitätszustand bis zum revolutionärem oder reaktionärem politischen Umsturz zu durchlaufen hat.[55] In der ersten Phase besteht ein ausgeglichener, *stabiler Systemzustand*, in dem normale Störungen und Spannungen vorherrschen. In der zweiten Phase verursachen externe und/oder interne Störfaktoren eine Instabilität des Systems. Das politische System gerät in einen *labilen Zustand*. In diesem Zustand werden Krisenbewältigungsmaßnahmen ergriffen mit dem Ziel, den stabilen Systemzustand zurückzuerlangen. Bei Versagen dieser Maßnahmen gerät das System in

---

[52] Vgl. *Böckenförde, B.*, Unternehmenssanierung, 1996, S. 21f. Anhand der in Kap. 2.2.1 dargestellten Definition der Unternehmenskrise von *Krystek* lässt sich ableiten, dass Unternehmenskrisen als Prozesse verstanden werden können. Vgl. *Krystek, U.*, Unternehmenskrisen, 1987, S. 10ff.

[53] Eine ausführliche Darstellung der Phasenmodelle in der betriebswirtschaftlichen Forschung gibt *Krystek, U.*, Unternehmenskrisen, 1987, S. 21ff.

[54] Vgl. *Jänicke, M.*, Krisenbegriff, 1973, S. 11.

[55] Vgl. *Jänicke, M.*, Krisenbegriff, 1973, S. 18ff.

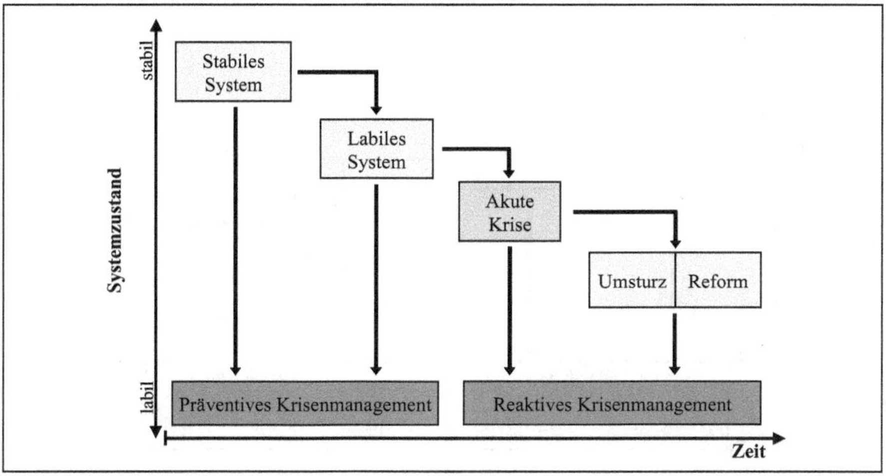

Abbildung 3: Vier-Phasen-Modell nach Jänicke[56]

einen Zustand der *akuten Krise*, der dritten Phase des Prozesses. Die letzte Phase lässt sich sodann in Abhängigkeit der ergriffenen Maßnahmen des Krisenmanagements als eine Niederlage, die einen Umsturz des politischen Systems nach sich zieht, oder einen Erfolg, bei dem das System zum stabilen Systemzustand zurückkehrt, beschreiben. Obenstehendes Schaubild (Abb. 3) veranschaulicht die beschriebenen Phasen in politischen Systemen abhängig vom Systemzustand.

Dieser Forschungsansatz aus dem Bereich der Politikwissenschaften (Vier-Phasen-Modell nach *Jänicke*) lässt sich analog auf die Entwicklung einer Unternehmenskrise übertragen. So ist das von *Müller* entwickelte Vier-Phasen-Modell zur Unternehmenskrise in der betriebswirtschaftlichen Literatur auf breite Zustimmung gestoßen.[57]

2.2.2.1.2 Vier-Phasen-Modell nach Müller

Müller teilt Unternehmenskrisen in Abhängigkeit vom Grad der Existenzbedrohung in vier Stadien ein und verknüpft diese durch Einbindung einer Zeitachse.[58]

---

[56] Eigene Darstellung.

[57] Vgl. *Müller, R.*, Krisenmanagement, 1986, S. 59.

[58] Das Modell von *Müller* ist in der Literatur auf breite Zustimmung gestoßen. Vgl. *Kudla, R.*, Finanzierung, 2005, S. 79f.; *Zirener, J.*, Sanierung, 2004, S. 19f.; *Hommel, U./Knecht, T. C./Wohlenberg, H.*, Unternehmenskrise, 2006, S. 34ff.; *Kraft, V.*, Private Equity, 2001, S. 57ff.

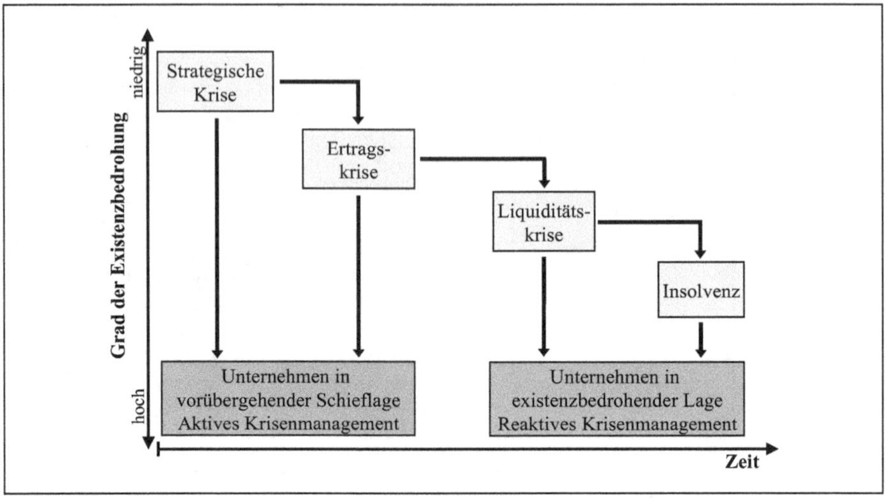

Abbildung 4: Vier-Phasen-Modell nach Müller[59]

Der Grad der Existenzbedrohung ist abhängig von der jeweiligen Krisenart,[60] die sich nach *Müller* in eine strategische Krise, eine Ertragskrise, eine Liquiditätskrise sowie den Konkurs bzw. die Insolvenz unterscheiden lassen.[61]

So definiert eine strategische Krise die Bedrohung oder den Verlust von langfristigem Erfolgspotential, wie z. B. die schleichende Reduzierung von Marktanteilen und damit den Verlust einer Marktführerschaft oder beispielsweise die strategisch fehlerhafte Entscheidung, in unrentable Märkte zu expandieren. Die strategische Krise ist Auslöser aller weiteren Krisenarten, sie ist aber oft nicht leicht zu erkennen. Zudem bewirkt sie beim Management zunächst noch keinen akuten Handlungsbedarf.

In der sich möglicherweise an eine Strategiekrise anschließenden Ertragskrise werden angestrebte Gewinn- Umsatz- oder Rentabilitätsziele dauerhaft nicht mehr erreicht.[62] Die Ursache für eine Ertragskrise liegt häufig in strategischen Fehlentscheidungen des Managements. Die Existenzbedrohung ist in der Ertragskrise bereits latent ent-

[59] Eigene Darstellung in Anlehnung an *Müller, R.,* Krisenmanagement, 1986, S. 59.

[60] Vgl. *Böckenförde, B.,* Unternehmenssanierung, 1991, S. 19.

[61] Vgl. *Müller, R.,* Krisenmanagement, 1986, S. 15.

[62] Vgl. *Müller, R.,* Krisenmanagement, 1986, S. 54.

halten, weil mit schwindendem Eigenkapital die Finanzkraft geschwächt und langfristig die Liquidität des Unternehmens gefährdet wird.

Indiz für eine Liquiditätskrise ist die drohende und im fortgeschrittenem Krisenstadium die eingetretene Zahlungsunfähigkeit des Unternehmens. Durch die über einen längeren Zeitraum auflaufenden Verluste sind die finanziellen Reserven des Unternehmens aufgebraucht, so dass aufgrund des Fehlens eines finanzwirtschaftlichen Spielraums das Unternehmen in seinem Überleben akut gefährdet ist. Befindet sich das Unternehmen bereits im Anfangsstadium der Liquiditätskrise beginnt ein Wettlauf mit der Zeit. Oft verbleiben nur wenige Wochen oder Monate, um entscheidende reaktive Änderungen herbeizuführen. Es müssen also innerhalb kürzester Zeit Sanierungsinstrumentarien schnell und effektiv eingesetzt werden, die nachhaltig Wirkung entfalten, damit die vermeintlich letzte Phase einer Krise nach *Müller*, die Insolvenz, vermieden werden kann.

Für den weiteren Verlauf der Arbeit wird die Krisenklassifizierung nach dem Kriterium der bedrohten Unternehmensziele von *Müller* angewandt. Daneben können auch andere Kriterien Krisenarten festlegen.[63] So beschreibt bspw. die Richtung der Unternehmensentwicklung Wachstums-, Stagnations- und Schrumpfungskrisen. Das Lebenszyklus-Stadium eines Unternehmens definiert Gründungs-, Wachstums- und Alterskrisen.[64] Diese Klassifizierungen werden in der vorliegenden Arbeit nicht näher betrachtet.

2.2.2.1.3 Modifiziertes Vier-Phasen-Modell

Das Modell von *Müller* lässt unberücksichtigt, dass die zeitliche Abfolge der Krisenarten nicht zwingend notwendig ist.[65] Vielmehr kann jedes Krisenstadium für sich allein zur Zahlungsunfähigkeit und/oder Überschuldung und damit zur Insolvenz des Unternehmens führen. Hier ist an singuläre Ereignisse zu denken, die zu einer sofortigen Überschuldung oder Zahlungsunfähigkeit führen, ohne dass die zeitliche Abfolge der definierten Krisenphasen durchlaufen wird. Ein Beispiel ist eine Schiffshavarie, die ohne vorherige Anzeichen eine Werft in existentielle Schwierigkeiten

---

[63] Vgl. *Böckenförde, B.*, Unternehmenssanierung, 1996, S. 18.

[64] Zur weiterführenden Literatur dieser und anderer Krisenarten vgl. *Kudla, R.*, Finanzierung, 2005, S. 79.

[65] In der Regel durchlaufen die Mehrzahl der Krisenunternehmen jedoch zunächst die strategische Krise, anschließend die Erfolgs- und abschließend die Liquiditätskrise. Vgl. *Müller, R.*, Krisenmanagement, 1986, S. 54ff.

bringen kann, weil Abschlagszahlungen des Auftraggebers ausbleiben und eine sofortige Illiquidität des Unternehmens auslösen.[66] Damit ist die sich Schritt für Schritt entwickelnde Unternehmenskrise nicht zwingend notwendig. Unternehmenskrisen können auch plötzlich auftreten bzw. sehr schnell ablaufen und nur von kurzer Dauer sein. Unbestritten scheint aber die Existenzbedrohung eines Unternehmens und damit der Eintritt einer Krisensituation sowohl bei der Ertrags- als auch der Liquiditätskrise vorzuliegen. In der strategischen Krise hingegen ist die Existenzbedrohung nicht offensichtlich, im Hinblick auf die mit dem Wiederaufbau von Erfolgspotentialen verbundenen schwerwiegenden Problemen aber dennoch gegeben.[67]

Weiterhin sieht *Müller* in der Insolvenz zwingend den Exitus eines Unternehmens. So endet der Krisenprozess bei ihm mit dem Resultat, dass das Unternehmen bei erfolgslosen Sanierungsbemühungen in der Insolvenz zerschlagen wird. Dieser Ansatz lässt unberücksichtigt, dass die Insolvenz eines Unternehmens auch die Sanierungschance in sich birgt, bei der das Unternehmen unter Zuhilfenahme insolvenzrechtlicher Regelungen reaktiviert werden kann. Das nachstehende Schaubild (Abb. 5) zeigt das modifizierte Vier-Phasen-Modell.

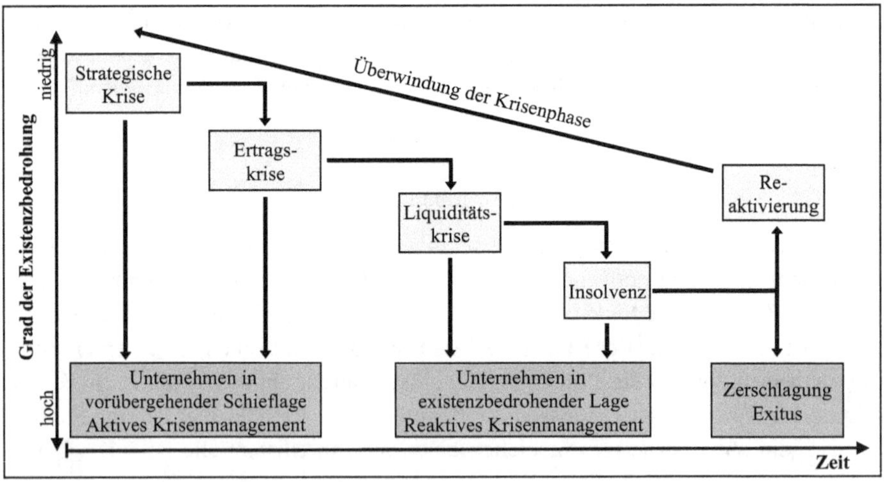

Abbildung 5: Modifiziertes Vier-Phasen-Modell[68]

[66] Siehe hierzu den Auslöser der Krise insbesondere in der Fallstudie 3 in Kap. 4.2.3.

[67] Vgl. *Gless, S.-E.*, Unternehmenssanierung, 1996, S. 13f.

[68] Eigene Darstellung.

2.2.2.2 Ursachen der Unternehmenskrise

2.2.2.2.1 Methoden der Krisenursachenforschung

Das Aufzeigen von Ursache-Wirkungs-Zusammenhängen, die die Entstehung von Unternehmenskrisen und deren Wirkung allgemeingültig beschreiben, ist für ein rechtzeitiges Erkennen und die Vermeidung von Unternehmenskrisen als auch für die Bewältigung derselben von zentraler Bedeutung.[69] Die betriebswirtschaftliche Krisenursachenforschung versucht deshalb, diese Zusammenhänge zu ermitteln und darzustellen. Dabei sind die Krisenursachen von deren Symptomen abzugrenzen. Krisenursachen sind die tatsächlichen Gründe für eine Unternehmenskrise, Krisensymptome sind nur die Folgeerscheinungen einer Krise, die deren Erkennung ermöglichen. Sie sind jedoch nicht die Ursache für die Krisenentstehung.[70] Krisensymptome können eine bestehende Krise in unterschiedlichen Stadien signalisieren. Die Krisenursachenforschung basiert im Wesentlichen auf den Erkenntnissen der Insolvenzursachenforschung.[71]

Für einen umfangreichen Überblick zur Insolvenzursachenforschung in der Literatur von 1900 bis 1983 kann auf *Krystek* verwiesen werden, der acht wissenschaftliche Studien darstellt und vergleichend zusammenfasst.[72] Innerhalb dieser kamen frühere Untersuchungen zu dem Ergebnis, dass die Hauptursachen für eine Insolvenz vorwiegend in Fehleinschätzungen- und -entscheidungen des Managements zu suchen sind. Die zeitlich späteren Untersuchungen, die sich mit einem deutlich größeren Datenbestand befasst haben, kommen zu einer Vielzahl von gleichgewichteten Ursachen. Neben Fehlern im Bereich der Führung sind auch die unzureichende Kapitalausstattung oder Absatzprobleme zu nennen.

Die Krisenursachenforschung hat anhand von quantitativen und qualitativen Untersuchungen versucht, übereinstimmende Krisenursachen zu identifizieren.

In der quantitativen Krisenursachenforschung werden leicht zugängliche Unternehmensdaten insolventer Unternehmen statistisch untersucht. Als Basisdaten werden

[69] Vgl. *Krystek, U.,* Unternehmenskrisen, 1987, S. 33.

[70] Vgl. *Böckenförde, B.,* Unternehmenssanierung, 1996, S. 22.

[71] Die Krisenursachenforschung beruht fast ausschließlich auf der Analyse von Insolvenzen, deshalb wird sie auch Insolvenzursachenforschung genannt. Vgl. *Zirener, J.,* Sanierung, 2004, S. 21. Ein Nachteil daran ist, dass diejenigen Krisenunternehmen, die das „Endstadium" des Krisenverlaufes, das der Insolvenz, nicht erreicht haben, weil die Krise im Vorfeld einer Insolvenz erfolgreich bewältigt wurde, in der Krisenursachenforschung nicht erfasst werden. Vgl. *Krystek, U.,* Unternehmenskrisen, 1987, S. 33.

[72] Vgl. *Krystek, U.,* Unternehmenskrisen, 1987, S. 45ff.

gesamtwirtschaftliche Daten, Rechtsform, Branchen- und Marktdaten, Unternehmensalter sowie -größe betrachtet.[73] Bezogen auf diese Merkmale haben empirische Untersuchungen[74] ergeben, dass die Krisenanfälligkeit mit

- zunehmender rechtsformbedingter Haftungsbeschränkung wächst,
- in bestimmten Branchen höher ist,[75]
- mit Zeitablauf des Unternehmensbestehens geringer wird,[76]
- mit zunehmender Unternehmensgröße abnimmt[77].

Ungeachtet der gewonnen Erkenntnisse ist die Aussagefähigkeit der quantitativen Krisenursachenforschung jedoch aufgrund der wenig differenzierenden Kriterien beschränkt. So konstatieren *Bea/Kötzle*, dass die vorgenannten Merkmale nicht den Krisenursachen sondern eher den Krisensymptomen zuzuordnen sind und auch in ihrer Aussagekraft eher dürftig seien.[78] Eine Eindeutigkeit der Forschungsergebnisse im Sinne der Ermittlung eines Ursache-Wirkungszusammenhangs kann somit mit der quantitativen Krisenursachenforschung nur begrenzt erreicht werden. Ein Defizit dieses Forschungsansatzes ist, dass vom Management gestaltbare Parameter nicht betrachtet werden.

In der qualitativen Krisenursachenforschung wird über die Auswertung von Expertenmeinungen, d. h. spezifischen Befragungen von Insolvenzverwaltern, Insolvenzgerichten, Schuldnern, Gläubigern, Beratern u. a., versucht, Rückschlüsse auf Krisenursachen zu ziehen, die möglicherweise generelle Gültigkeit besitzen kön-

---

[73] Ausführlich zu den einzelnen quantitativen Analyseverfahren vgl. *Fechner, D.,* Unternehmenssanierung, 1998, S. 85ff.

[74] Vgl. *Rödl, H.,* Kreditrisiken, 1979, S. 56ff.

[75] *Creditreform* hat im Rahmen ihrer jährlichen Untersuchung von Insolvenzfällen in Deutschland Risikoquoten nach den Hauptwirtschaftsbereichen verteilt. Demnach sind in der Baubranche nach wie vor die höchsten Insolvenzquoten zu verzeichnen, das verarbeitende Gewerbe, der Handel und die Dienstleistungsbranche bewegen sich auf vergleichbarem prozentualen Niveau gemessen an der Gesamtmenge von Insolvenzen. Daraus lässt sich zumindest eine Tendenz für die Krisenanfälligkeit der verschiedenen Branchen ermitteln. Vgl. *Creditreform*, Insolvenzen, 2007, S. 6ff.

[76] Siehe hierzu ausführlich auch das theoretische Konzept der liability of newness im Rahmen der Untersuchungen der Überlebenswahrscheinlichkeit bei *Woywode, M.,* Überlebenswahrscheinlichkeit, 2006, S. 67ff.

[77] Siehe hierzu ausführlich auch das theoretische Konzept der *liabilities of smallness* im Rahmen der Untersuchungen der Überlebenswahrscheinlichkeit bei *Woywode, M.,* Überlebenswahrscheinlichkeit, 2006, S. 65f.

[78] Vgl. *Bea, F. X./Kötzle, A.,* Krisenvermeidung, 1983, S. 566.

nen.[79] Ergebnis der Untersuchungen von *Krystek* haben ergeben, dass die wesentlichen Ursachen für Unternehmenskrisen

- in den Unternehmerpersonen bzw. in mangelnder Qualifikation der Unternehmensführung und
- in der Finanzierung bzw. einer zu geringen Eigenkapitaldecke der Unternehmen und
- im Absatzmarkt bzw. der ungenügenden Berücksichtigung von Marktentwicklungen neben einem fehlerhaften Produktsortiment

liegen.[80]

Allerdings ist auch die Aussagefähigkeit der qualitativen Krisenursachenforschung begrenzt. Erstens wird jeweils nur eine kleine, zufällig ausgewählte Anzahl von Krisenfällen betrachtet. Zweitens sind aufgrund der jeweils einzelfallspezifischen Unternehmenssituation unterschiedliche Beurteilungskriterien anzuwenden, die einen Vergleich der Ergebnisse erschweren. Drittens sind Experteninterviews generell nur bedingt miteinander vergleichbar und viertens führt die Befragung der Beteiligten in ihrem eigenen Krisenprozess zumeist nur zu subjektiven und damit empirisch kaum verwertbaren Ergebnissen.[81] Diese drei Ursachen sind so breit und generisch, dass sie alles (und damit nichts) erklären.

Die Identifikation und Analyse von Krisenursachen weisen eine hohe Komplexität auf. Nach *Krystek* ist das hauptsächlich durch die folgenden drei Eigenschaften von Krisenursachen bedingt[82]:

- Multikausalität von Krisenursachen
  Eine Unternehmenskrise resultiert zumeist aus dem Zusammenwirken mehrerer krisenverursachender Faktoren.
- Mehrstufigkeit von Krisenursachen
  Zwischen den Krisenursachen bestehen vielfältige Interdependenzen und diese beeinflussen sich gegenseitig auf unterschiedlichen Ebenen des Unternehmens.
- Multilokalität von Krisenursachen
  Die Einflussfaktoren inner- und außerhalb des Unternehmens wirken gemeinsam.

[79] Vgl. *Krystek, U.*, Unternehmenskrisen, 1987, S. 33.
[80] Vgl. *Krystek, U.*, Unternehmenskrisen, 1987, S. 45ff.
[81] Vgl. *Krystek, U.*, Unternehmenskrisen, 1987, S. 45.
[82] Vgl. *Krystek, U.*, Unternehmenskrisen, 1987, S. 67f.

Aufgrund dieser Komplexität ist es bis heute keinem Forschungsansatz gelungen, eine allgemeingültige Theorie zu den Ursachen von Unternehmenskrisen zu entwickeln.[83] Dennoch lassen sich in der betriebswirtschaftlichen Forschung übereinstimmende Ergebnisse finden. So werden Krisenursachen unterschiedlichen Unternehmensbereichen zugeordnet. Im Ergebnis kann festgestellt werden, dass Krisen endogen (unternehmensintern) wie auch exogen (unternehmensextern) veranlasst sein können.[84]

2.2.2.2.2 Ergebnisse der Krisenursachenforschung

In der bereits beschriebenen qualitativen Krisenursachenforschung wurden Managementfehler und unzureichende Eigenkapitalausstattung als hauptsächliche Krisenursachen identifiziert. Neben weiteren innerbetrieblichen Krisenursachen wie eine verfehlte Markenpolitik, unzureichende Controlling-Instrumente, falsche oder nicht den Qualitätsmaßstäben der Kunden entsprechende Produkte oder fehlende Markt- und Wettbewerberbeobachtung sind diese den endogenen Krisenursachen zuzuordnen. Endogene Krisenursachen befinden sich innerhalb der Einflusssphäre des Managements und können aufeinander folgen, parallel zueinander verlaufen, sich ersetzen oder auch gegenseitig bedingen.[85]

Exogene Krisenursachen können nach *Böckenförde* in überbetriebliche Ursachen, die sich bspw. in Veränderungen der Wirtschafts-, Sozial- oder Umweltpolitik äußern und in zwischenbetriebliche Ursachen wie technischer Fortschritt oder dem Auftreten neuer Wettbewerber aufteilen.[86] Hierbei nehmen strukturelle Veränderungen im Unternehmensumfeld die wohl wichtigste Stellung ein.[87] Insbesondere bei der Untersuchung von Insolvenzursachen ist in der Praxis vermehrt aufgefallen, dass viele Not leidende Unternehmen eine technologische Entwicklung „verschlafen“ haben bzw. nicht rechtzeitig in zukunftweisende Entwicklungen investiert haben. Zu-

---

[83] Vgl. *Gless, S.-E.,* Unternehmenssanierung, 1996, S. 109; *Krystek, U.,* Unternehmenskrisen, 1987, S. 34.

[84] Vgl. *Krystek, U.,* Unternehmenskrisen, 1987, S. 67f. sowie *Fleege-Althoff, F.,* Krankheitsursachen, 1930, S. 85.

[85] Zu Strukturmerkmalen und Handlungsmustern, die endogene Krisenursachen aufzeigen vgl. *Harz, M./Hub, H.-G./Schlarb, E.,* Sanierungs-Management, 2006, S. 45ff. Eine Differenzierung der Krisenursachen anhand betrieblicher Funktionen findet sich bei *Jordan, A.,* Insolvenzrechtsreform, 1993, S. 164ff.

[86] Vgl. *Böckenförde, B.,* Unternehmenssanierung, 1991, S. 27ff. mit einer umfassenden Aufzählung von Beispielen zur Unterscheidung der überbetrieblichen, zwischenbetrieblichen und innerbetrieblichen Ursachen. Sowie *Wilden, P.,* Unternehmenskrisen, 2004, S. 2 und *Brühl, V.,* Management, 2004, S. 5ff.

[87] Vgl. *Krystek, U.,* Unternehmenskrisen, 1987, S. 70f.

dem hat die Schnelligkeit der Entwicklung von innovativen Produkten insbesondere bei elektronischen Konsumgütern dazu geführt, dass der Lebenszyklus eines Produktes sehr verkürzt wird. Kann sich ein Unternehmen diesen Wettbewerbsveränderungen nicht rechtzeitig anpassen, verliert es wichtige Marktanteile bzw. wird vom Markt verdrängt.

Erkennt ein Unternehmen Symptome einer Krise frühzeitig, so kann es ähnlich einer Krankheitsdiagnose die geeigneten „Medikamente", sprich die erforderlichen Sanierungsmaßnahmen anwenden, um die Krise abzuwenden. Krisensymptome sind Früherkennungsmerkmale für eine ungünstige Unternehmensentwicklung. Die nachfolgende Abbildung 6 beschreibt in Anlehnung an *Faulhaber/Landwehr* Krisensymptome im Unternehmen und im Unternehmensumfeld, die auf entsprechende Unternehmenskrisen hinweisen können:[88]

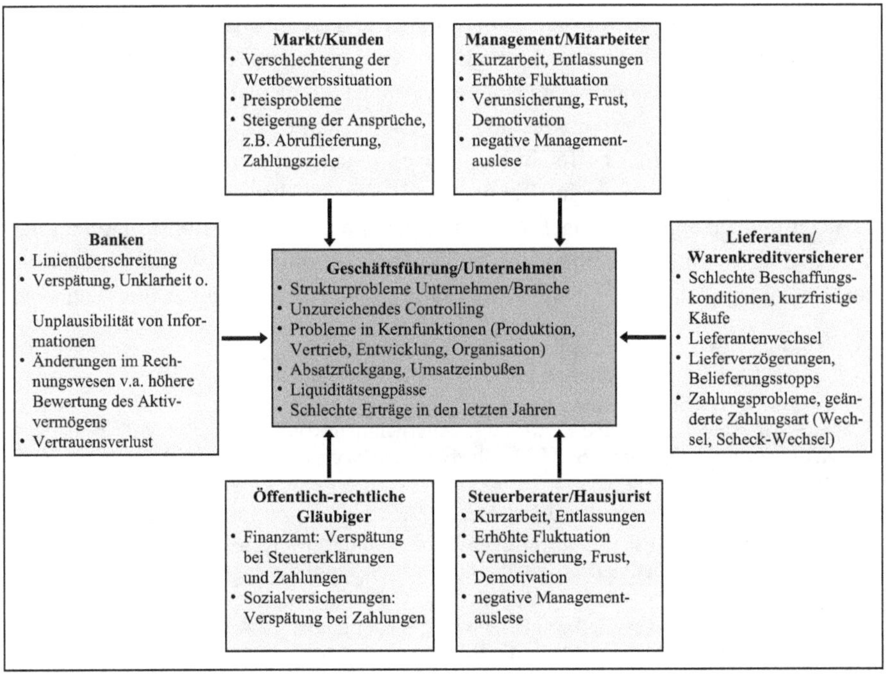

Abbildung 6: Allgemeine, potentielle Krisensymptome[89]

[88] Vgl. *Faulhaber, P./Landwehr, N.*, Turnaround-Management, 2001, S. 20.

[89] In Anlehnung an *Faulhaber, P./Landwehr, N.*, Turnaround-Management, 2001, S. 20.

Würden nach Erkennen dieser Symptome bereits geeignete Sanierungsinstrumente zur Bewältigung der bevorstehenden oder bereits eingetretenen Unternehmenskrise in dem erforderlichen Umfang, der gebotenen Eile und mit der nötigen Konsequenz eingesetzt, so könnte die überwiegende Zahl der Unternehmensinsolvenzen vermieden werden.[90] Insofern hat die Betriebswirtschaftslehre für das Erkennen von negativen wirtschaftlichen Entwicklungen in den Unternehmen in der Vergangenheit zahlreiche Prognoseverfahren und Frühwarnsysteme entwickelt.[91]

Bei den Frühwarnsystemen werden Systeme zur operativen und zur strategischen Früherkennung von Krisensignalen unterschieden.[92] Informationslieferant der operativen Frühwarnsysteme ist in der Regel die Bilanzanalyse.

Die Krisenursachenforschung kann auf Basis empirischer Studien zur Prognose verwendet werden. Diese sogenannte Insolvenzprognoseforschung versucht mit statistischen Auswertungen von Jahresabschlüssen und entsprechenden Bilanzanalyseverfahren drohende Insolvenzen möglichst früh vorauszusagen. Untersuchungsgegenstand sind bereits insolvente Unternehmen, da die Insolvenz das Ergebnis einer sich verstetigenden Krisenentwicklung ist.[93] Soweit eine Krise bereits den Finanzbereich des Unternehmens erreicht hat, ist sie in aller Regel aus den Buchhaltungsdaten ablesbar.[94] So können im Rahmen von Bilanzanalysen Kennzahlen, die aus Bilanzen und Erfolgsrechnungen abgeleitet werden, als Krisenfrühwarnindikatoren dienen. Solche sind etwa Renditen, Liquiditätskennzahlen, Umschlagskennziffern und Deckungsrelationen.[95] Durch Verknüpfung einzelner Kennzahlen entstehen

[90] Vgl. *Buchalik, R.*, Restrukturierungs-/Sanierungsmöglichkeiten, 2004, S. 30.

[91] Vgl. *Maus, K.-H.*, Früherkennungssysteme, 2009, S. 50 ff.; *Wilden, P.*, Unternehmenskrisen, 2004, S. 4ff., sowie umfassend *Krystek, U.*, Unternehmenskrisen, 1987, S. 140ff.; *Wellensiek, J.*, Krisenvermeidung, 1999, S. 115ff., *Zwick, A./Spencer, S. J.*, Frühwarnsignale, 2006, S. 203ff.

[92] Vgl. *Maus, K.-H.*, Früherkennungssysteme, 2009, S. 54.

[93] Durch die Anknüpfung an den juristischen Tatbestand der Insolvenz werden allerdings positiv verlaufende Unternehmenskrisen, die nicht das Stadium der Insolvenz erreichen, ausgeklammert.

[94] Dann ist es jedem sachverständigen Dritten möglich, potentielle Krisensignale aus den Buchhaltungsdaten zu erkennen. Dafür ist die Bildung eines externen Beirates oder die regelmäßige Konsultierung eines Beraters eine sinnvolle Lösung. Vgl. *Müller, R.*, Krisenmanagement, 1986, S. 327. In der aktuellen Corporate Governance Diskussion wird auch kleineren und mittleren Unternehmen empfohlen, einen externen Beirat zur Kontrolle und zukunftsorientierten Beratung des Unternehmens einzusetzen.

[95] Vgl. *Hauschildt, J.*, Bilanzanalyse, 2006, S. 99. Eine der gebräuchlichsten Kennzahlen für die Krisensignalisierung ist der cash flow.

Kennzahlensysteme, die die Gesamtlage des Unternehmens berücksichtigen.[96] Zur Beurteilung von möglicherweise negativen Entwicklungen werden einzelne Kennzahlen und Kennzahlensysteme[97] im Zeitvergleich untersucht.[98] Prognoseziel dieser Untersuchungen ist das Erkennen von der Insolvenz vorgelagerten Krisenphasen. Sie ist Voraussetzung für die Auswahl und den Einsatz der richtigen Krisenbewältigungsinstrumente.

Verfahren der modernen Bilanzanalyse sind die Krisendiagnose durch die Diskriminanzanalyse[99], die künstliche neuronale Netzanalyse[100] oder die logistische Regressionsanalyse[101].

Die Krisendiagnose durch Daten, die aus Bilanzanalysen gewonnen werden, hat Nachteile. Einer ist, dass sie lediglich ex post Symptome misst. Eine weitere Schwäche der Bilanzanalyse ist, dass zum Zeitpunkt der Datenauswertung die Krise sich zumeist schon verstetigt hat und nur noch begrenzte Handlungsmöglichkeiten zur Schadensabwendung bestehen.[102] Hauptmangel der Bilanzanalyse als operatives

---

[96] Bei der Bildung eines Kennzahlensystems müssen die bilanzpolitischen Gestaltungsmaßnahmen des Managements neutralisiert, es müssen Kennzahlen für jeden Informationsbereich des Jahresabschlusses herangezogen und intersubjektiv nachprüfbare Kennzahlen verwendet werden. Vgl. *Baetge, J./Stöher, T.,* Jahresabschlussanalyse, 2006, S. 121.

[97] In Theorie und Praxis sind zahlreiche Kennzahlensysteme entwickelt worden, anhand derer dem Bilanzanalytiker eine Gesamturteilsbildung über das Unternehmen möglich sein soll. Die Kennzahlensysteme lassen sich je nach dem Grad der Objektivität des Gesamturteils in Kennzahlensysteme unterscheiden, mit denen sich ein subjektives, ein quasi-subjektives und ein objektives Gesamturteil ermitteln lässt. Mit traditionellen Kennzahlensystemen lassen sich subjektive, mit Scoring-Modellen quasi-subjektive und mit modernen Verfahren der Bilanzanalyse objektive Aussagen über zu analysierende Unternehmen machen. Vgl. *Baetge, J./Kirsch, J./Thiele, S.,* Bilanzanalyse, 2004, S. 498f.

[98] Vgl. *Hauschildt, J.,* Bilanzanalyse, 2006, S. 105.

[99] Zum Verfahren und dessen Kritik vgl. *Hauschildt, J.,* Bilanzanalyse, 2006, S. 108ff.

[100] Zur Krisenfrüherkennung auf Basis von Jahresabschlüssen mit künstlichen neuronalen Netzen vgl. *Baetge, J./Stöher, T.,* Jahresabschlussanalyse, 2006, S. 117ff. Ein Beispiel eines konkreten künstlichen neuronalen Netzes zum Bilanzbonitätsrating ist das Backpropagation-Netz BP-14, welches später in BBR Baetge-Bilanz-Rating umbenannt wurde. Hierzu vgl. *Baetge, J./Kirsch, J./Thiele, S.,* Bilanzanalyse, 2004, S. 558ff.

[101] Zur logistischen Regressionsanalyse vgl. *Baetge, J./Kirsch, J./Thiele, S.,* Bilanzanalyse, 2004, S. 548ff. Beispiel für die Verwendung des Verfahrens der logistischen Regression zur Analyse von Jahresabschlüssen ist das Produkt RiskCalc von MOODY's/KMV. Das RiskCalc ist ein mittlerweile weltweit eingesetztes, länderspezifisch entwickeltes Instrument zur Messung von Ausfallwahrscheinlichkeiten bei Unternehmen. Als Ausfall wird der Zahlungsverzug eines Unternehmens von mehr als 90 Tagen bezeichnet.

[102] Vgl. *Böckenförde, B.,* Unternehmenssanierung, 1996, S. 2 ff.

Frühwarnsystem ist, dass nur vergangenheitsbezogene Daten ausgewertet werden, die keinen Aufschluss über die Fähigkeit geben, in Zukunft unternehmerische Ziele zu erreichen und damit zukünftig leistungsfähig zu sein.[103]

Im Gegensatz hierzu baut die zukunftsorientierte strategische Früherkennung auf die frühzeitige Identifizierung und Analyse von zunächst „schwachen Signalen".[104] Solche schwachen Signale können nur durch eine intensive Technologie-, Kunden- und Wettbewerbsbeobachtung identifiziert werden. Ursachen für strategische Unternehmenskrisen können in sich verändernden Technologie- und Modezyklen, falschen Investitionen, zu schnelles Wachstum oder einer fehlerhaften Konfiguration der Wertschöpfung liegen.[105] Hinweise auf eine strategische Krise können bspw. eine permanente Beobachtung von Veränderungen des Technologie- bzw. Produktwertes im Branchenkontext oder eine häufige Nachhaltigkeitsprüfung des Alleinstellungsmerkmals des eigenen Produktes geben.[106]

Bei Banken ist das Interesse an einer Früherkennung der Krise besonders ausgeprägt, da diese zumeist die größten Gläubiger eines in seiner Existenz bedrohten Unternehmens sind.[107] So sind Banken aus Gründen der Risikovorsorge dazu verpflichtet, Frühwarnsysteme im Sinne einer Insolvenzschadensprophylaxe ab Ausreichung einer bestimmten Kreditbetragshöhe einzurichten.[108] Anhand potentieller Krisensymptome versucht auch die Bank eine drohende oder akute Krise zu erkennen.[109] *Hommel/Knecht/Wohlenberg* stellen solche potentielle Krisensymptome aus der Perspektive der Banken wie in Abbildung 7 dar.[110]

Es ist festzustellen, dass es für strategische Fehlentwicklungen in der Regel keine eindeutigen Krisensignale gibt, die eine Früherkennung ermöglichen. Strategische

---

[103] Vgl. *Burger, A.*, Unternehmenskrise, 1988, S. 65. Vgl. *Müller, R.*, Krisenmanagement, 1986, S. 327.

[104] Vgl. *Maus, K.-H.*, Früherkennungssysteme, 2009, S. 54.

[105] Vgl. *Burger, A./Ulbrich, P.*, Sanierungscontrolling, 2006, S. 341.

[106] Vgl. *Burger, A./Ulbrich, P.*, Sanierungscontrolling, 2006, S. 343.

[107] Vgl. *Wittig, A.*, Früherkennung, 2009, S. 59.

[108] Die Verpflichtung hierzu ergibt sich aus § 18 Satz 1 KWG. Demnach muss sich das Kreditinstitut bei Ausgabe eines Kreditvolumens von mehr als € 250.000 vor der ersten Kreditvergabe und während der gesamten Laufzeit die wirtschaftlichen Verhältnisse durch Vorlage der Jahresabschlüsse und weiterer relevanter Buchhaltungsdaten offenlegen lassen.

[109] Zur Früherkennung der Unternehmenskrise durch Kreditinstitute vgl. ausführlich *Wittig, A.*, Früherkennung, 2009, S. 59ff.

[110] Vgl. *Hommel, U./Knecht, T. C./Wohlenberg, H.*, Handbuch, 2006, S. 38.

	Kontoführung und Kreditgewährung	Einsichtnahme wirtschaftliche Verhältnisse (§18 KWG)	Kundenbesuche und Sicherheitenprüfung	Financial Covenants
Krisensymptome	• Zeitpunkt Zins- und/ oder Tilgungsleistung • Freigabe von (Geschäftsführer-) Sicherheiten • Planungszuverlässigkeit Kreditbedarf • „Steife“ Kontoführung (Tendenz zur Überziehung) • Relevanz Scheck-/ Wechselzahlungen • Volumen Rechtsberatung/ Gerichtsvollzieher • Intensität Bonitätsanfragen	• Zeitliche Verzögerung bei Einreichung Rechenwerk • Unstimmige Buchhaltung • Verschobene Bilanzierungszeitpunkte • Fehlendes/eingeschränktes Testat WP • Abweichung vorläufiger zu endgültigen Zahlen • Erhöhter Vorratsbestand ohne erhöhte Forderungen • Eigenkapitalmangel, Aufdeckung stiller Reserven • Umbuchung Positionen Umlauf- in Anlagevermögen	• Fortlaufende Verschiebung von Gesprächsterminen • Vermehrte Eintragung Grundschuld • Häufiger Führungswechsel im Unternehmen • Mangelnde Kapazitätsauslastung • Fehlender Versicherungsschutz • Streitigkeiten zwischen Gesellschaftern • Verlegung des Unternehmenssitz (v.a. Ausland) • Ungeplante Anpassung Unternehmensführung	• Absolute, minimale Eigenkapitalausstattung (Net Worth Requirement) • Verschuldungsgradklausel (Gearing Ratio) • Zinsdeckungsklausel: EBIT/ Zinsaufwand (Interest Cover Ratio) • Liquiditätsklausel: Kurz. Liquidität > Verbindlichkeit (Current Ratio)

Abbildung 7: Potentielle Krisensymptome aus Bankensicht[111]

Krisen sind schwer zu identifizieren.[112] Die Installation operativer Frühwarnsysteme ist hingegen für jedes Unternehmen möglich, da es über die hierzu benötigten (finanzwirtschaftlichen) Instrumente verfügt. Hier fehlt zumeist nur eine auf die Gewinnung von Früherkennungssignalen ausgerichtete Verknüpfung der relevanten Daten. Die Praxis hat gezeigt, dass der mangelnde Einsatz von betriebswirtschaftlichen Krisenfrühwarnsystemen weniger an deren Vorhandensein oder einer komplizierten Handhabung, sondern vielmehr am Unternehmer selber scheitert.[113] Dieser erkennt die Krisensymptome in seinem Unternehmen sehr wohl, entwickelt aber aus unterschiedlichen Gründen kein Problembewusstsein dafür. Er ignoriert, versteckt oder verschleiert die Symptome.[114] Die hierdurch verursachte Verzögerung kann die Bewältigung der dann eintretenden Unternehmenskrise erheblich beeinträchtigen bzw. im Extremfall unmöglich machen.

---

[111] In Anlehnung an *Hommel, U./Knecht, T. C./Wohlenberg, H.,* Handbuch, 2006, S. 38.

[112] Vgl. *Burger, A,/Ulbrich, P.,* Sanierungscontrolling, 2006, S. 340.

[113] Dies ist insbesondere im Mittelstand und bei Familienunternehmen durch die zumeist patriarchische Unternehmensführung des „Familienoberhauptes“ der Fall.

[114] Vgl. *Böckenförde, B.,* Unternehmenssanierung, 1996, S. 54f. sowie *Lange, I.,* Unternehmenswerterhaltung, 2005, S. 101; *Burger, A.,* Unternehmenskrise, 1988, S. 7.

2.2.2.3 Auswirkungen der Unternehmenskrise

Werden keine Frühwarnsysteme in einem Unternehmen eingesetzt bzw. werden die typischen Krisensymptome nicht erkannt, verschärft sich die Krise und erreicht weitere Entwicklungsphasen. Im Extremfall führt das zur Insolvenz und zum Ausscheiden des Unternehmens aus dem Markt. Bezeichnet man die Insolvenz als Konsequenz einer nicht erfolgreich behandelten Krisenentwicklung, gibt die jährliche Untersuchung der *Creditreform* im Hinblick auf die Schäden durch Unternehmensinsolvenzen, ausgedrückt in Milliarden €, einen eindrucksvollen Überblick über die Auswirkung von Unternehmenskrisen.[115] So belief sich der durch Insolvenzen verursachte Schaden für die an einem Not leidenden Unternehmen Beteiligten in Deutschland allein im Jahr 2008 auf geschätzte € 29 Mrd.[116] Dieser Betrag setzt sich aus der Summe aller Forderungen von Gläubigern in Insolvenzverfahren zusammen.[117] Es entfallen € 21 Mrd. auf private Gläubiger und € 8 Mrd. auf öffentliche Institutionen. Allein für das erste Halbjahr 2009 beziffert *Creditreform* die durch Insolvenzen entstandenen Schäden für die Volkswirtschaft auf € 20,8 Mrd.[118]

Das Zusammenspiel von Krisenverlauf, Krisensymptomen und Auswirkungen der Krise auf die Beteiligten veranschaulicht das nachfolgende Schaubild (Abb. 8), welches sich an dem bereits beschriebenen Vier-Phasen-Modell von *Müller* und dessen Definition von Krisenarten orientiert.

Für die Strategiekrise gibt es nur wenige wahrnehmbare Anzeichen und kaum spürbare Veränderung im Unternehmensumfeld. Die Erfolgskrise zeichnet sich aus durch rückläufige Umsätze und Erträge sowie eine sinkende Eigenkapitalquote. Die Eigenkapitalgeber verlieren Kapital und erhalten geringere oder keine Dividenden auf ihre Unternehmensbeteiligung. Die Liquiditätskrise ist für das gesamte Unternehmensumfeld spürbar. Lieferanten, Banken, öffentliche Institutionen und Arbeitnehmer erhalten verspätete Zahlungen, der Absatz an die Kunden stockt. Zwingend notwendige Investitionen können nicht mehr durchgeführt werden. Die Eigenkapitalgeber

---

[115] Abzulesen unter www.creditreform.de.

[116] Vgl. *Creditreform*, Insolvenzen, 2008, S. 4.

[117] Allerdings ist es nach Auskunft von *Creditreform* sehr schwierig, die genaue Schadenshöhe zu bestimmen, die eine Insolvenz die Gläubiger und den Staat kostet. Dies liegt zum einen daran, dass oftmals nicht exakt ermittelbar ist, welche zur Insolvenztabelle angemeldeten Forderungen tatsächlich und in welcher Höhe bestehen, zum anderen kann nicht in allen Fällen aufgeklärt werden, ob Rückflüsse an die Gläubiger gingen. Vgl. *Creditreform*, Insolvenzen, 2009, S. 4.

[118] Vgl. *Creditreform*, Insolvenzen, 2009, S. 4.

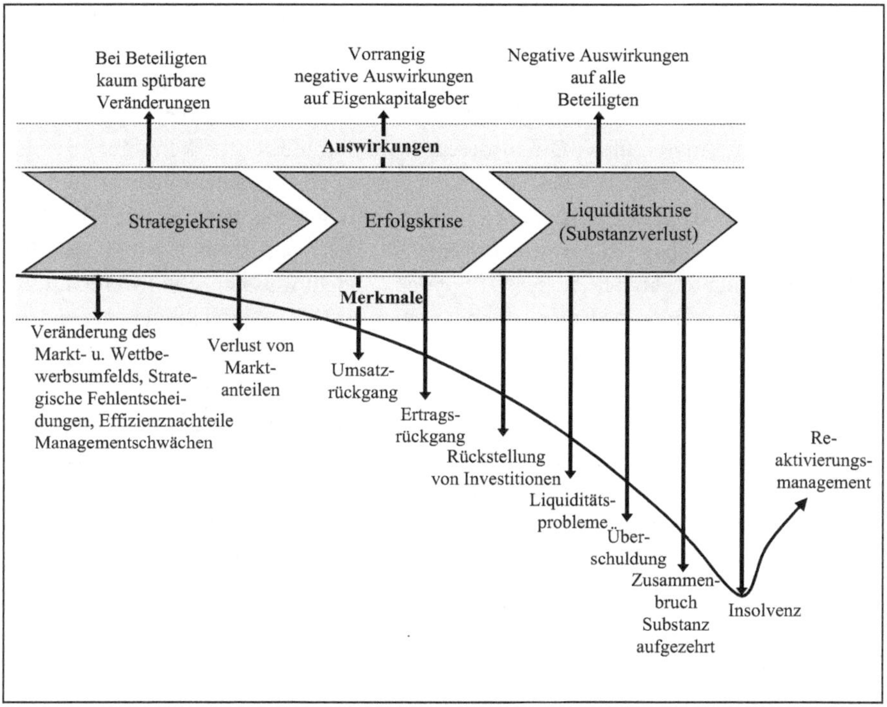

Abbildung 8: Merkmale der Krisenstadien und Auswirkungen[119]

sind gefordert, ihr finanzielles Engagement aufzustocken. Neben Verhandlungen mit bestehenden Fremdkapitalgebern werden neue Kapitalgeber gesucht. So wirkt sich eine Unternehmenskrise für alle Beteiligten erst in ihrer Verstetigung und Entwicklung wahrnehmbar aus. Das vermeintliche Endstadium einer Krisenentwicklung, die Insolvenz, beinhaltet mit dem eigenständig im neuen deutschen Insolvenzrecht verankerten Ziel der Sanierung explizit die Möglichkeit einer Kehrtwende, einer Reaktivierung des Unternehmens.

2.2.3 Ergebnisse

Die Darstellung des Krisenverlaufs und die Einteilung der Krise in verschiedene Krisenphasen anhand der Ermittlung und Qualifizierung relevanter Krisenmerkmale be-

---

[119] Eigene Darstellung.

wirkt, dass die Insolvenz den Höhepunkt bzw. die letzte Phase eines Krisenprozesses eines Not leidenden Unternehmens symbolisiert. Die Insolvenz beschreibt aber nicht nur den Höhepunkt einer Krise im herkömmlichen betriebswirtschaftlichen Sinne, sondern sie bezeichnet vielmehr und insbesondere auch das Ende der Krise im positiven wie im negativen Sinne. Die Insolvenz wird durch das neue Verfahrensziel der Insolvenzordnung, den Erhalt des Unternehmens, zu einem weiteren Bestandteil des Krisenprozesses bzw. der Krisenbewältigung. Sie kann damit parallel zu den herkömmlichen Krisenbewältigungsmaßnahmen der Betriebswirtschaft zur Gesundung Not leidender Unternehmen eingesetzt werden. Zudem muss beachtet werden, dass die Insolvenz nicht nur das Ergebnis einer negativen Krisenentwicklung ist, sondern in jeder Krisenphase eintreten kann.

Ferner wird festgestellt, dass im Rahmen der Krisenfrüherkennungsforschung nur Symptome einer Krise gemessen werden, die Signale für die Entwicklung oder Existenz einer Krise geben. Ursache für die Krise sind diese Signale nicht. Die Bestimmung der Krisenursachen ist für erfolgreiche Krisenbewältigungsmaßnahmen unentbehrlich. Allerdings ist die Bestimmung der Krisenursachen mit zahlreichen Unsicherheiten verbunden, so dass nur in begrenzter Form Rückschlüsse auf deren Existenz und auf geeignete Bewältigungsmaßnahmen gezogen werden können. Die Krisenursachenforschung hat zwar übereinstimmende Ergebnisse für die Identifikation und Analyse der Ursachen festgestellt, eine allgemeine Theorie wurde jedoch bis heute nicht entwickelt.

Im Ergebnis haben die vorstehenden Ausführungen gezeigt, dass die Forschung aufgrund der Komplexität des Themengebietes keine allgemeine Theorie entwickelt hat, die eine Verbindung zwischen Entstehung, Bewertung und Bewältigung der Krise herstellt.[120] Somit konnte bislang auch keine allgemeingültige Aussage hinsichtlich der Ursachen- und Wirkungszusammenhänge in Bezug auf bestimmte Krisen und deren Bewältigung getroffen werden. Daraus lässt sich folgern, dass bisher keine anerkannte Theorie zur Unternehmenssanierung existiert.[121] So liegt die Vermutung nahe, dass jede Art von Unternehmenskrise zunächst individuelle Ursachen hat, sich situationsspezifisch unterschiedlich auswirkt und ebenso den individuellen Einsatz von Sanierungsinstrumenten zulässt.

---

[120] Vgl. *Krystek, U.*, Unternehmenskrisen, 1987, S. 3 sowie *Zirener, J.*, Sanierung, 2005, S. 12, *Gless, S.-E.*, Unternehmenssanierung, 1996, S. 109 sowie *Hommel, U./Knecht, T. C./Wohlenberg, H.*, Unternehmenskrise, 2006, S. 38.

[121] Vgl. *Gless, S.-E.*, Unternehmenssanierung, 1996, S. 109.

2.3 Interessenlagen in der Krise

Die unterschiedlichen Interessenlagen aller Beteiligten, die unabhängig von einer Krisensituation mit dem Unternehmen in Geschäftsverbindung stehen, sind Basis für Verhaltensveränderungen der Individuen. Das Gelingen einer Sanierung ist zwingend von der Bereitschaft der Beteiligten zu persönlichen Zugeständnissen abhängig.[122] Das erfordert ein genaues Verständnis der Interessen und der Anspruchsgrundlagen aller Beteiligten und eine moderierende Rolle von erfahrenen Sanierungsverantwortlichen.[123]

2.3.1 Beteiligte

In der Literatur werden die an einer Krisenbewältigung beteiligten Personen und Institutionen in „Träger des Sanierungsmanagements“ und „Träger der Sanierung“ unterteilt.[124] Die Träger des Sanierungsmanagements werden mit der Planung, Durchsetzung und Kontrolle des Sanierungskonzeptes betraut. Unter den Trägern der Sanierung versteht man die Beteiligten, welche die Kosten der Sanierung tragen. Die sich aus der Aufgabenzuweisung ergebenden Interessenslagen bestimmen deren Verhalten. Das individuelle Verhalten der Beteiligten führt im zunehmenden Krisenverlauf eines Unternehmens zwangsläufig zu Konflikten. Die Interessen der beteiligten Gruppen und deren typisches Verhalten werden im nachfolgenden dargestellt.

2.3.1.1 Träger des Sanierungsmanagements

Zu den einzelnen Interessen innerhalb der *Träger des Sanierungsmanagements* gibt nachfolgende Abbildung 9 (s. S. 34) einen Überblick.

Hauptaufgabe des Sanierungsmanagements ist die Bewältigung der Unternehmenskrise und die Erzielung nachhaltiger Erfolgspotentiale.[125] Die mit der Sanierung Beauftragten können dabei in unternehmensinterne- und externe Personen oder Gruppen aufgeteilt werden. Aus dem Unternehmen heraus kann ein Gesellschaftsvertreter, das oberste Management, das mittlere und untere Management oder ein Aufsichts- und Kontrollgremium das Sanierungsmanagement bei einem Krisenunternehmen

---

[122] Vgl. *Wlecke, U.*, Entwicklung, 2004, S. 42.

[123] Vgl. *Wlecke, U.*, Entwicklung, 2004, S. 56.

[124] Vgl. *Zirener, J.*, Sanierung, 2005, S. 59; *Gless, S.-E.*, Unternehmenssanierung, 1996, S. 60. Zum Begriff der Sanierung siehe Kap. 3.1.1.

[125] Vgl. *Böckenförde, B.*, Unternehmenssanierung, 1996, S 102.

Beteiligte		Finanzielle Interessen	Nicht-finanzielle Interessen
Unternehmensintern	Gesellschaftsvertreter	• Erhalt der Einkommensquelle Unternehmen	• Erhalt des sozialen Status
	Oberstes Management		
	Mittleres – unteres Management		
	Aufsichts-Kontrollgremium		
Unternehmensextern	Unternehmensberater Interimsmanager	• Erhalt der Einkommensquelle Unternehmen	• Erfolgreiches Sanierungsmandat für Imagesteigerung
	Bankenvertreter		
	Insolvenzverwalter		

Abbildung 9: Träger des Sanierungsmanagements und ihre Interessen[126]

übernehmen. Das oberste Management ist abhängig von der Gesellschaftsform der Vorstand oder die Geschäftsführer. Über die Frage, ob das Management, welches das Unternehmen verschuldet oder unverschuldet in die Krise geführt hat, für deren Bewältigung geeignet ist, gibt es unterschiedliche Auffassungen. Gegen die Einbindung des Managements spricht, dass das Versagen des Managements häufig selber die Ursache der Krise ist.[127] Weiter ist das Vertrauen der übrigen Beteiligten in das Management zumeist beschädigt. Auf der anderen Seite birgt der Wechsel des Managements die Gefahr eines Know-How-Abflusses aus dem Unternehmen.[128]

Aus dem mittleren und unteren Management können Fach- und Methodenspezialisten sowie Mitglieder der von den Krisenbewältigungsmaßnahmen betroffenen Fach-

[126] Eigene Darstellung.

[127] In den Ausführungen zu den Krisenursachen ist das Versagen des Managements ein wesentlicher Grund für das Entstehen von Unternehmenskrisen. Siehe hierzu die Ausführungen in Kap. 2.2.2.2.

[128] Vgl. *Spielberger, K.*, Krisenunternehmen, 1996, S. 29f.

bereiche als Träger des Sanierungsmanagements in Frage kommen.[129] Sie verfügen über detailliertes Wissen der spezifischen Probleme in einzelnen Unternehmensbereichen und haben die Führungskompetenz, Entscheidungen zur Lösung dieser Probleme durchzusetzen.[130] Deshalb eignet sich dieser Personenkreis auch zur Bewältigung einer Unternehmenskrise. Allerdings ist zu berücksichtigen, dass die Lösung von strategischen, gesamtunternehmerischen Problemstellungen dem speziell dafür ausgebildeten obersten Management vorbehalten ist.

Der Aufsichtsrat oder Beirat kann durch die Bildung von Ausschüssen und enge Zusammenarbeit mit dem obersten Management an der Führung und Sanierung des Unternehmens teilnehmen.[131] Diese Personengruppen nehmen ohnehin neben der gesetzlich vorgegebenen Kontroll- und Überwachungsfunktion häufig eine Unternehmensberaterrolle ein.

Hauptinteresse des unternehmensinternen Sanierungsmanagements ist der Erhalt des sozialen Status. Neben persönlichen Interessen wie Ansehen, Prestige und Image gilt das Hauptaugenmerk dem Erhalt der Erwerbsquelle. Das Unternehmen muss wieder in die Lage versetzt werden, Gewinne zu erzielen, damit das gesamte unternehmensinterne (Sanierungs-)Management ihre Arbeitsplätze und die Gesellschafter Ausschüttungen auf ihr finanzielles Engagement erhalten. Anders gelagert sind die Interessen des externen Sanierungsmanagements. Hierzu zählen insbesondere Unternehmensberater und Interimsmanager sowie in seltenen Fällen Bankenvertreter. Der wesentliche Unterschied zwischen internen und externen Sanierungsmanagement ist, dass in der Regel das externe Sanierungsmanagement nicht für die Ursache der Krise verantwortlich ist und mit den Krisenursachen offensiver umgehen kann. Es besteht die Gefahr, dass das interne Sanierungsmanagement bewusst Managementfehler der Vergangenheit zur Vermeidung späterer Inanspruchnahme vertuscht und so die Sanierung durch Vorenthaltung wichtiger Informationen behindert. Externe Sanierungsmanager leiten ihren Prestigegewinn aus dem Erfolg eines kurzfristigen Veränderungsprozesses ab. Wohingegen das interne Sanierungsmanagement bei Weitem nicht eine solche Bereitschaft zu radikalen Veränderungen hat. Da das externe Sanierungsmanagement projektbezogen gegen Vergütung arbeitet und die Vergütung in der Regel am Erfolg der Sanierung bemessen ist, steht bei externen Sanierungsmanagern das Wohl des Unternehmens im Fokus.

---

[129] Vgl. *Müller, R.*, Krisenmanagement, 1986, S. 429.

[130] Vgl. *Böckenförde, B.*, Unternehmenssanierung, 1996, S. 109.

[131] Vgl. *Böckenförde, B.*, Unternehmenssanierung, 1996, S. 107.

Auch der Insolvenzverwalter kann Träger des Sanierungsmanagements sein.[132] Wird ein Unternehmen innerhalb eines Insolvenzverfahrens saniert, ist er alleiniger Träger des Sanierungsmanagements. Der Insolvenzverwalter ist verantwortlich für die Planung, Durchsetzung und Kontrolle der Sanierung in der Insolvenz. Zur Verdeutlichung der Stellung des Insolvenzverwalters und des Insolvenzgerichts im Kreis der an einer Sanierung Beteiligten dient nachfolgende Abbildung 10:

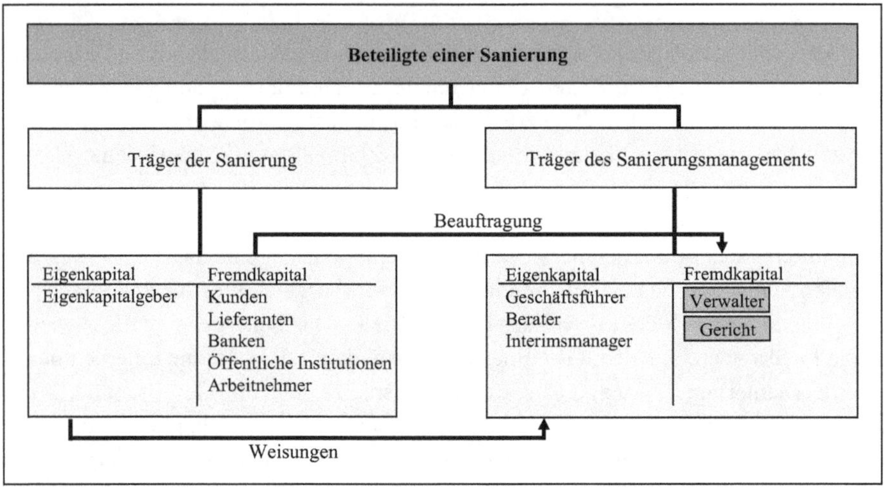

Abbildung 10: Stellung des Gerichts und des Insolvenzverwalters[133]

In einer Sanierung in der Insolvenz verlagern sich die Verfügungsrechte über das Unternehmen weg von den Eigenkapitalgebern hin zu den Fremdkapitalgebern. Im Gegensatz zu einer Sanierung außerhalb der Insolvenz, in der die Eigenkapitalgeber die Träger des Sanierungsmanagements bestimmen und Weisungen geben, wird der Insolvenzverwalter von den Fremdkapitalgebern beauftragt.

Auch der Insolvenzverwalter verfolgt dieselben Ziele wie ein externer Sanierungsmanager. Er muss bestrebt sein, die Sanierung in einem kürzest möglichen Zeitraum

[132] Im Zusammenhang mit der Schieflage von Opel wurde von der Bundesregierung eine Opel-Treuhand gegründet. Mit dem Treuhandmodell sollte Opel Vermögen vor dem Zugriff von Gläubigern geschützt werden, wenn der Mutterkonzern von Opel, General Motors, Insolvenz anmelden muss. Dabei sind zwei der von der Bundesregierung entsandten unabhängigen Mitglieder Insolvenzverwalter.

[133] Eigene Darstellung.

erfolgreich abzuschließen. Seine Vergütung wird berechnet nach der Insolvenzverwalter-Vergütungsverordnung (InsVV).[134] Je größer der von ihm erwirtschaftete Erfolg für die Gläubiger[135] desto höher ist seine Vergütung. Der Vergütungsanspruch ist in § 63 Abs. 1 InsO festgelegt. Demnach bestimmt sich die Höhe der Vergütung nach dem Umfang der Insolvenzmasse bei Beendigung des Insolvenzverfahrens. Schwierigkeiten des jeweiligen Verfahrens sind bei der Vergütung besonders zu berücksichtigen.[136] Die InsVV kennt nur eine untergeordnete Zeitkomponente in der Berechnung der Vergütung. Neben der unmittelbaren Vergütung hat der Insolvenzverwalter ein gesteigertes Interesse an seinem Image als erfolgreichem Sanierer, da dies der Garant für Folgemandate ist.

2.3.1.2 Träger der Sanierung

Als Träger einer Sanierung werden die Beteiligten bezeichnet, die die Kosten einer Sanierung tragen. Dies kann erfolgen durch die Zuführung von Eigenkapital oder durch Forderungsverzichte und neues Fremdkapital. Damit können die Träger der Sanierung unterteilt werden in Eigenkapital- und Fremdkapitalgeber. Die Gruppe der Eigenkapitalgeber ist von ihren Interessen homogen. Das vorrangige Interesse der Eigenkapitalgeber ist finanzieller Art und liegt in dem unbedingten Erhalt ihres Unternehmens und der Rettung des bislang eingesetzten Eigenkapitals. Durch erfolgreiche Sanierungsmaßnahmen möglicherweise wieder erwachsende Ausschüttungsaussichten für seine Anlage treiben den Eigenkapitalgeber dazu an, sich weiter (finanziell) zu engagieren. Dabei berücksichtigt er, dass bei einem Zusammenbruch des Unternehmens eventuell gegen ihn Haftungstatbestände und strafrechtliche Konsequenzen aufgrund Insolvenzverschleppungshandlungen bestehen können, wenn er zugleich Geschäftsführer des Unternehmens ist. Schlussendlich haben Eigenkapitalgeber über das gesellschaftsrechtliche Beteiligungsverhältnis hinausgehende Einkommensinteressen, wenn sie in Geschäftsführungs- oder Vorstands-Aufsichtsratspositionen vertreten sind.[137] Der Verlust ihres Unternehmens hat für die Eigenkapitalgeber auch Auswirkungen auf ihr Ansehen und ihren gesellschaftlichen Status. Ist ein Gesellschafter auch geschäftsführend für das Krisenunternehmen tätig, wiegt dieser Aspekt noch schwerer. Der Makel eines „Pleitiers“ lastet charakterabhängig schwer auf dem glücklosen Unternehmer.

---

[134] Vgl. § 1 Abs. 1 Satz 1 InsVV. Die InsVV vom 19.08.1998 ist zusammen mit der Insolvenzordnung am 01.01.1999 in Kraft getreten.

[135] Der vom Insolvenzverwalter für die Gläubiger erwirtschaftete Erfolg ist die nach Verfahrensende für eine Verteilung zur Verfügung stehende Teilungsmasse. Vgl. hierzu §§ 196, 197 InsO.

[136] Vgl. § 63 Abs. 1 Satz 3 InsO.

[137] Vgl. *Burger, A.*, Unternehmenskrise, 1988, S. 38.

Die Gruppe der Fremdkapitalgeber ist aufgrund unterschiedlicher Interessenlagen überaus heterogen. Die Heterogenität ergibt sich insbesondere durch eine unterschiedliche Gewichtung oder Priorisierung ihrer Einzelinteressen. Die wirtschaftlichen Interessen resultieren in erster Linie aus der individuellen Stellung zum Unternehmen. Gruppen mit gleichartigen wirtschaftlichen Interessen neigen dazu, gleich geartete Ansprüche zu verfolgen. Zur weiteren Analyse ist eine Untergliederung der Gruppe der Fremdkapitalgeber notwendig.

Interessen / Beteiligte	Finanzielle Interessen	Nicht-finanzielle Interessen
Kunden	• Rettung von Forderungen • Generierung zukünftiger potentieller Ertragschancen • Erhalt der Bezugsquelle (zukünftiger Support, Garantieleistungen)	• Aufrechterhaltung von Geschäftsbeziehungen • Wahrung von Synergiepotentialen
Lieferanten	• Rettung von Forderungen • Generierung zukünftiger potentieller Ertragschancen • Erhalt der Absatzquelle	• Aufrechterhaltung von Geschäftsbeziehungen • Wahrung von Synergiepotentialen
Banken	• Rettung von Forderungen • Optimale Sicherheitenverwertung • Erhalt der Absatzquelle	• Aufrechterhaltung von Geschäftsbeziehungen • Vermeidung eines Negativimages • Vermeidung von Sekundärinsolvenzen
Öffentliche Institutionen	• Rettung von Steuerforderungen • Ersparnis von sozialen Aufwendungen	• Erhalt des Steuersubjektes • Förderung von Beschäftigung, regionalen Wirtschaftsstrukturen und volkswirtschaftlichen Schlüsselprodukten
Arbeitnehmer	• Erhalt von Lohn und Gehalt	• Erhalt des eigenen Arbeitsplatzes

Abbildung 11: Träger der Sanierung und ihre Interessen[138]

Als Geschäftspartner des Krisenunternehmens werden im Wesentlichen Kunden und Lieferanten angesehen. Durch ihr sehr breites Spektrum an Möglichkeiten, das Unternehmen zu unterstützen, nehmen sie eine bedeutende Stellung im Sanierungsprozess des Unternehmens ein.[139] Kunden sind, wenn Sie bereits Anzahlungen für ein Produkt oder eine Dienstleistung ausgereicht haben, an der Erfüllung ihres Ver-

[138] Eigene Darstellung in Anlehnung an *Kudla, R.,* Finanzierung, 2005, S. 99; *Müller, R.,* Krisenmanagement, 1986, S. 308.

[139] Vgl. *Burger, A.,* Unternehmenskrise, 1988, S. 39.

trages oder an der Rückzahlung ihres geleisteten Einsatzes interessiert. Vorrangig ist der Kunde aber auf den Erhalt der Bezugsquelle für zukünftige Unterstützungs- und Garantieleistungen fokussiert. Ist der Kunde auf Lieferungen und Leistungen des Krisenunternehmens zur Generierung seines eigenen Unternehmenserfolges angewiesen, dann hat er auch ein gesteigertes Interesse an der Aufrechterhaltung der Geschäftsbeziehungen. Zur Sanierung können Kunden bspw. durch die Akzeptanz von Preissteigerungen oder die schnellere Bezahlung beitragen.[140]

Die Lieferanten sind für das Krisenunternehmen von großer Bedeutung, da sie die Funktionsfähigkeit des Unternehmens durch die Stellung von Dienstleistungen oder die Belieferung von Waren aufrechterhalten. Sie sind an der Erfüllung und Abwicklung ihres Vertragsverhältnisses, also der Sicherung ihrer bestehenden Forderungen interessiert. Daneben kann die Aufrechterhaltung der Geschäftsbeziehung zur Sicherung ihres Absatzes Motivation für ein weiteres Engagement sein.[141] Lieferanten können zur Unterstützung des Unternehmens bspw. besondere Zahlungskonditionen einräumen und Nachlasse gewähren. Durch den möglichen Untergang des Krisenunternehmens können sowohl für den Kunden als auch für den Lieferanten ihre eigene Existenz bedrohende Folgen entstehen. Ihr Bestreben ist daher auch zu verhindern, dass die Krisensituation des Geschäftspartners ähnliche Wirkungen im eigenen Unternehmen entfaltet.

Neben der Sicherung ihres finanziellen Engagements, der Partizipation an zukünftigen Geschäftserfolgen und der Vermeidung weiterer Nachteile für den eigenen Unternehmenserfolg haben die Geschäftspartner aber auch persönliche Gründe, eine Sanierung des Geschäftspartners zu unterstützen. Hierbei spielt geschäftliches Ansehen, Prestige und der Ruf in der Branche eine bedeutende Rolle. Dies ist insbesondere bei den Unternehmen wichtig, die in der Öffentlichkeit stark präsent sind. Lassen solche Unternehmen einen Geschäftspartner in schwierigen Zeiten im Stich, kann sich das auch rufschädigend für den Lieferanten auswirken.

Ein wesentlicher und einflussreicher Geschäftspartner in der Sanierungspraxis ist die Bank. Das Verhalten der Bank im Hinblick auf eine weitere Unterstützung entscheidet oftmals über den Fortbestand des Unternehmens, weil sie insbesondere bei Krisenunternehmen oftmals größter Fremdkapitalgeber ist. Das Hauptinteresse der Bank bei einem Krisenengagement ist die maximale Rückführung ihrer Kreditforde-

---

[140] Zu den finanz- und leistungswirtschaftlichen Sanierungsmaßnahmen siehe Kap. 3.1.4.2.

[141] Vgl. *Balz, M.,* Sanierung, 1986, S. 20.

rungen sowie der möglichst vollständige Erhalt der Zinszahlungen.[142] Damit verbunden ist die optimale Sicherheitenverwertung[143] bzw. eine Minimierung des nicht durch Sicherheiten gedeckten Risikos. Weiteres Interesse der Bank bei einem Krisenunternehmen ist die zukünftige Partizipation an potentiellen Gewinnchancen durch den Erhalt des Kunden. Die Entscheidung für ein Neuengagement ist gerade bei Unternehmen in existenzbedrohenden Lagen mit einem hohen Risiko behaftet. Drohen im Sanierungsprozess Ausfälle der Kreditforderungen, ist die Bank in der Regel nicht zu weiteren Engagements bereit. Bei ihrer Entscheidung berücksichtigt die Bank aber auch ihre Geschäftsbeziehung zu Unternehmen, die mit dem Krisenunternehmen in Geschäftsverbindung stehen. Der Zusammenbruch eines Unternehmens kann neben den direkt mit dem Krisenengagement zusammenhängenden finanziellen Verlusten auch Forderungsausfälle in anderen Engagements zur Folge haben.

Nicht zu unterschätzen ist das nicht-finanzielle Interesse der Bank, ein Unternehmen in einer Krisensituation zu unterstützen. Grundlage von Bankgeschäften sind Vertrauen, Bonität und ein positives Image in der Öffentlichkeit. Die Auswirkungen eines Reputationsverlustes der Bank muss bei der Entscheidung für oder gegen ein Sanierungsengagement mit einbezogen werden. In Krisen von Unternehmen mit erheblicher volkswirtschaftlicher oder regionaler Bedeutung kann die Bank zu öffentlichen Diskussionen gezwungen werden, die das Image und die zukünftige Geschäftstätigkeit der Bank erheblich positiv wie negativ beeinträchtigen.[144]

Öffentliche Institutionen haben ein gesamtwirtschaftliches Interesse am Fortbestand von Unternehmen. Zwar sind sie aufgrund ihrer gesetzlichen Verpflichtungen nur eingeschränkt in der Lage, finanzielle Zugeständnissen bei privatwirtschaftlichen Sanierungen zu machen. Vielmehr sind sie sogar zum Handeln gezwungen, wenn erste Anzeichen einer Unternehmenskrise öffentliche Abgaben beeinträchtigen. Die Frage, ob sich der Staat an privatwirtschaftlichen Sanierungen bspw. durch Bürgschaften oder Subventionen vor dem Hintergrund beschäftigungspolitischer Interessen beteiligen soll, wird kontrovers diskutiert. Zum einen hat die öffentliche Hand soziale Verantwortung, zum anderen darf aber keine Sozialisierung von Verlusten durch betriebswirtschaftlich ungerechtfertigte Sanierungsengagements erfolgen. Für Sanierungen von Unternehmen kann die öffentliche Hand lediglich die Rahmen-

---

[142] Ausführlich zu den Zielen der Banken im Sanierungsprozess vgl. *Finsterer, H.*, Kreditinstitute, 1999, S. 79ff.

[143] Im Regelfall haben sich Banken durch Sicherungsübereignung den Zugriff auf bestimmte Vermögensgegenstände des Unternehmens gesichert.

[144] Vgl. *Lüthy, M.*, Unternehmenskrisen, 1988, S. 264.

bedingungen für privatwirtschaftliche Engagements von Eigenkapital- und Fremdkapitalgebern zur Reaktivierung des Krisenunternehmens stellen.[145]

Befindet sich ein Unternehmen in der Insolvenz, rückt das Interesse der Vergangenheit, Forderungen zu erhalten und zu retten, in den Hintergrund. Das hauptsächliche Augenmerk von öffentlichen Institutionen richtet sich dann auf den Erhalt von Produktionskapazitäten, von Arbeitsplätzen und von regionalen Wirtschaftsstrukturen. Dabei wird berücksichtigt, dass der Wert eines Unternehmens und dessen Fortbestand nicht nur in den einzelnen mobilen und immobilen Vermögensgegenständen, sondern vielmehr auch in seiner funktionierenden Infrastruktur und seinen ökonomischen Beziehungen zu Dritten liegen. Im Ergebnis führt der Zusammenbruch eines Unternehmens bei öffentlichen Institutionen zum Ansteigen von sozialen Aufwendungen. Dies zu vermeiden, ist Anliegen von öffentlichen Institutionen.

In der Krise ihres Unternehmens haben die Arbeitnehmer Angst vor dem Verlust ihres Arbeitsplatzes und sehen ihre Einkommensquelle gefährdet. Sie haben ein erhebliches Interesse daran, weiterhin Lohn- bzw. Gehaltszahlungen zu erhalten, da der Verdienst für den Arbeitnehmer in der Regel die Lebensgrundlage darstellt. Je schlechter der Arbeitsmarkt funktioniert, desto bedrohlicher ist eine Entlassung.

In der Sanierungsphase kann die Angst vor dem Verlust des Arbeitsplatzes bei den Arbeitnehmern zu zweierlei Verhaltensweisen führen: durch das sich zumeist in einer Krisensituation angespannte Betriebsklima kann die Motivation und damit die Arbeitsintensität der Mitarbeiter nachlassen; andererseits kann der dringende Wunsch des Arbeitsplatzerhaltes und der damit verbundene Konkurrenzkampf zu einer Leistungssteigerung führen. Gefährlich für den Fortbestand des Unternehmens ist die „Negativauslese“ der Mitarbeiter, d.h. dass qualifizierte Mitarbeiter aufgrund der Krisensituation des Unternehmens abwandern. Damit kann dem Unternehmen wichtiges Know-how verloren gehen. Ist die Krisenbewältigung mit einem Führungswechsel verbunden, kann das entweder als Aufschwungsignal gewertet werden oder zu weiterer Verunsicherung der Arbeitnehmer führen.

Der psychologische Aspekt bei einem Verlust des Arbeitsplatzes ist nicht zu unterschätzen. Der Arbeitsplatz kann für den Mitarbeiter einen besonderen Wert besitzen, wenn er sich mit dem Unternehmen identifiziert.[146] Zudem geht bei einem Zusammenbruch des Unternehmens die Befürchtung und Angst einher, dass die gesellschaft-

---

[145] Vgl. *Burger, A.*, Unternehmenskrise, 1988, S. 46.

[146] Vgl. *Meyer-Haberhauer, S.*, Entscheidung, 2000, S. 82.

liche Stellung und das Ansehen sinken. So werden die Mitarbeiter großes Interesse haben, ihr Unternehmen vor dem Zusammenbruch zu bewahren.

2.3.2 Ziele der Beteiligten

Aus vorstehenden Ausführungen lassen sich die unterschiedlichen Interessen und Positionen aller Beteiligten, die unabhängig von einer Krisensituation miteinander in Geschäftsbeziehung stehen, auf folgende drei Hauptziele reduzieren: die maximale Befriedigung bestehender Forderungen, die Erreichung optimaler Gewinnchancen in der Zukunft und die Vermeidung eines negativen Images.

<table>
<tr><th colspan="2">Träger des Sanierungsmanagements</th><th>Träger der Sanierung</th></tr>
<tr><td colspan="3">Gemeinsame Ziele</td></tr>
<tr><td>• Maximale Befriedigung der bestehenden Forderungen</td><td>• Optimale zukünftige Gewinnchance</td><td>• Vermeidung einer negativen Beeinflussung des Images</td></tr>
</table>

Abbildung 12: Gemeinsame Ziele der Beteiligten[147]

2.3.3 Interessenkonflikte

Im vorangegangenen Kapitel sind zunächst die Einzelinteressen der Beteiligten erarbeitet und diese dann auf eine gemeinsame Zielvorstellung reduziert worden. Dabei ist die unterschiedliche Priorisierung der drei Zielvorstellungen bei den individuellen Beteiligten zunächst unbeachtet geblieben.

Die zunehmende Krisensituation eines Unternehmens beeinflusst aber das individuelle Verhalten und die Vorgehensweise der Beteiligten zur Durchsetzung ihrer Einzelziele sehr stark. Dies gilt deshalb, weil die Beteiligten bei Bemerken der Krise zumindest die Gefahr sehen, dass ihre Ansprüche bzw. Erwartungen an das Not leidende Unternehmen nicht mehr erfüllt werden können. Sie müssen also eine

[147] Eigene Darstellung.

Priorisierung ihrer Erwartungen vornehmen. Ein Ergebnis der Untersuchungen zur Krisenentwicklung war, dass der Handlungsdruck auf die Beteiligten mit zunehmender Krise größer wird und dass der Handlungsspielraum des Not leidenden Unternehmens abnimmt. Die Auswirkungen einer sich zuspitzenden Krise auf die Beteiligten prägen deren Anreize und deren Verhalten gegenüber dem krisenbehafteten Unternehmen und ihr Verhalten untereinander.[148] Das Problem zwischen den Beteiligten liegt dann in der unterschiedlichen Gewichtung der Einzelziele eines jeden Einzelnen. Eher finanziell orientierte Beteiligte werden der maximalen Befriedigung ihrer bestehenden Forderungen den Vorzug geben. Bei einem dem gemeinwirtschaftlichen Interesse verpflichteten Beteiligten kann die Vermeidung einer negativen Beeinflussung des Images höchste Priorität haben.

Die unterschiedlichen, individuellen Priorisierungsgrade der Einzelziele spielen also in Verbindung mit einer zunehmenden Krisensituation eine immer größere Rolle. Die Motivation der an einem Not leidenden Unternehmen Beteiligten zur Erreichung ihrer Ziele lässt sich in Abhängigkeit vom Konkretisierungsgrad der Höhe der eige-

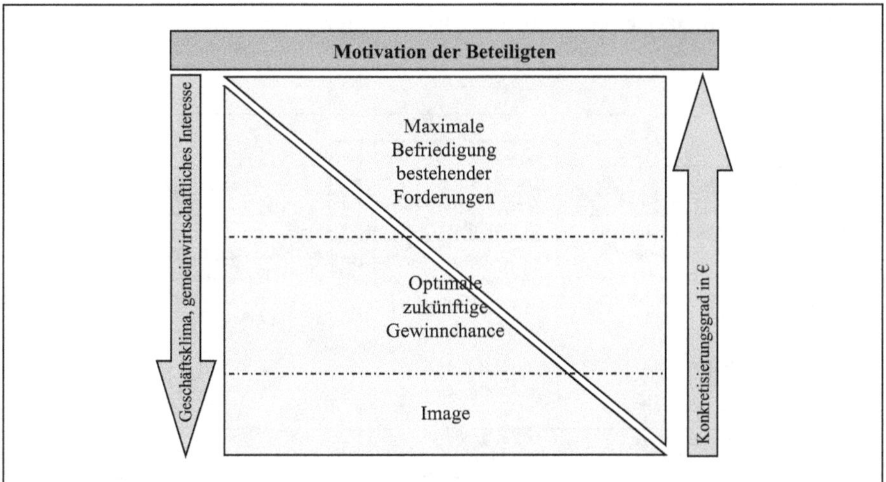

Abbildung 13: Motivation der Beteiligten[149]

[148] Dabei ist davon auszugehen, dass das Verhalten und die Anreize der Beteiligten nicht nur von Rationalität geprägt sind. Vielmehr sind Emotionen der Beteiligten zu berücksichtigen, wenn in der Ökonomie scheinbar irrationales Verhalten von Menschen beschrieben wird. Vgl. *Gelbrich, K.,* Überblick, 2005, S. 17.

[149] Eigene Darstellung.

nen Forderung in € und dazu entgegengesetzt in Abhängigkeit vom Geschäftsklima bzw. dem gemeinwirtschaftlichen Interesse vereinfacht darstellen (s. Abb. 13, S. 43).

Eine unterschiedliche Gewichtung ihrer Zielvorstellungen nehmen die Beteiligten also nur dann vor, wenn sie die Gefahr sehen, dass ihre Erwartungen an das Unternehmen aufgrund einer Krisensituation nicht mehr vollständig erfüllt werden können. Dann werden sie versuchen, ohne Berücksichtigung der Interessenlagen anderer Beteiligter ihr favorisiertes Ziel durchzusetzen. Da ein Not leidendes Unternehmen in einer Krisensituation aber nicht mehr über ausreichend Ressourcen zur Befriedigung aller Ansprüche und Erwartungen verfügt, kommen sich die Beteiligten ins Gehege. Es entstehen Interessenkonflikte. Die Ursache für dieses Problem wird in nachfolgendem Kapitel näher betrachtet.

2.3.3.1 Anreize und Verhalten der Beteiligten

Die Veränderung des Verhaltens der Individuen und des daraus resultierenden Insolvenzproblems in einer zunehmenden Krisenentwicklung kann ausgehend vom Kapitalmarkt als Teilmarkt einer Volkswirtschaft vereinfachend wie folgt beschrieben werden:

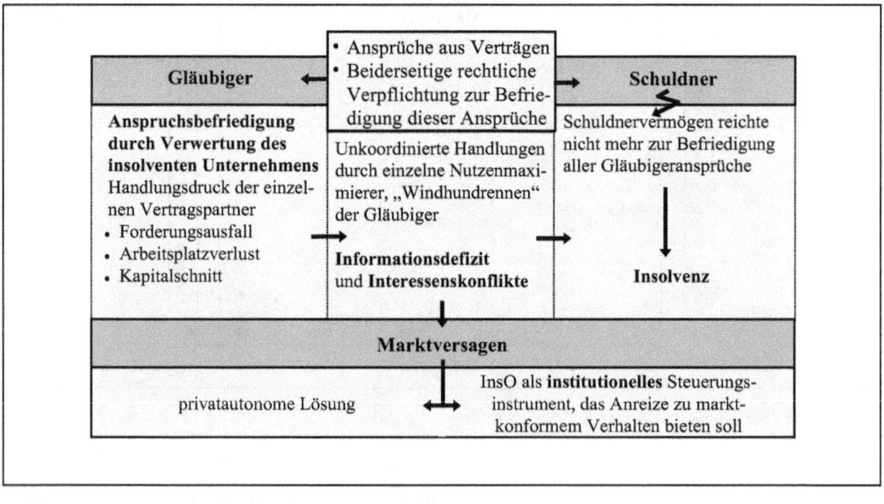

Abbildung 14: Insolvenz und Marktversagen am Kapitalmarkt[150]

150 Eigene Darstellung.

Am Kapitalmarkt stehen sich Anbieter (Gläubiger) und Nachfrager (Schuldner)[151] gegenüber, ein kapitalnachfragendes Unternehmen[152] tritt mit Finanz- bzw. Sachleistungsgebern in wechselseitige Geschäftsbeziehungen. Hieraus ergeben sich wechselseitige Ansprüche und Verpflichtungen. Damit diese von den Marktteilnehmern auch eingehalten werden, regeln gesetzliche Vorgaben und Verträge das wirtschaftliche Miteinander. Dabei werden insbesondere Eigentums- bzw. Verfügungsrechte der Beteiligten festgelegt. In einer Krisensituation ist das Not leidende Unternehmen als Marktteilnehmer nicht mehr in der Lage, alle seine Gläubiger zu bedienen.[153] Es entsteht eine Diskrepanz zwischen der wirtschaftlichen Leistungsfähigkeit des Not leidenden Unternehmens und seinen vertraglichen Pflichten (Verbindlichkeiten).[154] Verfügungsrechte können nicht mehr durchgesetzt werden. Ohne Reglementierung würden alle Gläubiger zur Befriedigung ihrer Ansprüche versuchen, individuell und zeitgleich auf das Schuldnervermögen zuzugreifen, da dies unter Zugrundelegung des „methodologischen Individualismus" für den „homo oeconomicus"[155] ein den eigenen Nutzen maximierendes Verhalten ist.[156] Zudem wird das Verhalten des Individuums durch im Krisenprozess entstehende Defizite in der Informationsverfügbarkeit und deren Beschaffung beeinflusst. Es drohen unkoordinierte und unkooperative Handlungen einzelner Marktteilnehmer. Sie holen für sich ohne Rücksicht auf die Gemeinschaftsinteressen im Wege der Einzelvollstreckung das Optimale heraus.[157] Es beginnt ein „Windhunderennen der Gläubiger"[158]. Es erfolgt eine Benachteiligung derjenigen Gläubiger, die als letzte Kenntnis von der Notsituation des Unternehmens erlangt haben. Das führt aufgrund des schwer kalkulierbaren Ausfallrisikos für alle Gläubiger zu Marktineffizienzen, die Wohlstandsverluste nach sich ziehen. Gegenseitige Verträge werden gebrochen, soweit der eigene Nutzenvorteil eventuelle Sank-

---

[151] Mit dem Abschluss von Verträgen entsteht zwischen Anbieter und Nachfrager einer Gläubiger-Schuldner-Beziehung. Gläubiger werden hier als die Personen definiert, die einen Anspruch aus einer Kreditbeziehung haben, Schuldner sind diejenigen, die eine Leistung erbringen müssen. Vgl. *Terhart, P.,* Chapter 11, 1996, S. 27.

[152] In der vorliegenden Arbeit wird der Schuldner als ein Unternehmen gesehen, nicht als natürliche Person.

[153] Vgl. *Lange, I.,* Unternehmenswerterhaltung, 2005, S. 1.

[154] Vgl. *Flessner, A.,* Reorganisation, 1982, S. 242.

[155] Vgl. *Wöhe, G.,* Betriebswirtschaftslehre, 1993, S. 45; *Eidenmüller, H.,* Effizienz, 1998, S. 4 sowie *Göbel, E.,* Institutionenökonomie, 2002, S. 22ff.

[156] Vgl. *Terhart, P.,* Chapter 11, 1996, S. 5f.

[157] Die Frage, ob ein Gläubiger im Rahmen der Einzelvollstreckung seinen persönlichen Nutzen maximiert oder sich der Gesamtheit der Gläubiger unterwirft, aus deren Sicht ein gemeinschaftliches Vorgehen vorteilhafter ist, bezeichnet man als sog. Gefangenendilemma. Siehe hierzu *Eidenmüller, H.,* Unternehmenssanierung, 1999, S. 19ff.

[158] So *Balz, M.,* Ziele,1997, S. 6.

tionen übersteigt.[159] Zugleich wird der noch verbleibende Vermögenswert des Not leidenden Unternehmens nicht optimal verwertet. Die volkswirtschaftliche Aufgabe besteht darin, in dieser Situation den optimalen Wert des Unternehmens zu erzielen, um den Schaden für alle Beteiligte zu minimieren.

Adam Smith hat in seinem 1776 erschienen Werk *„An Inquiry into the Nature and Causes of the Wealth of Nations"*[160] das Phänomen der Marktwirtschaft mit der Aussage beschrieben, Haushalte und Unternehmen wirken auf Märkten zusammen, als ob sie von einer „unsichtbaren" Hand zu guten Marktergebnissen geführt würden.[161] Dabei spielt insbesondere die größtmögliche gesellschaftliche Wohlfahrt eine bedeutende Rolle. In der Regel bringt diese unsichtbare Hand Märkte dazu, Ressourcen im Sinne einer Wahrung des allgemeinen Wohlstandsniveaus effizient und gerecht zu verteilen. Effizienz bedeutet hierbei, dass die Beteiligten aus ihren Ressourcen das Maximale herausholen. Gerechtigkeit bedeutet, dass die Nutzungen aus jenen Ressourcen fair unter den Beteiligten verteilt werden. Mit anderen Worten: Effizienz betrifft die Größe des ökonomischen Kuchen, Gerechtigkeit die Verteilung des Kuchens. Zwischen beiden Größen besteht ein Zielkonflikt.

Im Zusammenhang mit dem hier betrachteten Krisenunternehmen führt der Markt nicht mehr zu einer effizienten und gerechten Verteilung, weil die vorhandenen Unternehmensressourcen nicht mehr zur Verteilung an alle Anspruchsberechtigte ausreichen. Verträge, die mögliche Marktineffizienzen beseitigen sollten, können nicht mehr oder nur unvollständig erfüllt werden. Der Markt funktioniert nicht mehr, weil Eigentumsrechte der Beteiligten nicht mehr durchgesetzt werden können. Eine solche Situation wird als Marktversagen bezeichnet.[162]

Im Ergebnis werden die Zielvorstellungen der miteinander in Geschäftsbeziehung stehenden Unternehmen solange erfüllt, bis die Ressourcen eines Unternehmens nicht mehr zur Erfüllung aller Beteiligtenansprüche ausreichen. Ist das Unternehmen in seiner Existenz bedroht und gibt es nicht mehr ausreichend Verteilungsmasse, dann ergeben sich aus der notwendigen Umverteilung der begrenzten Ressourcen zahlreiche Interessenkonflikte. Dabei sind Interessenausgleiche und Kompromisslösungen deutlich schwerer durchzusetzen als in guten Zeiten. Es entstehen Verteilungskämpfe. Es wird versucht, erworbene Privilegien zu verteidigen oder gegen-

---

[159] Vgl. *Eidenmüller, H.*, Effizienz, 1998, S. 37.

[160] Vgl. *Smith, A.*, Wealth, 1776.

[161] Vgl. *Mankiv, G./Taylor, M.*, Volkswirtschaftslehre, 2008, S. 12.

[162] Vgl. *Baßeler, U./Heinrich, J./Utecht, B.*, Volkswirtschaft, 2006, S. 44.

wärtig schwache Positionen anderer Beteiligter auszunutzen. Für die Frage nach der Bewältigung einer Unternehmenskrise entsteht dann ein Interessenkonflikt, wenn für mindestens eine Beteiligtenpartei die Sanierung und damit die Fortführung des Unternehmens nachteiliger ist als die Liquidation des Unternehmens. Die Frage ist, wie mit dem skizzierten Interessenkonflikt umgegangen werden muss bzw. wie dieser gelöst werden kann.

2.3.3.2 Einzelne Interessenkonflikte

Die an einem Krisenunternehmen Beteiligten werden versuchen, im Rahmen ihrer Möglichkeiten ihre Eigeninteressen unter Umständen auch auf Kosten anderer Beteiligter durchzusetzen. Sie haben das Ziel, das für sie optimale Ergebnis im Sinne einer Vermögensmaximierung zu erreichen.[163] Die dabei entstehenden Konflikte der Beteiligten werden anhand der Reduzierung auf folgende Gruppen analysiert:

- Konflikte zwischen Eigen- und Fremdkapitalgebern
- Konflikte zwischen Fremdkapitalgebern untereinander
- Konflikte zwischen Trägern des Sanierungsmanagements und der Sanierung.

Die Unterteilung in Eigen- und Fremdkapitalgeber berücksichtigt, dass Eigen- und Fremdkapitalpositionen der Beteiligten hauptursächlich für Konfliktsituationen in der Krise eines Unternehmens sind.[164] Dabei ist in der Zusammenarbeit der verschiedenen Interessengruppen der Fremdkapitalgeber mit den Eigenkapitalgebern ein theoretisch und praktisch bedeutsames Problem zu sehen: Alle Beteiligten haben zwar das gemeinsame Ziel, möglichst hohe Kooperationsgewinne zu erzielen, aber im Hinblick auf die Verteilung der Gewinne haben sie strikt gegenläufige Interessen.[165]

2.3.3.2.1 Konflikte zwischen Eigen- und Fremdkapitalgebern

Die Interessen eines Eigenkapitalgebers sind homogen. Sie liegen im Erhalt seines Unternehmens und der Rettung seines eingesetzten Kapitals. Befindet sich sein Unternehmen in einer sich verschärfenden Krisensituation, dann verändert der Eigenkapitalgeber sein Verhalten, was dann zu Interessenkonflikten mit den Fremdkapitalgebern führen kann. Dies zeigt sich insbesondere am Beispiel seiner Risikopräferenz im Hinblick auf die Art der Sanierung des Not leidenden Unternehmens.

---

[163] Vgl. *Terhart, P.,* Chapter 11, 1996, S. 30.

[164] Vgl. *Lange, I.,* Unternehmenswerterhaltung, 2005, S. 24.

[165] Vgl. *Witt, P.,* Corporate, 2001, S. 85.

Je mehr sich der Wert des Not leidenden Unternehmens dem Wert der Ansprüche seiner Fremdkapitalgeber bzw. Gläubiger annähert, desto größer werden die Anreize des Eigenkapitalgebers, die Fremdkapitalgeber durch risikoreiche Entscheidungen zu schädigen. Dies gilt deshalb, weil der Eigenkapitalgeber bei Kapitalgesellschaften haftungsrechtlich auf sein Eigenkapital beschränkt ist. Insoweit kann dieser bei einer positiv verlaufenden Sanierung eine erhebliche Wertsteigerung seiner Anteile erreichen. Die Einbußen der Eigentümer bei einem Scheitern der Sanierungsbemühungen, die in letzter Konsequenz in einer Liquidation münden können, sind auf sein Eigenkapital begrenzt. Und dieses ist in der Krise eines Unternehmens ohnehin bereits weitgehend aufgezehrt. Der Eigenkapitalgeber präferiert also eine Sanierung, auch wenn sie risikoreich ist. Die Fremdkapitalgeber hingegen haben bei einem Scheitern der Sanierungsbemühungen den Totalausfall ihrer Forderungen zu befürchten. Sie bevorzugen eine risikoarme Sanierungsstrategie, die bei Misslingen ihren Ausfall geringer hält als eine risikoreiche Sanierung. Vom Gelingen der Sanierung profitieren die Fremdkapitalgeber nur insoweit, als sie Zinszahlung und Tilgung der Kredite sichert. Das nachfolgende Schaubild von *Fischer* verdeutlicht diese unterschiedlichen Risikoeinstellungen von Eigen- und Fremdkapitalgebern bei Sanierungen im Vorfeld einer Insolvenz:

	Eigenkapitalgeber		**Fremdkapitalgeber**	
Handlungs-alternativen	Verlauf der Sanierung			
	positiv	negativ	positiv	negativ
Risikoarme Sanierung	Geringe Wertsteigerung der Anteile	Anteile in der Regel wertlos	Zinsertrag aus Kreditvergabe	Geringe Gefährdung der Ansprüche
Risikoreiche Sanierung	Erhebliche Wertsteigerung der Anteile	Anteile in der Regel wertlos	Zinsertrag aus Kreditvergabe	Erhebliche Gefährdung der Ansprüche
Liquidation	Anteile in der Regel wertlos		Ansprüche bleiben (ohne Zinsertrag) bestehen	

Abbildung 15: Interessenkonflikt zwischen Eigen- und Fremdkapitalgebern[166]

[166] Vgl. *Fischer, T.,* Agency, 1999, S. 17.

Könnten sich die Fremdkapitalgeber vollständig über die Situation des Unternehmens informieren und die Handlungen der Eigenkapitalgeber beobachten, würde der beschriebene Konflikt nicht entstehen. Informationen über das Not leidende Unternehmen sind aber zwischen den beiden Gruppen asymmetrisch verteilt. Eigenkapitalgeber haben Informationsvorsprünge, insbesondere wenn sie geschäftsführend tätig sind.

Die Beziehung der beiden Gruppen kann als Prinzipal-Agenten-Beziehung beschrieben werden.[167] In einer solchen ist das Handeln beider Akteure durch ihre jeweiligen spezifischen, eigennutzenmaximierende Ziele und Interessen bestimmt.[168] So entsteht das Moral-Hazard-Problem[169], d. h. dass der Eigenkapitalgeber nach Vertragsschluss möglicherweise Handlungen vornimmt, die der Fremdkapitalgeber nicht beobachten kann, die aber seine Position schwächen können. Mit dem moralischen Risiko ist gemeint, dass Wirtschaftssubjekte deswegen hohe Risiken eingehen, weil sie aus ihren Handlungen Nutzen ziehen, wenn sie erfolgreich sind, aber im Falle des Misserfolgs nicht in vollem Umfang die Verluste tragen müssen. Der Fremdkapitalgeber kann aufgrund der fehlenden Spezialkenntnisse über das operative Geschäft des Not leidenden Unternehmens nicht beurteilen, ob die Eigenkapitalgeber bzw. Eigentümer und Manager dieses Unternehmens die richtigen Investitionsentscheidungen treffen. Es besteht die Gefahr, dass die Fremdkapitalgeber bzw. Gläubiger ausgebeutet werden, sobald der Wert des Unternehmens den Wert der Gläubigeransprüche unterschreitet. Dann forcieren die Eigenkapitalgeber eigennützige Ziele, nämlich die Werststeigerung bzw. „Rückgewinnung" ihrer Unternehmensanteile.

Solche Informationsasymmetrien zwischen den Beteiligten verursachen Misstrauen und bewirken ein Kontroll- und Überwachungsverlangen der Fremdkapitalgeber, die sich gegen die Risiken der Schlecht- oder Falschinformation schützen müssen.[170] Das legt die Vermutung nahe, dass Verhaltensanreize bzw. Regelungen gefunden werden müssen, die die Eigenkapitalgeber dazu veranlassen, gläubigerschädigende Maßnahmen zu unterlassen.

---

[167] Zur Prinzipal-Agenten-Theorie siehe Kap. 2.3.5.2.

[168] Vgl. *Jost, P-J.*, Prinzipal-Agenten-Theorie, 2001, S. 15.

[169] Vgl. *Goebel, I.*, Institutionenökonomie, 2002, S. 103.

[170] Die schlechter informierte Partei muss sich gegen die Risiken des agency Problems schützen und muss für diese Kontroll- und Überwachungshandlungen Kosten auf sich nehmen, die sie an den Schuldner bspw. in Form höherer Zinsen für die aufgenommenen Darlehen weitergibt.

2.3.3.2.2 Konflikte zwischen Fremdkapitalgebern

Die heterogenen Präferenzen jeder einzelnen Anspruchsgruppe ergeben Zieldivergenzen und Interessenkonflikte innerhalb der Gesamtgruppe der Fremdkapitalgeber. Mitarbeiter präferieren unbedingt eine Sanierung des Unternehmens, weil ihre erste Präferenz der Erhalt ihres Arbeitsplatzes ist. Dagegen wollen sich Lieferanten mit Eigentumsrechten dem Risiko, ihr Sicherungsgut in einer möglicherweise erfolglosen Sanierung zu verlieren, nicht aussetzen. Vertreter staatlicher Institutionen achten ebenfalls auf den Erhalt möglichst vieler Arbeitsplätze und sind zu Sanierungsbeiträgen eher bereit als die Banken, die die maximale Befriedigung ihrer Forderungen unabhängig einer Fortführung des Unternehmens vorziehen.

Vor der Insolvenz stellen Fremdkapitalgeber dem Unternehmen zeitlich befristet Geld- oder Sachkapital mit dem Ziel einer adäquaten Verzinsung zur Verfügung.[171] Befindet sich das Unternehmen in der Krise können die Vermögensansprüche der Beteiligten nicht mehr durch die Ressourcen des Unternehmens erfüllt werden. Dabei sind die Fremdkapitalgeber generell vorrangig daran interessiert, eine Maximierung ihrer bestehenden Forderungen zu erwirken. Sobald die Krise eines Unternehmens bei den Geschäftspartnern augenscheinlich wird, rücken zumindest kurzfristig die weiteren Ziele, nämlich die Aussicht auf optimale zukünftige Gewinnchancen oder die Minimierung von Imageschäden in den Hintergrund.

Bei Unterstellung, dass der Fortführungswert den Liquidationswert des Not leidenden Unternehmens übersteigt, ermöglicht nur die Sanierung und Fortführung des Unternehmens die Realisierung eines potentiellen Kooperationsgewinnes für alle Fremdkapitalgeber. Der Wertschöpfung dieses Kooperationsgewinnes steht jedoch die individuelle Wertbeanspruchung des einzelnen Fremdkapitalgebers bzw. Gläubigers gegenüber.[172] Der Einzelne steht vor der Entscheidung, seinen Anspruch an das Not leidende Unternehmen kooperativ mit anderen Gläubigern oder im Rahmen von Einzelzwangsvollstreckungsmaßnahmen individuell einzufordern. Die erste Variante setzt vollständiges Vertrauen in die Handlungen der anderen Marktakteure voraus. Letztere Variante kann dazu führen, dass dem Unternehmen die Existenzgrundlage entzogen wird und damit Sanierungsmaßnahmen und eine Fortführung des Unternehmens nicht mehr möglich sind. Dann führt das opportunistische, eigennutzenmaximierende Verhalten einzelner Gläubiger dazu, dass sinnvolle Fortführungs-

[171] Vgl. *Lange, I.*, Unternehmenswerterhaltung, 2005, S. 52.

[172] Vgl. *Eidenmüller, H.*, Banken, 1996, S. 352.

alternativen verhindert werden.[173] Dabei werden diejenigen Fremdkapitalgeber bzw. Gläubiger benachteiligt, die als letzte Kenntnis von der Notsituation des Unternehmens erlangt und als letzte Einzelvollstreckung beantragt haben. Ursache für ein solches Verhalten liegt im Glauben des einzelnen Gläubigers, dass seine Entscheidung keinen Einfluss auf die Frage nach einer Fortführung oder Liquidation des Schuldnerunternehmens hat.[174] Er ist der Annahme, dass auch mit seiner möglicherweise nicht im Gemeininteresse liegenden Entscheidung das Unternehmen von den anderen Gläubigern fortgeführt und saniert wird. Diese Situation ist als Trittbrettfahrerproblem bekannt.[175] Dabei hat jeder Kapitalgeber einen Anreiz, im Krisenbewältigungsprozess keine eigenen Vermögenspositionen aufzugeben und auch keine höheren Risikopositionen einzugehen, sondern Sanierungsbeiträge der anderen Beteiligten einzufordern bzw. abzuwarten.[176] Verfolgt jeder Einzelne diese individuell dominante Strategie, trägt keiner etwas zur Sanierungsfinanzierung bei. Ohne Kooperation aller Gläubiger kann die Notlage des Unternehmens zu einer für alle Gläubiger nachteiligen Situation führen. Dabei wird zumeist nicht der optimale Unternehmenswert realisiert.

Die Existenz von Fremdkapitalgebern, die sich im Vermögen des Not leidenden Unternehmens mit Eigentumsrechten gesichert und damit eine besondere Rechtsstellung inne haben, erschwert eine effiziente Verteilung des Unternehmensvermögens zusätzlich. Dies gilt aufgrund des beschriebenen Verhaltensanreizes, eine maximale Befriedigung der Forderung einer potentiellen Gewinnchance vorzuziehen. Bevorrechtigte Gläubiger haben einen klaren Anreiz, ihre Sicherheiten sofort zu verwerten und nicht den Ausgang einer Sanierung abzuwarten. Gut besicherte Gläubiger stehen einer risikoreichen Sanierung skeptisch gegenüber, weil ihr Vermögenszuwachs im Gegensatz zu schlecht oder gar nicht besicherten Gläubigern nur geringfügig ist. Dies gilt ebenfalls für die Sanierung innerhalb eines Insolvenzverfahrens. Die besicherten Gläubiger haben einen Anreiz, ihre Sicherheiten zu verwerten, damit dem Unternehmen die Geschäftsgrundlage zu entziehen und es der Zerschlagung freizugeben. Dieses Interesse der besicherten Gläubiger steht damit bspw. in krassem Widerspruch zu den an einem möglichst langfristigen Unternehmenserhalt interessierten Arbeitnehmern.

---

[173] Vgl. *Eidenmüller, H.*, Unternehmenssanierung, 1999, S. VI.

[174] Vgl. *Lange, I.*, Unternehmenswerterhaltung, 2005, S. 30.

[175] Vgl. *Eidenmüller, H.*, Unternehmenssanierung, 1999, S. 126.

[176] Vgl. *Witt, P./Schönbucher, G.*, Unternehmenskrisen, 2006, S. 571.

Folgende Abbildung 16 zeigt den typischen Interessenkonflikt zwischen im Vermögen des Not leidenden Unternehmens ungesicherten und gesicherten Gläubigern im Zusammenhang mit einer risikoreichen oder risikoarmen Sanierung im Gegensatz zu einer Liquidation:

	Ungesicherte Gläubiger		**Gesicherte Gläubiger**	
	Verlauf der Sanierung			
	positiv	negativ	positiv	negativ
Risikoarme Sanierung	Geringe Wertsteigerung der Ansprüche	Ansprüche in der Regel wertlos	Zinsertrag aus Kreditvergabe	Ansprüche bedroht (wenn der Wert des Sicherheitsguts sinkt)
Risikoreiche Sanierung	Erhebliche Wertsteigerung der Ansprüche	Ansprüche in der Regel wertlos	Zinsertrag aus Kreditvergabe	Ansprüche u.U. erheblich bedroht (wenn der Wert des Sicherheitsguts sinkt)
Liquidation	Anteile in der Regel wertlos		Ansprüche bleiben (ohne Zinsertrag) bestehen	

Abbildung 16: Interessenkonflikt zwischen ungesicherten und gesicherten Gläubigern[177]

Im Ergebnis können aufgrund der beschriebenen, divergierenden Gläubigerinteressen außergerichtliche Sanierungsversuche scheitern. Wenn sich die Fremdkapitalgeber bzw. Gläubiger in einer Krisensituation ihres Geschäftspartners nicht zu einem kollektiven Verhalten entschließen, ist eine Sanierung kaum durchführbar. Auch eine Sanierung in der Insolvenz erfordert eine kollektive Gläubigerentscheidung zur Reaktivierung eines Not leidenden Unternehmens. Allerdings kommt es hier nicht auf Einzelentscheidungen an, sondern vielmehr auf mehrheitliche Abstimmungen.[178]

2.3.3.2.3 Konflikte zwischen Trägern des Sanierungsmanagements und der Sanierung

Die Hauptaufgabe der externen und internen Träger des Sanierungsmanagements ist die Bewältigung der Unternehmenskrise in einem kürzest möglichen Zeitraum sowie

[177] Vgl. *Fischer, T.*, Agency, 1999, S. 22.

[178] Zu den Möglichkeiten, die Abstimmungsergebnisse in einem Insolvenzplan durch strategische Gruppenbildung zu beeinflussen siehe Kap. 3.4.3.5.2.

die Erzielung nachhaltiger Erfolgspotentiale. Dabei werden die Sanierungsverantwortlichen von den Unternehmenseigentümern ausgewählt. Sie können jedoch abweichende Interessen verfolgen, die zu Zielkonflikten innerhalb dieser beiden Gruppen führen.

Außerhalb eines gerichtlichen Sanierungsverfahrens können sich zwischen den Eigentümern des Unternehmens als Prinzipale und dem Sanierungsbeauftragten als Manager Zielkonflikte ergeben, die mit dem bereits beschriebenen Prinzipal-Agenten-Modell abgebildet werden können.[179] Es sind dieselben Interessenkonflikte, die bereits zwischen den Eigen- und Fremdkapitalgebern bei einer zunehmenden Krisenentwicklung beschrieben wurden.[180] Der Eigentümer als Prinzipal überträgt die Durchführung der Sanierung auf einen Agenten, den Manager. Damit ist der Eigentümer vom Handeln des Sanierungsbeauftragten abhängig. Zu seiner Kontrolle muss er dessen Handlungen beobachten können und über vollständige Informationen verfügen. Aus diesem Verhältnis entstehen Interessenkonflikte. Der Eigentümer hat das Interesse, den Wert seines Unternehmens zu maximieren und ist daher an einer bestmöglichen Durchführung der Aufgabe durch den Agenten interessiert. Der Sanierungsbeauftragte will seine Entlohnung maximieren und dabei seine Arbeitskosten minimieren.[181]

Eine besondere Interessenlage besteht im Zusammenwirken von Eigentümer, dem Träger des Sanierungsmanagements und den Mitarbeitern bzw. Mitarbeitervertretungen. Der häufig mit einer Sanierung verbundene Abbau von Arbeitsplätzen oder der notwendige Lohn- und Gehaltsverzicht führen in der Praxis regelmäßig zu scharfen Konflikten zwischen den Eigentümern und Trägern des Sanierungsmanagements auf der einen und den Mitarbeitern auf der anderen Seite. Hierbei ist zu unterstellen, dass die Interessen des Eigentümers mit denen des Trägers des Sanierungsmanagement gleichgeartet sind, nämlich die Krisensituation zu beseitigen und nachhaltige Erfolgspotentiale durch Kosteneinsparungen zu erzielen. Bei Kosteneinsparungen im Personalbereich hat der mit der Sanierung beauftragte Manager auch personalpolitische Aufgaben von den Eigentümern übertragen bekommen.[182] Aus der Erfüllung dieser

[179] Detailliert zur Prinzipal-Agent Beziehung wird auf die Ausführungen in Kap. 2.3.5.2 verwiesen.

[180] Siehe Kap. 2.3.3.2.1.

[181] Vgl. *Jost, P.-J.*, Prinzipal-Agenten-Theorie, 2001, S. 17.

[182] Obwohl die Eigentümer des Unternehmens die Ergebnisse von Lohnverhandlungen oder Entlassungen finanziell positiv wie negativ zu tragen haben, treffen sie nur in seltenen Fällen direkt aufeinander. Die Aufgabe wird an das Management delegiert. Eine Ausnahme hiervon bildet bei Unternehmen bestimmter Größenordnung die Mitbestimmung der Arbeitnehmer über ein Kontrollgremium wie bspw. über Aufsichtsratsmandate. Vgl. *Witt, P.*, Corporate, 2001, S. 96f.

Aufgabe und den Interessen der Mitarbeiter entstehen Konflikte. Während die Mitarbeiter vorrangig ihren Arbeitsplatz erhalten und einen möglichst hohen Lohn bei geringem Arbeitseinsatz erzielen wollen, ist das Management an notwendigen Kosteneinsparungen im Personalbereich interessiert. Auch auf dieses Verhältnis lassen sich Prinzipal-Agenten-Modelle anwenden.[183]

Bei einer Sanierung in der Insolvenz beauftragt die Gläubigergemeinschaft bei positiver Fortbestehensprognose den Insolvenzverwalter mit der Fortführung des Not leidenden Unternehmens. So entsteht ebenfalls eine Prinzipal-Agenten-Situation zwischen der Gläubigergemeinschaft als Prinzipal und dem Insolvenzverwalter als Agenten. Ob sich daraus auch die beschriebene Problematik ergibt ist umstritten. Alle das Unternehmen betreffende Informationen werden beim Insolvenzverwalter gebündelt. Dieser ist in erster Linie der erfüllung der Gläubigerinteressen verpflichtet.[184] Der Insolvenzverwalter hat aber auch eigene Interessen. So hat er neben monetären Interessen seinen Ruf als guter Insolvenzverwalter beim Insolvenzgericht und in der Öffentlichkeit zu verteidigen. Die zukünftige Bestellung als Insolvenzverwalter ist zum einen von der Zufriedenheit des Insolvenzgerichts mit seiner Arbeit und zum anderen von seiner Wahrnehmung in der Öffentlichkeit abhängig. Diese Motivationen stehen nicht im Zielkonflikt mit den Gläubigerinteressen, eine maximale Befriedigung ihrer Forderungen zu erhalten. Vielmehr decken sich beide Interessenlagen. Hier liegt ein wesentlicher Unterschied zwischen dem Sanierungsmanager in der freien Sanierung und dem mit der Reaktivierung eines Not leidenden Unternehmens beauftragten Insolvenzverwalter.

Der Umstand, dass es kaum Interessenkonflikte zwischen Gläubigergemeinschaft und Insolvenzverwalter gibt, ist zwei Besonderheiten des Insolvenzverfahrens geschuldet: zum einen ist die Höhe der Verwaltervergütung bereits durch gesetzliche Bestimmungen geregelt und vom erwirtschafteten Erfolg abhängig. Zum anderen sieht das Gesetz Kontrollmechanismen für den Insolvenzverwalter vor. So können die den Verwalter indirekt bevollmächtigenden Gläubiger sein Handeln kontrollieren, um sicherzustellen, dass dieses auch ihren Präferenzen entspricht. Eine Kontrolle und ein Lenken der Handlungen des Insolvenzverwalters erfolgt über die Gläubigerversammlung oder die Einrichtung eines Gläubigerausschusses.[185] In der Praxis werden

[183] Vgl. *Witt, P.*, Corporate, 2001, S. 97.

[184] Vgl. *Littkemann, J./Madrian, J.-P.*, Prinzipal-Agenten-Ansatzes, 2000, S. 85.

[185] Die Gläubigerversammlung als Entscheidungsorgan für alle Gläubiger entscheidet über den Fortgang des Verfahrens, sie kann etwa den Insolvenzverwalter abwählen (§ 57 InsO) oder

(Fortsetzung auf S. 55)

diese Institutionen allerdings nur wenig von den Gläubigern genutzt, um Einfluss auf das (Sanierungs-)Verfahren zu nehmen.[186] Reduziert man das Ziel der Gläubiger auf den maximalen Erhalt ihrer Forderungen, lässt sich hierfür eine Erklärung finden. Die durchschnittlichen Quotenzahlungen auf die Forderungen der Gläubiger nach Abschluss eines Insolvenzverfahrens sind sehr gering. Sie liegen zwischen 2 und 5%.[187] Dies rechtfertigt in vielen Fällen kein intensives Engagement. Allerdings wiegen die monetären und persönlichen zukünftigen Vorteile beim Erhalt des Not leidenden Unternehmens für die Geschäftspartner und Mitarbeiter in den meisten Fällen höher, so dass bei diesen Interessengruppen viel mehr Engagement zu erwarten ist.

2.3.4 Fazit

Zunächst wurden die individuellen Zielvorstellungen der an einem Sanierungsprozess Beteiligten erarbeitet. Aus den unterschiedlichen Zielvorstellungen haben sich grundsätzlich drei gemeinsame Ziele der an einem Unternehmen Beteiligten herauskristallisiert: die maximale Forderungsbefriedigung, die Aussicht auf zukünftige Gewinnchancen und die Vermeidung einer negativen Imagebeeinflussung. Im Zusammenhang mit dem durch eine sich zuspitzende Krise zunehmenden Handlungsdruck auf die Beteiligten wurde festgestellt, dass sich die Gewichtung bzw. Priorisierung dieser Einzelziele verändern kann. Dadurch verändern sich auch das Verhalten und die Art der Anspruchsdurchsetzung der Beteiligten gegenüber dem Not leidenden Unternehmen.

Wesentliches Anzeichen für die Verschärfung einer Krisensituation ist die sich beim Unternehmen entwickelnde Diskrepanz zwischen wirtschaftlicher Leistungsfähigkeit und Erfüllung seiner vertraglichen Verpflichtungen. Die Reaktion der Be-

---

185 *(Fortsetzung von S. 54)* einer Betriebsveräußerung gem. § 162 InsO zustimmen. Neben der vom Gesetzgeber zwangsweise existierenden Gläubigerversammlung kann optional ein Gläubigerausschuss einberufen werden (§ 67 InsO), der den Insolvenzverwalter unterstützen, aber auch kontrollieren soll. Ein Gläubigerausschuss wird in der Praxis in der Regel bei größeren Insolvenzverfahren eingerichtet.

186 Siehe hierzu die Ausführungen in Kap. 3.2.3.2 und 3.2.3.3 zur Gläubigerversammlung und zum Gläubigerausschuss.

187 Das Institut für Mittelstandsforschung Bonn hat die Deckungsquoten bei allen beendeten Regelinsolvenzverfahren nach Schlussverteilung in Nordrhein-Westfalen aus den Jahren 2002 bis 2007 untersucht. Bei Schlussverteilungen konnten lediglich 3,6% der festgestellten Forderungen durch die verfügbare Insolvenzmasse befriedigt werden. Vgl. *Institut für Mittelstandsforschung*, Quoten, 2009, S. 12.

teiligten, ihre Einzelziele im Zusammenhang mit einer Krisensituation zu priorisieren und diese dann entschlossener, also mit stärkeren juristischen Mitteln durchzusetzen, resultiert im Wesentlichen aus zwei Gründen: So wird zum einen dem homo oeconomicus ein eigennutzenmaximierendes Verhalten unterstellt und zum anderen bestehen Defizite in der Verfügbarkeit und Beschaffung von relevanten Informationen. Dies führt zu dem Dilemma, dass bei einem Unternehmen in einer Krisensituation ein gemeinschaftliches Vorgehen aller Beteiligten zur Krisenbewältigung oftmals nicht zustande kommt.

Zusammengefasst führen folgende Umstände dazu, dass sinnvolle Sanierungsmaßnahmen an Interessenkonflikten der Beteiligten scheitern:

1. Im Allgemeinen divergieren die Interessen der Beteiligten sehr stark. Zwar haben die an einer Sanierung Beteiligten das gemeinsame Interesse am Überleben und am langfristigen Erfolg des Not leidenden Unternehmens, aber bezüglich des Zeitablaufes und der Sanierungsbeiträge liegen durchaus unterschiedliche Interessen vor. Manche profitieren von einer Fortführung und präferieren die Aussicht auf eine zukünftige Gewinnchance. Andere sind an einer maximalen Erfüllung ihrer Ansprüche, mithin einer kompletten Rückzahlung ihrer Forderungen interessiert. Wieder andere haben aus Imagegründen ein gesamtwirtschaftliches Interesse am Fortbestand eines Not leidenden Unternehmens.

2. Dabei ist der Ausgangspunkt für eine Entscheidung der Beteiligten die Einschätzung, welche Liquidations- und welche Fortführungswerte mit dem Not leidenden Unternehmen zu erzielen sind. Die Basis dieser Einschätzung sind die zur Verfügung stehenden Informationen über das Unternehmen. Aus asymmetrisch verteilten Informationen resultieren unterschiedliche Erwartungen an das Unternehmen.

3. Die Beteiligten entwickeln unterschiedliche Risikopräferenzen im Hinblick auf ihre Bereitschaft, Sanierungsmaßnahmen zu unterstützen. Das *Moral-Hazard-Problem* beschreibt, dass einzelne Beteiligte Handlungen vornehmen können, die ein Anderer nicht beobachten kann, die aber seine Position schwächen könnten.

4. Jeder einzelne Beteiligte hat einen Anreiz, seine Vermögensposition im Sanierungsprozess nicht aufzugeben und kein höheres Risiko einzugehen. Er kann alternativ Sanierungsbeiträge anderer Beteiligter einfordern oder abwarten. Dieses Problem ist als *Trittbrettfahrerproblem* bekannt. Jeder Einzelne verfolgt seine Interessen individuell ohne Blick auf das Gemeininteresse, weil er davon ausgeht,

dass seine Entscheidung ohnehin keinen Einfluss auf den Sanierungserfolg des Not leidenden Unternehmens hat.

5. Die Verfügungsrechte der einzelnen Beteiligten divergieren. Manche verfügen über sie privilegierende Sicherungsrechte und sehen keine Veranlassung, diese für ein Sanierungsvorhaben, das sie nur begrenzt kontrollieren und beeinflussen können, zu riskieren.

Im Ergebnis führen diese Verhaltensmuster zu Interessenkonflikten zwischen den Beteiligten. Diese wiederum führen zu Marktineffizienzen, die Wohlstandsverluste nach sich ziehen. Der in einer Krisensituation verbleibende Vermögenswert des Not leidenden Unternehmens wird dann nicht optimal verwertet.

2.3.5 Erklärungsansätze der Neuen Institutionenökonomie

Im Rahmen der zuvor dargestellten Konflikte stellt sich die Frage, ob es theoretische Forschungsansätze gibt, die sich mit individuellen Verhaltensweisen von miteinander in Geschäftsbeziehung stehenden Marktakteuren beschäftigen und die möglicherweise Lösungen zur Bewältigung der beschriebenen, potentiellen Interessenkonflikte aufzeigen. Dies gilt in besonderem Maße für die Neue Institutionenökonomie, die daher hier auf das Problem des Reaktivierungsmanagements angewendet werden soll.

Eine zentrale Fragestellung der Neuen Institutionenökonomie lautet, wie Institutionen das individuelle Verhalten beeinflussen und wie umgekehrt individuelles Verhalten Institutionen hervorbringt.[188] So beschäftigen sich die Forschungsansätze der Neuen Institutionenökonomie generell mit Koordinations- und Motivationsproblemen von Marktteilnehmern, zu deren Bewältigung Institutionen notwendig sind.[189] Institutionen kanalisieren Handlungen von Individuen in dem Sinne, dass sie die Anreize der Individuen beeinflussen.[190] Sie haben dabei die Funktion, das Wohlstandsniveau von interagierenden Marktakteuren zu heben.[191] Dabei geht die Neue Institutionenökonomie nicht davon aus, dass Marktakteure vollständige und valide Informationen besitzen, sondern unterstellt, dass Informationen asymmetrisch verteilt sind und Anreize für opportunistisches Verhalten bieten.

---

[188] Vgl. *Lenk, T.,* Mikroökonomie, 2005, S. 128.

[189] Vgl. *Göbel, E.,* Institutionenökonomie, 2002, S. 54f.

[190] Vgl. *Erlei, M./Leschke, M.,/Sauerland, D.,* Institutionenökonomie, 1999, S. 23.

[191] Vgl. *Zimmermann, K. F.,* Entwicklungen, 2002, S. 155.

Die wichtigsten Bereiche der Neuen Institutionenökonomik sind

- der Verfügungsrechteansatz,
- die Prinzipal-Agenten-Theorie und
- der Transaktionskostenansatz.

Bei der nachstehenden Betrachtung der einzelnen Bereiche der Neuen Institutionenökonomie wird untersucht, ob die theoretischen Ansätze auch auf die Situation eines Unternehmens in der Krise anwendbar sind und welche Institution das Verhalten der Individuen hervorbringt.

2.3.5.1 Verfügungsrechteansatz

Der Verfügungsrechteansatz untersucht die Verteilung der Verfügungsrechte an einer Ressource und deren Auswirkungen auf die Handlungsanreize der beteiligten Vertragsparteien. Als Verfügungsrecht wird dabei die Berechtigung verstanden, über materielle oder immaterielle Ressourcen zu verfügen.[192] In der Praxis können sich Probleme bei der Zuteilung der Verfügungsrechte, bei der Durchsetzung der Verfügungsrechte und bei den Folgen der Nutzung von Verfügungsrechten ergeben. Bei gemeinschaftlichem Eigentum einer Ressource kann sich beispielsweise die Zuteilung, Bemessung und Durchsetzung der Verfügungsrechte als sehr schwierig und kostenaufwändig erweisen.[193] Eine weitere entscheidende Rolle neben der Verteilung der Verfügungsrechte spielt die Art der Verteilung einzelner Rechte an einer Ressource auf verschiedene Personen.

Bezogen auf den Fall „Not leidendes Unternehmen“ existieren Verfügungsrechte zahlreicher Personen. Sie haben vertraglich geregelte oder gesetzliche Verfügungsberechtigungen am Not leidenden Unternehmen. Das Recht an einem Vorratsgut ist bspw. auf den Unternehmer und den Lieferanten verteilt. So überlässt der Lieferant dem Unternehmer gegen ein gewisses Entgelt die Nutzung an einer von ihm gelieferten Ware. Der Unternehmer kann dann die Ware in seinem Sinne verwerten, wohingegen der Lieferant das Recht auf Bezahlung der Ware hat. Aufgrund der oben getroffenen Annahme des homo oeconomicus werden die beiden Inhaber der Verfügungsrechte versuchen, ihren jeweils eigenen Nutzen zu maximieren. Der Unternehmer wird die Ware verkaufen oder verarbeiten, so dass eine Rückgabe an den Lieferanten erschwert ist und der Lieferant wird versuchen möglichst sofort für seine Leistung bezahlt zu werden.

---

[192] Vgl. *Göbel, E.*, Institutionenökonomie, 2002, S. 67.
[193] Vgl. *Göbel, E.*, Institutionenökonomie, 2002, S. 69.

Die gesamtwirtschaftliche Herausforderung besteht darin, diese Verfügungsrechte optimal zuzuteilen. Die Theorie der Verfügungsrechte untersucht, welche Verteilung der Verfügungsrechte zu welchen Verhaltenswirkungen der Beteiligten führt. Eine Änderung der Verfügungsrechte kann durch individuelle, privatautonome Verhandlungen zwischen den beteiligten Parteien oder aber durch einen staatlichen Eingriff erfolgen. Werden Verfügungsrechte verändert, hat dies einen signifikanten Einfluss auf den Ablauf von Markttransaktionen. Die Änderungen der Verfügungsrechte verursachen wiederum Transaktionskosten, die dem Mehrwert einer Änderung von Verfügungsrechten aus Effizienzgesichtspunkten gegenübergestellt werden müssen.

Bei einem Not leidenden Unternehmen reichen die vorhandenen Vermögenswerte nicht mehr aus, um alle diejenigen zu befriedigen, die Verfügungsrechte an der „Ressource" Not leidendes Unternehmen geltend machen. Maximieren nun alle Beteiligte, die ein Recht an dieser Ressource haben, ihren jeweilig eigenen Nutzen, so führt dies – aus dem Gesichtspunkt des Kollektivs der Rechteinhaber bei unzureichend vorhandenen Vermögenswerten – zu einer gesamtwirtschaftlich ineffizienten Verteilung. Einzelne Beteiligte werden benachteiligt. Das macht eine Institution notwendig, die

- die einzelnen Verfügungsrechte neu verteilt,
- die Verfügungsrechte der Einzelnen nur für das Kollektiv durchsetzt, um eine für die Gemeinschaft der Verfügungsberechtigten gerechte Verteilung zu ermöglichen und
- die die negativen Folgen der Nutzung der Verfügungsrechte des Einzelnen zum Wohle aller Verfügungsberechtigten einschränkt.

Als eine solche Institution kann die Insolvenzordnung gesehen werden. Ihr Ziel ist es zum einen, die einzelnen Gläubigeransprüche an das Vermögen eines Not leidenden Unternehmens, das nicht mehr zur Bedienung all seiner Gläubigeransprüche ausreicht, zu bündeln, mithin den einzelnen Gläubigern ihre Verfügungsrechte neu zuzuteilen. Des Weiteren setzt diese Institution die Rechte der Gläubiger im Kollektiv gegenüber dem Unternehmensvermögen im Kollektiv durch und gewährleistet eine dem gemeinwirtschaftlichen Wohlstandsoptimum verpflichtete Verteilung des vorhandenen Unternehmensvermögens. Dabei muss sie die Folgen der Nutzung einzelner Verfügungsrechte einschränken. Am deutlichsten wird die Funktion der Insolvenzordnung in Bezug auf den Verfügungsrechteansatz durch die Regelung, dass nach Insolvenzeröffnung die Verwaltungs- und Verfügungsbefugnis über das Vermögen des Not leidenden Unternehmens vom Management auf den Insolvenzverwalter übergeht. Der Insolvenzverwalter vertritt die Interessen des Gläubigerkollektivs und nicht die Interessen nur einzelner Gläubiger und er lässt keine für das Unternehmensvermögen insgesamt negativen Verfügungen mehr zu.

2.3.5.2 Prinzipal-Agenten-Theorie

Die Prinzipal-Agenten-Problematik wurde bereits bei der Darstellung der Interessenkonflikte in Kapitel 2.3.3.2 erwähnt. Die Prinzipal-Agenten-Theorie beschäftigt sich mit aus Informationsasymmetrien resultierenden Motivations- und Koordinationsproblemen bei mindestens zwei Entscheidungsträgern. Sie strebt eine Erklärung der Verteilung von Risiken und Verfügungsrechten sowie der optimalen Anreizintensität an.[194] Grundsätzlich wird vereinfachend die folgende Situation unterstellt: In einem Unternehmen delegiert eine Partei, der Prinzipal (Eigentümer), die Erfüllung von Geschäftsführungsaufgaben an einen Auftragnehmer, den Agenten (Manager). Dafür bietet der Prinzipal dem Agenten einen Vertrag an, der die Übertragung der Durchführung des Auftrages und die Entlohnung regelt.[195] Aus der Handlung des Agenten zieht der Prinzipal einen Nutzen, deshalb bezahlt er ihn dafür.[196] Dabei sind die Interessen von Prinzipal und Agent üblicherweise nicht völlig deckungsgleich. In dieser Beziehung bestehen zudem Informationsasymmetrien dahingehend, dass es dem Prinzipal nicht möglich ist, die von seinem Agenten vorgenommene Alternativenabwägung bei einer Entscheidung zu beobachten.[197] Der Prinzipal wird nur mit dem Ergebnis dieses Abwägungsprozesses konfrontiert. Der Agent hat aufgrund seiner intensiven Auseinandersetzung mit dem Unternehmen als Manager gegenüber dem Prinzipal einen Wissens- bzw. Informationsvorsprung und kann diesen den eigenen Nutzen maximierend ausnützen. So hat er Anreize, seinen Arbeitseinsatz zu reduzieren oder Kapital des Unternehmens zu veruntreuen. Der Interessenkonflikt zwischen beiden Vertragspartnern entsteht dadurch, dass die Zielerreichung eines Vertragspartners (des Prinzipals) vom Handeln des anderen Vertragspartners (des Agenten) abhängt. Der Prinzipal hat das Interesse, den Wert seines Unternehmens zu maximieren. Der Agent hat das Interesse, seine Bezüge und seinen nicht-finanziellen Nutzen zu maximieren. Hierzu kann er Informationen unterdrücken oder verzerrt weitergeben. Der Agent kann Handlungsspielräume ausnutzen, weil der Prinzipal aufgrund seines Informationsdefizits keine konkreten Handlungsanweisungen geben und den Agenten nicht kontrollieren kann. Das Problem der unterschiedlichen Interessen und der Informationsasymmetrien liegt darin, dass der Agent seinen Nutzen auch dann maximieren wird, wenn seinem Vorteil ein größerer Schaden beim Prinzipal gegenübersteht.[198] Dann entstehen insgesamt Wohlfahrtsverluste.

---

[194] Vgl. *Erlei, M./Leschke, M.,/Sauerland, D.*, Institutionenökonomie, 1999, S. 69.

[195] Vgl. *Jost, P.-J.*, Prinzipal-Agenten-Theorie, 2001, S. 17.

[196] Vgl. *Lenk, T.*, Mikroökonomie, 2005, S. 136.

[197] Vgl. *Göbel, E.*, Institutionenökonomie, 2002, S. 62.

[198] Vgl. *Baßeler, U./Heinrich, J./Utecht, B.*, Volkswirtschaft, 2006, S. 31.

Die ökonomische Forschung hat intensiv für die aus der Trennung von Eigentum und Verfügungsgewalt resultierenden Agency-Probleme nach Lösungen gesucht.[199] Dies kann in erster Linie durch Anreizsysteme ermöglicht werden, die die Interessenlage beider Parteien einander näher bringen. Beispielsweise ist eine erfolgsorientierte Managementvergütung ein wichtiger Anreiz für den Agenten, sich vertragskonform zu verhalten, weil nur durch Erfüllung der Zielvereinbarung ein Einkommenszuwachs möglich ist. Des Weiteren ist die Kontrolle der Tätigkeit des Managers eine Möglichkeit, Agency-Probleme zu lösen. Allerdings entstehen dann Kontrollkosten, die mit den eingesparten Agency-Kosten zu vergleichen sind. Notwendig sind in jedem Fall Institutionen, die das Anreiz- und Kontrollproblem beseitigen können.

In einer arbeitsteiligen Volkswirtschaft entstehen dauernd Prinzipal-Agenten-Beziehungen in Form von Auftraggeber-Auftragnehmer Beziehungen. Im Regelfall existieren Prinzipal-Agenten-Beziehungen bei Unternehmen zwischen den Eigentümern eines Unternehmens und dessen Management oder zwischen den Eigentümern und den Fremdkapitalgebern. Eine ebensolche Situation existiert bei einem Unternehmen in einer fortgeschrittenen Krisensituation auch zwischen den Eigentümern eines Unternehmens und den Fremdkapitalgebern. Zur Erläuterung des Konfliktes zwischen Eigen- und Fremdkapitalgebern wird auf die Erläuterungen in Kapitel 2.3.3.2.1 verwiesen.

Im Falle der Insolvenz existiert eine Prinzipal-Agent-Situation[200] auch zwischen der Gesamtheit der Gläubiger und jedem einzelnen Gläubiger. Eine solche Situation wird in Kapitel 2.3.3.2.2 bei den Interessenkonflikten zwischen den Fremdkapitalgebern eines Not leidenden Unternehmens dargestellt.

Eine weitere Prinzipal-Agenten-Situation kann zwischen der Gläubigergesamtheit als Prinzipal und dem Insolvenzverwalter als Agent gesehen werden.[201] Hier wird auf die Ausführungen in Kapitel 2.3.3.2.3 zu Interessenkonflikten zwischen den Trägern des Sanierungsmanagements und den Trägern der Sanierung verwiesen.

---

[199] Vgl. *Fischer, T.*, Agency, 1999, S. 10.

[200] Wird bei einem insolventen Unternehmen die Eigenverwaltung nach §§ 270ff. beantragt, wird die Prinzipal-Agenten-Beziehung zwischen dem Alteigentümer und den Gläubigern mit der Besonderheit einer strengeren Überwachung des Prinzipals durch den Sachwalter und den Gläubigerausschuss fortgeführt. Zur Eigenverwaltung ausführlich vgl. Kapitel 3.4.2.

[201] Der Insolvenzverwalter wird in der vorliegenden Arbeit als Agent gesehen, weil er originär betriebswirtschaftliche Aufgaben übernimmt. Vgl. *Littkemann, J./Madrian, J.-P.*, Prinzipal-Agenten-Ansatzes, 2000, S. 85. Auf die Frage, welche Rechtsstellung er tatsächlich einnimmt, wird im Rahmen dieser Untersuchungen nicht näher eingegangen.

Die drei wesentlichen Bausteine, die der Prinzipal-Agenten-Theorie zugrunde liegen, sind Interessenkonflikte, Informationsasymmetrien und unterschiedliche Risikoeinstellungen zwischen Prinzipal und Agenten.[202] Diese drei Bausteine definieren auch das Verhältnis der an einem Not leidenden Unternehmen Beteiligten. Mit zunehmender Krise verschärfen sich dabei die Interessenkonflikte und die Informationsasymmetrien.

2.3.5.3 Transaktionskostenansatz

Der beschriebene Prinzipal-Agenten-Ansatz kann die Interaktionsprobleme der Beteiligten im Insolvenzfall gut beschreiben. Der Transaktionskostenansatz als weiteres Teilgebiet der Institutionenökonomie kann das Ausmaß von Interaktionsproblemen erklären.[203] Der Transaktionskostenansatz stellt grundsätzlich fest, dass die Koordination und Motivation von Handlungen auf den Märkten nicht friktions- und kostenfrei möglich sind.[204] Bei der Beschaffung von Informationen, dem Abschluss von Verträgen, der Kontrolle der Leistungserbringung etc. entstehen Transaktionskosten. Grundsätzlich sind Handlungen bzw. Transaktionen dann im Hinblick auf das gewünschte Ziel effizient, wenn sie im Vergleich zu anderen Vertrags- oder Organisationsformen die geringsten Transaktionskosten[205] erzeugen.[206] Als Transaktionen gelten dabei der (vertragliche) Leistungsaustausch von Gütern und Dienstleistungen zwischen mindestens zwei Vertragspartnern.

Bei der Beschaffung von Informationen entstehen Transaktionskosten, die je nach Art und Qualität der Informationen unterschiedlich hoch sind. Daraus resultiert eine asymmetrische Verteilung von Informationen zwischen den Vertragspartnern, weil sich nicht jeder Entscheidungsträger die zur Informationsbeschaffung notwendigen Transaktionskosten „leisten" kann. Transaktionskosten werden bei einem Vertrag weiterhin durch die Vorbereitung des Vertragabschlusses, den Vertragsabschluss selbst und die anschließende Überwachung der im Vertrag vereinbarten Bedingungen verursacht.[207]

---

[202] Vgl. *Jost, P.-J.*, Prinzipal-Agenten-Theorie, 2001, S. 23.

[203] Vgl. *Göbel, E.*, Institutionenökonomie, 2002, S. 63.

[204] Vgl. *Lange, I.*, Unternehmenswerterhaltung, 2005, S. 5.

[205] Der Begriff der Transaktionskosten ist wissenschaftlich nicht exakt festgelegt. Nach *Eidenmüller* sind Transaktionskosten eng ausgelegt solche Kosten, die bei der Nutzung des Preismechanismus anfallen, weit ausgelegt werden auch die Kosten, die durch die Schaffung und Nutzung von Institutionen ausgelöst werden, mit einbezogen. Vgl. *Eidenmüller, H.*, Effizienz, 1998, S. 99.

[206] Vgl. *Lange,I.*, Unternehmenswerterhaltung, 2005, S. 6.

[207] Vgl. *Göbel, E.*, Institutionenökonomie, 2002, S. 129.

Über die tatsächliche wirtschaftliche Situation eines Not leidenden Unternehmens im Vorfeld einer Insolvenz haben die einzelnen Beteiligten, hier insbesondere die Eigenkapitalgeber, das Management und die Fremdkapitalgeber unterschiedliche Informationen. Es kommt also auf den Zugang zu Informationen und auf die Kosten an, die der Einzelne zur Überwachung der mit dem Not leidenden Unternehmen vereinbarten Vertragsbedingungen aufzuwenden hat. Ökonomisch effizient ist es hier, die Transaktionskosten zur Informationsbeschaffung für alle Beteiligten zu senken. Dazu kann eine Institution installiert werden, die eine einheitliche Informationsbeschaffung für mehrere Beteiligte gewährleistet.

Eine solche Institution ist die Insolvenzordnung. Sie trägt dafür Sorge, dass die Gläubiger eines Not leidenden Unternehmens gemeinschaftlich über die Situation und den Fortgang des Unternehmens unterrichtet werden. Die Insolvenzordnung senkt die Transaktionskosten, weil sie die asymmetrisch verteilten Informationen der Marktteilnehmer über die neutrale Instanz des Insolvenzgerichts und des Insolvenzverwalters ausgleicht und die Marktunvollkommenheit damit abschwächt. Die Implementierung der Institution und deren Instanzen verursacht jedoch neue Transaktionskosten. Diese müssen der Verminderung der Transaktionskosten, die durch die Beseitigung des Marktversagens erreicht wurden, entgegengesetzt werden.

In Bezug auf ein Not leidendes Unternehmen kann die Transaktionskostentheorie einen Erklärungsansatz dafür liefern, warum bestimmte Reaktivierungsmaßnahmen besser oder schlechter sind. Besser sind die Maßnahmen, die das gleiche Ergebnis zu geringeren Transaktionskosten erreichen. Ein Vergleich der Transaktionskosten für eine außergerichtliche Sanierung eines krisenbehafteten Unternehmens mit denen einer Reaktivierung nach den Maßgaben der Insolvenzordnung ergibt beispielsweise, welche Alternative besser ist.[208] Insofern dient die Transaktionskostentheorie als Grundlage und Hilfestellung zur Erforschung der Forschungsfrage, unter welchen Voraussetzungen und in welcher Form Reaktivierungsmanagement der klassischen Sanierung überlegen ist.

[208] So kann die Höhe der Transaktionskosten zunächst ausschlaggebend für die Wahl von außergesetzlichen, privatautonomen Verhandlungen oder aber auch für eine gesetzliche Insolvenzlösung sein. Des Weiteren spielen sie eine Rolle, wenn die Wahl für privatautonome Verhandlungen getroffen wurde und es für die Beteiligten einen Anreiz gibt, schnell zu einer Einigung zu kommen, damit die Transaktionskosten niedrig bleiben und der Kooperationsgewinn nicht noch mehr geschmälert wird. Vgl. *Eidenmüller, H.*, Effizienz, 1998, S. 89f.

2.3.6 *Lösungsansätze zur Beseitigung von Interessenkonflikten*

Als gemeinsame Zielvorstellung der an einem Krisenunternehmen Beteiligten wird die Krisenbewältigung sanierungswürdiger- und fähiger Unternehmen vermutet. Die bisherigen Ausführungen haben aber gezeigt, dass aufgrund der Vielzahl der möglichen individuellen Interessen, deren individuell unterschiedlicher Gewichtung und der daraus resultierenden Interessenkonflikte zwischen den an einer Sanierung Beteiligten die Ableitung dieses einen allgemeingültigen Zieles nur eingeschränkt richtig ist. Es trifft nur zu, wenn alle Beteiligten vollständig darauf vertrauen können, dass ihre individuellen Erwartungen und Ziele durch die Sanierung des Unternehmens auch vollständig erfüllt werden.[209] Im Rahmen einer Krisenbewältigung ist dies aber in der Regel unrealistisch. Die Beteiligten müssen Zugeständnisse im Hinblick auf ihre Erwartungen machen. Zu solchen Zugeständnissen sind Beteiligte aber nur in begrenztem Ausmaß bereit. In der Bereitschaft zu Zugeständnissen liegt aber der Schlüssel für einen in der Krise zwingend notwendigen Kompromiss zwischen allen Beteiligten zum Wohle des Not leidenden Unternehmens.

Diese Bereitschaft zu Zugeständnissen kann zum einen im Rahmen privatautonomer Verhandlungen mit den Beteiligten erfolgen. Hierbei muss mit allen an dem Not leidenden Unternehmen Beteiligten eine vertragliche Übereinkunft gefunden werden, die freiwillige Sanierungsbeiträge der Beteiligten vorsieht. Dabei können alle Maßnahmen ergriffen werden, die im Rahmen der hier definierten klassischen Sanierung vorgesehen sind. Der Versuch, in einer solchen freien Sanierung einen Konsens aller Beteiligten zu erreichen, steht unter Zeit-, Finanzierungs- und Handlungsdruck. Seitens der Gläubiger möchte jeder seinen Anspruch maximal durchsetzen, der Schuldner wird aufgrund der sich zuspitzenden Umverteilungsprobleme seiner Ressourcen zunehmend handlungsunfähig. Dabei unterstellen die Spielregeln der freien Sanierung aber, dass ausreichend Ressourcen zur Befriedigung der Beteiligtenansprüche vorhanden sind. Eine freiwillige Einigung der Vertragspartner kann nur dann unproblematisch erfolgen, wenn keiner der Beteiligten durch die Vertragsinhalte schlechter gestellt wird, als er ohne vertragliche Regelungen stehen würde. Bei einem Not leidenden Unternehmen kann aufgrund der begrenzt vorhandenen Ressourcen die Situation, in dem keiner schlechter gestellt wird, nur schwer erreicht werden.[210] Daher gilt, dass die Mittel der klassischen Sanierung begrenzt sind.[211]

---

[209] Vgl. *Jost, P.-J.*, Prinzipal-Agenten-Theorie, 2001, S. 14.

[210] Vertragliche Regelungen, die kein Individuum schlechter stellen, als es vor vertraglicher Regelung stand, können als pareto-optimal bezeichnet werden.

[211] Vgl. *Zirener, J.*, Sanierung, 2005, S. 61.

Ein Kompromiss zur Sanierung und Reaktivierung eines Not leidenden Unternehmens kann auch dadurch erreicht bzw. erzwungen werden, dass jeder einzelne Beteiligte gesetzlich zu Verhaltensweisen angewiesen wird, die zugleich im Interesse der anderen Beteiligten liegen.[212] Mit abnehmenden Ressourcen im Unternehmen erhöht sich der Handlungsdruck auf die Beteiligten und es gilt, Rahmenbedingungen zu schaffen, die die fehlenden Ressourcen berücksichtigen und neue Spielregeln für die Verteilung der Ressourcen festlegen. *„Notwendig erscheinen deshalb Regelungen, die den Kreditmarkt funktionsfähig machen, d. h. ihn vor Marktversagen und möglicher Austrocknung bewahren. Gesucht sind deshalb institutionelle Regelungen, die mehr leisten, als lediglich festzuschreiben, was zu tun ist, wenn ein Schuldner zahlungsunfähig ist."*[213] Die Insolvenzordnung gibt solche Rahmenbedingungen vor, institutionalisiert diese.[214] Diese institutionalisierte Kompromissfindung liegt dem Reaktivierungsmanagement zugrunde.

2.4 Zusammenfassung

Wenn ein Unternehmen in wirtschaftliche Not gerät und voraussichtlich dauerhaft seine Zahlungsverpflichtungen nicht mehr erfüllen kann, entsteht das Problem, wie das zur Verfügung stehende Vermögen auf die konkurrierenden Ansprüche aller Beteiligter verteilt werden soll. Dabei sind grundsätzlich zwei Lösungsalternativen denkbar: bestehende Interessenkonflikte können den Beteiligten im Rahmen privatautonomer Verhandlungen selbst zur Lösung überlassen werden. Allerdings haben die an einem Not leidenden Unternehmen Beteiligten bereits sehr viel Vertrauen in die Leistungsfähigkeit des Unternehmens verloren, so dass ein gütlicher Konsens mit Aussicht auf eine erfolgreiche Sanierung in vielen Fällen immer schwieriger wird. Neben dem verlorengegangenen Vertrauen können auch Akkordstörer[215] eine einvernehmliche Lösung verhindern. Führt das freie Spiel der Kräfte in der Notsituation des Unternehmens keine Koordination der widerstreitenden Interessen aller Beteiligter herbei, muss eine Regelungsinstanz installiert werden, d. h. es muss eine subsidiäre

[212] Vgl. *Schmidt, R. H.,* Analyse, 1980, S. 29.

[213] *Drukarczyk, J.,* Unternehmen, 1987, S. 56.

[214] Institutionen regeln zentrale Fragestellungen des menschlichen Zusammenlebens. Vgl. *Göbel, E.,* Institutionenökonomie, 2002, S. 17.

[215] In der Rechtssprechung werden als Akkordstörer solche Gläubiger bezeichnet, die ihre Ansprüche uneingeschränkt gegen den Schuldner durchsetzen, auch wenn die überwiegende Mehrheit der anderen Gläubiger einen anderen Weg, z. B. einen außergerichtlichen Einigungsversuch, gehen wollen.

gesetzliche Regelung gelten. Hohe Koordinations- und Informationskosten machen eine privat organisierte Bündelung aller Interessen sowie die sich hieraus ergebende optimale Entscheidung über die Verwertung des Schuldnervermögens oftmals unmöglich. Deshalb hat sich hierfür ein System von marktkorrigierenden Normen institutionalisiert, die einen effizienten Ablauf der Marktmechanismen vorgeben.[216] Die Insolvenzordnung ist eine solche vom Gesetzgeber geschaffene marktkorrigierende Norm.[217]

Die Insolvenzordnung schafft Anreize für ein vertragskonformes Verhalten. Sie versucht durch generelle Regelungen Ersatz für unzureichende Verträge und Pläne zu schaffen.[218] Einzelinteressen werden den Kollektivinteressen untergeordnet, um die Notlage eines Unternehmens als gemeinsames Problem vor dem Hintergrund des wohlfahrtsökonomischen Effizienzziels zu lösen. Durch die Insolvenzordnung erfolgt zum einen die zwangsweise Übertragung aller Verfügungsrechte der Schuldner auf einen Insolvenzverwalter, zum anderen werden feste Regeln für die Verteilung des Schuldnervermögens und damit für die Befriedigung der Gläubigeransprüche geschaffen.[219] Die Insolvenzordnung leistet einen wesentlichen Beitrag, originär ökonomische Verteilungsprobleme zu lösen. Sie hat die Funktion, die an einem Not leidenden Unternehmen beteiligten Marktteilnehmer zu diszipliniertem Verhalten zu zwingen. Opponierende Beteiligte können unter gewissen Umständen zu einer aus Sicht der Gläubigergemeinschaft vorteilhaften Sanierungslösung diszipliniert werden.

[216] Vgl. *Bigus, J./Eger, T.,* Marktkonformität, 2003, S. 1.

[217] Institutionen sind nach *Göbel* verhaltenssteuernde Regelsysteme. Vgl. *Göbel, E.,* Institutionenökonomie, 2002, S. 3.

[218] Vgl. *Schmidt, R. H.,* Analyse, 1980, S. 27.

[219] Vgl. *Bigus, J./Eger, T.,* Marktkonformität, 2003, S. 2.

3 Reaktivierungsmanagement

Reaktivierungsmanagement wurde definiert als die Sanierung eines Not leidenden Unternehmens nach Maßgabe der Insolvenzordnung. Juristische Basis für die Anwendung von Reaktivierungsmanagement ist damit die Insolvenzordnung (InsO). Die Sanierungsoption der Insolvenzordnung ist in § 1 InsO definiert: „*Das Insolvenzverfahren dient dazu, die Gläubiger eines Schuldners gemeinschaftlich zu befriedigen, indem das Vermögen des Schuldners verwertet und der Erlös verteilt oder in einem Insolvenzplan eine abweichende Regelung insbesondere zum Erhalt des Unternehmens getroffen wird.*“ Dem liegt zum einen die Annahme zugrunde, dass, wenn die Sanierung eines Not leidenden Unternehmens gelingt, auch die beteiligten Gläubiger ein besseres Ergebnis als bei einer Liquidation des Unternehmens erzielen werden.[220] Zum anderen verfolgt die Insolvenzordnung volkswirtschaftliche Ziele, insbesondere den Erhalt von Arbeitsplätzen.

Konzeptionell stehen dem Reaktivierungsmanagement drei Möglichkeiten zur Verfügung: die in der Praxis am häufigsten umgesetzte übertragende Sanierung, das eher verhalten genutzte Instrument des Insolvenzplans und die nur selten vorkommende Eigenverwaltung.[221] Des Weiteren enthält das Insolvenzrecht eine Vielzahl von Einzelmaßnahmen, die in Verbindung mit den klassischen betriebswirtschaftlichen Sanierungsinstrumenten eine ganzheitliche Sanierung eines Not leidenden Unternehmen ermöglichen. Die Sanierung in der Krise wiederum gehört zu den wichtigen Aufgabengebieten der Betriebswirtschaftslehre.[222] Damit befindet sich das Reaktivierungsmanagement an einer Schnittstelle zwischen Betriebswirtschaftslehre und Rechtswissenschaft. Die Insolvenzordnung setzt die zwingend zu beachtenden Rahmenbedingungen, innerhalb derer Not leidende Unternehmen betriebswirtschaftlich agieren können. Somit erfordert die Krisenbewältigung einen interdisziplinären Ansatz.

[220] Vgl. *Kautzsch, C.*, Unternehmenssanierung, 2001, S. 17f.

[221] Detailliert zu diesen besonderen konzeptionellen Verfahrensarten siehe Kap. 3.4.

[222] Vgl. *Risse, W.*, Betriebswirtschaftler, 2001, S. 1132.

3.1 Klassische Sanierung

3.1.1 Begriffsabgrenzung

Die unterschiedlichen Handlungsalternativen zur Bewältigung einer Krise sind in der rechtlichen wie auch der betriebswirtschaftlichen Forschung mit zahlreichen verschiedenen Bezeichnungen versehen worden. So werden in der betriebswirtschaftlichen Literatur und im allgemeinen Sprachgebrauch hauptsächlich die Begriffe „Sanierung", „Turnaround" und „Restrukturierung" verwendet.[223] In ihrer Grundbedeutung unterscheiden sich die Begriffe nicht voneinander.[224] Die in der Literatur fehlende einheitliche Begriffsdefinition für die Sanierung ist wohl darauf zurückzuführen, dass das Bezugsobjekt der Sanierung, nämlich die Unternehmenskrise, selbst nicht eindeutig festzulegen oder abzugrenzen ist.[225]

Hess/Fechner definieren die Aufgaben der Sanierung wie folgt: „Sanierung ist der Sammelbegriff für alle Maßnahmen unternehmenspolitischer, führungstechnischer, organisatorischer, finanz- und leistungswirtschaftlicher Art, die der Wiederherstellung existenzerhaltender und späteren Gewinn versprechender Grundlagen des Unternehmens dienen."[226] Mit einer Sanierung wird also grundsätzlich das Ziel verfolgt, ein liquiditäts- und/oder ertragschwaches Unternehmen durch Optimierungsmaßnahmen so zu restrukturieren, dass es wieder liquide und profitabel wird.

Der angelsächsische Begriff Turnaround bedeutet übersetzt „Kehrtwende" oder „Wendung" und bezeichnet die Abwendung einer Krisensituation durch einen rechtzeitig eingeleiteten Kurswechsel bei einer frühzeitigen Identifikation der Ursachen der Krise.[227] Insofern wird dieser Begriff nicht nur für die Abwendung einer existenzbedrohenden Krise, sondern auch für eine Situationsänderung von einer bestehenden

[223] Zur ausführlichen Definition der genannten Begriffe vgl. *Zirener, J.*, Sanierung, 2005, S. 30ff. sowie *Böckenförde, B.*, Unternehmenssanierung, 1991, S. 6ff.

[224] Teilweise werden die Begriffe in der betriebswirtschaftlichen Literatur auch synonym verwendet. So bspw. bei *Lange, I.*, Unternehmenswerterhaltung, 2005, S. 140 und *Bergauer, A.*, Krisenmanagement, 2001, S. 11.

[225] Vgl. *Hesselmann, S./Stefan, U.*, Zerschlagung, 1990, S.40.

[226] *Hess, H./Fechner,D.*, Sanierungshandbuch, 1991, S. 6. Weiter zum Begriff der Sanierung vgl. *Böckenförde, B.*, Unternehmenssanierung, 1991, S. 7; *Picot, G./Aleth, F.*, Restrukturierung, 1998, S. 1093.

[227] Vgl. *Hommel, U./Knecht, T. C./Wohlenberg, H.*, Unternehmenskrise, 2006, S. 33.

zu einer besseren Situation verwendet.[228] Zumeist setzt eine Turnaround-Situation allerdings eine über mehrere Jahre andauernde Profitabilität voraus.[229]

Als Restrukturierungsprozess kann der Vorgang bezeichnet werden, der bei frühzeitigem Erkennen und Analysieren einer ungünstigen Unternehmenssituation bestehende Unternehmensstrukturen und -abläufe den geänderten Rahmenbedingungen anpasst.[230] Dabei muss ebenfalls nicht zwingend eine Unternehmenskrise vorliegen.[231]

In Abgrenzung zum Begriff des Reaktivierungsmanagements fasst nachfolgende Abbildung 17 die Krisenbewältigungsbegriffe zusammen:

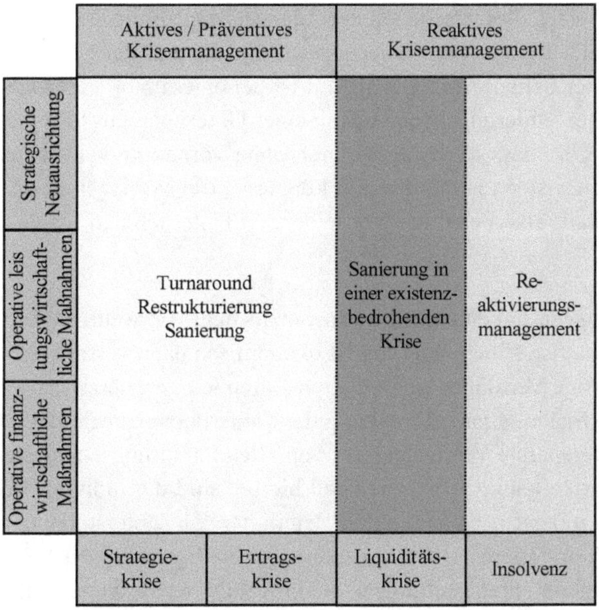

Abbildung 17: Begriffe zur Krisenbewältigung[232]

[228] Vgl. *Zirener, J.*, Sanierung, 2005, S. 31.

[229] Vgl. *Bibeault, D. B.*, Turnaround, 1982, S. 81.

[230] Vgl. *Hommel, U./Knecht, T. C./Wohlenberg, H.*, Unternehmenskrise, 2006, S. 33f.

[231] Vgl. *Spielberger, K.*, Krisenunternehmen, 1996, S. 14.

[232] Eigene Darstellung in Anlehnung an *Böckenförde, B.*, Unternehmenssanierung, 1996, S. 8.

Es kann festgehalten werden, dass der Begriff der Sanierung im weiten Sinne für alle betriebswirtschaftlichen Maßnahmen zur Überwindung einer existenzbedrohenden Krise verwendet wird. Dahingegen wird mit den Begriffen Turnaround und Restrukturierung eher die Anpassung von internen Strukturen an neue Rahmenbedingungen bezeichnet, die zu einer positiveren Entwicklung des Unternehmens und zur Vermeidung einer nicht unbedingt existenzbedrohenden Krisensituation führen soll.

3.1.2 Sanierungsprüfung

Im Vorfeld der Einleitung eines Sanierungsprozesses muss seitens der Eigentümer und des Managements geprüft werden, ob dieser für das Not leidende Unternehmen sinnvoll ist. Diese Überlegung ist sofort anzustellen, sobald erste Krisensignale erkennbar sind. Ziel dieser sogenannten Sanierungsprüfung ist die Feststellung der Sanierungsbedürftigkeit, der Sanierungswürdigkeit und der Sanierungsfähigkeit.[233] Die Prüfung der Sanierungsbedürftigkeit ist bei einem Not leidenden Unternehmen entbehrlich. Die Sanierungsbedürftigkeit eines Unternehmens liegt vor, wenn es Hinweise darauf gibt, dass das Unternehmen ohne Vornahme von Sanierungsmaßnahmen in seiner Existenz gefährdet sein könnte.[234] Bei Vorliegen der drohenden Zahlungsunfähigkeit, also beieinem Not leidenden Unternehmen, ist das unzweifelhaft der Fall.[235]

Die Sanierungswürdigkeit eines Unternehmens liegt vor, wenn die Sanierung ökonomisch vertretbar ist. Eine Sanierung ist ökonomisch dann vertretbar, wenn einerseits das gegenwärtige Vermögen vor weiteren Einbußen geschützt werden und andererseits das Unternehmen nach Einleitung der Sanierungsmaßnahmen eine dem Sanierungsrisiko angepasste Verzinsung des von allen Sanierungsbeteiligten eingesetzten Kapitals erwarten kann.[236] Entscheidend hierbei sind die individuellen Anreiz- und Interessenlagen der am Unternehmen Beteiligten zur Unterstützung der Sanierung. Grundsätzlich orientieren sich die Sanierungsbeteiligten bei der Sanierungswürdigkeitsprüfung an den Fragestellungen, die in Abbildung 18 dargestellt sind.

Die Sanierungsfähigkeit kann anhand der Ausgangssituation und der festgestellten Krisenursachen des Unternehmens beurteilt werden. Zu prüfen ist, ob das Not leiden-

---

[233] Vgl. *Groß, P.,* Fortführungsgesellschaften, 1988, S. 24.

[234] Zur Sanierungsbedürftigkeit und zu Krisensymptomen, die Hinweise auf eine eventuell schon drohende Illiquidität geben vgl. *Picot, G./Aleth, F.,* Unternehmenskrise, 1999, S. 86ff.

[235] Vgl. *Böckenförde, B.,* Unternehmenssanierung, 1996, S. 13.

[236] Vgl. *Kayser, G.,* Auflösung, 1983, S. 18.

Sanierungswürdigkeitsprüfung	
Sanierungsbeteiligt	• Sind für die Sanierung von mir (finanzielle) Beiträge notwendig? Wenn ja, wie hoch sind diese und wofür werden sie verwendet? Ist die Ermittlung der Beiträge im Sanierungskonzept überzeugend? • Wie lange dauert die Sanierung? • Für wie wahrscheinlich halte ich einen Sanierungserfolg? • Wie hoch sind der aktuelle und der zukünftig erreichbare Unternehmenswert? • Was sind die Risiken einer Insolvenz bei Ablehnung der Sanierungswürdigkeit? • Wenn die Nutzung der Sanierungsoptionen einer Insolvenz genutzt werden sollen, inwieweit beeinträchtigt die Insolvenz die Erfolgsaussichten einer Sanierung bzw. inwieweit fördert sie diese? Welche Auswirkungen hat die Insolvenz des Unternehmens auf meine persönlichen Ansprüche? • Kann aufgrund der vorliegenden Informationen eine eindeutige Entscheidung gefällt werden?

Abbildung 18: Fragestellungen bei der Sanierungswürdigkeitsprüfung[237]

de Unternehmen durch die geplanten Sanierungsmaßnahmen die Krise überwinden und zukünftig wieder wettbewerbsfähig am Wirtschaftsleben teilhaben kann.[238] Im Ergebnis muss die Sanierungsfähigkeitsprüfung zunächst eine Analyse des Ist-Zustandes des Not leidenden Unternehmens vornehmen, muss diesen mit vorgegebenen Soll-Werten vergleichen, zur Beseitigung eventueller Soll-Ist Abweichungen geeignete Sanierungsmaßnahmen identifizieren und eine Prognose[239] über deren zukünftiges Wirken hin zum Soll-Zustand abgeben.[240] In der Insolvenz ist aus Sicht der Gläubiger eine Unternehmenssanierung für sie nur dann sinnvoll, wenn die Unternehmensfortführung in Verbindung mit einer Sanierung gegenüber der Liquidation

[237] Eigene Darstellung in Anlehnung an *Wlecke, U.,* Entwicklung, S. 55.

[238] Vgl. *Gless, S.-E.,* Unternehmenssanierung, 1996, S. 48.

[239] Da das Sanierungskonzept Prognosen für den Eintritt zukünftiger Ereignisse aufstellen muss, ist natürlich die Bewertung dieser Prognosen im Rahmen der Sanierungsprüfung mit zahlreichen Unsicherheiten verbunden. Das sind dieselben Probleme, die bei einer herkömmlichen Unternehmensbewertung auftreten, verstärkt um die Bewertungsprobleme in einer Krisensituation. Vgl. *Zirener, J.,* Sanierung, 2005, S. 36 sowie *Gless, S.-E.,* Unternehmenssanierung, 1996, S. 59f.

[240] Vgl. *Kayser, G.,* Auflösung, 1983, S. 23.

für sie bessere Ergebnisse erwarten lässt.[241] Der Fortführungswert muss den Liquidationswert übersteigen.[242]

Die Sanierungsfähigkeitsprüfung ist Bestandteil des von den Sanierungsbeauftragten zu erstellenden Sanierungskonzeptes. Im Rahmen einer Prüfung des Sanierungskonzeptes erfolgt im Wesentlichen die Beantwortung der in Abbildung 19 dargestellten Fragen:[243]

Prüfung eines Sanierungskonzeptes

- Sind die Verlustursachen und der für die Sanierung erforderliche Liquiditätsbedarf klar erkannt?
- Ist das Sanierungskonzept mit Businessplanung methodisch und inhaltlich professionell erstellt und dokumentiert?
  Sind die getroffenen Annahmen fundiert und plausibel?
  Sind erkennbare Chancen und Risiken angemessen quantifiziert?
- Sind die strategischen und operativen Sanierungsmaßnahmen zur Beseitigung der Krisenursachen auch unter großem Zeitdruck durchführbar?
  Sind die Maßnahmen hinreichend?
  Können die Maßnahmen mit den dem Unternehmen zur Verfügung stehenden Ressourcen durchgeführt werden?
- Wurden alle sinnvollen Optionen einer Krisenbewältigung im Sanierungskonzept berücksichtigt?

Abbildung 19: Fragestellungen bei der Prüfung eines Sanierungskonzeptes[244]

Insbesondere um die letzte Frage, die in der Abbildung schraffiert ist, geht es in der vorliegenden Arbeit. Denn nur selten erfolgt in der Praxis eine umfassende Abwägung der Vor- und Nachteile einer gezielten Insolvenz und den damit verbundenen Sanierungsoptionen des Insolvenzrechts.

Die Sanierungsfähigkeit- und würdigkeitsprüfung stehen in einem gegenseitigen Abhängigkeitsverhältnis zueinander.[245] Zunächst machen Sanierungsmaßnahmen nur

[241] Vgl. *Gless, S.-E.,* Unternehmenssanierung, 1996, S. 60; *Brandstätter, J.,* Sanierungsfähigkeit, 1993, S. 11.

[242] Vgl. *Böckenförde, B.*, Unternehmenssanierung, 1996, S. 5.

[243] In Anlehnung an *Wlecke, U.,* Entwicklung, 2004, S. 54f. Eine umfassende Gesamtbetrachtung der Sanierungsprüfung in der betriebswirtschaftlichen Literatur findet sich bei *Gless, S.-E.,* Unternehmenssanierung, 1996, S. 51ff.

[244] Eigene Darstellung in Anlehnung an *Wlecke, U.,* Entwicklung, 2004, S. 54.

[245] Vgl. *Groß, P.,* Fortführungsgesellschaften, 1988, S. 25.

dann Sinn, wenn das Not leidende Unternehmen nach deren Einsatz wieder in der Lage sein wird, allein überlebensfähig zu sein. Dies wird im Rahmen der Sanierungsfähigkeitsprüfung untersucht.[246] Aus Sicht der Anteilseigner wird der Liquidations- dem Fortführungswert eines Not leidenden Unternehmens mit Hilfe von Unternehmensbewertungsmaßnahmen gegenübergestellt. Neben dieser, überwiegend von rein messbaren, objektiven Kriterien abhängigen Abwägung hängt eine Unternehmenssanierung jedoch von subjektiven Faktoren bei den einzelnen an einem Not leidenden Unternehmen Beteiligten ab. Dies vor allem da die Gläubiger ihre Geschäftsbeziehung zum Not leidenden Unternehmen bewerten und diese Bewertung ihrer Sanierungsentscheidung zugrunde legen. Die Interessenlagen der Gläubiger werden im Rahmen der Sanierungswürdigkeitsprüfung untersucht. Die Einstellung der einzelnen Personengruppen zur Frage der Sanierungswürdigkeit kann dabei unterschiedlich sein.

Hier liegt ein Problem der Durchsetzbarkeit einer freien Sanierung. Wurde die Sanierungsfähigkeit des Unternehmens ohne die Zustimmung aller Sanierungsbeteiligter zu den sie betreffenden Sanierungsbeiträgen beurteilt, kann eine Sanierung leicht scheitern. Fällt die Sanierungswürdigkeitsprüfung dieser Beteiligten nämlich aufgrund individueller Interessen negativ aus, haben sie keinen Anreiz, bei einer Sanierung trotz positiver Sanierungsfähigkeitsprüfung Zugeständnisse zu machen bzw. von ihren Forderungen abzurücken. Hier kann nur durch vorherige Berücksichtigung dieser opponierenden Sanierungsbeteiligten im Sanierungskonzept Abhilfe geschaffen werden. Eine freie Sanierung kann nur dann zum Erfolg führen, wenn alle Beteiligten unabhängig von der Frage, ob das Unternehmen sanierungsfähig ist, die Sanierungswürdigkeit unter Beachtung ihrer persönlichen Interessen bejahen. Nur eine umfassende Konsenslösung aller Beteiligten ermöglicht hier die Rettung des Unternehmens. Innerhalb einer Sanierung in einem Insolvenzverfahren kann ein solcher Konsens der Beteiligten auch erzwungen werden. Konkret können gesetzliche Maßnahmen Akkordstörer, die eine einvernehmliche, freie Sanierung verhindern, zu einem dem Gemeinschaftsinteresse verpflichtenden Verhalten disziplinieren.[247] Zusätzlich ermöglichen die gesetzlichen Vorgaben gewisse Sanierungsmaßnahmen, die in einer freien Sanierung nur erschwert oder gar nicht möglich sind.[248] Deshalb muss die Option der Insolvenz als Konfliktlösungs- und Sanierungsinstrument auch im Rahmen der Sanierungsfähigkeits- und -würdigkeitsprüfung Beachtung finden.[249]

---

[246] Vgl. *Brandstätter, J.*, Sanierungsfähigkeit, 1993, S. 11.

[247] Vgl. *Zirener, J.*, Sanierung, 2005, S. 38.

[248] Hierzu siehe die Ausführungen in Kap. 3.3.

[249] Vgl. *Zirener, J.*, Sanierung, 2005, S. 39.

3.1.3 Sanierungsprozess

Die Sanierung eines Unternehmens setzt eine geordnete Vorgehensweise voraus. Sie lässt sich in unterschiedliche Teilschritte bzw. Phasen aufteilen, deren Übergänge verschwimmen bzw. deren Abfolge nicht zwingend sind.[250] Klares Ziel eines solchen Phasenmodells ist es, die Komplexität des Unternehmenssanierungsprozesses durch Zerlegung in überschaubare Teilaufgaben zu reduzieren.[251] Ein „Rezept" für die „richtige" Abfolge von Sanierungsschritten einer erfolgreichen Krisenbewältigung gibt es nicht, weil jede Unternehmenskrise individuell betrachtet werden muss.[252] Die einzelnen Phasen einer Unternehmenssanierung lassen sich unter Berücksichtigung des zeitlichen Ablaufes jedoch idealtypisch wie folgt veranschaulichen:

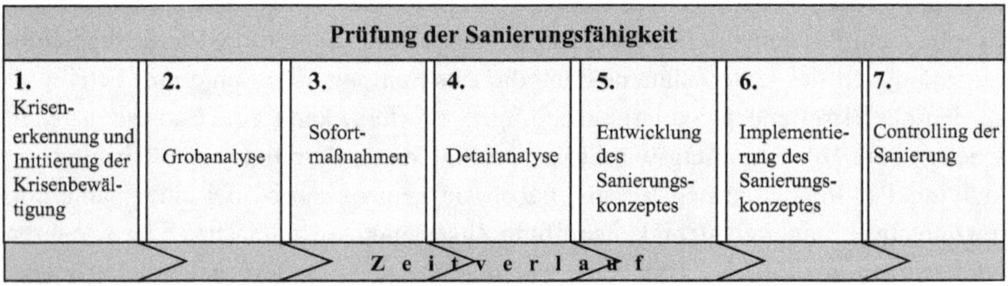

Abbildung 20: Phasen des Sanierungsprozesses[253]

Die Untersuchungen der betriebswirtschaftlichen Literatur für einen sinnvollen Ablauf eines Sanierungsprozesses[254] im Allgemeinen können auch bei der Einordnung reaktivierender Maßnahmen dienlich sein. Die nachstehenden Ausführungen berücksichtigen Teilaspekte des Vorgehens bei einer Sanierung innerhalb eines Insolvenzverfahrens, wenn es Überschneidungen zum Prozess der freien Sanierung gibt.

---

[250] Die ein oder andere wissenschaftliche Forschungsarbeit ergänzt das Modell um weitere Phasen oder fasst einzelne Phasen des Sanierungsprozesses zusammen und benennt sie anders.

[251] Vgl. *Müller, R.*, Krisenmanagement, 1986, S. 317.

[252] Vgl. *Böckenförde, B.*, Unternehmenssanierung, 1996, S. 49.

[253] Eigene Darstellung in Anlehnung an *Kudla, R.*, Finanzierung, 2005, S. 93.

[254] Vgl. stellvertretend *Zirener, J.*, Sanierung, 2005, S. 43ff.; *Kudla, R.*, Finanzierung, 2005, S. 92ff.; *Böckenförde, B.*, Unternehmenssanierung, 1996, S. 52ff. *Bergauer, A.*, Krisenmanagement, 2001, S. 63ff. sowie *Gless, S.-E.*, Unternehmenssanierung, 1996, S. 130; *Müller, R.*, Krisenmanagement, 1986, S. 317f.

Krisenerkennung und Initiierung der Krisenbewältigung

Idealerweise wird bereits eine Strategiekrise erkannt, denn hier kann zumeist ohne Zeitdruck und ohne Liquiditätsengpass eine detaillierte Analyse und Bewältigung der Krisenursachen erfolgen. Zumeist wird eine Krise aber erst später erkannt, wenn sie schon zu einer Ertragskrise oder einer Liquiditätskrise geworden ist. Dann wurde der Krisenbewältigungsprozess nicht rechtzeitig in Gang gesetzt. Dies ist bei einem Not leidenden Unternehmen die Regel, da mit dem letzten Krisenstadium die Liquiditätskrise erreicht ist. In diesem Stadium ist Zeit ein knappes Gut. Im ungünstigsten Fall ist die Zeit zur Ergreifung von Sanierungsmaßnahmen dermaßen knapp bemessen, dass die gewünschte Kehrtwende nur noch im Rahmen eines Insolvenzverfahrens erfolgen kann.[255] Im günstigsten Fall ist die drohende Zahlungsunfähigkeit noch abwendbar, so dass noch eine Handlungsoption für die Beteiligten besteht.

Nach Erkennen der Krisensituation ist es von großer Bedeutung, dass die am Not leidenden Unternehmen Beteiligten auch tatsächlich die Initiative zur Einleitung eines Krisenbewältigungsprozesses ergreifen und damit eine Gesundung des Unternehmens ermöglichen. Initiator ist in der Regel das Management, das die Krise als erstes wahrnimmt. Ist die Sanierungsbedürftigkeit erkannt und der Wille zu einem aktiven Gegenwirken da, schließt sich in der zweiten Phase, der Grobanalyse, die Prüfung an, ob das Unternehmen grundsätzlich sanierungsfähig und dann möglicherweise auch sanierungswürdig ist.[256]

Grobanalyse

In dieser zweiten Phase eines Krisenbewältigungsprozesses erstellen die Sanierungsverantwortlichen ein grobes Bild des Krisenunternehmens[257] und analysieren bereits erkannte Probleme. Auch im Rahmen der Sanierung in der Insolvenz muss sich der Insolvenzverwalter innerhalb kürzester Zeit einen Überblick über die Vermögens- und Ertragslage des Unternehmens verschaffen und sich in die Besonderheiten des Not leidenden Unternehmens einarbeiten.[258] Er muss gegenüber dem Insolvenzgericht eine Stellungnahme abgeben, ob das schuldnerische Vermögen die Kosten des Insolvenzverfahrens decken wird, worin die Ursachen für die Insolvenz liegen und ob Aussichten für eine Sanierung des Unternehmens bestehen.[259]

---

[255] Vgl. *Müller, R.,* Krisenmanagement, 1986, S. 321.

[256] Siehe Kap. 3.1.2.

[257] Vgl. *Zirener, J.,* Sanierung, 2005, S. 44; *Böckenförde, B.,* Unternehmenssanierung, 1996, S. 56.

[258] Vgl. *Paulus, C G.,* Insolvenzrecht, 2007, S. 64.

[259] Vgl. § 22 Abs. 1 S. 2 Nr. 3 InsO.

In der betriebswirtschaftlichen Literatur haben sich zwei Vorgehensweisen der Bestandsaufnahme und Analyse des Ist-Zustandes von Unternehmen herauskristallisiert. Nach der einen Vorgehensweise soll der Ist-Zustand im Hinblick auf die Krisensymptome, die Krisenursachen und die Auswirkungen der Krisensituation untersucht werden.[260] Nach dem anderen Ansatz wird nur die Ausgangssituation des Unternehmens mit den bisherigen Auswirkungen der Krise ohne Berücksichtigung einer intensiveren Untersuchung der Krisenursachen- und symptome,[261] analysiert.[262] Der Unterschied beider Herangehensweisen liegt in der Nutzung von Daten und Erfahrungen aus der Vergangenheit. Angesichts des Zeitmangels und der mangelhaften Informationsquellen arbeitet man vorerst mit Grobanalysen[263] und präsentiert nur eine erste Stellungnahme zur Sanierungsfähigkeit- und würdigkeit.[264] Wird diese vorbehaltlich einer Detailanalyse des Not leidenden Unternehmens grundsätzlich bejaht, kann die Grobanalyse als Grundlage für erste Verhandlungen mit weiteren Beteiligten am Sanierungsprozess dienen.[265] Zudem müssen bei positiven Ergebnissen auch schon erste Nothilfemaßnahmen ergriffen werden.[266]

---

[260] So bei *Bergauer, A.*, Krisenmanagement, 2001, S. 66 und *Groß, P.*, Fortführungsgesellschaften, 1988, S. 25.

[261] Vertreter dieser Meinung ist hauptsächlich *Böckenförde, B.*, Unternehmenssanierung, 1996, S. 56f. Übernommen u. a. von *Zirener, J.*, Sanierung, 2005, S. 44.

[262] *Müller* schließt sich keiner Richtung an, er sagt zwar, dass in der Grobanalyse noch keine genaue Diagnose der Krisenursachen erfolgen muss, auf der anderen Seite propagiert er, dass ohne eine fundierte Ursachenanalyse jedes „Sanierungskonzept reine Glückssache" bleibt. Vgl. *Müller, R.*, Krisenmanagement, 1986, S. 343 und S. 346.

[263] Vgl. *Baumann, W.*, Unternehmenssanierung, 1988, S. 22. Hier sollte der „80/20-Grundsatz" der Sanierung Berücksichtigung finden, nach welchem schnelle Ergebnisse mit einer Genauigkeit von 80 % mehr Nutzen bringen als wesentlich zeitintensivere, aber zu 99% genaue Ergebnisse. Vgl. *Wlecke, U.*, Entwicklung, 2004, S. 39.

[264] In der Insolvenzantragsphase eines Not leidenden Unternehmens bestellt das Insolvenzgericht einen Gutachter zur Prüfung der Sanierungsfähigkeit- und würdigkeit. Der Gutachter sollte in der Lage sein, innerhalb von zwei bis drei Wochen zumindest einen ersten Zwischenbericht über die wirtschaftliche Lage des Schuldners und der zu erwartenden Probleme vorzulegen. Die Erstellung eines Gutachtens in dieser kurzen Zeit ist abgesehen von Routineverfahren insbesondere bei größeren Unternehmensinsolvenzen nicht üblich, weil hier zumeist die volle, dreimonatige Ausreichung des Insolvenzgeldes für die Mitarbeiter in Anspruch genommen wird. Vgl. *Binz, F./Hess, H.*, Insolvenzverwalter, 2004, S. 35 und 94. Ausführlich zur Ausreichung von Insolvenzgeld für die Mitarbeiter siehe Kap. 3.3.4.

[265] Vgl. *Böckenförde, B.*, Unternehmenssanierung, 1996, S. 57; *Burger, A.*, Unternehmenskrise, 1988, S. 92f.

[266] Vgl. *Müller, R.*, Krisenmanagement, 1986, S. 351.

Sofortmaßnahmen

Aufgrund des engen Zeitfensters in einer Liquiditätskrise müssen vorhandene, kurzfristig realisierbare Sanierungsmaßnahmen schon während der Grobanalyse und insbesondere nach einer ersten Sanierungsentscheidung getroffen werden.[267] Hierbei kommt den klassischen finanzwirtschaftlichen Sanierungsinstrumenten, die die Liquidität verbessern, eine besondere Rolle zu.[268] Die Sofortmaßnahmen haben das Ziel, die Auswirkungen der Krisenursachen zu stoppen[269] bzw. einzudämmen und so die existenzbedrohende Liquiditätslage zu stabilisieren. Diese kurzfristige Stabilisierung kann dann wertvolle Zeit für andere, den Sanierungsprozess unterstützende Maßnahmen ermöglichen.[270] Bspw. kann aktives Debitorenmanagement und optimiertes Kreditorenmanagement zur Liquiditätsbeschaffung betrieben werden, es können überhöhte Bestände an Vorratsvermögen abgebaut, kurzfristig kostensenkende Maßnahmen ergriffen und durch die Aufnahme intensiver Kommunikationsaktivitäten mit den Kunden Umsatzeinbrüchen vorgebeugt werden.[271] Die Sofortmaßnahmen im Rahmen der Insolvenzordnung gehen hierüber weit hinaus. Das Gericht kann zu diesen für die Fortführung des Unternehmens notwendigen Sofortmaßnahmen zwingende Maßnahmen anordnen und so eine nachteilige Veränderung des schuldnerischen Unternehmensvermögens bis zur endgültigen Entscheidung über den Insolvenzantrag verhindern.[272] Diese sogenannten Sicherungsmaßnahmen können besondere Verfügungsverbote über Vermögenswerte des schuldnerischen Unternehmens[273], die Anordnung einer Postsperre zur Informationssicherung[274] oder die Untersagung von Zwangsvollstreckungsmaßnahmen gegen das schuldnerische Unternehmen[275] sein.

---

[267] Vgl. *Böckenförde, B.*, Unternehmenssanierung, 1996, S. 67.

[268] Vgl. *Burger, A.*, Unternehmenskrise, 1988, S. 91. Liquiditätsbeschaffung ist zur Aufrechterhaltung der Zahlungsfähigkeit des Not leidenden Unternehmens in einem freien wie auch in einem gesetzlichen Krisenbewältigungsprozess unabdingbar. In der Insolvenzsituation muss der Verwalter neben dem Bemühen um neue Liquidität auch die bestehenden Reserven des schuldnerischen Unternehmens im Interesse der Gläubiger sichern. Vgl. *Rosinski, I.*, Sofortmaßnahmen, 200, S. 214f.

[269] Vgl. *Böckenförde, B.*, Unternehmenssanierung, 1996, S. 68.

[270] Vgl. *Bergauer, A.*, Krisenmanagement, 2001, S. 69f.

[271] Eine systematische Darstellung der möglichen Sanierungsmaßnahmen erfolgt im nachfolgenden Kapitel 2.1.4.

[272] Vgl. § 21 Abs. 1 S. 1 InsO.

[273] Vgl. § 21 Abs. 2 S. 1 Nr. 2 InsO.

[274] Vgl. § 99 InsO. Durch eine Postsperre erhält der Verwalter Kenntnis von für die Fortführung des Betriebes notwendigen Informationen, die von den Mitarbeitern eventuell als nicht mitteilungswürdig angesehen worden wären. Vgl. *Rosinski, I.*, Sofortmaßnahmen, 2000, S. 214.

[275] Vgl. § 21 Abs. 2 S. 1 Nr. 3 InsO.

Detailanalyse

In einer Grobanalyse können lediglich erste Analysen erstellt und ganz dringende Probleme gelöst werden. Eine detaillierte Analyse, die als Grundlage für ein umfangreiches, nachhaltiges Sanierungskonzept dienen kann, ist noch nicht erstellt. Dieser Aufgabe widmet sich die Detailanalyse im Rahmen des Krisenbewältigungsprozesses. Dazu gehört die Beschreibung und Bewertung der Ist-Situation unter Einbeziehung von prognostizierten Entwicklungen des Unternehmens und dessen Umfeld.[276] Anhand dieser Untersuchungen kann eine verlässliche Informationsbasis für alle weiteren Krisenbewältigungsschritte erarbeitet werden.[277] Die Detailanalyse enthält bereits erste wichtige Informationen zur wirtschaftlichen Lage des Unternehmens.[278] Eine genauere Beschreibung des Unternehmens kann erst nach detaillierter Analyse aller Problembereiche erfolgen.

Die Detailanalyse liegt auch der Empfehlung des Insolvenzverwalters zur Frage der Fortführung bzw. Stilllegung des Unternehmens zugrunde. Eine entsprechende Empfehlung an die Gläubiger gibt der Insolvenzverwalter im Berichtstermin ab. Dies erfolgt nach Insolvenzeröffnung, ca. vier bis sechs Monate nach Insolvenzantragstellung.[279] Der Berichtstermin ist der Termin nach Eröffnung des Insolvenzverfahrens, in dem der Insolvenzverwalter den Gläubigern im Rahmen einer vom Gericht angesetzten Versammlung über das Not leidende Unternehmen Bericht erstattet.[280] In dieser Versammlung entscheiden die Gläubiger auf Basis der Empfehlung des Insolvenzverwalters auch darüber, ob das Unternehmen fortgeführt oder liquidiert wird. Ist die Fortführungsentscheidung der Gläubiger im Berichtstermin höchstwahrscheinlich, kann bereits der vorläufige Verwalter im zeitlich vorgelagerten Insolvenzeröffnungsverfahren[281] ein Team von sanierungserfahrenen Beratern mit der Erstellung eines Sanierungskonzeptes beauftragen.[282] Insbesondere bei Großinsolvenzen

[276] Vgl. *Gless, S.-E.,* Unternehmenssanierung, 1996, S. 132.

[277] Vgl. *Müller, R.,* Krisenmanagement, 1986, S. 356.

[278] Vgl. *Paulus, C. G.,* Insolvenzrecht, 2007, S. 114.

[279] Siehe hierzu auch die Ausführungen zum Ablauf eines Insolvenzverfahrens in Kap. 3.2.4.

[280] Siehe hierzu auch die Ausführungen im nachfolgenden Absatz zur Entwicklung eines Sanierungskonzeptes.

[281] Als Insolvenzeröffnungsverfahren wird der Zeitraum von Insolvenzantragstellung bis zur Insolvenzeröffnung bezeichnet.

[282] In der Insolvenzantragsphase wird entweder ein Gutachter oder bereits ein vorläufiger Insolvenzverwalter vom Insolvenzgericht bestellt. Zum vorläufigen Insolvenzverwalter vgl. Kap. 3.2.3.5.

liegen dem Gutachter oder vorläufigen Insolvenzverwalter bereits im Vorfeld der Insolvenzanmeldung konzipierte Sanierungspläne vor.[283]

Entwicklung des Sanierungskonzeptes

Auf Basis der bisherigen, unter Einbeziehung des Unternehmensumfeldes ermittelten Analysen und Feststellungen über die Krisensituation des Not leidenden Unternehmens wird ein Sanierungskonzept erarbeitet, das eine Neuausrichtung definiert und die notwendigen operativen Krisenbewältigungsmaßnahmen festlegt.[284] Diese müssen bereits auf ihre tatsächliche Durchführbarkeit hin überprüft sein[285] und dürfen nicht nur aus einem theoretischen Vorgabenkatalog bestehen.[286] Hierfür müssen der eingeschränkte Handlungsspielraum bei der Implementierung von operativen Maßnahmen in einer Notsituation und der enge Zeitrahmen entsprechend Berücksichtigung finden.[287] Grundsätzlich sind bei der Entwicklung eines Sanierungskonzeptes dieselben Grundsätze zu beachten, die auch für den Jahresabschluss als „Abbildungsmodell des wirtschaftlichen Geschehens“[288] Gültigkeit besitzen. Nach dem *Grundsatz der Vollständigkeit* müssen alle für eine Unternehmenssanierung und die Auswahl der Krisenbewältigungsinstrumente relevanten Informationen erfasst werden. Der *Grundsatz der Wesentlichkeit* begrenzt die Informationsflut des ersten Grundsatzes auf die Informationen, die zur Erstellung des Sanierungskonzeptes und der Sanierungsmaßnahmen essentiell notwendig sind. Nach dem *Grundsatz der Richtigkeit* sollen die ermittelten Informationen und Sachverhalte objektiv im Sinne einer intersubjektiven Nachprüfbarkeit sein, der *Grundsatz der Klarheit* soll eine verständliche und übersichtliche Aufbereitung der Informationen gewährleisten und der *Grundsatz der Übersichtlichkeit* soll bewirken, dass einem sachkundigen Dritten innerhalb kürzester Zeit ein klares Bild von der Krisensituation und den beabsichtigten Maßnahmen des Unternehmens vermittelt werden kann.[289]

---

[283] Vgl. *Mönning, R.-D.,* Betriebsfortführung, 1997, S. 352.

[284] Vgl. *Burger, A.,* Unternehmenskrise, 1988, S. 92; *Wlecke, U.,* Entwicklung, 2004, S. 66.

[285] Vgl. *Böckenförde, B.,* Unternehmenssanierung, 1996, S. 87.

[286] Ein gutes Beispiel für eine sehr praxisorientierte Vorgehensweise zur Entwicklung eines Sanierungskonzeptes findet sich bei *Faulhaber, P./Landwehr, N.* Turnaround-Management, 2001, S. 97ff.

[287] Vgl. *Gless, S.-E.,* Unternehmenssanierung, 1996, S. 134.

[288] Vgl. *Baetge, J./Kirsch, H.-J./Thiele, S.,* Bilanzen, 2003, S. 104.

[289] Vgl. *Andersch, T./Schneider, K J.,* Sanierungskonzepten, 2006, S. 326f. sowie *Gless, S.-E.,* Unternehmenssanierung, 1996, S. 135. Von Andersch wird noch der Grundsatz der Vorsicht angeführt. Demnach soll der Ersteller eines Sanierungskonzeptes trotz Zeitdruck „vorsichtig und gewissenhaft“ vorgehen. Vgl. *Andersch, T./Schneider, K. J.,* Sanierungskonzepten, 2006, S. 327.

Ähnliches gilt für den bereits angesprochenen Bericht zur Gläubigerversammlung, den der Insolvenzverwalter im Rahmen des Insolvenzverfahrens verfassen und vortragen muss. Er ist allerdings kein Sanierungskonzept, sondern stellt eine reine Informationsbasis für die Gläubiger dar. Der Bericht enthält aber auch die wesentlichen Informationen zu den rechtlichen und wirtschaftlichen Verhältnissen des sich in einem Insolvenzverfahren befindlichen Schuldnerunternehmens. Ferner legt er im Wege eines kommentierten Vermögensstatus die einzelnen Vermögenswerte und Schulden den Gläubigern offen. Er sollte so informativ wie möglich sein und sich dabei auf die notwendigen Grundlagen beschränken.[290] Ein eventuell vorliegendes Sanierungskonzept kann bereits Teil des Berichts sein. Der Insolvenzverwalter hat im Rahmen seiner Verpflichtung, das schuldnerische Vermögen optimal zu verwerten, insbesondere auch eine Informationsfunktion für die Gläubiger. Er ist dazu verpflichtet, die Gläubiger über deren Möglichkeiten umfassend zu informieren, damit sie in der Lage sind, auf Basis dieser Informationen eine Entscheidung über die Liquidation oder Sanierung des schuldnerischen Unternehmens zu fällen.[291] So verlangt § 156 Abs. 1 Nr. 2 InsO, dass der Insolvenzverwalter im Berichtstermin zur Gläubigerversammlung dazulegen hat, ob es Möglichkeiten der ganzen oder teilweisen Erhaltung des schuldnerischen Unternehmens gibt. Spricht der Insolvenzverwalter im Berichtstermin bspw. eine Empfehlung zur Fortführung des Unternehmens aus, mit dem Ziel, durch Sanierung, eine übertragende Sanierung oder einen Insolvenzplan das schuldnerische Unternehmensvermögen bestmöglich für die Gläubiger zu verwerten, muss er zunächst eine Einschätzung vornehmen, welchen Wert das Unternehmen unter Fortführungs- und welchen es unter Liquidationsgesichtspunkten erzielt. Ein Vergleich des Liquidations- mit dem Fortführungs- oder auch Zukunftserfolgswert[292] bildet die Entscheidungsgrundlage der Gläubiger. Zur Aufklärung dieser Fragen müssen unvermeidlich Untersuchungen vorgenommen werden, die denen einer Überprüfung der betriebswirtschaftlichen Sanierungsfähigkeit eines Not leidenden Unternehmens ähnlich sind.[293]

Bei der Durchführung eines Insolvenzplans hat der Insolvenzverwalter ebenfalls die Aufgabe, die Sanierungsfähigkeit- und würdigkeit des Unternehmens vor Inangriffnahme von Planungs- und Sanierungsprozessen zu prüfen.[294] Der Insolvenzplan ent-

---

[290] Vgl. *Binz, F./Hess, H.*, Insolvenzverwalter, 2004, S. 33f.

[291] Vgl. *Brandstätter, J.*, Sanierungsfähigkeit, 1993, S. 24.

[292] Vgl. *Gless, S.-E.*, Unternehmenssanierung, 1996, S. 58.

[293] Vgl. *Brandstätter, J.*, Sanierungsfähigkeit, 1993, S. 24.

[294] Vgl. *Hermanns, M./Buth, A. K.*, Insolvenzplan, 1997, S. 1179f.

hält ebenso wie ein Sanierungskonzept rechtliche und betriebswirtschaftliche Regelungen zur Sanierung eines Unternehmens. Er enthält neben der Aussage zur Sanierungsfähigkeit- und würdigkeit eine Prognoserechnung über die weitere Entwicklung des Unternehmens. Ferner trifft er konkrete Regelungen hinsichtlich der Rechtsbeziehungen zu den Gläubigern in Bezug auf Ihre Forderungen. Damit kann die Anwendung eines Insolvenzplans nur dann als Option bestehen, wenn zuvor anhand einer Unternehmensanalyse geprüft wurde, ob das Unternehmen in der Lage ist, nach Bestätigung des Insolvenzplanes zukünftig wieder nachhaltig Gewinne zu erwirtschaften. Dies gilt insbesondere deshalb, weil die beteiligten Gläubiger dahingehend zu einem Sanierungsengagement bewegt werden, dass sie an den zukünftigen, prognostizierten Gewinnen des reaktivierten Unternehmens partizipieren.[295] Spätestens nach Vorlage des Insolvenzplans sollten eine eindeutige Bestätigung der Sanierungsfähigkeit des Unternehmens und eine klare Entscheidung über die Sanierungswürdigkeit möglich sein.[296]

Zusammenfassend ist der Insolvenzplan ein Sanierungskonzept innerhalb eines Insolvenzverfahrens.[297] Er enthält neben den grundsätzlichen Informationen über das Unternehmen die zu ergreifenden Sanierungsmaßnahmen und deren Auswirkungen. Der Bericht zur Gläubigerversammlung ist kein Sanierungskonzept, sondern die Informationsbasis für die Gläubigerentscheidung, das Not leidende Unternehmen fortzuführen und zu sanieren oder es zu liquidieren. Ein Bestandteil dieses Berichts kann bereits ein im Vorfeld der Insolvenzantragstellung ausgearbeitetes Sanierungskonzept sein.

Implementierung des Sanierungskonzeptes

Nachdem die an einer Sanierung Beteiligten dem Inhalt und den Vorgaben des Sanierungskonzeptes grünes Licht gegeben haben, müssen die erarbeiteten Krisenbewältigungsmaßnahmen auch in die Tat umgesetzt werden. Nun folgt die schwierigste Phase im Sanierungsprozess.[298] Die Verwirklichung der Sanierungsmaßnahmen hängt von zwei wichtigen Faktoren ab: Zum einen besteht die Gefahr, dass die geplanten Maßnahmen aus betriebswirtschaftlichen Gründen nicht anwendbar sind bzw. sie keine Wirkung entfalten.[299] Zum anderen ist die Umsetzung der Maßnahmen maß-

[295] Ausführlich zum Insolvenzplan siehe Kap. 3.4.3.

[296] Vgl. *Zirener, J.,* Sanierung, 2005, S. 47.

[297] Vgl. *Burger, A./Ulbrich, P.,* Sanierungscontrolling, 2006, S. 346.

[298] Vgl. *Wlecke, U.,* Entwicklung, 2004, S. 57.

[299] Vgl. *Böckenförde, B.,* Unternehmenssanierung, 1996, S. 95.

geblich davon abhängig, ob es gelingt, die Mitarbeiter des Unternehmens für die Umsetzung und Durchsetzung der geplanten Maßnahmen zu motivieren.[300] Voraussetzung hierfür ist in einer freien Sanierung die frühzeitige Einbindung der Mitarbeiter in den Sanierungsprozess, eine effektive Informations- und Kommunikationspolitik der Träger des Sanierungsmanagements sowie die Schaffung von Anreizen zur Unterstützung des Sanierungsprozesses, z. B. durch Partizipation an den damit verbundenen monetären und nicht-monetären Erfolgen.[301] Die Durchsetzung der Sanierungsmaßnahmen kann idealerweise auch mittels einer eigens für den Sanierungsprozess installierten, selbstständigen Projektorganisation erreicht werden.[302] Generell sollte an der Implementierung und Durchsetzung des Sanierungskonzepts unbedingt festgehalten werden, um die beteiligten Parteien nicht durch Kompromisslösungen und Rückzieher zu demotivieren und zu verunsichern.[303]

Controlling der Sanierung

Übergeordnete Aufgabe eines Controllings in der Krise ist es, den Prozess der Unternehmenssanierung ganzheitlich zu begleiten. Das Sanierungscontrolling muss das Sanierungskonzept quantitativ und qualitativ bewerten und relevante kurz- und mittelfristige Kennzahlen ermitteln.[304] Diese dienen dann den relevanten Gremien als Entscheidungsgrundlage. Insbesondere muss das Sanierungscontrolling sicherstellen, dass die Finanzierung des Unternehmens zu jedem Zeitpunkt sichergestellt ist. Nach *Müller* ist eine Überwindung der Unternehmenskrise erst eingetreten, wenn die Krisenursachen nachhaltig beseitigt, die für die Zukunft erforderliche Ertragskraft des Unternehmens zurück gewonnen und eine Marktposition erreicht wurde, die eine weitere Krise unwahrscheinlich macht.[305] Da diese Bedingungen häufig erst nach einem längeren Zeitraum eintreten, muss ein Sanierungscontrolling in der Lage sein, Abweichungen vom ursprünglichen Plan zu erkennen, zu analysieren und bei Bedarf entgegenzuwirken, damit die Erreichung der Sanierungsziele nicht gefährdet

---

[300] Vgl. *Müller, R.*, Krisenmanagement, 1986, S. 405; *Baumann, W.*, Unternehmenssanierung, 1988, S. 34.

[301] Mögliche Methoden zur Überwindung von Widerständen der Mitarbeiter gegen ein Sanierungskonzept sowie die mit den Methoden verbundenen Vor- und Nachteile finden sich in einer Übersicht bei *Müller, R.*, Krisenmanagement, 1986, S. 406.

[302] Ausführlich zum Aufbau einer solchen Projektorganisation im Sanierungsfall vgl. *Wlecke, U.*, Entwicklung, 2004, S. 58ff.

[303] Vgl. *Böckenförde, B.*, Unternehmenssanierung, 1996, S. 90.

[304] Vgl. *Burger, A./Ulbrich, P.*, Sanierungscontrolling, 2006, S. 346.

[305] Vgl. *Müller, R.*, Krisenmanagement, 1986, S. 407.

ist. Des Weiteren fallen Modifikationen oder Nachbesserungen an den Sanierungsmaßnahmen in den Aufgabenbereich des Sanierungscontrollings.[306]

Auch der mit einer Sanierung in der Insolvenz beauftragte Insolvenzverwalter muss ein Controlling installieren, das seinen und den Interessen der Gläubiger Rechnung trägt. Aus Sicht eines Insolvenzverwalters sind die wichtigsten Controllingfragen:

- Ist die Zahlungsfähigkeit zu jedem Zeitpunkt sichergestellt, d. h. sind alle vom Verwalter eingegangenen Verpflichtungen gedeckt?
- Ist die Unternehmensfortführung rentabel oder findet ein Werteverzehr statt?
- Gibt es frühzeitige Anzeichen für Störpotentiale und einen sich damit abzeichnenden Misserfolg?[307]

Ein aussagefähiges Controlling der Unternehmensfortführung und der Sanierung ist damit für die Träger des Sanierungsmanagements innerhalb und außerhalb eines Insolvenzverfahrens ein unabdingliches, wichtiges Steuerungsinstrument.[308]

3.1.4 Sanierungsmaßnahmen

Eine Sanierung ist eine unternehmerische Aufgabe, deren Bewältigung sehr vom Einzelfall abhängt. Erstens weist jeder Sanierungsfall unternehmensspezifisch individuelle Besonderheiten auf und zweitens wenden unterschiedliche Typen von Sanierern jeweils andere Vorgehensweisen, auch bzgl. der Priorität der einzelnen Maßnahmen, an.[309] Es gibt in der Literatur kein Patentrezept, das einen Maßnahmenkatalog für ein bestimmtes Sanierungsziel darstellt.[310] Ziel der nachfolgenden Ausführungen ist deshalb nicht, alle Facetten von klassischen Sanierungsmaßnahmen vollständig und abschließend zu behandeln. Vielmehr sollen sie einen strukturierten Überblick über mögliche Sanierungsmaßnahmen geben. Hier wurde nun eine Unterteilung in die in der vorgenannten Definition der Sanierung enthaltenen Bestandteile gewählt. Demnach stellt die Sanierung den Sammelbegriff für alle Maßnahmen unterneh-

---

[306] Vgl. *Böckenförde, B.*, Unternehmenssanierung, 1996, S. 97f.

[307] Vgl. *Mönning, R.-D.*, Betriebsfortführung, 1997, S. 345.

[308] Vgl. *Müller, R.*, Krisenmanagement, 1986, S. 409.

[309] Zu den unterschiedlichen Profilen eines Sanierungsmanagers vgl. *Fechner, D.*, Unternehmenssanierung, 1998, S. 221ff.

[310] Vgl. *Hess, H./Fechner, D.*, Sanierungshandbuch, 1991, S. 192f.

menspolitischer, führungstechnischer, organisatorischer, finanz- und leistungswirtschaftlicher Art dar.[311]

Oberstes Ziel der Krisenbewältigung ist die kurzfristige Wiederherstellung und nachhaltige Sicherung der Ertragsfähigkeit.[312] Es stellt sich die Frage, ob liquiditätsgenerierende- und -sichernde Maßnahmen zur Abwendung einer existenzbedrohenden Krise oder leistungswirtschaftliche Maßnahmen zur Wiederherstellung der Ertragskraft oder strategische Maßnahmen zur Entwicklung und Erhaltung von Erfolgspotentialen zur nachhaltigen Zukunftssicherung ergriffen werden müssen. Je nach Ausprägung der Krise verändert sich die Verfügbarkeit und Wirksamkeit der Maßnahmen. Mit zunehmendem Krisenstadium wird der „Werkzeugkasten" der Sanierungsinstrumente kleiner bzw. entfaltet keine Wirkung mehr, weil die Risiken der Beteiligten in der Krise gestiegen sind und zudem die Bereitschaft insbesondere zu finanziellen Zugeständnissen zumeist durch Vertrauensverluste in der Vergangenheit abgenommen hat.[313] Grundsätzlich findet die Einleitung von Sanierungsmaßnahmen bei der Mehrzahl der Krisenunternehmen erst in einem sehr späten Krisenstadium statt.

Die nachfolgende Abbildung 21 gibt einen Überblick über die möglichen Maßnahmen zur Krisenbewältigung.

Ist die Krisenart bekannt, gibt es zahlreiche Möglichkeiten ihrer Bewältigung. Bei Vorliegen einer Strategiekrise bietet es sich an, neben dem Ergreifen von strategischen Sanierungsmaßnahmen auch bereits die wesentlichen Beteiligten auf die Krise hinzuweisen, um Vertrauensverluste bei einer möglicherweise fortschreitenden Krise zu vermeiden. Zudem können in diesem Zusammenhang bereits bestehende und zukünftige Kapitalgeber angesprochen werden. In der Ertragskrise müssen basierend auf den strategischen Entscheidungen schnellstmöglich finanz- und insbesondere leistungswirtschaftliche Maßnahmen zur Reaktivierung der Ertragskraft eingeleitet werden. Dazu gehören einschneidende Ertragssteigerungs- und Kosteneinsparungsmaßnahmen ebenso wie die Suche nach potentiellen Kapitalgebern. In der Liquiditätskrise ist die Handlungsfreiheit zur Ergreifung von Sanierungsmaßnahmen sehr eingeschränkt. Hier müssen vorrangig finanzwirtschaftliche Kapitalbeschaffungsmaßnahmen ergriffen werden, damit das Unternehmen seine Zahlungsfähigkeit wieder erlangt.

---

[311] Vgl. *Hess, H./Fechner, Fechner, D.*, Sanierungshandbuch, 1991, S. 6.

[312] Vgl. *Bergauer, A.*, Krisenmanagement, 2001, S. 60.

[313] Vgl. *Witt, P./Schönbucher, G.*, Unternehmenskrisen, 2006, S. 566.

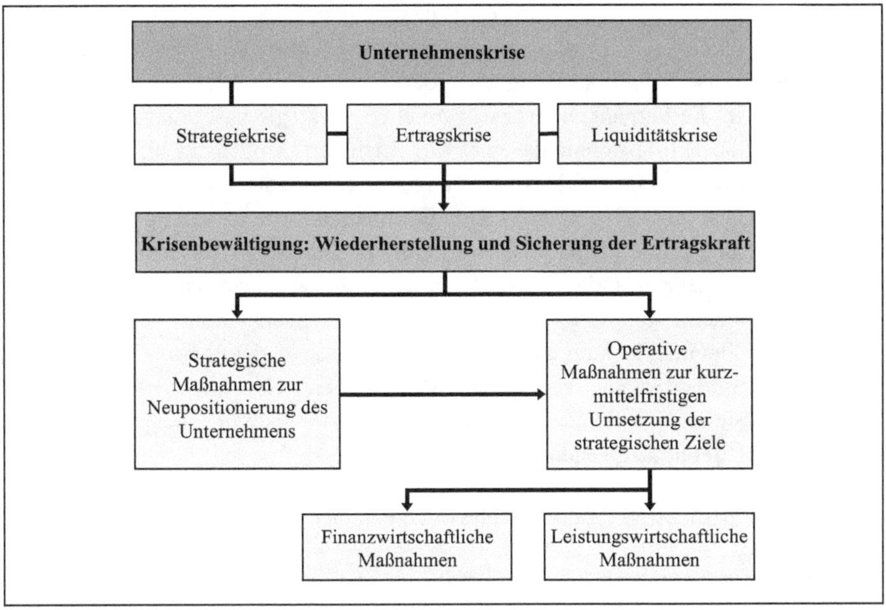

Abbildung 21: Maßnahmen zur Krisenbewältigung[314]

Die Instrumente zur Bewältigung der Unternehmenskrise in den einzelnen Krisenphasen können grundsätzlich in strategische und in operative Sanierungsmaßnahmen unterschieden werden. Die operativen Sanierungsmaßnahmen dienen primär der unmittelbaren Sicherung der Überlebensfähigkeit des Not leidenden Unternehmens und sind kurz- bis mittelfristiger Natur, wohingegen erst die strategische Sanierung das Unternehmen für die Zukunft ausrichtet. Erste operative Maßnahmen sind immer die Hebung von Kostensenkungspotentialen und die Veräußerung nicht betriebsnotwendigen Vermögens. Voraussetzung aller operativen Maßnahmen ist aber die aktive Unternehmensreorganisation mit einer klaren strategischen Zielsetzung zur Wiedererlangung der nachhaltigen Wettbewerbsfähigkeit. Insofern setzen die operativen Maßnahmen die strategischen Ziele um.

3.1.4.1 Strategische Sanierungsmaßnahmen

Einführend ist anzumerken, dass eine strategische Neuorientierung sich überwiegend an den besonderen Begebenheiten eines jeden einzelnen Unternehmens orientiert

---

[314] Eigene Darstellung.

und deshalb sinnvolle generelle Aussagen zur strategischen Sanierung nur schwer getroffen werden können.[315] Erfahrungsgemäß ist die Existenz einer das Unternehmen bedrohenden Krise jedoch auf Mängel in der Unternehmensstrategie zurückzuführen, die weit in die Vergangenheit zurückreichen. Strategische Sanierungsmaßnahmen sichern die Erfolgspotentiale eines Unternehmens langfristig und machen es wieder wettbewerbsfähig.[316] Die Auswirkungen von Fehlentwicklungen der Vergangenheit müssen strategisch korrigiert und mithilfe operativer Sanierungsmaßnahmen behoben werden. Die strategische Neuorientierung in einer Krisensituation unterscheidet sich in Bezug auf die Vorgehensweise, der zu verwendenden Methoden und der Instrumente kaum von der Umsetzung einer neuen Strategie in normalen Zeiten.[317] Die Planung der strategischen Neuausrichtung in einer gerichtlichen Sanierung muss allerdings in einer noch wesentlich kürzeren Zeit erfolgen als sie bei herkömmlichen Strategieprojekten nötig ist. Dies lässt zumeist nur eine grobe Analyse und Definition der strategischen Maßnahmen zu.

Abbildung 22 berücksichtigt die einzelnen Aspekte der strategischen Sanierung:

Die strategische Sanierung kann grundsätzlich in zwei Aspekte unterteilt werden: zum einen in die Unternehmens- und Geschäftsfeldstrategie, zum anderen in die Organisationsstrategie. Im Rahmen der Unternehmensstrategie wird festgelegt, in welchen Märkten das Unternehmen mit welchem finanziellen Engagement zukünftig vertreten ist und welche Produkte es dort anbietet. Es erfolgt eine Festlegung auf das zukünftige Geschäftsfeld des Unternehmens, das Portfolio von unterschiedlichen Geschäftsfeldern wird bereinigt. Dabei steht nicht nur die Liquiditätsgenerierung durch bspw. die Veräußerung strategisch nicht relevanter Gesellschaften oder Unternehmenseinheiten im Vordergrund. Auch ist Ziel, die Verluste zu reduzieren, den Sanierungsprozess zu vereinfachen und die hierfür anfallenden Kosten zu reduzieren. Letztlich erfolgt eine Fokussierung auf die Kernkompetenzen des Unternehmens.

Die Geschäftsfeldstrategie[318] befasst sich dagegen mit der Form der Marktbearbeitung und bestimmt die Kombination von Produkt und Markt in den verbleibenden Geschäftsfeldern. Sie stellt auf die Art und Weise ab, wie Wettbewerbsvorteile geschaffen und gehalten werden. Die Geschäftsfeldstrategie versucht, dem Preis- und

[315] Vgl. *Lüthy, M.*, Unternehmenskrisen, 1988, S. 85.

[316] Vgl. *Bergauer, A.*, Krisenmanagement, 2001, S. 126.

[317] Vgl. *Lüthy, M.*, Unternehmenskrisen, 1988, S. 85.

[318] Als Geschäftsfeld wird ein autonomer Teilbereich des Unternehmens verstanden, der selbstständig strategiefähig ist. Vgl. *Müller, R.*, Krisenmanagement, 1986, S. 101.

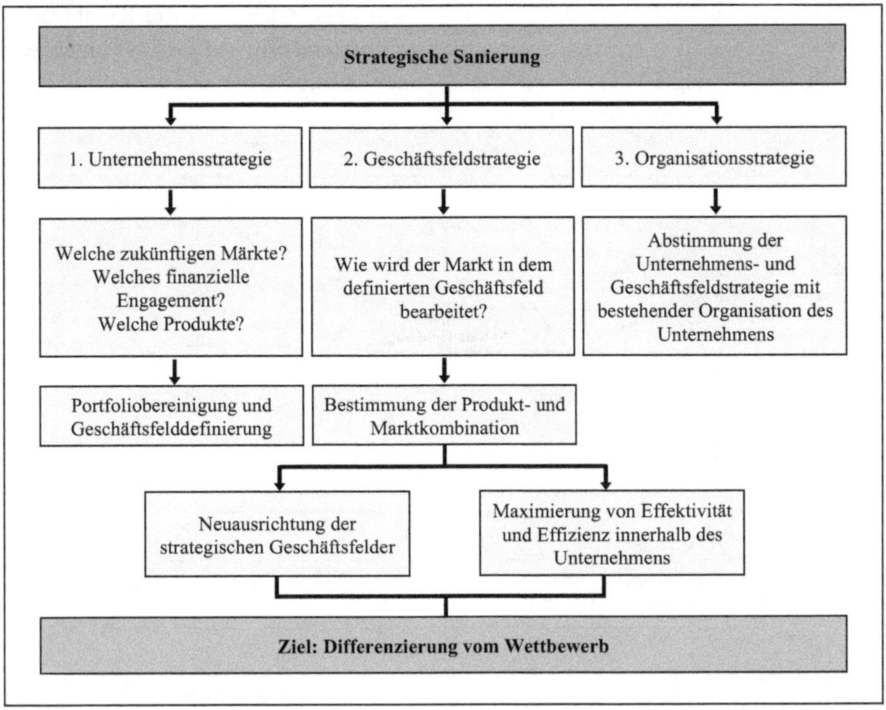

Abbildung 22: Strategische Sanierungsmaßnahmen[319]

Kostenwettbewerb mit den Wettbewerbern zu entgehen. Befindet sich ein Geschäftsfeld in einer strategischen Krise, dann ist kein Wettbewerbsvorteil mehr vorhanden. Ist das Krisenunternehmen bereits in einer Erfolgs- und/oder Liquiditätskrise, dann kann es den kostengetriebenen Wettbewerb über die Kriterien der betrieblichen Effektivität und Effizienz ebenfalls nicht mehr erfolgreich führen. Also muss eine Kombination beider Ansätze verfolgt werden: eine Differenzierung vom Wettbewerb über eine Neuausrichtung der strategischen Geschäftsfelder und die Durchführung der festgelegten Strategie mit einer Maximierung von Effektivität und Effizienz im Unternehmen.

Für die Neuausrichtung eines Unternehmens müssen im Rahmen der Unternehmens- und Geschäftsfeldstrategie Grundsatzentscheidungen getroffen werden, die einer

[319] Eigene Darstellung.

Hierarchie unterzuordnen sind. So führt *Gless* grundsätzlich denkbare Kombinationen von strategischen Überlegungen in konsolidierter Form auf und systematisiert diese zu drei Strategie-Hierarchien[320]: die Strategieposition, den Strategiestil und die Strategiesubstanz (vgl. Abb. 23).

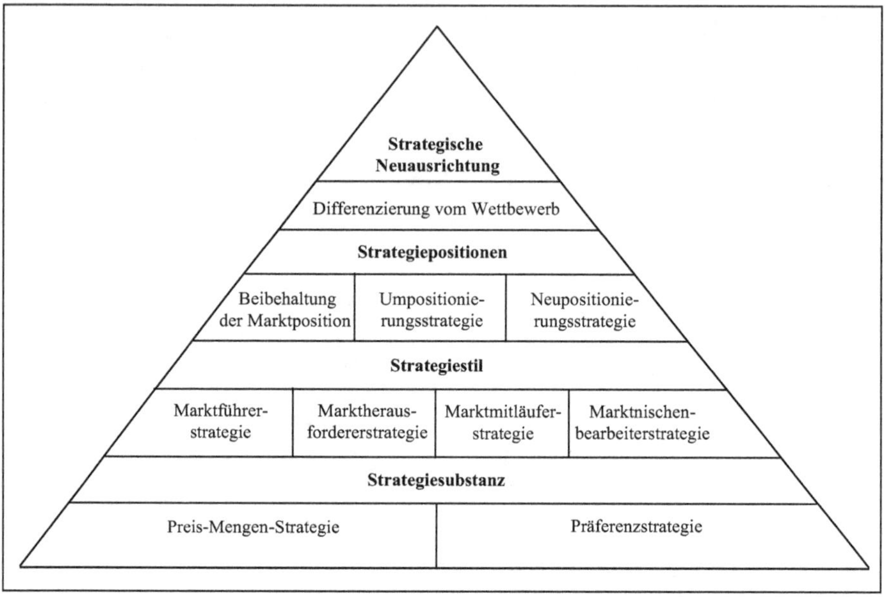

Abbildung 23: Strategie-Hierarchien[321]

Auf der ersten Ebene wird die Frage gestellt, ob überhaupt eine Änderung der Strategie notwendig ist. Zu unterscheiden sind die Optionen, die Marktposition beizubehalten oder eine Um- oder Neupositionierung der Strategie vorzunehmen. In der Strategiekrise scheidet die Beibehaltung der Marktposition in den überwiegenden Fällen aus. Der Marktaustritt in einem bestimmten Geschäftsfeld ermöglicht es, die gebundenen Ressourcen in einem anderen Geschäftsfeld erfolgversprechender einzusetzen.[322] Anderenfalls muss die bisherige Marktposition durch Maßnahmen zur Kostensenkung, Qualitätssteigerung und Intensivierung der Marktdurchdringung

[320] Vgl. *Gless, S.-E.,* Unternehmenssanierung, 1996, S. 290.

[321] In Anlehnung an *Gless, S.-E.,* Unternehmenssanierung, 1996, S. 290.

[322] Vgl. *Bergauer, A.,* Krisenmanagement, 2001, S. 129.

gestärkt werden.[323] Bei der Umpositionierung wird die bestehende Verbraucher-Zielgruppe erweitert oder verlagert. Eine Neupositionierung visiert eine völlig neue Zielgruppe an. Hierzu werden neue Absatzmärkte erschlossen und/oder neue Produkte entwickelt.

Auf der zweiten Ebene wird die Frage beantwortet, wie zukünftig mit dem Wettbewerb konkurriert wird. Wird den Regeln des Wettbewerbs defensiv gefolgt oder wird durch offensives Verhalten versucht, neue Regeln zu schaffen. Zum anderen erfolgt eine Festlegung darüber, ob im Gesamt- oder einem Teilmarkt konkurriert werden soll. Marktführer wollen ihre Stellung im Gesamtmarkt beibehalten. Marktherausforderer versuchen mit aggressiven Verhalten Marktanteile zu gewinnen. Marktmitläufer streben die Erhaltung ihres Marktanteils an und fördern die Beibehaltung des status-quo in der Branche. Marktnischenbearbeiter konzentrieren sich nur auf ein Teilsegment des Gesamtmarktes.

Die dritte Ebene, die Strategie-Substanz, beschreibt die Art der Marktbeeinflussung. Es wird zwischen der Preis-Mengen- und der Präferenzstrategie unterschieden. Die Preis-Mengen Strategie profiliert sich bei den Abnehmern über einen Preisvorteil, die Präferenzstrategie über einen Leistungsvorteil.

Im Rahmen der Organisationsstrategie als zweiter wichtiger Baustein einer strategischen Sanierung wird letztlich die gewählte Unternehmens- und Geschäftsfeldstrategie mit den im Unternehmen bestehenden organisatorischen Strukturen und Kernprozessen abgestimmt. Hierbei stellen sich der strategischen Neuausrichtung Barrieren entgegen, deren Überwindung mit hohen Kosten verbunden sein kann. Barrieren ergeben sich bspw. dadurch, dass sich im Rahmen der strategischen Neuausrichtung Variablen wie die Fertigungstiefe, die gesamte Kostenstruktur, das Ausmaß der Produktpalette sowie die Marketingaktivitäten und viele andere Variablen des Unternehmens verändern. Das Ziel, eine spezifische Wettbewerbsposition durch die strategische Neuausrichtung zu erlangen, ist nur dann erreichbar, wenn alle Tätigkeiten im Unternehmen konsequent auf die neue Strategie ausgerichtet werden. Letztlich ist die Entscheidung und Definition einer neuen strategischen Ausrichtung nur ein Baustein für die strategische Sanierung eines Unternehmens, der andere ist die Durchführung der definierten Maßnahmen unter Beachtung der betrieblichen Effektivität- und Effizienz-Maxime.

---

[323] Vgl. *Müller, R.*, Krisenmanagement, 1986, S. 71.

3.1.4.2 Operative Sanierungsmaßnahmen

Operative Sanierungsmaßnahmen setzen bei den jeweiligen Verlustquellen des Unternehmens an und können dem leistungs- und finanzwirtschaftlichen Bereich zugeordnet werden. Sie beinhalten finanz-, produktions-, absatz- und personalpolitische Maßnahmen. Erfolgspotentiale sollen kurz bis mittelfristig ausgeschöpft sowie Störfaktoren und Schwachstellen beseitigt werden, die wichtige Umsatz-, Ergebnis-, oder Rentabilitätsziele gefährden.[324] Generell verfolgen die operativen Sanierungsmaßnahmen zwei Ziele: zum einen setzen sie die strategische Neuausrichtung im Unternehmen durch eine Vielzahl von Einzelmaßnahmen und Teilziele um. Zum anderen heben sie Verbesserungspotentiale im Hinblick auf die Effizienz und Effektivität im betrieblichen Leistungserstellungs- und verwertungsprozess.[325] Die operativen Maßnahmen zur Erreichung des strategischen Ziels können dabei funktionsbereichsspezifisch als auch funktionsbereichsübergreifend sein. Die Verzahnung der finanz- und leistungswirtschaftlichen Maßnahmen erfordert eine enge Abstimmung im Sanierungsprozess. So bedingt bspw. der Abbau von Warenvorräten, der aus finanzwirtschaftlicher Sicht kurzfristig Liquidität generieren kann, auch Maßnahmen im leistungswirtschaftlichen Bereich. Diese wiederum können Zeitverzögerungen mit sich bringen, die der kurzfristigen Liquiditätsgenerierung entgegenstehen.[326]

3.1.4.2.1 Finanzwirtschaftliche Sanierungsmaßnahmen

Die finanzwirtschaftlichen Sanierungsmaßnahmen haben in erster Linie die Aufgabe, die Insolvenztatbestände der Zahlungsunfähigkeit bzw. der Überschuldung des Unternehmens zu verhindern und Liquiditätsengpässe durch finanzwirtschaftliche Einzelmaßnahmen zu überbrücken.[327] Ausgangslage für deren Anwendung ist eine Analyse der Kapital- und Liquiditätssituation des Unternehmens durch die Erstellung eines Überschuldungsstatus.[328] Auf der Passivseite der Bilanz sind finanzwirtschaftliche Sanierungsmaßnahmen alle Möglichkeiten der externen und internen Kapitalbeschaffung, des Kapitalflusses und der Kapitalumschichtung. Auf der Aktivseite der Bilanz ist es die zur Kapitalfreisetzung führende Umschichtung von Vermögenspositionen in liquide Mittel.[329] Handelt es sich nicht nur um eine kurzfristige Liquiditätsüberbrückung, erfolgt durch finanzwirtschaftliche Sanierungsmaßnahmen eine Neu-

---

[324] Vgl. *Burger, A.*, Unternehmenskrise, 1988, S, 16f.

[325] Vgl. *Bergauer, A.*, Krisenmanagement, 2001, S. 183.

[326] Vgl. *Lüthy, M.*, Unternehmenskrisen, 1988, S. 165.

[327] Vgl. *Böckenförde, B.*, Unternehmenssanierung, 1996, S. 138.

[328] Vgl. *Lubos, G.*, Sofortmaßnahmen, 2006, S. 372.

[329] Vgl. *Gless, S.-E.*, Unternehmenssanierung, 1996, S. 78.

ordnung der Kapitalverhältnisse. Hierbei kann klassisch von außen Kapital zugeführt oder aber die internen Kapitalreservoirs des Unternehmens können aufgedeckt bzw. mobilisiert werden. In der Literatur werden deshalb für die finanzwirtschaftliche Sanierung autonome und heterogene Maßnahmen unterschieden.[330]

Autonome Maßnahmen sind dabei diejenigen, die im Personenkreis der am Unternehmen Beteiligten beschlossen und durchgesetzt werden. Sie werden somit aus eigener Unternehmenskraft erwirkt, ohne dass finanzielles Engagement von Außenstehenden Dritten zur Krisenbewältigung erbeten werden muss. In der Liquiditätskrise eines Unternehmens sind die internen finanziellen Handlungsspielräume sehr gering. Dann wird der Einfluss Außenstehender Dritter auf das Unternehmen höher. Nur von ihnen können dann in einem solchen Zustand des Unternehmens Beiträge zum Erhalt der Finanzspielräume bereitgestellt werden.[331]

Abbildung 24 (s. S. 92) fasst ausgewählte autonome finanzwirtschaftliche Maßnahmen zusammen.

Autonome Maßnahmen sind zum einen liquiditätsfördernde Maßnahmen zur Beseitigung des Liquiditätsengpasses, zum anderen solche bilanzbereinigender Art. Erste Maßnahmen[332], die kurzfristig Liquidität schaffen, sind bspw. die Aktivierung von Liquiditätsreserven im Anlagevermögen wie z. B. der Verkauf nicht betriebsnotwendiger Aktiva und der Verkauf von betriebsnotwendigen Anlagevermögen mit anschließendem Rückleasing[333]. Im Umlaufvermögen kann kurzfristig Liquidität geschaffen werden durch den Abbau von Vorratsbeständen,[334] durch Sonder- bzw. Abverkäufe oder die Verbesserung und Optimierung des Debitoren- sowie Kreditorenmanagements. Durch schnelleres Fakturieren von erbrachten Leistungen, das forcier-

---

330 Vgl. *Gless, S.-E.,* Unternehmenssanierung, 1996, S. 81; Böckenförde, B., Unternehmenssanierung, 1996, S. 138; *Fechner, D.,* Unternehmenssanierung, 1998, S. 153.

331 Vgl. *Engberding, A.,* Sanierung, 1998, S. 165.

332 Eine optimale Finanzierungspolitik würde bereits die Insolvenzwahrscheinlichkeit eines Unternehmens berücksichtigen, so dass erste Maßnahmen bei Eintritt der Insolvenz schon „vorgedacht" sind. Ausf. zur Insolvenzwahrscheinlichkeit vgl. *Franke, G./Hax, H.,* Finanzwirtschaft, 1999, S. 458ff.

333 Im Rahmen dieses „Sale-and-lease-back"-Verfahrens werden Bestandteile des Anlagevermögens veräußert und gleichzeitig vom Käufer zurückgemietet. So können auch durch betriebsnotwendiges Kapital gebundene Mittel freigesetzt werden. Mit dem Kaufvertrag wird ein Leasingvertrag über die Nutzung des Veräußerungsgegenstandes abgeschlossen. Sale-and-lease-back-Verfahren werden in erster Linie in Zusammenhang mit Immobilien durchgeführt. Vgl. dazu *Böckenförde, B.,* Unternehmenssanierung, 1991, S. 140.

334 Zu diesen sog. „asset sales" vgl. *Shleifer, A./Vishny, R W.,* Liquidation, 1992, S. 1343ff. bzw. *Brown, D./James, C./Mooradian, R.,* Asset, 1994, S. 233ff.

Abbildung 24: Autonome finanzwirtschaftliche Sanierungsmaßnahmen[335]

te Eintreiben von offenen Forderungen durch Reformierung des Mahnwesens[336] oder mithilfe von Factoring[337] können durch aktives Kreditorenmangement positive Liquiditätseffekte erwirkt werden. Im Rahmen des Debitorenmanagements können Zahlungsziele optimal ausgenutzt oder Einsparungen durch Skontovereinbarungen erzielt werden. Insbesondere in der Ertragskrise eines Unternehmens ist die Anpassung der Kostenstruktur an die dann verminderte Ertragslage unabdingbar. Ein wesentlicher Kostenfaktor ist in vielen Fällen auch ein überhöhter Personalbestand.[338] Weitere Maßnahmen zum generellen Abbau von laufenden Geschäftskosten sind bspw. Aus-

[335] Eigene Darstellung in Anlehnung *Böckenförde, B.*, Unternehmenssanierung, 1996, S. 139.

[336] Forderungen binden Kapital. Eine niedrigstmögliche Kapitalbindung kann durch eine straffe Kreditpolitik ermöglicht werden, bspw. durch attraktive Skontosätze für Frühzahler.

[337] Zumeist ist der Verkauf von Forderungen an eine Factoringgesellschaft aufgrund der beeinträchtigten Bonität des Krisenunternehmens zu teuer. Zudem verhindern Globalzessionen der finanzierenden Banken den Spielraum für Factoring.

[338] Ausführlicher zu den (leistungswirtschaftlichen) Maßnahmen im Personalbereich siehe Kap. 3.1.4.2.2.

gabenkürzungen im Investitions- und Beschaffungsbereich, bei der Instandhaltung sowie der Fort- und Weiterbildung. Die Zuführung von Eigen- und/oder Fremdkapital durch die Gesellschafter ist immer eine Möglichkeit der Kapitalbeschaffung.

Die Bilanzstruktur eines Not leidenden Unternehmens hat sich im Verlauf der Krise rasch verschlechtert. Vergangenheitsverluste haben die Substanz des Unternehmens verringert und der Cash flow-Schwund hat Liquiditätsprobleme verursacht.[339] Zudem belasten manche unter Zeitdruck eingeleiteten strategischen Sanierungsmaßnahmen die Kostenseite des Unternehmens. Insofern sind im Rahmen der finanzwirtschaftlichen Sanierung rein buchungstechnische, bilanzbereinigende Vorgänge einzuleiten. Diese bereinigen die entstandene Überschuldung und Unterbilanz und verschaffen dem Unternehmen wieder eine gesunde und solide Bilanzrelation.[340] Maßnahmen hierzu sind die Auflösung von Rücklagen[341], von Rückstellungen[342] und die Kapitalherabsetzung[343]. Maßnahmen der Altgesellschafter sind eigenkapitalspezifische Maßnahmen wie bspw. eine Kapitalerhöhung[344] oder freiwillige Zuzahlungen[345].

---

[339] Vgl. *Lüthy, M.,* Unternehmenskrisen, 1988, S. 153.

[340] Vgl. *Böckenförde, B.,* Unternehmenssanierung, 1996, S. 151.

[341] Bei den Rücklagen unterscheidet man zwischen offenen und verdeckten Rücklagen. Offene Rücklagen sind Kapital- und Gewinnrücklagen. Verdeckte Rücklagen sind stille Reserven, d. h. die Differenzwerte aus dem Bilanzwert und dem tatsächlichen Wert eines Wirtschaftsgutes.

[342] Rückstellungen sind Bilanzpositionen für Verbindlichkeiten, die ihrer Art nach zwar feststehen, aber deren Höhe und Fälligkeit nicht genau bekannt ist. Hier muss geprüft werden, ob die Rückstellungen vom Grundsatz her gerechtfertigt und in ihrer bilanzierten Höhe noch notwendig ist. Eine willkürliche Auflösung widerspricht den Grundsätzen ordnungsmäßiger Buchführung.

[343] Unter Kapitalherabsetzung versteht man die „Verbuchung" eines Verlustes auf dem Kapitalkonto einer Aktiengesellschaft, also die Minderung des Kapitalkontos. Es gibt drei Formen der Kapitalherabsetzung, die ordentliche Kapitalherabsetzung nach den §§ 222 bis 228 AktG, die vereinfachte Kapitalherabsetzung nach den §§ 229 bis 236 AktG und die Kapitalherabsetzung durch Einzug von Aktien nach den §§ 237 bis 239 AktG. Die Kapitalherabsetzung für die GmbH ist in § 58 GmbHG geregelt und orientiert sich im Wesentlichen am aktienrechtlichen Vorbild. Zur Kapitalherabsetzung vgl. *Picot, G./Aleth, F.,* Unternehmenskrise, 1999, S. 104ff.

[344] Im Sanierungsfall ist ein Problem der regulären Kapitalerhöhung darin zu sehen, dass sie eine zeitaufwendige Satzungsänderung erfordert. Die reguläre Kapitalerhöhung gegen Einlagen ist in den §§ 182 bis 191 AktG und den §§ 55 bis 57b GmbHG geregelt. Allgemein zu den Voraussetzungen einer Kapitalerhöhung vgl. *Picot, G./Aleth, F.,* Unternehmenskrise, 1999, S. 103f.

[345] Aktiengesellschaften und die GmbH können ihr Eigenkapital neben der Kapitalerhöhung auch durch sonstige das Eigenkapital stärkende Zuführungen ihrer Mitglieder vermehren. So bspw. durch freiwillige Zuzahlungen im Verhältnis ihrer Anteile. Voraussetzung hierfür ist die Einstimmigkeit in der Beschlussfassung und die Freiwilligkeit der Zahlung.

Heteronome finanzwirtschaftliche Sanierungsinstrumente können hingegen nur unter Mitwirkung von Außenstehenden durchgesetzt werden. Abbildung 25 fasst ausgewählte Maßnahmen zusammen.

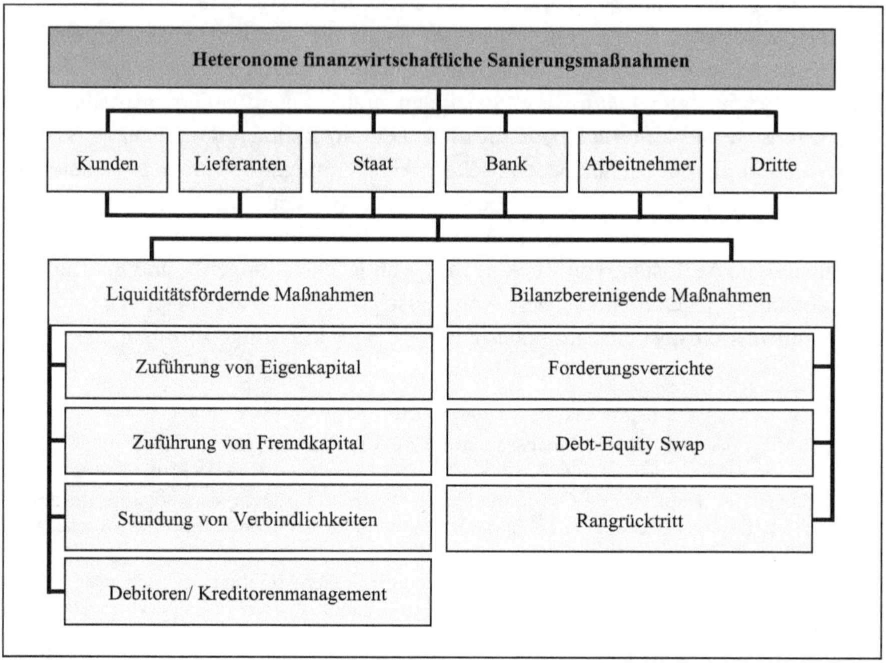

Abbildung 25: Heteronome finanzwirtschaftliche Sanierungsmaßnahmen[346]

Die Mitwirkung Außenstehender ist zwingend erforderlich, wenn das interne finanzielle Handlungsvermögen des Unternehmens ausgeschöpft ist und die Alteigentümer keine weiteren Finanzierungsbeiträge leisten können oder wollen. Dann sind Beiträge der Kunden, der Lieferanten, des Staates, der (Haus-)Banken, der Arbeitnehmer und sonstiger Dritter die einzige Möglichkeit zur finanziellen Stabilisierung des Krisenunternehmens. Dabei enthält die Mittelzuführung in der Liquiditätskrise eines Unternehmens für die Beteiligten ein hohes Verlustrisiko ihres Engagements. Der Vorteil einer Mittelzuführung ist die mit einer langfristigen und erfolgreichen Unternehmensfortführung verbundene Aussicht auf eine zukünftige Partizipation.

[346] Eigene Darstellung in Anlehnung an *Böckenförde, B.,* Unternehmenssanierung, 1996, S. 139.

Damit kann finanziell eine höhere Befriedigung der Beteiligten im Hinblick auf ihr Gesamtengagement als bei einer Zerschlagung des Unternehmens erfolgen.[347]

Die einfachste Form der Kapitalzufuhr ist wiederum die Zuführung von neuem Fremdkapital durch die beteiligten Gläubiger oder durch Dritte. Diese Art Kapitalzufuhr ist in der Krise eines Unternehmens eine äußerst schwierig durchzusetzende finanzwirtschaftliche Sanierungsmaßnahme. Ein auch im psychologischen Bereich liegendes Problem bei einer Sanierung stellt der schleichende oder plötzliche Vertrauensverlust dar, der in der Beziehung zum Kreditgeber entsteht, wenn dieser über die Unternehmenslage nicht vollständig informiert wurde oder bewusst im Unklaren gelassen wurde. Deshalb ist grundsätzlich ein vertrauensvoller Umgang mit den Kapitalgebern geboten, natürlich auch als Voraussetzung für neues Fremdkapital.[348] Neues Fremdkapital wird im Hinblick auf die Zukunftsprognosen des Unternehmens und in der Regel nur auf Basis umfangreicher Sicherheiten gewährt.[349] Dabei ist im Sanierungsfall die im Gegensatz zum „normalen" Geschäft verminderte Kreditwürdigkeit zu berücksichtigen. Der Fremdkapitalgeber muss von den Erfolgsaussichten der Sanierung überzeugt werden.

Neues Kapital kann von den Gläubigern und einem Dritten auch in Form von Eigenkapital eingebracht werden, wenn sich diese am unternehmerischen Risiko beteiligen wollen. Will ein Gläubiger dies tun, werden seine bestehenden Forderungen an die Gesellschaft für ein langfristiges Engagement in Eigenkapital umgewandelt.[350] In der Regel sind aber Gläubiger zu einer Umwandlung ihrer Guthaben in Risikokapital nicht bereit.[351] Dies deshalb, weil eine kurzfristige Rückführung ihrer Forderungen dann nicht mehr möglich ist. Zudem müssen die Eigenkapitalgeber der Aufnahme dieser dann neuen Gesellschafter zustimmen und hierfür Bezugsrechte abgeben. Auch dies ist insbesondere bei familiengeführten Unternehmen selbst in einer Krisensituation nicht leicht zu erreichen.

Auch die in der jüngsten Vergangenheit vieldiskutierte Inanspruchnahme von staatlichen Sanierungsbeiträgen ist hervorzuheben. Diese kann in Form von Subventio-

---

[347] Vgl. *Enberding, A.*, Sanierung, 1998, S. 166.

[348] Zum erfolgreichen Umgang mit Banken vgl. *Niggemann, K. A.*, Liquiditätssicherung, 1980, S. 146ff.

[349] Vgl. *Lüthy, M.*, Unternehmenskrisen, 1988, S. 196.

[350] Allgemein zur Schuldumwandlung vgl. *Picot, G./Aleth, F.*, Unternehmenskrise, 1999, S. 160f. Zu den Bedingungen, unter welchen eine Bank bereit ist, ihre Fremdkapitalposition in eine Eigenkapitalposition umzubauen vgl. *James, C.*, Equity, 1995, S. 1209ff.

[351] Vgl. *Lüthy, M.*, Unternehmenskrisen, S. 199.

nen, Darlehen und Bürgschaften eine weitere Möglichkeit der finanzwirtschaftlichen Sanierung eines Unternehmens sein.[352] Dies gilt insbesondere vor dem Hintergrund volkswirtschaftlicher Überlegungen zum Erhalt von Arbeitsplätzen. Allerdings berücksichtigen staatliche Förder- und Subventionsprogramme in den meisten Fällen keine Unternehmen in einer akuten Krisensituation.[353] Auf Ebene der Bundesländer kann eine Landesbürgschaft einen Sanierungskredit einer Bank absichern. Dies setzt zum einen eine Bank voraus, die finanzielles Engagement in einem Krisenunternehmen entfalten will. Zum anderen verhindern in vielen Fällen hohe Auflagen der Bundesländer zur Vergabe von Landesbürgschaften die Ausreichung eines solchen Sanierungskredites.

Unabhängig von der Möglichkeit, Eigen- oder Fremdkapital zuzuführen, können bestehende Finanzierungsverträge mit den Außenstehenden umstrukturiert oder neu verhandelt werden. So können Verzichte oder Stundungen von Forderungs- und Zinsansprüchen von Banken, Mitarbeitern und anderen Gläubigern verhandelt werden. Aber solche, sehr schwierig durchzusetzende Maßnahmen führen zunächst vorrangig dazu, dass eine Überschuldung vermieden, aber nicht die Zahlungsfähigkeit verbessert wird.[354] Die Liquiditätssituation wird insoweit vorübergehend verbessert, als dass Zahlungen nicht oder später geleistet werden müssen.[355] Aber auch hier ist zu bedenken, dass Gläubiger in der Regel nur in beschränktem Ausmaß zu Reduzierungen oder gar zu Verzichten auf ihre Ansprüche bereit sind. Weitere Finanzierungsbeiträge von den Gläubigern können wie bereits bei den autonomen finanzwirtschaftlichen Sanierungsmaßnahmen beschrieben durch eine vom Krisenunternehmen eingeleitete Optimierung des Debitoren- und Kreditorenmanagements erzielt werden.

Bilanzbereinigende Maßnahmen im Zusammenhang mit heteronomen finanzwirtschaftlichen Sanierungsmaßnahmen sind mit Beiträgen der Eigen- und Fremdkapitalgeber verbunden. Eigenkapitalgeber können Gesellschafterdarlehen[356] an das Unternehmen ausgeben oder für bereits an die Gesellschaft ausgereichte Darlehen

[352] Zu den grundsätzlichen Voraussetzungen für die Erlangung von staatlichen Hilfen vgl. *Picot, G./Aleth, F.,* Unternehmenskrise, 1999, S. 193.

[353] Ausführlich zur Wirtschaftsförderung des Bundes und der Länder siehe *Hess, H.,* Sanierungshandbuch, 2009, S. 365ff.

[354] Vgl. *Witt, P./Schönbucher, G.,* Unternehmenskrisen, 2006, S. 569.

[355] Vgl. *Jordan, A.,* Insolvenzrechtsreform, 1993, S. 177.

[356] Gesellschafterdarlehen bei der GmbH und GmbH & Co. KG haben als Sanierungskredite erhebliche Bedeutung erlangt. Im Vergleich zu einer Kapitalerhöhung ist das Gesellschafterdarlehen deshalb vorteilhafter, weil es an keine formellen Bedingungen gebunden ist.

Rangrücktritte[357] vereinbaren. Die Fremdkapitalgeber können durch Forderungsverzichte mit Besserungsschein[358] oder die Umwandlung ihres Fremd- in Eigenkapital Sanierungsbeiträge leisten.

3.1.4.2.2 Leistungswirtschaftliche Sanierungsmaßnahmen

Die leistungswirtschaftlichen Sanierungsmaßnahmen haben das Ziel, durch Organisationsverbesserungen die Wettbewerbsfähigkeit des Krisenunternehmens wiederherzustellen.[359] Mit den Maßnahmen im leistungswirtschaftlichen Bereich sollen aus der ordentlichen Betriebstätigkeit des Unternehmens wieder Gewinne erzielt werden.[360] Ansatzpunkte für leistungswirtschaftliche Sanierungsmaßnahmen sind alle Funktionsbereiche des Unternehmens, also die zur Erfüllung des Unternehmenszwecks notwendigen Aufgabenbereiche.[361] Die nachfolgende Abbildung 26 (s. S. 98) fasst eine Auswahl der in der Literatur am häufigsten genannten leistungswirtschaftlichen Sanierungsmaßnahmen in den einzelnen Funktionsbereichen zusammen.

Maßnahmen im Absatzbereich haben das Ziel, direkt den Erlös zu steigern. Erster Ansatzpunkt hier ist die Optimierung der Kundenbearbeitung- und betreuung. Nur zufriedene Kunden werden weiterhin Bedarfe anmelden. Dabei darf die Preis- und Konditionenpolitik der Leistungen nicht außer Acht gelassen werden. Wenn die Deckungsbeiträge der Produkte für die Herstellung nicht auskömmlich sind, sind Anpassungen in diesem Bereich notwendig. Zudem führt eine verstärkte Öffentlichkeitsarbeit und Werbetätigkeit zu einer breiter gestreuten und besseren Wahrnehmung der Unternehmensleistungen. Letztlich kann der Absatz neben der Optimierung bestehender Kundenbeziehungen durch die Erschließung neuer Vertriebskanäle gesteigert werden.

Im Bereich der *Forschung und Entwicklung* ist ein vorrangiges Ziel, die Investitionen zu optimieren, d. h. die Entwicklungszeiten unter Beibehaltung eines hohen Kunden-

---

[357] In einer Krisensituation können die Gesellschafter mit der Gesellschaft zu den vorgenannten Gesellschafterdarlehen einen Rangrücktritt vereinbaren. Dies führt bilanziell dazu, dass das Darlehen im Hinblick auf den Überschuldungsstatus der Gesellschaft nicht berücksichtigt werden muss. Der Anspruch auf Rückzahlung des Gesellschafterdarlehens kann bei Vereinbarung eines Rangrücktrittes erst nach Beseitigung der Überschuldungsgefahr beglichen werden.

[358] Der Forderungsverzicht mit Besserungsschein steht unter der auflösenden Bedingung, dass der Verzicht bei Besserung der Vermögenslage des Unternehmens entfällt.

[359] Vgl. *Zirener, J.* Sanierung, 2005, S. 50.

[360] Vgl. *Lüthy, M.*, Unternehmenskrisen, 1988, S. 101.

[361] Vgl. *Bergauer, A.*, Krisenmanagement, 2001, S. 183.

Funktionsbereiche des Unternehmens					
Absatz	**Forschung & Entwicklung**	**Beschaffung**	**Produktion/ Logistik**	**Personal**	**Allgemeine Verwaltung**
Ausgewählte leistungswirtschaftliche Sanierungsmaßnahmen					
• Optimierung der Kundenbearbeitung und -betreuung • Anpassung der Preis- und Konditionenpolitik • Verbesserung der Öffentlichkeitsarbeit • Optimierung bestehender und Erschließung neuer Vertriebskanäle • etc.	• Verkürzung von Entwicklungszeiten • Überprüfung der Investitionsetats • etc.	• Bedarfsgerechte Materialversorgung • Optimierung und Reduzierung der Materialbestände • Einkaufskooperationen • Optimierung des Lieferantenportfolios • Verbesserung der Qualitätsprüfung • etc.	• Reduktion der Produktionsschichten • Reduktion der Durchlaufzeiten • Verbesserung der Qualität • Steigerung der Produktivität • Steigerung der Flexibilität • Neue Arbeitsorganisation der Mitarbeiter • Senkung Transport- und Verpackungskosten • etc.	• Einstellungsstopp • Kurzarbeit • Lohn- und Gehaltsanpassungen durch Mitarbeiterbeiträge • Entlassungen/ Sozialplan • Vorruhestandsregelungen • Sicherung der Know-how-Träger • etc.	• Outsourcing von Dienstleistungen • Überprüfung aller bestehenden Verträge mit Externen • Optimierung und Nutzung von EDV-Systemen • Bündelung von Informationssystemen • Optimierung der Verwaltungsabläufe • etc.
↓ Erlössteigerung	↓ Optimierung der F & E Investitionen	↓ Reduzierung der Materialkosten	↓ Reduzierung der Produktionskosten	↓ Reduzierung der Personalkosten	↓ Reduzierung der Verwaltungskosten

Abbildung 26: Leistungswirtschaftliche Sanierungsmaßnahmen[362]

nutzens zu verkürzen und Investitionsengagements auf die Kernkompetenzen des Unternehmens zu konzentrieren.[363]

Maßnahmen im Beschaffungsbereich beginnen bei einer bedarfsgerechten Materialversorgung. Die existierenden Materialbestände müssen reduziert oder optimiert eingesetzt werden. Des Weiteren kann die Optimierung des Lieferantenportfolios durch die Suche nach neuen Lieferanten und die Einholung mehrerer Angebote sowie die

---

362 Eigene Darstellung.

363 Vgl. *Bergauer, A.*, Krisenmanagement, 2001, S. 184.

Nutzung von Einkaufskooperationen die Materialkosten reduzieren. Letztlich kann die Überprüfung der eingekauften Qualität und der unternehmensinternen Reklamationen weitere Indikatoren für Kostentreiber im Materialbereich geben.[364]

Bei einem produzierenden Unternehmen dienen *Maßnahmen im Produktionsbereich* der Senkung von Produktionskosten. Dies kann durch die Reduktion von Durchlaufzeiten in der Produktion erreicht werden, was zu einer Reduktion der Produktionsschichten führt. Eine permanente Überprüfung der Qualität ist dabei unerlässlich. Insgesamt ist das Ziel aller Maßnahmen im Produktionsbereich eine Steigerung der Produktivität. Dabei soll gleichzeitig flexibel auf Veränderungen im Produktionsablauf reagiert werden können. Die Zusammensetzung des Produktionsumfangs ist zu prüfen, eine Konzentration der Fertigung durch Aufgabe von unrentablen Produkten und Fertigungsstätten ist vorzunehmen und die Produktionstechnik ist zu modernisieren. Die Einführung neuer Arbeitsorganisationen der Mitarbeiter können ebenfalls positive Effekte im Produktionsprozess bewirken. Nicht zuletzt kann die Senkung der Transport- und Verpackungskosten als Zielmaßnahme definiert werden.

Eine regelmäßige Sanierungsmaßnahme in der Krise eines Unternehmens sind *Maßnahmen im Personalbereich*, also die Reduzierung der Leistungen an die Arbeitnehmer. Dies kann zum einen durch Entlassungen oder aber durch inhaltliche Veränderungen der bestehenden Arbeitsverhältnisse erfolgen.[365] In Anlehnung an *Fechner* sind betriebswirtschaftliche Ansätze zur Personalkostenreduzierung: die Anpassung der personellen Kapazitäten, die Verminderung der spezifischen Kosten der Arbeitskräfte und die Veränderung der Personalstruktur.[366] Die Anpassung der personellen Kapazitäten erfolgt durch Einstellungsstopp, Überstundenverbot, Kurzarbeit, Aufhebungsverträge, vorzeitige Pensionierung, Umwandlung von Voll- in Teilzeitverträge, Kündigungen von Dienstverträgen mit freien Mitarbeitern, Aushilfen oder Leiharbeitsfirmen sowie betriebsbedingte-, verhaltensbedingte- oder personenbedingte Kündigungen. Die Verminderung der spezifischen Personalaufwendungen pro Kopf bzw. Arbeitsstunde erfolgt über eine intensive Überprüfung des Tarif- oder Grundlohns, der Leistungszulagen, sonstiger Zulagen und Sonderzahlungen, der betrieblichen Alters- und Hinterbliebenenversorgung sowie sonstiger vom Unternehmen gewährter Vergünstigungen und Zuschüsse. Veränderungen in der Personalstruktur können durch Korrekturen der Einsatzgebiete der Mitarbeiter erfolgen. Dabei muss

---

[364] Vgl. *Jordan, A.* Insolvenzrechtsreform, 1993, S. 168ff.

[365] Ausführlich zu den Sanierungsmaßnahmen im Personalbereich vgl. *Picot, G./Aleth, F.*, Unternehmenskrise, 1999, S. 117ff.

[366] Vgl. *Fechner, D.*, Unternehmenssanierung, 1998, S. 13.

die Personalqualifikation zur Arbeitsplatzanforderung sowie die Leistungsfähigkeit des Mitarbeiters zum erforderlichen Leistungsbedarf passen. Die Korrekturen führen zu einem ausgewogeneren Ertrags-Kostenverhältnis der Personalstruktur im Unternehmen. Außerdem kann das Management durch Krisenmanagement ersetzt und dadurch der Führungsstil geändert werden.[367] Bei allen Maßnahmen im Personalbereich muss allerdings berücksichtigt werden, dass durch einschneidende Maßnahmen in diesem Bereich in Verbindung mit der ohnehin angespannten Krisensituation möglicherweise wertvolle Know-how Träger das Unternehmen verlassen. Zudem kann die Freisetzung von Mitarbeitern zu Angst und Demotivation bei den anderen Mitarbeitern führen.[368] Kurzfristig kann ein deutliches Absinken der Produktivität drohen.

Zur Reduzierung von Verwaltungskosten sind Maßnahmen im Bereich der *Allgemeinen Verwaltung* vorzunehmen. Aus der Überprüfung aller bestehenden Drittverträge resultieren zumeist zahlreiche Einsparpotentiale. So können Dienstleistungen, die bisher vom Unternehmen ausgeführt werden, an Dritte ausgelagert werden. Oder umgekehrt können teuer fremd eingekaufte Leistungen vom Unternehmen selbst erbracht werden. Im Rahmen der Optimierung der Verwaltungsabläufe muss überprüft werden, ob alle Unternehmensressourcen optimal genutzt werden.

3.1.5 Sanierungsmanagement und Insolvenzverwaltung

Die beschriebenen Sanierungsmaßnahmen sollen ein liquiditäts- und/oder ertragsschwaches Unternehmen wieder liquide und profitabel machen. Hat die Liquiditäts- und/oder Ertragsschwäche bereits zu den Insolvenzantragsgründen der (drohenden) Zahlungsunfähigkeit oder Überschuldung geführt, können diese und weitere Sanierungsmaßnahmen auch innerhalb eines Insolvenzverfahrens vorgenommen werden. Mit dem Insolvenzantrag ändern sich nur die Rahmenbedingungen für eine Sanierung. Zielsetzung ist dann die schnellstmögliche Beseitigung der bereits eingetretenen Insolvenz, nicht mehr dessen Vermeidung.

In der Praxis wird mit der klassischen Sanierung immer die vorrangig betriebswirtschaftlich geprägte Krisenbewältigung eines sich in einer existenzbedrohenden Krise befindlichen Unternehmen bezeichnet. Reaktivierungsmanagement verbindet die Aufgabe der klassischen Sanierung mit der Möglichkeit, die rechtlichen Rahmen-

---

[367] Vgl. *Harz, M./Hub, H.-G./Schlarb, E.*, Sanierungs-Management, 2006, S. 14.

[368] Vgl. *Witt, P./Schönbucher, G.*, Unternehmenskrisen, 2006, S. 568.

bedingungen eines Insolvenzverfahrens zur Reaktivierung eines Not leidenden Unternehmens zu nutzen. Dabei haben die Ausführungen in diesem Kapitel gezeigt, dass im Rahmen der Sanierungsprüfung auch frühzeitig die Option der Insolvenz als Sanierungsinstrument Berücksichtigung finden muss. Ferner haben sich ablauftechnische und inhaltliche Überschneidungen beim Sanierungsprozess und der Insolvenzverwaltung gezeigt. Auch ein Insolvenzverwalter bewegt sich im Rahmen einer geplanten Unternehmensfortführung in einem geregelten (Sanierungs-)Prozess und muss die Sanierungsfähigkeit und -würdigkeit des schuldnerischen Unternehmens prüfen, bevor er entsprechende „klassische" Sanierungsmaßnahmen zum Unternehmenserhalt und zur Unternehmensfortführung vornehmen kann. Mit dem Insolvenzplan ist gar ein dem „freien" Sanierungskonzept nachempfundenes Instrument erschaffen worden, das innerhalb eines Insolvenzverfahrens zur Krisenbewältigung des Not leidenden Unternehmens dienen soll.[369] Im Hinblick auf die Nutzung der beschriebenen, operativen und strategischen Sanierungsmaßnahmen kann festgehalten werden, dass deren Anwendbarkeit und Wirkung mit zunehmender Krisenentwicklung abnimmt. Im Rahmen einer Sanierung innerhalb des Insolvenzverfahrens können die Maßnahmen wieder voll und um insolvenzrechtliche Besonderheiten ergänzt genutzt werden. Zunächst wird neuer zeitlicher Spielraum geschaffen, auch um das notwendige Vertrauen wieder aufzubauen.

Insolvenzverwaltung erfordert Konfliktbewältigung. Der Insolvenzverwalter erfüllt eine Organisations- und Verantwortungsposition im Hinblick auf ein Zwischenstadium des Not leidenden Unternehmens, das in Abhängigkeit von der Gläubigerentscheidung zur Liquidation oder zur Sanierung führen kann. Im Insolvenzverfahren kann dem Not leidenden Unternehmen durch die Fortführungsempfehlung des Verwalters eine Option für weitergehende Sanierungsansätze offengehalten werden.[370] Dabei ist der entscheidende Punkt der, dass ein Unternehmen erst dann saniert ist, wenn es nachhaltig seine Ertragsstärke wiedererlangt hat. Außerhalb der Insolvenz ist hierfür, soweit Gläubigerverzichte notwendig werden, eine Vielzahl von privatautonomen Verträgen erforderlich. Im Insolvenzverfahren werden die Gläubiger durch die Stabilisierungs- und Schutzfunktion der Insolvenzordnung gezwungen, Sanierungsbeiträge zu leisten. Insbesondere der Vollstreckungsschutz[371] verschafft dem

---

[369] Zur Anwendung der finanz- und leistungswirtschaftlichen Maßnahmen in einem Insolvenzplanverfahren vgl. Kap. 3.4.3.3.

[370] Vgl. *Mönning, R.-D.,* Betriebsfortführung, 1997, S. 338.

[371] Vollstreckungsschutz bedeutet, dass jegliche Zangsvollstreckungsmaßnahmen gegen das Unternehmen vom Gericht untersagt werden können. Für das Eröffnungsverfahren vgl. § 21 Abs. 2 S. 1 Nr. 3 InsO, im eröffneten Verfahren vgl. auch § 88 InsO.

zahlungsunfähigen Unternehmen den Spielraum, weiterführender betriebswirtschaftliche Sanierungsschritte einzuleiten.[372] Die Insolvenzordnung kann dem Not leidenden Unternehmen eine „Verschnaufpause" im zeitlichen Sinne verschaffen, im Rahmen des Insolvenzverfahrens können reaktivierende Maßnahmen zur Gesundung ergriffen werden.

3.2 Das Insolvenzverfahren

3.2.1 Historie des (deutschen) Insolvenzrechts

Die Wurzeln des heutigen Insolvenzrechtes liegen im römischen Recht und gehen zurück auf das „concurrere creditorum", das Zusammenkommen der Gläubiger. Auch hier musste eine Lösung für die Gläubiger, die mit einem säumigen Schuldner konfrontiert wurden, gefunden werden. So sah das römische Recht vor, dass der Schuldner neben dem Komplettverlust seines Vermögens auch den Verlust seines Lebens oder zumindest die persönliche Ächtung und lebenslange Knechtschaft zu befürchten hatte.[373] Aus wirtschaftpolitischer Sicht ergab sich dann insbesondere in handelsintensiven Ländern im Mittelalter die Notwendigkeit, Gesetze zu schaffen, um die eigenen Unternehmen vor den Pleiten ausländischer Kunden zu schützen.[374] Damit wurde der Grundstein für die Schaffung nationaler Konkursrechte gelegt. Diese haben ihren Höhepunkt Ende des 19. Jahrhunderts in fast allen europäischen Staaten erreicht. Die nationalen Konkursgesetze des 19. Jahrhunderts waren darauf ausgelegt, das schuldnerische Vermögen zu liquidieren und gerecht an die Gläubiger zu

[372] Zu den weiteren reaktivierenden Maßnahmen der Insolvenzordnung siehe Kap. 3.3.

[373] Vgl. *Paulus, C. G.,* Insolvenzrecht, 2007, S. 23. Auch wenn eine Insolvenz heute nicht mehr zwingend das Ende des Unternehmens bedeutet, so haftet ihr doch noch immer eine negative Assoziation an. Zur Neustart-feindlichen Einstellung in Deutschland vgl. *Piepenburg, H.,* Neustart, 2001, S. 596. Im Gegensatz dazu wird in den USA eine „Insolvenzkultur" gelebt, die eine Unternehmenskrise und die Möglichkeit des Scheiterns unternehmerischer Handlungen als normale Erscheinung ansieht. Dort wird die Insolvenz vollständig in das unternehmerische Denken integriert bzw. zuweilen sogar missbräuchlich verwendet. Vgl. *Uhlenbruck, W.,* Schicksalsfrage, 2001, S. 1641. Die in Deutschland gelebte Einstellung ist einer der wesentlichen Gründe, weshalb das Insolvenzrecht als Sanierungsoption noch eher ein Schattendasein führt.

[374] So schreibt *Paulus,* dass die Konkursgesetzgebung in der damaligen Weltmetropole Antwerpen bereits um das Jahr 1515 herum erlassen wurde. Dies geschah deshalb, weil dort Kaufleute beim Kaiser um Hilfe gebeten haben, nachdem sie gegen säumige Schuldner keine Maßnahmen ergreifen konnten. Vgl. *Paulus, C. G.,* Entwicklungslinien, 2000, S. 242.

verteilen.[375] Aus dieser Zeit stammt die der Insolvenzordnung vorausgegangene deutsche Konkursordnung von 1871.

In den USA wurde bereits Mitte des 19. Jahrhunderts erkannt, dass alleine die Regelung einer Liquidation bei einem zahlungsunfähigen Schuldner kein Allheilmittel darstellt. Der US-amerikanische Gesetzgeber realisierte, dass durch die Liquidation eines Unternehmens große volkswirtschaftliche Schäden entstehen und Werte vernichtet werden; insbesondere wenn diese Unternehmen nur immaterielle Werte besaßen. So wurden in den USA bereits früh Sanierungsverfahren im Zusammenhang mit der Insolvenz entwickelt. Höhepunkt dieser Bemühungen ist das heutige Chapter 11-Verfahren des US-amerikanischen Bankruptcy Codes von 1978.

Dieser Entwicklung folgend wurde 1978 das deutsche Justizministerium mit einer Reform zur Konkursordnung (KO) beauftragt. Korrespondierend zu den weltweiten Entwicklungen im Insolvenzrecht sollte auch das deutsche Recht eine Sanierungsaufgabe enthalten. Die InsO trat am 01.01.1999 in Kraft. Sie löste die sanierungsfeindliche[376] Konkursordnung[377], die Vergleichsordnung[378] und die Gesamtvollstreckungsordnung[379] ab.[380] Die umfassende Reform[381] des Insolvenzrechts verwirklichte die Idee einer modernen Insolvenzbewältigung[382] und schafft ein einheitliches, bundesweites[383] Insolvenzverfahren, das für natürliche und juristische Personen ebenso gilt wie für Kaufleute und Nichtkaufleute.[384] Seit Einführung der InsO stehen vier Verfahren zur Verfügung: das Regelinsolvenzverfahren,[385] das Verbraucherinsolvenz-

---

375 Vgl. *Paulus, C. G.*, Insolvenzrecht, 2007, S. 23.

376 So *Pape, G./Uhlenbruck, W.*, Insolvenzrecht, 2002, S. 11.

377 Konkursordnung vom 10.2.1877 (RGBl, 351).

378 Vergleichsordnung vom 26.2.1935 (RGBl I, 321).

379 Gesamtvollstreckungsordnung i.d.F. vom 23.5.1991 (BGBl I, 1185).

380 Vgl. *Bork, R.*, Einführung, 2002, S. 4.

381 Zu den Reformzielen vgl. *Haarmeyer, H./Wutzke, W./Förster, K.*, Handbuch, 2001, S. 12f.; *Obermüller, M./Hess, H.*, Darstellung, 1995, S. 15ff. *Uhlenbruck, W.*, Jahrhundertgesetz, 2000, S. 1386f.; kritisch zur Umsetzung der Reformziele vgl. *Jauernig, O.*, Zwangsvollstreckung- und Insolvenzrecht, 1999, S. 177ff.

382 Vgl. *Kießner, F.*, Einführung, 2002, S. 4.

383 Die Schaffung des bundeseinheitlichen Rechts war aber nicht Hauptziel, da die Reformarbeiten bereits 1978 mit der Einsetzung der Kommission durch den Bundesjustizminister begonnen haben.

384 Lediglich die Restschuldbefreiung (§§ 286–303 InsO) und das Verbraucherinsolvenzverfahren (§§ 304–314 InsO) gelten ausschließlich für natürliche Personen.

385 Als Regelinsolvenzverfahren wird der normale rechtliche Ablauf des Insolvenzverfahrens bezeichnet. Zu dessen Ablauf siehe Kap. 3.2.4.2.

verfahren mit anschließender Restschuldbefreiung,[386] das Insolvenzplanverfahren[387] und die Eigenverwaltung[388].

Das Ziel der Reform war, die Sanierung und nicht mehr die Zerschlagung von Unternehmen als Ergebnis des Insolvenzverfahrens zu erreichen. Der Gesetzgeber wollte den Gläubigern eines insolventen Unternehmens „in einem ergebnisoffenen Suchprozess im Wettbewerb um die beste Verwertungsart“[389] zu einer optimalen Haftungsverwirklichung verhelfen. Im alten Konkursrecht gab es keinen Anreiz und auch keine Möglichkeit für den Schuldner, einen frühzeitigen Konkursantrag zu stellen, der die Sanierungschancen für das Not leidende Unternehmen erhöht hätte. Die Betonung des Gesetzgebers, auch die Sanierung im neuen Insolvenzrecht als ein mögliches Mittel zur optimalen Vermögensverwertung anzubieten, war deshalb nötig geworden, da die Nutzung der bis zur InsO gültigen Vergleichsordnung für eine Unternehmenssanierung wegen ihrer strengen gesetzlichen Voraussetzungen kaum realisierbar war. Die Vergleichsordnung sollte Konkurse abwenden und eine vergleichsweise Einigung der Gläubiger mit dem Schuldnerunternehmen ermöglichen. Sie gelangte aber fast nie zur Anwendung, weil ein Vergleichsverfahren nur zustande kam, wenn jedem Gläubiger eine Mindestquote auf seine Forderung in Höhe von 35%[390] gewährt werden konnte. Dieser Mindestsatz war unrealistisch hoch und konnte in der Mehrzahl der Fälle nicht erfüllt werden.[391] Die InsO sieht hingegen keine Mindestquoten auf Forderungen der Gläubiger vor, sondern ermöglicht eine einvernehmliche Schuldenbereinigung.[392] Ein weiteres Ziel der Reform war die Stär-

---

386 Vgl. *Smid, S.*, Insolvenzrecht, 1999, S. 1. Das Verbraucherinsolvenzverfahren ist in den §§ 304ff. InsO geregelt und wird für die Zwecke der vorliegenden Arbeit nicht näher behandelt.

387 Siehe Kap. 3.4.3.

388 Siehe Kap. 3.4.2.

389 Vgl. *Uhlenbruck, W.*, Jahrhundertgesetz, 2000, S. 1386.

390 Vgl. § 7 I VglO.

391 Vgl. *Foerste, U.*, Insolvenzrecht, 2008, S. 16. Dies allein deshalb, weil in der Regel das vorhandene Vermögen des Schuldnerunternehmens zu Zeiten der Konkurs- und Vergleichsordnung noch nicht einmal die Verfahrenskosten gedeckt hat und damit die Verfahren „mangels Masse“ gar nicht erst eröffnet worden sind. Vgl. *Smid, S.*, Grundzüge, 2002, S. 12.

392 Der Problematik der Massearmut in einem Verfahren wird bspw. dadurch entgegengewirkt, dass das neue Insolvenzrecht Anreize für eine frühe Verfahrensauslösung mit dem neuen Insolvenzgrund der drohenden Zahlungsunfähigkeit oder strengere Anfechtungsregelungen für kurz vor Verfahrenseröffnung verfügtes Schuldnervermögen beinhaltet. Zu den weiteren Anstrengungen des Gesetzgebers, die Insolvenzmasse anzureichern vgl. *Breitenbücher, B. E.*, Masseunzulänglichkeit, 2007, S. 126f.

kung der Gläubigerautonomie. So haben die Gläubiger seit 1999 mehr Mitspracherechte und können die Abwicklung des Insolvenzverfahrens maßgeblicher beeinflussen.[393]

Abschließend ist die Frage zu stellen, ob bei der Reformierung des Insolvenzrechts insbesondere bei Unternehmensinsolvenzen neben der Anspruchsregelung zwischen Schuldner und Gläubiger und der optimalen Haftungsverwirklichung für die Gläubiger noch weitere Zielsetzungen verfolgt wurden. Zu denken ist hierbei insbesondere bei großen Unternehmenszusammenbrüchen an strukturpolitische, regionalpolitische, beschäftigungspolitische und ordnungspolitische Gesichtspunkte. So ist schon die Anzahl der Betriebsfortführungen im Konkurs insbesondere bei größeren Unternehmensinsolvenzen in den letzten 25 Jahren der Konkursordnung gestiegen, was *Wellensiek* damit begründet, dass „in größeren Verfahren neben der reinen Haftungsverwirklichung zunehmend auch wirtschafts- und arbeitsmarktpolitische Aspekte eine Rolle spielen“[394]. Auch das Mandat der 1978 eingesetzten Insolvenzrechtskommission lautete, dass der Insolvenzfall nicht mehr nur noch das Verhältnis zwischen Gläubiger und Schuldner betrifft, sondern dass eben diese Einzelinteressen gesamtwirtschaftlichen Überlegungen unterzuordnen sind.[395] Das würde zum einen bedeuten, dass die Insolvenz, also der Status der Überschuldung oder der Zahlungsunfähigkeit, durch gesamtwirtschaftliche Probleme verursacht wurde und damit Ursache für die Insolvenz ein Marktversagen ist, welches nunmehr mittels des Insolvenzrechts „reguliert“ werden soll. Zum anderen kann es auch bedeuten, dass die Insolvenz eines Unternehmens zwar individuellen Umständen geschuldet ist, sie aber aufgrund externer Effekte zu volkswirtschaftlich unvertretbar hohe Kosten führt. Neben den gesamtwirtschaftlichen Aspekten bleibt Hauptaufgabe des Insolvenzrechts, die Gläubigerinteressen optimal zu befriedigen.

Seit Inkrafttreten der InsO im Jahr 1999 ist sie ständigen Reformdiskussionen ausgesetzt. Diese führten auch zu Gesetzesänderungen.[396] Im Hinblick auf die Sanierung in der Insolvenz sind jedoch keine nennenswerten Veränderungen durchgeführt worden.

---

[393] Siehe hierzu die Ausführungen in Kap. 3.2.3.1, 3.2.3.2 und Kap. 3.2.3.3.

[394] Vgl. *Wellensiek, J.*, Sanieren, 1999, S. 405.

[395] Vgl. *Balz, M.*, Aufgaben, 1988, S. 274; Ebenso bereits vgl. *Gessner, V./Rhode, B./Strate, G./Ziegert, K. A.*, Konkursabwicklung, 1978, S. 563.

[396] Einen kurzen Überblick über die wesentlichen Gesetzesänderungen gibt *Frege, M. C./Keller, U./Riedel, E.*, Insolvenzrecht, 2008, S. 11ff.

3.2.2 *Ziel und Zweck einer geregelten Insolvenzabwicklung*

Ist ein Unternehmen drohend zahlungsunfähig, kann es sich freiwillig unter den Schutz der Insolvenzordnung begeben, wenn eine Sanierung angestrebt wird.[397] Tritt bei einem Unternehmen die Zahlungsunfähigkeit oder die Überschuldung ein, so liegen verpflichtende Gründe für die Insolvenzantragsstellung vor.

Ohne gesetzliche Reglementierungen würde im Rahmen einer Anspruchsbefriedigung von ungesicherten Gläubigern zu Schuldnern das Prinzip *„Wer zuerst kommt, mahlt zuerst ...“*[398] gelten. Deshalb sind Gläubiger bestrebt, einzeln und frühzeitig in das Vermögen des Schuldners bzw. des Unternehmens zu vollstrecken.[399] Ist das Schuldnervermögen für alle Gläubiger ausreichend, ist diese Lösung akzeptabel. Schwierig wird es erst, wenn dies nicht mehr der Fall ist. Dann nämlich wäre die Verteilung des gesamten Vermögens an die ersten und schnellsten Gläubiger aus Gleichbehandlungsgründen nicht mehr zu rechtfertigen. Weiter bedeuten die Kosten der Einzelzwangsvollstreckung hohe Transaktionskosten, die das Schuldnervermögen weiter aufzehren würden. Dieses „Windhundrennen“[400] der vollstreckenden Gläubiger soll durch eine geregelte Insolvenzabwicklung vermieden werden. Um dem entgegenzuwirken, sieht die Insolvenzordnung eine koordinierte Gesamtvollstreckung vor und schafft Rahmenbedingungen zur koordinierten Lösung des Verteilungsproblems im Sinne einer regulierenden Institution.

Kollektives Handeln im Sinne einer Gesamt- oder Totalvollstreckung nach der Insolvenzordnung stoppt die Einzel- oder Singularvollstreckung der Zivilprozessordnung und ermöglicht so eine einheitliche und gleichmäßige Gläubigerbefriedigung.[401] Die jeweiligen Forderungen werden nicht voll, sondern nur quotal erfüllt. Alle Insolvenzgläubiger, die keine vorrangigen Sicherungsrechte[402] geltend machen können, erhalten gemäß dem Grundsatz der Gleichbehandlung (par conditio creditorum)[403] ein-

[397] Vgl. § 18 InsO.

[398] Vgl. *Wacke, A.*, Prior, 1981, S. 94.

[399] Zu möglichen Folgen daraus vgl. *Balz, M.*, Logik, 1988, S. 1439.

[400] So *Balz, M.*, Ziele, 1997, S. 6.

[401] Für die Dauer des Insolvenzverfahrens ist den Insolvenzgläubigern gem. § 89 Abs. 1 InsO die Einzelzwangsvollstreckung untersagt.

[402] Vorrangige Sicherungsrechte sind u. a. Sicherungseigentum, Pfandrechte und Eigentumsvorbehalte.

[403] Zur Erläuterung vgl. *Eidenmüller, H.*, Unternehmenssanierung, 1999, S. 24f.

und dieselbe Quote.[404] Es entsteht eine sog. „Verlustgemeinschaft der Gläubiger"[405], in der das Gemeinwohl aller Gläubiger den Einzelinteressen übergeordnet wird.[406]

3.2.3 Beteiligte eines Insolvenzverfahrens

Die Insolvenzordnung stellt für alle Beteiligten an einem Not leidenden Unternehmen neue Spielregeln auf. Die Schuldenbereinigung soll nicht mehr ausschließlich zwischen dem Schuldner und einem Einzelgläubiger, sondern vielmehr zwischen dem Schuldner, der Gesamtheit aller Gläubiger und den weiteren Beteiligten wie Arbeitnehmern und der öffentlichen Institutionen ausgetragen werden.[407] Wer an einem Insolvenzverfahren typischerweise beteiligt ist, zeigt noch einmal die Übersicht in Abbildung 27.

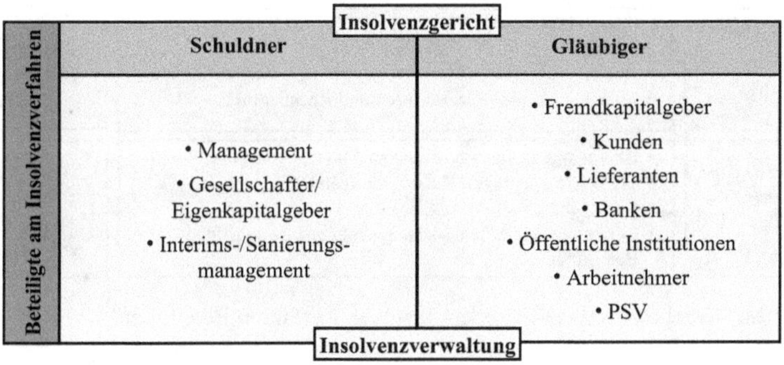

Abbildung 27: Beteiligte an einem Insolvenzverfahren[408]

---

[404] Ausnahmen bilden zum einen die Gläubiger, die wegen Besicherung ein Aussonderungsrecht an bestimmten Gegenständen haben und zum anderen Gläubiger von Masseverbindlichkeiten (z. B. Verfahrenskosten), die Vorrang vor allen anderen Gläubigern genießen.

[405] Vgl. *Fahlbusch, W. C.,* Anfechtungsrecht, 2002, S. 1.

[406] In § 1 Abs. 1 S. 1 InsO ist das Anliegen der Insolvenzordnung definiert. *Häsemeyer* formuliert die Ziele des Insolvenzverfahrens wie folgt:" Es dient der Sicherung des sozialen Friedens, der Gleichbehandlung der Insolvenzgläubiger, möglichst auch der Erhaltung der wirtschaftlichen Existenz des Schuldners und dessen Entschuldung". Vgl. *Häsemeyer, L.,* Insolvenzrecht, 2007, S. 87.

[407] Vgl. *Braun, E./Uhlenbruck, W.,* Unternehmensinsolvenz, 1997, S. 177.

[408] Eigene Darstellung in Anlehnung *Lange, I.,* Unternehmenswerterhaltung, 2005, S. 51.

Die Schuldenbereinigung des Not leidenden Unternehmens erfolgt über ein staatlich überwachtes Verfahren der Gläubigerselbstverwaltung.[409] Die Gläubiger kontrollieren den Verfahrensablauf über die Organe Gläubigerversammlung und Gläubigerausschuss. Das Insolvenzgericht ist die Überwachungsinstanz für die Entscheidungen der Gläubiger, der vorläufige und endgültige Insolvenzverwalter liefert die Entscheidungsgrundlage und führt die getroffenen Entscheidungen aus.

Die Kompetenzen der wesentlichen Beteiligten fasst Abbildung 28 zusammen:

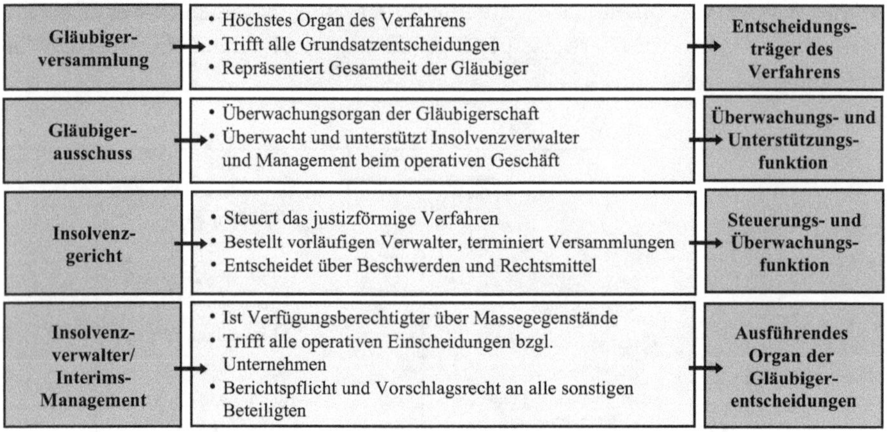

Abbildung 28: Kompetenzen der an einem Insolvenzverfahren Beteiligten[410]

3.2.3.1 Die Insolvenzgläubiger

Ziel des Insolvenzverfahrens ist eine optimale Befriedigung der Gläubiger, deren unerfüllte Forderungen Auslöser des Insolvenzverfahrens sind.[411] Insolvenzgläubiger sind damit alle Gläubiger des insolventen Unternehmens, die zum Zeitpunkt der Insolvenzverfahrenseröffnung begründete Vermögensansprüche gegen den Schuldner haben.[412] Die Eigentumsrechte des Gesellschafters an seinem Unternehmen treten mit Eröffnung des Insolvenzverfahrens hinter das Interesse der Gläubiger auf Be-

[409] Vgl. *Braun, E./Uhlenbruck, W.,* Unternehmensinsolvenz, 1997, S. 177.

[410] Eigene Darstellung.

[411] Vgl. *Paulus, C. G.,* Insolvenzrecht, 2007, S. 48.

[412] Vgl. *Kathke, C. J.,* Handlungsziele, 2000, S. 80.

friedigung ihrer Forderungen zurück. Damit trifft die Gläubigerversammlung als Zentralorgan der Gläubiger die Entscheidung über das weitere Schicksal des Unternehmens, insbesondere über die Fortführung oder seine Liquidation. Nach Abschluss des Verfahrens werden die Insolvenzgläubiger gemeinschaftlich aus der tatsächlich dem Unternehmen zuzuordnenden Vermögensmasse quotal befriedigt. Einen Überblick über die einzelnen Gläubigergruppen sowie deren Rechte gibt Abbildung 29:

Aussonderungs-berechtigte Gläubiger	**Absonderungs-berechtigte Gläubiger**	**Massegläubiger**	**Einfache Insolvenz-gläubiger**	**Nachrangige Insolvenz-gläubiger**
§§ 47, 48 InsO	**§§ 49, 50, 51 InsO**	**§§ 53, 54 InsO**	**§ 38 InsO**	**§ 39 InsO**
Gläubiger aufgrund eines dinglichen oder persönlichen Rechts z.B. Eigentumsvorbehalt	Gläubiger mit Sicherungsrecht an Gegenständen der Insolvenzmasse z.B. Sicherungsübereignung	Gläubiger mit Ansprüchen in Folge des Insolvenzverfahrens und seiner Abwicklung	Gläubiger mit einem „einfachen" Vermögensanspruch gegen den Schuldner	Gläubiger eines der in § 39 InsO genannten Ansprüche z.B. Zinsen auf Insolvenzforderungen
Anspruch auf Herausgabe des auszusondernden Gegenstandes	Nicht zur Herausgabe des abzusondernden Gegenstandes berechtigt; nur bevorzugte Befriedigung	Befriedigung vor allen anderen Gläubigern	Quotale Befriedigung durch Verteilung der verbliebenen Masse	Quotale Befriedigung in der Reihenfolge des § 39 InsO, wenn die Befriedigung nach § 38 InsO einen Rest hinterlässt
Stimmrecht				**kein Stimmrecht**
Gläubigerversammlung / Gläubigerausschuss				

Abbildung 29: Gläubigergruppen und deren Rechte[413]

Die Übersicht zeigt, dass es Gläubiger unterschiedlicher „Qualität"[414] gibt. Zunächst greifen die aus- und absonderungsberechtigten Gläubiger auf die Insolvenzmasse zu. Ein Aussonderungsrecht steht dem Gläubiger zu, der Eigentum an einem Gegenstand der Insolvenzmasse aus einem dinglichen oder persönlichen Recht geltend macht, wie z. B. einen Eigentumsvorbehalt.[415] Zur Absonderung sind die Gläubiger berech-

[413] Eigene Darstellung in Anlehnung an *Foerste, U.,* Insolvenzrecht, 2006, S. 8 und *Paulus, C. G.,* Insolvenzrecht, 2007, S. 58.

[414] Vgl. *Bichlmeier, W./Engberding, A./Oberhofer, H.,* Insolvenzhandbuch, 1998, S. 137.

[415] Vgl. § 47 InsO.

tigt, die im Besitz von (Pfand-) Rechten an Grundstücken oder anderen unbeweglichen Gegenständen[416] sind oder die ein Sicherungs- oder Zurückbehaltungsrecht[417] besitzen.

Sind die vorgenannten Gläubiger befriedigt oder zumindest teilweise befriedigt,[418] sind vorrangig die Kosten des Verfahrens sowie die sonstigen Masseverbindlichkeiten aus dem Vermögen zu bestreiten. Kosten des Verfahrens sind die Gerichtskosten, die Vergütung und die Auslagen des Verwalters sowie etwaige Vergütungsansprüche aus der Einrichtung eines Gläubigerausschusses.[419] Sonstige Masseverbindlichkeiten sind auch vom Verwalter in Zusammenhang mit der Verwaltung, Verwertung und der Verteilung der Insolvenzmasse bzw. aus gegenseitigen Verträgen begründete Verbindlichkeiten.[420] Die Gläubiger solcher infolge des Insolvenzverfahrens und seiner Abwicklung entstehenden Ansprüche werden als Massegläubiger bezeichnet. Erst wenn diese Ansprüche bedient bzw. die Kosten hierfür beglichen sind, erfolgt eine quotale Befriedigung der Rest-Gläubiger, nämlich der einfachen und nachrangigen Insolvenzgläubiger, aus dem Restvermögen.[421] Kein Abstimmungsrecht in der Gläubigerversammlung haben nur die nachrangigen Insolvenzgläubiger.

3.2.3.2 Die Gläubigerversammlung

Wichtigstes Organ im Insolvenzverfahren ist die Gläubigerversammlung, in welcher jeder Gläubiger vertreten ist.[422] Die Gläubigerversammlung hat im Wesentlichen eine lenkende und kontrollierende Aufgabe. Sie entscheidet im Berichtstermin über die Abwahl oder Beibehaltung des Insolvenzverwalters[423], die Bildung und Zusammensetzung eines Gläubigerausschusses[424] und über die Fortführung oder Liquidation des Unternehmens[425]. Eine wichtige, von der Gläubigerversammlung zu treffende

[416] Vgl. §§ 49, 50 Abs. 1 InsO.

[417] Vgl. § 51 InsO.

[418] Werden die absonderungsberechtigte Gläubiger nicht voll befriedigt, so werden sie mit dem Restbetrag ihres Anspruches als Ausfallforderung Insolvenzgläubiger gem. § 52 InsO.

[419] Vgl. § 54 InsO.

[420] Vgl. § 55 InsO.

[421] Mit dieser Rangfolge lassen sich die zumeist geringen Befriedigungsquoten für ungesicherte Gläubiger in Höhe von 3 bis 5 Prozent erklären.

[422] Vgl. *Gottwald, P.,* § 39, 2006, S. 614f.

[423] Vgl. § 57 InsO.

[424] Vgl. §§ 68 Abs. 1 und 70 InsO.

[425] Vgl. 157 InsO.

Entscheidung ist die über die Annahme eines Insolvenzplanes.[426] Weiterhin kommt der Gläubigerversammlung eine den Insolvenzverwalter und das Verfahren kontrollierende Funktion zu. So kann die Gläubigerversammlung vom Insolvenzverwalter Informationen über den Stand des Verfahrens und die Inhalte der Geschäftsführung des Verwalters verlangen sowie eine eigenständige Prüfung des Geldverkehrs und -bestandes des Insolvenzverwalters veranlassen.[427] Darüber hinaus ist bei einigen für den Verfahrensablauf besonders entscheidenden Maßnahmen die Zustimmung der Gläubigerversammlung einzuholen.[428]

In der Gläubigerversammlung treffen die zahlreichen unterschiedlichen Interessenlagen aller Beteiligten aufeinander. Diejenigen, die nur ihre Forderungen eintreiben wollen und am Erhalt des schuldnerischen Unternehmens nicht vorrangig interessiert sind, sitzen neben denjenigen, die zukünftig von der Geschäftsverbindung mit dem Schuldner profitieren wollen und sich daher die Fortführung des Unternehmens wünschen. Zu denken ist hier bspw. an Kreditgeber, die auf eine schnelle Rückführung ihres Engagements drängen und an Lieferanten, die eine Fortführungslösung im Hinblick auf zukünftiges Geschäft favorisieren. In der Gläubigerversammlung werden diese Einzelinteressen nun dem Gemeininteresse bzw. dem Mehrheitsvotum der abstimmungsberechtigten Gläubiger untergeordnet. Entscheidungen kann das Gremium nur mit absoluter Mehrheit fällen. Die absolute Mehrheit wird nach den Forderungsbeträgen der anwesenden Gläubiger bestimmt, d. h. Gläubiger mit hohen Forderungsansprüchen haben eine höherwertige bzw. gewichtigere Stimme als Gläubiger mit wertmäßig kleineren Forderungsansprüchen. Entscheidend für die Mehrheit und damit für die Beschlussfassung ist, dass die Summe der Forderungsbeträge der zustimmenden Gläubiger mehr als die Hälfte der Summe der Forderungsbeträge der insgesamt abstimmenden Gläubiger beträgt.[429]

Eine aktive Mitwirkung der Gläubiger in der Gläubigerversammlung ist in der Praxis eher selten.[430] Dies verwundert insofern, als der Gesetzgeber die autonome Mitwirkung der Gläubiger durch Bereitstellung eines gerichtsfernen Verfahrens als ein

[426] Vgl. §§ 243, 244 InsO.

[427] Vgl. § 79 InsO.

[428] So bspw. bei der Betriebsveräußerung an besonders Interessierte gem. § 162 InsO, bei Betriebsveräußerung unter Wert gem. § 163 InsO oder bei Vornahme besonders bedeutsamer Rechtshandlungen gem. § 160 InsO.

[429] Vgl. § 76 Abs. 2 InsO.

[430] Vgl. *Paulus, C. G.,* Insolvenzrecht, 2007, S. 59.

oberstes Prinzip ansieht.[431] Gründe für die Zurückhaltung der Gläubiger sind die vergleichsweise hohen Transaktionskosten einer Mitwirkung, die im Vergleich mit dem möglichen Rückfluss oft prohibitiv hoch erscheinen. Das Insolvenzverfahren wird in der Realität immer noch als ein rein formales Verfahren angesehen, in dem eine aktive Beteiligung von vielen Gläubigern aus Kosten-Nutzen-Erwägungen als unwirtschaftlich angesehen wird.[432]

3.2.3.3 Der Gläubigerausschuss

Der Gläubigerausschuss wird von der Gläubigerversammlung gewählt.[433] Zur Verfahrenserleichterung kann das Gericht bereits vor der ersten Gläubigerversammlung einen vorläufigen Gläubigerausschuss als Vertretungsorgan der Gläubigerversammlung einberufen.[434] Dieser ist dann von der Gläubigerversammlung zu bestätigen. Ist ein Gläubigerausschuss bestellt, überträgt die Gläubigerversammlung in der ersten Gläubigerversammlung in der Regel alle weiteren Aufgaben auf den Gläubigerausschuss. Sie kann sich bestimmte Aufgaben und Beschlussfassungen vorbehalten. Hiervon wird in der Praxis jedoch wenig Gebrauch gemacht. Der Ausschuss kontrolliert und unterstützt in der Regel die Arbeit des Insolvenzverwalters.[435] Für eine absolute Mehrheitsabstimmung in einem Gläubigerausschuss kommt es anders als in der Gläubigerversammlung nicht auf die Summenmehrheit, sondern auf die Kopfmehrheit an.[436] Damit ändern sich, auch wenn die Gläubigerausschussmitglieder im Idealfall die Gläubigergruppen repräsentieren, die Mehrheitsverhältnisse für die wesentlichen Gläubigerentscheidungen. Ein Regulativ hierzu ist, dass die Mitglieder des Gläubigerausschusses den Gläubigern bei Pflichtverletzung zum Schadensersatz verpflichtet sind.[437]

Eine übertragende Sanierung ist aus der Sicht der Masse eine besonders bedeutsame Verwertungshandlung, weil dabei der wesentliche Vermögenswert der Masse verkauft wird.[438] Insofern ist für eine übertragende Sanierung grundsätzlich die Zustimmung

---

[431] Vgl. *Pape, G.*, Kompetenzen, 2006, S. 65.

[432] Vgl. *Pape, G./Uhlenbruck, W.*, Insolvenzrecht, 2002, S. 191.

[433] Vgl. § 67 Abs. 2, 3 InsO.

[434] Vgl. § 67 Abs. 1 InsO. Ein Gläubigerausschuss wird insbesondere bei größeren und komplexen Unternehmensinsolvenzen eingesetzt, weil die regelmäßige Einberufung einer Gläubigerversammlung mit der Gläubigergesamtheit nicht sehr praktikabel ist.

[435] Vgl. § 69 InsO.

[436] Vgl. § 72 InsO.

[437] Vgl. § 71 InsO.

[438] Vgl. § 160 Abs. 2 Nr. 1 InsO.

des Gläubigerausschusses oder, insoweit dieser nicht bestellt worden ist, die der Gläubigerversammlung notwendig.[439] Hierbei ist im Hinblick auf die Beschlussfähigkeit der Gläubiger anzumerken, dass in der Gläubigerversammlung ein Beschluss dann zustande kommt, wenn die Summe der Forderungsbeträge der zustimmenden Gläubiger größer ist als die Hälfte der Gesamtsumme der Forderungsbeträge aller abstimmenden Gläubiger. So haben Gläubiger mit hohen Forderungsbeträgen zum Nachteil der Kleingläubiger in einer Gläubigerversammlung mehr Einfluss auf die Entscheidung als im Abstimmungsverfahren beim Gläubigerausschuss.[440] Die naheliegende Vermutung, diese unterschiedliche Mehrheitsbestimmung in den beiden Gremien zugunsten einzelner Gläubiger auszunutzen, ist jedoch unbegründet. In der Gläubigerversammlung kann nämlich beschlossen werden, dass auch bei einem bestehenden Gläubigerausschuss der Insolvenzverwalter für eine übertragende Sanierung die Zustimmung der Gläubigerversammlung einholen muss. Maßgeblich ist dann die Entscheidung der Gläubigerversammlung.

3.2.3.4 Das Insolvenzgericht

Das Insolvenzgericht[441] hat allein die Aufgabe, die Rechtmäßigkeit des Insolvenzverfahrens zu überwachen. Eine „richterliche Weichenstellung"[442] hinsichtlich des Verfahrensziels ist dem Grundsatz der Gläubigerautonomie folgend nicht Aufgabe des Gerichts. Vielmehr sollen die Leidtragenden der Insolvenz privatautonom eine optimale, einzelwirtschaftliche Investitions- bzw. Desinvestitionsentscheidung für das Not leidende Unternehmen treffen und entsprechend umsetzen.[443] Dem Gericht kommt auch keine Streitschlichtende Aufgabe zu, es entscheidet nicht über im Zusammenhang mit einem Insolvenzverfahren auftretende Verteilungskonflikte.[444] Streitfragen, die nicht den Verfahrensablauf betreffen, werden durch die auch außerhalb eines Insolvenzverfahrens zuständigen Gerichtsbarkeiten entschieden. Wesentliche

---

[439] Vgl. § 160 InsO. Diese ohnehin umfassende Bestimmung wird vom Gesetzgeber noch dahingehend konkretisiert, dass bei einer Betriebsveräußerung an besonders Interessierte gem. § 162 InsO oder einer Betriebsveräußerung unter Wert gem. § 163 InsO die Zustimmung der Gläubigerversammlung explizit gefordert wird.

[440] Vgl. *Wrede, A.,* Übertragende, 2003, S. 50.

[441] Insolvenzgericht ist gem. § 2 Abs. 1 InsO das Amtsgericht. Örtlich zuständig ist gem. § 3 Abs. 1 S. 1 das Insolvenzgericht, in dessen Bezirk der Schuldner seinen allgemeinen Gerichtsstand hat, d. h. der Ort, der in der Satzung als Sitz des Unternehmens bestimmt ist oder gem. § 17 Abs. 1 ZPO hilfsweise der Ort, an dem ihre Verwaltung geführt wird.

[442] Vgl. *Uhlenbruck, W.,* Kompetenzverteilung, 1999, S. 1197.

[443] Vgl. *Reul, A./Heckschen, H./Wienberg, R.,* Insolvenzrecht, 2006, S. 7.

[444] Vgl. *Paulus, C. G.,* Insolvenzrecht, 2007, S. 62.

Aufgaben des Insolvenzgerichts[445] sind die Anordnung von Sicherungsmaßnahmen im Eröffnungsverfahren[446], die Entscheidung über die Eröffnung des Insolvenzverfahrens[447], die Ernennung, Beaufsichtigung und Entlassung des Insolvenzverwalters[448], die Bestätigung eines Insolvenzplanes[449], die Einstellung und Aufhebung des Insolvenzverfahrens[450] und die Entscheidung über die Restschuldbefreiung[451].

3.2.3.5 Der vorläufige Insolvenzverwalter

Die Insolvenzordnung definiert einen vorläufigen Insolvenzverwalter[452] und einen Insolvenzverwalter[453]. In beiden Fällen wird der Insolvenzverwalter vom Insolvenzgericht ausgewählt und bestellt.[454] Die Tatsache, dass einige Insolvenzgerichte immer nur einen kleinen, ausgewählten Kreis an Insolvenzverwaltern aus gerichtsinternen Verwalterlisten bestellen, wird seit Jahren heftig kritisiert. Begründet wird die Auswahl derselben Personen hauptsächlich mit den gesammelten Erfahrungen des Insolvenzgerichts mit einzelnen Verwaltern und den dadurch bedingten aufeinander abgestimmten Ablaufprozessen. In diesem Zusammenhang wurde am 01.07.2007 dem § 56 Abs. 1 InsO der letzte Halbsatz zugefügt, nach welchem bei der Bewerbung um eine Tätigkeit als Insolvenzverwalter jeder Bewerber eine faire Chance auf Bestellung erhalten muss.[455]

§ 56 Abs. 1 definiert die Auswahl des Insolvenzverwalters wie folgt: *„Zum Insolvenzverwalter ist eine für den jeweiligen Einzelfall geeignete, insbesondere geschäftskundige und von den Gläubigern und dem Schuldner unabhängige natürliche Person zu bestellen, die aus dem Kreis aller zur Übernahme von Insolvenzverwaltungen be-*

---

445 Eine abschließende Aufzählung der einzelnen Aufgaben des Insolvenzgerichts, die sich aus den Bestimmungen der Insolvenzordnung ergeben, erfolgt hier nicht. Vgl. hierzu *Braun, E./Uhlenbruck, W.,* Unternehmensinsolvenz, 1997, S. 177ff.; *Bichlmeier, W./Engberding, A./Oberhofer, H.,* Insolvenzhandbuch, 1998, S. 128 ff.

446 Vgl. § 21 InsO.

447 Vgl. §§ 11ff. InsO.

448 Vgl. §§ 27 Abs. 1, S. 1, 58, 59 InsO.

449 Vgl. § 248 InsO.

450 Vgl. §§ 200, 207, 211, 212, 213, 258 Abs, 1 InsO.

451 Vgl. § 300 InsO.

452 § 21 Abs. 2 Nr. 1 InsO.

453 § 56ff. InsO.

454 So *Frind, F./Schmidt, A.,* Insolvenzverwalterbestellung, 2004, S. 537.

455 Zu den tatsächlichen Auswirkungen der in den letzten Jahren schwelenden Diskussion um das „Justizmonster“ Insolvenzverwalterbestellung auf die Praxis vgl. *Pape, G.,* Qual, 2006, S. 665ff.

reiten Personen auszuwählen ist." Der vorläufige Insolvenzverwalter wird für den Zeitraum von der Insolvenzantragstellung bis zur Entscheidung über die Antragstellung bestellt.[456] Originäre Aufgabe des vorläufigen Verwalters ist die Sicherung des Schuldnervermögens und die Wahrung der Gläubigerinteressen. Die Aufgaben des vorläufigen Insolvenzverwalters richten sich an den Verfahrenszielen des § 1 InsO aus. Bereits im Vorverfahren soll die Möglichkeit einer Weichenstellung für die Sanierung und den Erhalt des Not leidenden Unternehmens gegeben sein. Zur Bewältigung dieser Aufgabe kann der vorläufige Insolvenzverwalter mit oder ohne Verwaltungs- und Verfügungsbefugnis ausgestattet werden.[457] Eine in der Praxis häufig angewandte Form ist die Anordnung der „schwachen" vorläufigen Insolvenzverwaltung mit der Auflage, dass Verfügungen des Schuldners nur mit Zustimmung des vorläufigen Insolvenzverwalters wirksam sind.[458] Damit kann der vorläufige Insolvenzverwalter seiner Aufgabe der Massesicherung und Masseerhaltung zumeist schon ausreichend gerecht werden. In dem Beschluss über die Anordnung der vorläufigen Insolvenzverwaltung kann das Insolvenzgericht weitere Aufgaben festlegen. So wird dieser in der Regel auch als Sachverständiger[459] beauftragt zu prüfen, ob ein Eröffnungsgrund vorliegt, welche Aussichten zur Fortführung des schuldnerischen Unternehmens bestehen und ob das Vermögen des Schuldners die Kosten des Insolvenzverfahrens decken wird.[460] Ist die Stilllegung nicht von vorneherein offensichtlich, muss der vorläufige Insolvenzverwalter das schuldnerische Unternehmen bis zur Entscheidung über die Eröffnung des Insolvenzverfahrens fortführen.[461]

---

[456] Zunächst ist die Bestellung des Insolvenzverwalters eine vorläufige Entscheidung, denn gemäß § 57 S. 1 InsO kann die Gläubigerversammlung eine andere Person zum endgültigen Insolvenzverwalter wählen. Für den vorläufigen Insolvenzverwalter gelten die Bestellungs-, Aufsichts-, Entlassungs- und Haftungs- sowie Vergütungsvorschriften der §§ 56, 58 bis 66 InsO entsprechend.

[457] Wird dem Schuldner die Verwaltungs- und Verfügungsgewalt über sein Vermögen vom Insolvenzgericht entzogen und auf den vorläufigen Insolvenzverwalter übertragen (§ 22 Abs. 1), so wird dieser als „starker" vorläufiger Insolvenzverwalter, derjenige ohne Übertragung dieser Rechte als „schwacher" Insolvenzverwalter (§ 22 Abs. 2 InsO) bezeichnet.

[458] Vgl. § 21 Abs. 2 S. 1 Nr. 2 InsO.

[459] Zumeist setzt das Insolvenzgericht zunächst einen Sachverständigen zur Beantwortung der in § 22 Abs. 1 S. 2 Nr. 3 InsO genannten Fragen ein. Erkennt das Gericht schon frühzeitig, dass Sicherungsmaßnahmen vorzunehmen sind, bestellt es gleich einen vorläufigen Insolvenzverwalter, der ebenfalls als Sachverständiger agiert. Vgl. *Frind, F.,* Insolvenzverwalter, 2007, S. 695. Zur Tätigkeit des Sachverständigen bzw. Gutachters und zum Sachverständigengutachten vgl. *Binz, F./Hess, H.,* Insolvenzverwalter, 2004, S. 33ff.

[460] Vgl. § 22 Abs. 1 S. 2 Nr. 3 InsO.

[461] Vgl. § 22 Abs. 1 S. 2 Nr. 2 InsO.

3.2.3.6 Der Insolvenzverwalter

Unmittelbar nach Verfahrenseröffnung nimmt der Insolvenzverwalter das zur Insolvenzmasse gehörende Vermögen[462] in Besitz und Verwaltung.[463] Ihm wird die Verwaltungs- und Verfügungsbefugnis über das zur Insolvenzmasse gehörende schuldnerische Vermögen übertragen.[464] Er tritt an die Stelle der Geschäftsführung und vertritt den Schuldner sowohl im Innen- wie im Aussenverhältnis. Als zentrale Figur gestaltet der Insolvenzverwalter das Verfahren.[465] Er übernimmt Managementaufgaben.[466] Konkret übernimmt er die Pflichten des Schuldners, führt das Rechnungswesen fort[467], führt Steuern und andere Abgaben ab, erfüllt Arbeitgeberaufgaben, erstellt ein Vermögens- sowie ein Gläubigerverzeichnis,[468] beschafft neue Finanzierungsmittel, sucht nach potentiellen Interessenten für das Unternehmen, erstellt eventuell einen Insolvenzplan und vieles mehr.[469]

Im Zusammenhang mit der effizienten Ausübung von Reaktivierungsmanagement kommt der fachlichen Qualifikation des Insolvenzverwalters daher eine besondere Bedeutung zu. So definiert *Haarmeyer* den Aufgabenbereich des Insolvenzverwalters wie folgt: *„Insolvenzverwalter sind gerichtlich bestellte Unternehmensführer oder Manager auf Zeit; sie müssen über die für solche Leitungsaufgaben erforderlichen besonderen Kenntnisse und Erfahrungen verfügen und sind zugleich öffentlich bestellte Treuhänder fremden Vermögens, einschließlich der damit verbundenen sorgsamen und wirtschaftlichen Verwaltung von Drittvermögen.“*[470] Es geht bei der Insolvenzverwaltung nicht mehr nur um eine rein anwaltliche Tätigkeit, sondern vielmehr um eine hoch anspruchsvolle strategische Unternehmensneuordnung, die sowohl juristische als auch betriebswirtschaftliche Kenntnisse erfordert.[471] Spätestens mit

---

[462] Vgl. § 35 InsO.

[463] Vgl. § 148 Abs. 1 InsO.

[464] Vgl. § 80 Abs. 1 InsO.

[465] Vgl. *Paulus, C.G.,* Insolvenzrecht, 2007, S. 63.

[466] Vgl. *Littkemann, J./Madrian, J.-P.,* Prinzipal-Agenten-Ansatzes, 2000, S. 86.

[467] Vgl. § 155 Abs. 1 InsO.

[468] Im Ergebnis muss der Insolvenzverwalter eine Gegenüberstellung von Insolvenzmasse und Verbindlichkeiten gemäß 153 Abs. 1 InsO erstellen.

[469] Umfassend zu den einzelnen Aufgaben des Insolvenzverwalters *Braun, E./Uhlenbruck, W.,* Unternehmensinsolvenz, 1997, S. 185ff.; *Binz, F./Hess, H.,* Insolvenzverwalter, 2004, S. 196f.; *Bichlmeier, W./Engberding, A./Oberhofer, H.,* Insolvenzhandbuch, 1998, S. 130ff.

[470] Vgl. *Haarmeyer, H.,* Insolvenzabwicklung, 2005, S. 337.

[471] So stellen *Bichlmeier/Engberding/Oberhofer* fest, dass der Anwalt dazu neigt, Rechtsfragen auszustreiten wohingegen der Insolvenzverwalter wie ein guter Kaufmann handeln und wirtschaftlich sinnvolle Lösungen zulassen muss. Vgl. *Bichlmeier, W./Engberding, A./Oberhofer, H.,* Insolvenzhandbuch, 1998, S. 136.

Inkrafttreten der Insolvenzordnung und dem dort definierten Auftrag der Unternehmenssanierung ist auch das deutsche Insolvenzrecht in starkem Maße von (betriebs-) wirtschaftlichen Überlegungen geprägt.[472] In der juristischen Literatur wird deshalb immer wieder dazu aufgerufen, die Sanierungsinstrumente der InsO als interdisziplinäres Aufgabengebiet von Juristen und Betriebswirten anzusehen und im Zusammenwirken beider Disziplinen eine Lösung für wirtschaftliche Problemfälle zu erarbeiten.[473] Um dieser Aufgabe gerecht zu werden, braucht ein Insolvenzverwalter sowohl fundierte Kenntnisse der Rechts- als auch der Betriebswissenschaften.

3.2.3.7 Der Insolvenzschuldner

Als Insolvenzschuldner wird derjenige bezeichnet, gegen den sich die Ansprüche der Gläubiger richten und dessen Vermögen verwertet werden soll, hier also das Not leidende Unternehmen.[474] Im Regelfall haftet der Schuldner für bestehende Verbindlichkeiten mit seinem ganzen Vermögen.[475] Mit Eröffnung des Insolvenzverfahrens wird dem Schuldner die Verwaltungs- und Verfügungsbefugnis über sein Vermögen entzogen.[476] Er bleibt jedoch weiterhin Rechtsträger seines nunmehr insolvenzbefangenen Vermögens und gleichzeitig Schuldner bestehender Verbindlichkeiten.[477] Für die vorliegende Arbeit wird die Betrachtung des Insolvenzschuldners auf eine juristische Person beschränkt.[478] Es wird das Vermögen der Gesellschaft betrachtet, nicht das Vermögen der Gesellschafter oder deren organschaftlicher Vertreter. Diese haften nur in bestimmten Fällen mit ihrem eigenen Vermögen, beispielsweise bei Insolvenzverschleppung.[479] Vertreter des Schuldners ist neben den Eigentümern auch das Management des insolventen Unternehmens, die beide am Verfahren beteiligt sind.[480]

---

[472] Vgl. *Braun, E./Uhlenbruck, W.,* Unternehmensinsolvenz, 1997, S. V. *Risse* geht sogar soweit, dass er den juristischen Aspekten bei einer Insolvenz nur eine untergeordnete Rolle bescheinigt und deshalb die Betriebswirtschaftler dazu aufruft, sich der Materie Insolvenz anzunehmen. Vgl. *Risse, W.,* Betriebswirtschaftler, 2001, S. 1134. Anders *Paulus, C. G.,* Insolvenzrecht, 2007, S. 65.

[473] Vgl. *Kußmaul, R./Stefan, B.,* Insolvenzplanverfahren, 2000, S. 1849; *Pape, G./Uhlenbruck, W.,* Insolvenzrecht, 2002, S. 15.

[474] §§ 1, 38 InsO.

[475] Vgl. *Bork, R.,* Insolvenzrecht, 2005, S. 13.

[476] Vgl. § 80 InsO.

[477] Vgl. *Breuer, W.,* Insolvenzrecht, 2003, S. 15.

[478] Privatinsolvenzen sind nicht Gegenstand dieser Arbeit.

[479] Vgl. *Bichlmeier, W./Engberding, A./Oberhofer, H.,* Insolvenzhandbuch, 1998, S. 127.

[480] Vgl. *Braun, E./Uhlenbruck, W.,* Unternehmensinsolvenz, 1997, S. 194.

Der Insolvenzschuldner erhält besondere Verfahrensrechte und spezielle Verfahrenspflichten. Zu seinen Verfahrensrechten zählen das Recht auf Insolvenzantragstellung[481], das Beschwerderecht gegen die Eröffnung des Verfahrens[482], das Recht zur Vorlage eines Insolvenzplans[483], die Antragsbefugnis auf Einstellung des Verfahrens[484] sowie diverse Anhörungs- und Unterrichtungsansprüche. Die im Insolvenzverfahren vom Schuldner wahrzunehmenden Pflichten konzentrieren sich auf dessen Mithilfe bei der Vermögens- und Haftungsabwicklung. Dabei hat der Schuldner bzw. dessen Vertreter vor allem eine vollständige Auskunftspflicht hinsichtlich aller Belange des Unternehmens gegenüber dem Insolvenzgericht und dem Insolvenzverwalter. Kommt dieser der Pflicht nicht nach, kann er zwangsweise bei Gericht vorgeführt und an Eides Statt vernommen werden.[485] Falschaussagen an Eides Statt können zu Freiheitsstrafen führen.

Neben diesen Rechten und Pflichten eröffnet das Insolvenzverfahren dem Insolvenzschuldner die Chance der Eigensanierung durch aktive Mitwirkung.[486] Dem Schuldner steht es ebenfalls frei, die speziellen, sanierenden Gestaltungsmöglichkeiten des Insolvenzrechts zur Reaktivierung seiner Existenzfähigkeit zu nutzen. Hierbei ist u. a. an die Möglichkeit zur frühzeitigen Verfahrenseröffnung soweit drohende Zahlungsunfähigkeit[487] vorliegt, die Eigenverwaltung im Insolvenzverfahren[488] sowie das Insolvenzplaninitiativrecht[489] zu denken. Bei einem Eigenantrag wegen drohender Zahlungsunfähigkeit kann sich der Schuldner bereits sehr frühzeitig unter den Schutz der Insolvenzordnung stellen. Dies ist insbesondere dann von Vorteil, wenn außergerichtliche Sanierungsbemühungen an opponierenden Gläubigern gescheitert sind und Einzelzwangsvollstreckungsmaßnahmen drohen.[490] Die Insolvenzordnung sieht also keine grundsätzliche „Entmachtung" des Schuldners vor, sondern ermöglicht ihm unter gesetzlichem Schutz eine Reaktivierung seines Unternehmens.[491]

---

481 Vgl. § 13 Abs. 1 InsO.

482 Vgl. § 34 Abs. 2 InsO.

483 Vgl. 218 Abs. 1 InsO.

484 Vgl. §§ 212, 213 InsO.

485 Vgl. § 20 Abs. 1 InsO sowie §§ 97, 98, 101 InsO.

486 Vgl. *Pape, G./Uhlenbruck, W.,* Insolvenzrecht, 2002, S. 174.

487 Vgl. § 18 InsO.

488 Vgl. §§ 270ff. InsO.

489 Vgl. § 218 Abs. 1 InsO. Das Planitiativrecht bedeutet, das auch der Schuldner berechtigt ist, einen Insolvenzplan vorzulegen.

490 Vgl. *Uhlenbruck, W.,* § 4, 2006, S. 109.

491 Vgl. *Smid, S.,* Grundzüge, 2002, S. 252.

3.2.4 *Ablauf des Insolvenzverfahrens*

Reaktivierungsmanagement setzt voraus, dass sich das Not leidende Unternehmen der Insolvenzordnung unterwirft. Insoweit ist eine fundierte Kenntnis des Verfahrensablaufs nach Antrag auf Eröffnung des Insolvenzverfahrens vonnöten. Dieser lässt sich in drei Stadien einteilen: das Insolvenzeröffnungsverfahren, in welchem über den Antrag auf Eröffnung des Insolvenzverfahrens entschieden wird, das eröffnete Verfahren, in dem die Verwaltung und Verwertung des schuldnerischen Vermögens erfolgt und das Verteilungsverfahren, in dem die Gläubiger befriedigt und das Insolvenzverfahren eingestellt bzw. aufgehoben wird.

Der Verfahrensverlauf in zeitlicher Perspektive wird in Abbildung 30 verdeutlicht.

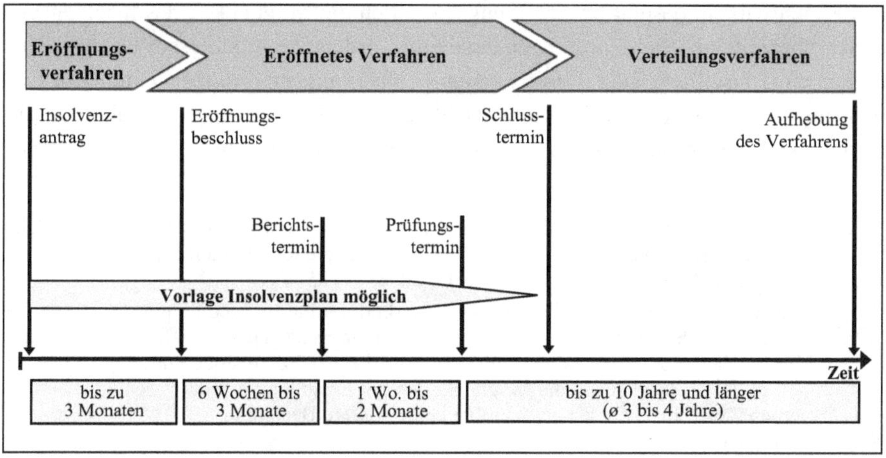

Abbildung 30: Ablauf des Insolvenzverfahrens[492]

3.2.4.1 Eröffnungsverfahren

Einen Antrag auf Eröffnung des Insolvenzverfahrens kann vom Schuldner selbst oder von einem Gläubiger, der seine Forderung durch einen Titel glaubhaft machen kann[493],

[492] Eigene Darstellung.

[493] Voraussetzung für einen Gläubigerantrag ist nur eine gegen den Schuldner bestehende Forderung. Der Gläubigerantrag ist allerdings nur zulässig, insoweit zum einen der Insolvenzgrund und die Forderung vom Gläubiger substantiiert dargelegt und ausreichend glaubhaft gemacht

(Fortsetzung auf S. 120)

gestellt werden.[494] Nach Eingang des Antrages prüft das Insolvenzgericht, ob ein gesetzlicher Eröffnungsgrund vorliegt.[495] Eine Eröffnung des Verfahrens kann nur dann erfolgen, wenn entweder drohende Zahlungsunfähigkeit[496], Zahlungsunfähigkeit[497] oder Überschuldung[498] des Unternehmens vorliegt und eine die Verfahrenskosten deckende Masse vorhanden ist[499]. Eine entsprechende Prüfung erfolgt durch das Insolvenzgericht, das gegebenenfalls einen Sachverständigen mit der Erstellung eines Gutachtens beauftragt. Für ein erfolgreiches Reaktivierungsmanagement ist eine zeitnahe Entscheidung über den weiteren Verfahrensablauf geboten.[500] In dem Schwebezustand zwischen Antragstellung und Verfahrenseröffnung besteht die Gefahr, dass der Schuldner die Vermögensmasse durch weitere Verfügungen zum Nachteil der Gläubiger vermindert. Auch Lieferanten oder Kunden, die Kenntnis von dem Insolvenzantrag haben, werden nur noch sehr eingeschränkt Vertrauen in das Unternehmen haben. Um dem entgegenzuwirken, besteht im Eröffnungsverfahren die Möglichkeit des Insolvenzgerichts, vorgreifende Sicherungsmaßnahmen anzuordnen.[501] Aus diesem Grunde wird immer die Einstellung aller Einzelzwangsvollstreckungsmaßnahmen durch das Gericht angeordnet. Als die für die Praxis wichtigste weitere Sicherungsmaßnahme ist die Bestellung eines vorläufigen Insolvenzverwalters hervorzuheben.[502] Weitere unterge-

---

[493] *(Fortsetzung von S. 119)* werden. Zum anderen muss der Gläubiger ein rechtliches Interesse an der Eröffnung des Insolvenzverfahrens haben. Zu diesem Rechtsschutzbedürfnis vgl. *Frege, M. C./Keller, U./Riedel, E.*, Insolvenzrecht, 2008, S. 185f.

[494] Vgl. § 13 Abs. 1 S. 2 InsO. Für die vorliegende Arbeit wird als Schuldner nur die juristische Person und damit der Ablauf des Regelinsolvenzverfahrens nach den §§ 1ff. InsO betrachtet. Das Verbraucherinsolvenzverfahren mit vorgeschaltetem Schuldenbereinigungsverfahren nach den §§ 304ff. InsO sowie die Möglichkeiten der Erlangung einer Restschuldbefreiung nach den §§ 286ff. InsO finden demzufolge keine weitere Beachtung.

[495] Vgl. § 16 InsO.

[496] Vgl. § 18 InsO.

[497] Vgl. § 17 InsO.

[498] Vgl. § 19 InsO. Im Zuge der Finanzmarktkrise wurde der Überschuldungsbegriff im Finanzmarktstabilisierungsgesetz in § 19 Abs. 2 InsO wie folgt geändert: *„Überschuldung liegt vor, wenn das Vermögen des Schuldners die bestehenden Verbindlichkeiten nicht mehr deckt, es sei denn, die Fortführung des Unternehmens ist nach den Umständen überwiegend wahrscheinlich."* Diese Neufassung unterstützt auch die Sanierung dauerhaft überlebensfähiger Unternehmen. Allerdings gilt die Neuregelung nur zeitlich befristet bis zum 01.01.2011. Dann werden Unternehmen trotz positiver Fortführungsprognose durch die Definition des Überschuldungsbegriffs *„wieder in die Insolvenz getrieben"*. Vgl. *Bitter, G.*, Überschuldungsbegriff, 2008, S. 1097.

[499] Vgl. § 26 Abs. 1 S. 1 InsO.

[500] Vgl. *Unterbusch, S. C.*, Insolvenzverwalter, 2006, S. 11.

[501] Vgl. § 21 InsO.

[502] Zu den Aufgaben und Befugnissen des vorläufigen Insolvenzverwalters vgl. Kap. 3.2.3.5.

ordnete Sicherungsmaßnahmen können nach § 21 Abs. 2 InsO sein: dem Schuldner wird ein allgemeines Verfügungsverbot auferlegt, Schuldnerverfügungen sind nur mit Zustimmung des vorläufigen Insolvenzverwalters wirksam, eine allgemeine Postsperre wird angeordnet, an Gläubiger sicherungsübereignete Gegenstände werden zur Fortführung eingesetzt, die Herausgabe von Gegenständen an bestimmte Gläubiger wird untersagt, gegebenenfalls wird eine Durchsuchung der Wohn- und Geschäftsräume des Schuldners oder auch verdächtiger Dritter angeordnet, besondere Gegenstände können gesiegelt und Büro- und Betriebsräume verschlossen werden.[503] Strengstes Sicherungsmittel ist nach § 21 Abs. 3 InsO die Haftanordnung gegen die Vertreter des Schuldners.

Im Eröffnungsverfahren spielt die Gewährung von Insolvenzausfallgeld für nicht gezahltes Arbeitsentgelt eine wesentliche Rolle. Das Insolvenzgeld ist eine staatliche Absicherung des Arbeitnehmers vor insolvenzbedingten Lohnausfällen für einen Zeitraum von bis zu drei Monaten. Auszahlende Stelle ist die Agentur für Arbeit. Wirtschaftlich Verpflichtete sind alle Unternehmen der Bundesrepublik Deutschland. Das in einem Kalenderjahr gezahlte Insolvenzausfallgeld wird im nachfolgenden Kalenderjahr über die Beiträge zur Berufsgenossenschaft auf alle Unternehmen umgelegt.

Im Eröffnungsverfahren können die Regelungen zum Insolvenzausfallgeld genutzt werden, das Unternehmen im Eröffnungsverfahren für eine Dauer von bis zu drei Monaten fortzuführen, ohne dass die Arbeitsentgelte aus der in der Regel knapp bemessenen Liquidität des Unternehmens gezahlt werden müssen. Insofern wird der Verwalter bemüht sein, diese Möglichkeit auszunutzen, um für die Reaktivierung des Unternehmens Liquidität zu generieren.

3.2.4.2 Das eröffnete Verfahren

Mit Eröffnung des Insolvenzverfahrens bestellt das Insolvenzgericht durch Beschluss, welcher öffentlich bekannt gemacht wird,[504] den Insolvenzverwalter.[505] Der

---

[503] Vgl. auch *Frege, M C./Keller, U./Riedel, E.,* Insolvenzrecht, 2008, S. 267f.

[504] Der Eröffnungsbeschluss wird in Tageszeitungen, im Internet und im Bundesanzeiger öffentlich bekannt gemacht, vgl. §§ 9, 30 Abs.1 InsO. Zudem wird er dem Schuldner, dem Insolvenzverwalter und ggf. bekannten Gläubigern zugestellt, vgl. § 30 Abs. 2 InsO. Gehören zum schuldnerischen Unternehmen Grundstücke, wird die Insolvenzeröffnung im Grundbuch eingetragen, vgl. § 32 InsO. Ein Gesetzesentwurf der Bundesregierung zur Vereinfachung des Insolvenzverfahrens vom 08.02.2006 sieht vor, öffentliche Bekanntmachungen zukünftig nur noch über das Internet vorzunehmen. Abgedruckt bei *Smid, S.,* Insolvenzrechtsreform, 2006, S. 158ff.

[505] Vgl. § 27 Abs. 1 S. 1 InsO.

Beschluss enthält die Aufforderung an die Gläubiger, ihre Forderungen mit entsprechenden Nachweisen zur Insolvenztabelle anzumelden.[506] Die gesicherten Gläubiger werden aufgefordert, dem Insolvenzverwalter ihre Eigentums- und Sicherungsrechte an beweglichen Sachen oder Rechten des Schuldners ebenfalls unter Beifügung der entsprechenden Nachweise mitzuteilen.[507] Schlussendlich enthält der Eröffnungsbeschluss noch die Aufforderung an alle, die gegenüber dem schuldnerischen Unternehmen noch Verpflichtungen haben, diese nicht mehr an den Schuldner, sondern an den Insolvenzverwalter zu leisten.[508]

Die Eröffnung des Insolvenzverfahrens fixiert einen Zeitpunkt, der für das weitere Verfahren und die Verfahrensbeteiligten vielfältige Bedeutung hat. Wichtigste Rechtsfolge der Verfahrenseröffnung ist, dass der Schuldner die Befugnis verliert, über sein zur Insolvenzmasse gehörendes Vermögen zu verfügen.[509] So geht die Verfügungsgewalt über das schuldnerische Vermögen auf den Verwalter über[510], der unter Aufsicht des Insolvenzgerichts[511] die Geschäfte im eigenen Namen führt. Den Insolvenzverwalter trifft die Aufgabe, die Insolvenzmasse zu verwalten und zu verwerten.[512] Der Schuldner verliert aber weder seine Rechts- noch seine Geschäftsfähigkeit, auch bleibt er Eigentümer der zur Insolvenzmasse gehörenden Gegenstände. Er kann über diese aber nicht mehr verfügen.[513] Weiter ist der Schuldner auskunfts- und mitwirkungspflichtig. [514] Diese Pflichten können notfalls zwangsweise durchgesetzt werden.[515] Für die Gläubiger bedeutet die Verfahrenseröffnung, dass Einzelzwangsvollstreckungsmaßnahmen in das Vermögen des Schuldners nicht mehr zulässig sind. Das schuldnerische Vermögen steht unter dem Schutz des Gesetzes. Dafür wird den Gläubigern mit Beschlagnahme der Insolvenzmasse ebendiese zur

---

[506] Vgl. § 28 Abs. 1.

[507] Vgl. § 28 Abs. 2 InsO. Als Sicherungsrechte zählen neben dem Recht auf abgesonderte Befriedigung (§§ 50, 51 InsO) auch Aussonderungs- und Ersatzaussonderungsrechte (§§ 47, 48 InsO), sofern sie zur Sicherung von Forderungen an den Insolvenzschuldner dienen.

[508] Vgl. § 28 Abs. 3 InsO.

[509] Vgl. § 81 InsO.

[510] Vgl. § 80 Abs. 1 InsO.

[511] Vgl. § 58 InsO.

[512] Vgl. Kap. 4.1.4.2.2.

[513] Vgl. *Bork, R.*, Insolvenzrecht, 2005, S. 68.

[514] Vgl. § 97 InsO. Organschaftliche Vertreter und Angestellte sind auskunfts- und mitwirkungspflichtig, auch wenn sie in den letzten zwei Jahren aus den Diensten des Schuldners ausgeschieden sind. Vgl. § 101 InsO.

[515] Vgl. § 98 InsO.

gemeinschaftlichen Befriedigung haftungsrechtlich zugewiesen.[516] Die Gläubiger haben erst im eröffneten Verfahren die Möglichkeit, über die Organe der Gläubigerversammlung und des Gläubigerausschusses Einfluss auf den Verlauf des Insolvenzverfahrens zu nehmen und diesen aktiv mit zu gestalten. Zudem müssen die Gläubiger sich zum Eröffnungszeitpunkt um die Anerkennung und Partizipation ihrer Forderungen im Insolvenzverfahren kümmern. Sie müssen dafür Sorge tragen, dass ihre Forderungen mit den entsprechenden Nachweisen ihres Anspruchs beim Insolvenzverwalter angemeldet werden. Bestreitet der Insolvenzverwalter oder ein Insolvenzgläubiger die angemeldete Forderung, muss der Gläubiger entweder die erforderlichen Nachweise erbringen oder er muss die Feststellung seiner Forderung in einem ordentlichen Zivilprozess erwirken.[517]

Mit Insolvenzeröffnung übernimmt der Insolvenzverwalter die Verwaltung und Verwertung der Insolvenzmasse. Die eigentliche Insolvenzabwicklung beginnt. Hierbei ist die Verwertung der Insolvenzmasse oberstes Verfahrensziel. Welche Vorgehensweise der Insolvenzverwalter wählt, hängt davon ab, welches Ziel die Gläubiger in der Gläubigerversammlung dem Insolvenzverwalter vorgegeben haben. Die Gläubiger werden ihre Entscheidung davon abhängig machen, bei welcher Verwertung sie im Vergleich zu anderen Verwertungsarten den höchsten Unternehmenswert und damit die höchste Insolvenzquote erzielen können.[518] Ein Verwertungserlös für die Gläubiger kann grundsätzlich durch verschiedene Möglichkeiten generiert werden.

Die einfachste Form der Generierung eines Verwertungserlöses ist die Liquidation des schuldnerischen Unternehmens durch Einzelverwertung aller Vermögensgegenstände wie es die Konkursordnung vorsah. Die Liquidation des schuldnerischen Unternehmens als eine Form der Vermögensverwertung beendet die erwerbswirtschaftliche Tätigkeit des Unternehmens. Ein möglicher Erlös für die Gläubiger ergibt sich aus den (Einzel-) Verwertungserlösen der noch vorhandenen Vermögensgegenstände des Unternehmens. Zumeist liegen diese Erlöse unter den tatsächlichen Verkehrswerten, weil unter Zeitdruck und unter der sichtbaren Maßgabe einer Insolvenz verkauft werden muss. Deshalb stellt eine Liquidation auch im Hinblick auf die mit ihr verbundenen Kosten in der Regel die ungünstigste Verwertungsart dar.[519]

---

516 Vgl. *Bork, R.*, Insolvenzrecht, 2005, S. 69.

517 Vgl. § 179 InsO.

518 Vgl. *Zirener, J.*, Sanierung, 2005, S. 137.

519 Vgl. *Hagebusch, A./Oberle, T.*, Gläubigerbefriedigung, 2006, S. 619.

Bei einem geplanten Verkauf des Not leidenden Unternehmens wird der Geschäftsbetrieb des Unternehmens vorübergehend fortgeführt, um diesen im Ganzen oder in Teilbereichen auf einen neuen Eigentümer bzw. Gesellschafter zu übertragen. Im Rahmen dieser sogenannten „übertragenden Sanierung“[520] wird das noch zu sanierende Unternehmen im Wege des Verkaufs der Vermögensgegenstände an einen neuen Rechtsträger von dem dann zu liquidierenden alten Rechtsträger getrennt. Der Kaufpreis für die Vermögensgegenstände stellt den Verwertungserlös für die Insolvenzmasse dar.[521] Diese Form der Verwertung wird insbesondere dann gewählt, wenn der Kaufpreis für die betrieblich organisatorische Einheit über den voraussichtlichen Liquidationserlösen der einzelnen Gegenstände liegt und eine dauerhafte Sanierung des Unternehmens mit unkalkulierbaren Risiken für die Gläubiger verbunden ist.

Das Insolvenzplanverfahren ermöglicht den Beteiligten innerhalb eines Insolvenzverfahrens privat autonome Verhandlungen zu führen und jede vom Regelverfahrensablauf abweichende und bessere Verwertungsform zu wählen.[522] Dies können insbesondere die Fortführung des Not leidenden Unternehmens und die nachhaltige Sanierung bei gleichzeitigem Erhalt des Rechtsträgers sein. Grundvoraussetzung für ein Insolvenzplanverfahren ist die Wiederherstellung der Ertragskraft des Not leidenden Unternehmens, um die Gläubiger aus zukünftigen Gewinnen des Unternehmens befriedigen zu können.[523] Im Erhalt des Rechtsträgers liegt die Chance für die Gesellschafter, mit den Gläubigern einen Gesamtvergleich zu verabreden und ihre Eigentümerstellung an dem dann reaktivierten Unternehmen zu behalten.

Die Aufhebung oder Einstellung des Insolvenzverfahrens erfolgt durch Beschluss. Dieser erfolgt nach Schlussverteilung der Insolvenzmasse an die Gläubiger. Voraussetzung hierfür ist, dass das Vermögen des Schuldners vollständig liquidiert ist oder eine im Insolvenzplan hiervon abweichende Regelung getroffen worden ist.

3.3 Reaktivierende Maßnahmen nach der Insolvenzordnung

Die Maßnahmen des Reaktivierungsmanagements sind auf die Anwendung in Insolvenzverfahren beschränkt, sie sind nur nach Insolvenzantragstellung möglich.[524] Sie

[520] Eine detaillierte Betrachtung dieser Verwertungsform erfolgt in Kap. 3.4.1.
[521] Vgl. *Bork, R.*, Insolvenzrecht, 2005, S. 194.
[522] Eine detaillierte Betrachtung dieser Verwertungsform erfolgt in Kap. 3.4.3.
[523] Vgl. *Kautzsch, C.*, Unternehmenssanierung, 2001, S. 18.
[524] Vgl. *Rattunde, R.*, Sanierung, 2003, S. 2107.

haben vorrangig den Effekt, eine Entschuldung des Unternehmens zu bewirken und es damit wieder am Markt handlungsfähig zu machen. Dem Not leidenden Unternehmen wird die für die Fortführung und Sanierung notwendige zeitliche Verschnaufpause ermöglicht. Hierfür sind Liquidität schaffende und die Kosten senkende (Hilfs-) Maßnahmen im Insolvenzrecht implementiert. Hierzu zählt die Möglichkeit für das Not leidende Unternehmen, sich frühzeitig unter den Schutz des Insolvenzrechts zu begeben. Ferner gibt die gesetzliche Untersagung von Zwangsvollstreckungsmaßnahmen gegen das Not leidende Unternehmen eine Möglichkeit zu dessen Regeneration. Über die vorzeitige Beendigung von das Unternehmen belastenden Verlustverträgen, arbeitsrechtlichen Bestimmungen und Anfechtungen wird dem Unternehmen die Möglichkeit gegeben, sich von Kostentreibern zu befreien bzw. Liquidität zu generieren. Letztlich führt die nur quotale Befriedigung der Gläubigeransprüche zu einer Entschuldung des Not leidenden Unternehmens.

Diese insolvenzrechtlichen Besonderheiten, die den Gesundungsprozess des Not leidenden Unternehmens unterstützen, werden nachfolgend in ihrer Funktionsweise theoretisch beschrieben.

3.3.1 Drohende Zahlungsunfähigkeit

Zuerst wird der Insolvenzeröffnungsgrund der drohenden Zahlungsunfähigkeit nach § 18 InsO betrachtet.[525] Drohende Zahlungsunfähigkeit ist dann gegeben, wenn das Not leidende Unternehmen *„voraussichtlich nicht mehr in der Lage sein wird, die bestehenden Zahlungspflichten im Zeitpunkt der Fälligkeit zu erfüllen“.*[526] Zumeist machen erst die frühzeitige Anmeldung eines Insolvenzverfahrens aufgrund einer drohenden aber noch nicht eingetretenen Zahlungsunfähigkeit und damit der frühzeitige „Unternehmensschutz“ durch die gesetzlichen Regelungen eine Reaktivierung Not leidender Unternehmen möglich. Mit dem Insolvenzeröffnungsgrund der drohenden Zahlungsunfähigkeit trägt der Gesetzgeber dem Gedanken Rechnung, dass Sanierungsbemühungen an einem Not leidenden Unternehmen nicht zu spät angegangen werden sollen, nämlich im Stadium der tatsächlichen Zahlungsunfähigkeit, in welchem auch ein Reaktivierungsmanagement kaum mehr Wirkung entfalten kann.

[525] Für eine frühzeitige Insolvenzantragstellung sollte der Unternehmer die Lage des Not leidenden Unternehmens hinreichend gut einschätzen können, denn ansonsten entsteht das Risiko, den Unternehmenswert durch die „Marktirritation“ Insolvenz zu schmälern. Demgegenüber steht das strafrechtlich bewährte Risiko aufgrund verspäteter Insolvenzanmeldung, Vgl. *Lange, I.*, Unternehmenswerterhaltung, 2005, S. 102f.

[526] Vgl. § 18 Abs. 2 InsO.

3.3.2 Schutz vor Einzelzwangsvollstreckungsmaßnahmen

Die Regelungen des Insolvenzrechts ermöglichen dem Not leidenden Unternehmen eine vollumfängliche Fortführung des Geschäftsbetriebes mit allen hierfür notwendigen, in seinem Besitz befindlichen Vermögensgegenständen. Dies gilt unabhängig von der Eigentumsfrage, also auch bei gemieteten oder geleasten Vermögensgegenständen. Gleiches gilt für unter Eigentumsvorbehalt gelieferte Waren oder sicherungsübereignete Gegenstände. Auch hier bestimmt die Insolvenzordnung zunächst die Unternehmensfortführung und Unternehmenssicherung als Ganzes. Zwangsvollstreckungsmaßnahmen sind bereits im Insolvenzeröffnungsverfahren untersagt, das sichert das Unternehmensvermögen vor unkontrollierten Zugriffen der Gläubiger.[527] Diese vom Insolvenzgericht in der Regel angeordnete Maßnahme sorgt dafür, dass das für die Betriebsfortführung dringend erforderliche Vermögen dem Unternehmen nicht durch Zwangsvollstreckungsmaßnahmen entzogen wird.[528] Zudem sorgt dieses Verbot für die zu einer Unternehmensfortführung erforderliche Beruhigung der in der Insolvenz ohnehin angespannten Situation. Es verschafft den Trägern des Sanierungsmanagements den notwendigen Freiraum zur Verwirklichung der Sanierung und Reaktivierung des Not leidenden Unternehmens.[529] Im Eröffnungsverfahren bedeut dies faktische eine erzwungene Stundung aller Gläubigeransprüche hinsichtlich ihrer vor Antragstellung begründeten Forderungen, gleich aus welchem Rechtsgrund. Auch Miet- oder Leasingverpflichtungen müssen im Eröffnungsverfahren nicht erbracht werden.[530]

Mit Eröffnung des Insolvenzverfahrens sind alle Gläubiger verpflichtet, ihre vor Eröffnung des Verfahrens begründeten Forderungen zur Insolvenztabelle anzumelden. Mit Ausnahme von Eigentumsansprüchen und vorrangigen Pfandrechten wie bspw. dem gesetzlichen Vermieterpfandrecht oder dem Speditionspfandrecht können solche Ansprüche nur als Quotenforderung geltend gemacht werden, die erst nach Abschluss des Insolvenzverfahrens quotal befriedigt werden. Auch werden nach Eröffnung des Verfahrens allgemeine Leistungsklagen i. S. d. § 253 ZPO ausgeschlossen.[531]

Dies bedeutet für das Unternehmen, dass alle Zahlungsansprüche von Gläubigern aus der Zeit vor Insolvenzantragstellung gestundet sind und die Gläubiger hierauf in

---

[527] Vgl. §§ 21 Abs. 2 Nr. 3, 89, 90 InsO.

[528] Vgl. *Gless, S.-E./Undritz, S.-H.,* Sanierung, 2004, S. 337.

[529] Vgl. *Smid, S./Rattunde, R.,* Insolvenzplan, 2005, S. 5.

[530] Vgl. *Gless, S.-E./Undritz, S.-H.,* Sanierung, 2004, S. 340.

[531] Vgl. § 87 InsO.

einer bis zum Abschluss des Verfahrens noch ungewissen Höhe verzichten müssen. Das Not leidende Unternehmen kann für kurze Zeit „verschnaufen", um seine eigene Zukunftsfähigkeit zu überprüfen. Es ist in diesem Zusammenhang vorübergehend von Zahlungsverpflichtungen auf Altverbindlichkeiten befreit. Die Insolvenz ermöglicht, dass ohne Rücksicht auf Altverbindlichkeiten alle Einnahmen zur Finanzierung des laufenden Geschäftbetriebes zur Verfügung stehen.

3.3.3 *Insolvenzgeld*

Das Insolvenzgeld ist wie bereits beschrieben eine Absicherung aller Arbeitnehmer gegen insolvenzbedingte Lohnausfälle. Durch die Vorfinanzierung der Arbeitnehmeransprüche gegenüber der Arbeitsagentur durch ein Kreditinstitut kann der vorläufige Verwalter das Unternehmen in die Lage versetzen, für einen Zeitraum von bis zu drei Monaten alle betrieblichen Aktivitäten fortzusetzen, ohne Lohnzahlungen einschließlich Lohnsteuern und Sozialabgaben leisten zu müssen. Dies bewirkt eine Schonung der Liquidität des Unternehmens in einem wesentlichen Stadium und in erheblichem Ausmaß. Die Wahrscheinlichkeit, unter diesen Voraussetzungen das Unternehmen zunächst fortzuführen und erfolgreich zu sanieren, ist wesentlich erhöht. Die Vorfinanzierung des Insolvenzgeldes als Sanierungsmaßnahme ist allgemein anerkannt und wird in § 55 Abs. 3 InsO bestätigt.[532]

Über das Insolvenzgeld sind die Nettoentgeltansprüche aller Arbeitnehmer einschließlich der Sozialabgaben für die letzten drei Beschäftigungsmonate vor Insolvenzeröffnung von der Agentur für Arbeit garantiert.[533] Da es sich um staatliche Sozialleistungen handelt, fällt eine Steuer auf das Insolvenzgeld nicht an. Der Insolvenzverwalter kann mit Zustimmung des Arbeitsamtes das Nettoentgelt vorfinanzieren. Dies ist in der Praxis bei Fortführung eines Unternehmens in der Insolvenz auch erforderlich, da Anspruch auf Insolvenzgeld erst mit der Entscheidung des Insolvenzgerichts über die Eröffnung des Insolvenzverfahrens entsteht. Kaum ein Arbeitnehmer kann aber solange auf sein Gehalt verzichten.[534] Eine vorzeitige Auszahlung des Insolvenzgeldes durch das Arbeitsamt ist aufgrund gesetzlicher Vorschriften nicht möglich. Die Praxis behilft sich, indem einer finanzierenden Bank die Gehaltsansprüche der Arbeit-

[532] Vgl. *Smid, S./Rattunde, R.,* Insolvenzplan, 2005, S. 4.

[533] Vgl. §§ 183ff. SGB III. Vorrangiges Ziel des Gesetzgebers bei der Vorfinanzierung von Insolvenzgeld ist die Berücksichtigung der Bedürfnisse der Arbeitnehmer, unabhängig von Vorteilen, die anderen Beteiligten daraus entstehen können. Vgl. *Grepl, M.,* Insolvenzgeldes, 2008, S. 192.

[534] Vgl. *Grepl, M.,* Insolvenzgeldes, 2008, S. 147.

nehmer abgetreten werden und die Bank dem Arbeitnehmer sein Nettoentgelt zum Stichtag der üblichen Lohnzahlungen auszahlt. Das Arbeitsamt erstattet später die verauslagten Beträge und macht seinen Anspruch im Regelfall als einfacher Insolvenzgläubiger gegenüber dem Insolvenzverwalter geltend.[535] Die Vorfinanzierung des Insolvenzgeldes ist zustimmungspflichtig durch die zuständige Agentur für Arbeit. Diese prüft folgende zwingende Voraussetzungen:

Die Vorfinanzierung dient der Sanierung des Unternehmens, dient dem Erhalt von Arbeitsplätzen und sie verhindert, dass Arbeitnehmer von Ihrem Leistungsverweigerungsrecht Gebrauch machen und damit Sanierungsbemühungen vereitelt werden.[536] Insbesondere in personalstarken Unternehmen wäre ohne die Insolvenzgeldregelung eine Betriebsfortführung in der Antragsphase eines Insolvenzverfahrens kaum möglich.

3.3.4 Beendigung von Verlustverträgen

Mit Eröffnung des Insolvenzverfahrens kann der Insolvenzverwalter nach den §§ 103ff. InsO ein Wahlrecht ausüben, noch nicht vollständig erfüllte gegenseitige Verträge zu erfüllen oder nicht.[537] Entscheidet sich der Verwalter für Nichterfüllung dieser Verträge, kann der Vertragspartner seine vertraglichen Ansprüche als Geldforderung zur Insolvenztabelle anmelden.[538] Damit können für das Unternehmen ungünstige oder existenzbedrohende Verträge gekündigt werden. Rentable Aufträge hingegen kann der Verwalter erfüllen, ohne dass der Vertragspartner wegen der Insolvenz wandeln kann.[539]

Dem Sanierungszweck eines Not leidenden Unternehmens dient insbesondere die Kündigung unvorteilhafter Mietverträge durch den Insolvenzverwalter. Hat das Unternehmen langfristig zu große oder zu teure Immobilien angemietet, die für den Geschäftsbetrieb nicht genutzt werden bzw. nicht benötigt werden, hat der Insolvenzverwalter das Recht, die vom Schuldner eingegangenen Mietverhältnisse mit Wir-

---

[535] Vgl. *Wittig, A.*, Vorfinanzierung, 2009, S. 608.

[536] Vgl. *Spies, J.*, Insolvenzplan, 2005, S. 1258.

[537] Zu Beispielen für unter § 103 InsO fallende gegenseitige Verträge vgl. *Henkelmann, S.*, Schwebende, 2008, S. 22f.

[538] Die Forderung wegen Nichterfüllung seines Vertrages ist gemäß § 103 Abs. 2 Satz 1, 38 InsO lediglich eine einfache, quotal zu bedienende Insolvenzforderung. Vgl. *Henkelmann, S.*, Schwebende, 2008, S. 13.

[539] Vgl. *Rattunde, R.*, Sanierungsplan, 2004, S. 431.

kung für die Zukunft unter Einhaltung der gesetzlichen Kündigungsfrist ohne Rücksicht auf die vereinbarte Vertragsdauer zu kündigen. Da Mietverträge zumeist mit langen Laufzeiten verbunden sind, stellt auch dies eine wesentliche Sanierungshilfe dar. Etwaige Schadensersatzansprüche der anderen Vertragspartei müssen als Insolvenzforderungen zur Insolvenztabelle geltend gemacht werden.

3.3.5 Arbeitsrechtliche Besonderheiten im Insolvenzverfahren

Die Anmeldung eines Insolvenzverfahrens zeigt allen Beteiligten sehr deutlich die wirtschaftliche Schieflage des Not leidenden Unternehmens.[540] Von besonderer Bedeutung sind in diesem Zusammenhang die dann geltenden arbeitsrechtlichen Besonderheiten, da sie die Sanierung des Not leidenden Unternehmens in erheblichem Maße unterstützen. In einer außergerichtlichen Sanierung sehen sich die Verantwortlichen oftmals mit den Zwängen des deutschen Arbeitsrechts, insbesondere des Betriebsverfassungsgesetzes, des Tarifrechts und vor allem des Kündigungsschutzgesetzes konfrontiert. Das BGB kennt gesetzliche Kündigungsfristen von bis zu 7 Monaten, vertraglich individuell zwischen Arbeitnehmer und Arbeitgeber vereinbarte Kündigungsfristen können deutlich länger sein.[541] Diese Gesetze behindern häufig eine nachhaltige Sanierung eines Unternehmens, da Entlassungen zu langwierigen und kostspieligen Verfahren führen, die sich ein krisenbehaftetes Unternehmen nicht leisten kann. Im Rahmen des Reaktivierungsmanagements können Entlassungen unter erleichterten Bedingungen durchgeführt werden. Zu den vereinfachten Regelungen des Insolvenzarbeitsrechts zählen insbesondere die Begrenzung des Sozialplanvolumens[542] sowie die Verkürzung von gesetzlichen und vertraglichen Kündigungsfristen auf drei Monate[543].

Weiterhin verändern sich durch die Einleitung eines Insolvenzverfahrens die Bedingungen in den Verhandlungen mit der Arbeitnehmerschaft und den Gewerkschaften, da diese den drohenden Verlust ihres Arbeitsplatzes unmittelbar vor Augen geführt bekommen. Die Bereitschaft zu Zugeständnissen ist in einem Insolvenzverfahren dann erfahrungsgemäß deutlich höher als zuvor.

---

[540] Vgl. *Kußmaul, R./Stefan, B.*, Insolvenzplanverfahren, 2000, S. 1850.

[541] Vgl. § 622 BGB.

[542] Das Sozialplanvolumen ist gem. § 123 InsO der Höhe nach auf das 2,5-fache der monatlichen Bruttolohnsumme und auf maximal ein Drittel der an die Gläubiger zur Verteilung stehenden Masse beschränkt.

[543] Vgl. § 113 InsO. Zur umfangreichen juristischen Literatur zum Arbeitsrecht in der Insolvenz und insbesondere zu den Kündigungsregelungen wird auf die bei *Hess* aufgeführte Auflistung verwiesen. Vgl. *Hess, H.*, Insolvenzrecht Band II, 2007, S. 2101ff.

An die Regelungen des Kündigungsschutzgesetzes, insbesondere an die Regeln zur Sozialauswahl bleibt der Insolvenzverwalter jedoch gebunden. Die Regelungen in § 113 InsO dienen der zügigen Klärung von Streitigkeiten um die Wirksamkeit von Kündigungen, weil insbesondere in Insolvenzverfahren ein besonderes Bedürfnis dafür besteht, Verzögerungen bei der Abwicklung von Rechtsverhältnissen zu vermeiden.[544]

Zumeist werden die arbeitsrechtlichen Maßnahmen des Reaktivierungsmanagement nicht oder nur in geringem Umfang angewendet. Dies liegt zum einen an der Scheu des Insolvenzverwalters, im Ruf eines „Arbeitsplatzvernichters" zu stehen. Zum anderen bleiben im Insolvenzverfahren nach wie vor die Unsicherheiten, die sich aus dem Erfordernis einer Sozialauswahl ergeben. Die Sozialauswahl bedingt in der Regel eine Vielzahl von Arbeitsgerichtsprozessen.

3.3.6 Anfechtung

Das Insolvenzrecht sieht vor, dass alle für das Not leidende Unternehmen ungerechtfertigten Verfügungen aus der Zeit vor der Insolvenzeröffnung, insbesondere unzulässige Vermögensverschiebungen des Managements[545], wieder korrigiert werden. Der Verwalter kann dann Anfechtungshandlungen vornehmen und eine Rückabwicklung durchsetzen. Das sehen die gesetzlichen Vorschriften der §§ 129ff. InsO vor. Die insolvenzrechtliche Anfechtung hat die Wiederherstellung des den Gläubigern haftenden Schuldnervermögens zum Ziel. Gleichzeitig gibt sie dem Unternehmen die Möglichkeit, in der Vergangenheit abgeflossene Liquidität wiederzuerlangen. Anfechtbar sind nach den Maßgaben der §§ 130 bis 146 InsO alle Rechtshandlungen und Unterlassungen von Rechtshandlungen[546], die vor Eröffnung des Insolvenzverfahrens vorgenommen worden sind und die Insolvenzgläubiger benachteiligen[547]. Beispiele hierfür sind Leistungen, die zur Abwendung eines drohenden Insolvenzantrages eines Gläubigers erbracht wurden, im Wege der Zwangsvollstreckung erlangte Sicherungen im Vorfeld des Insolvenzantrags oder einzelne Gläubiger bevor-

[544] Vgl. *Hess, H.*, Insolvenzrecht Band II, 2007, S. 2111.

[545] Neben dem Management können gläubigerbenachteiligende Rechtshandlungen auch von Gläubigern, dem Schuldner oder Dritter vorgenommen worden sein.

[546] Zum Begriff der Rechtshandlung in diesem Kontext vgl. *Henckel, W./Gerhardt, W.*, Insolvenzordnung, 2008, S. 8f.

[547] Zur Grundvoraussetzung der Anfechtbarkeit, der Benachteiligung der Insolvenzgläubiger, vgl. *Jensen, T.*, Grundfragen, 2007, S. 13ff.

zugende Befriedigungsleistungen des Unternehmens.[548] Die Anfechtungsfristen können dabei bis zu zehn Jahre zurückwirken.[549]

Systematisch zur Insolvenzanfechtung gehört auch die Bestimmung zur Vollstreckung vor Verfahrenseröffnung in § 88 InsO.[550] Diese sieht vor, dass Sicherungen an Vermögensgegenständen, die im letzten Monat vor Insolvenzanmeldung aus dem Unternehmensvermögen heraus erlangt worden sind, mit Verfahrenseröffnung unwirksam sind. So soll dem Insolvenzverwalter ein wirkungsvolles Vorgehen gegen im letzten Monat vor Insolvenzantragstellung durch Zwangsvollstreckung erlangte Sicherheiten ermöglicht werden. Beispiele für solche Sicherheiten sind sämtliche erwirkte Pfändungspfandrechte an Gegenständen des beweglichen oder unbeweglichen Vermögens, Forderungen und anderen Vermögensrechten[551] oder die Immobiliarbeschlagnahme zur Vorbereitung der Zwangsverwaltung- oder versteigerung.[552]

3.3.7 Quotale Befriedigung der Gläubiger

Der Tatsache, dass einem Not leidenden Unternehmen nicht mehr ausreichend Ressourcen zur Verfügung stehen, um alle seine Gläubiger zu befriedigen, wird in der Insolvenz damit Rechnung getragen, dass die Gläubigeransprüche in einem Insolvenzverfahren nur quotal befriedigt werden. Entscheidet sich die Gläubigergemeinschaft für eine Sanierung und Reaktivierung des Not leidenden Unternehmens, dann vergleichen sich die Gläubiger quasi durch Verzichte mit dem schuldnerischen Unternehmen. Das Schicksal der nicht im Vermögen des Not leidenden Unternehmens gesicherten Gläubiger liegt dann darin, dass sie sich in der Insolvenz ihres Schuldners mit einer Insolvenzquote begnügen müssen.[553]

3.4 Besondere Verfahrensarten nach der Insolvenzordnung

Die Sanierung eines Not leidenden Unternehmens kann innerhalb der Insolvenz auf drei Arten durchgeführt werden: zum einen können das ganze Unternehmen oder we-

---

[548] Eine Auflistung gläubigerbenachteiligender Rechtshandlungen findet sich bei *Frege, M. C./ Keller, U./Riedel, E.*, Insolvenzrecht, 2008, S. 554.

[549] Vgl. § 133 Abs. 1 Satz 1 InsO.

[550] Die Regelung wird auch als sogenannte „Rückschlagsperre“ bezeichnet.

[551] Wird bspw. das Bankkonto des Not leidenden Unternehmens im letzten Monat vor Insolvenzantrag gepfändet, so ist die Pfändung mit Insolvenzeröffnung automatisch unwirksam.

[552] Vgl. *Eckardt, D.*, § 88, 2008, S. 770f.

[553] Vgl. *Jensen, T.*, Grundfragen, 2007, S. 273.

sentliche Unternehmensteile im Rahmen einer übertragenden Sanierung an einen Dritten veräußert werden. Zum anderen kann das Not leidende Unternehmen durch den Schuldner selbst bzw. den ursprünglichen Unternehmensinhaber im Rahmen der Eigenverwaltung und/oder mittels eines Insolvenzplanes saniert werden.

3.4.1 Übertragende Sanierung

3.4.1.1 Übertragende Sanierung in der Insolvenz

Die InsO sieht die Möglichkeit vor, das betriebsnotwendige Vermögen eines Not leidenden Unternehmens als Sachgesamtheit auf einen anderen solventen Rechtsträger zu übertragen und damit die Fortführung des operativen Geschäftsbetriebes zu sichern. Die Vermögensübertragung erfolgt typischerweise im Rahmen eines „asset deals", also durch die Übertragung der einzelnen Vermögensgegenstände im Paket.[554] Die übertragende Sanierung[555] ist eine Möglichkeit, das Unternehmensvermögen als Ganzes zu verwerten, sie wird deshalb auch als sanierende Liquidation bezeichnet.[556] Sie bewirkt keine echte Sanierung des Not leidenden Unternehmens, weil diese in der Regel erst vom Übernehmer vorgenommen wird.[557] Dennoch ist sie die in der Praxis die am häufigsten verwendete Form der „Sanierung", weil sie eine schnelle Reaktivierung des Geschäftsbetriebes ermöglicht.[558] Eine solche Verwertung kann auch für die zu befriedigenden Gläubiger vorteilhaft sein, wenn sich ein angemessener Wert für die betrieblich organisierte Einheit, das Not leidende Unternehmen, erzielen lässt.[559] Der erzielte Kaufpreis fließt der Insolvenzmasse zu und dient der Befriedigung der Gläubigeransprüche. Die übertragende Sanierung vereint die Vorteile einer Liquidation, also die sofortige Gläubigerbefriedigung und eine schnelle, unkomplizierte Insolvenzabwicklung, mit einem Teil der Vorteile, die eine Unternehmenssanierung gewöhnlich mit sich bringt, nämlich den Erhalt des operativen Geschäfts-

---

[554] Vgl. *Smid, S.,* Grundzüge, 2002, S. 338. Ein Verkauf von Geschäftsanteilen, der sogenannte „share deal" ist an die Mitwirkung der Anteilseigner des insolventen Unternehmens gebunden und kann daher nicht vom Insolvenzverwalter allein durchgeführt werden. Vgl. *Picot, G/Aleth, F.,* Unternehmenskrise, 1999, S. 248, 269f.

[555] Der Begriff der übertragenden Sanierung wurde maßgeblich von *Karsten Schmidt* geprägt. Vgl. *Schmidt, K.,* Organverantwortlichkeit, 1980, S. 336f.

[556] Vgl. *Bork, R.,* Insolvenzrecht, 2005, S. 194.

[557] Vgl. *Wrede, A.,* Übertragende, 2003, S. 7. Deshalb kritisch zum Begriff der übertragenden Sanierung für eine Unternehmensveräußerung vgl. *Kluth, T.,* Risiken, 2002, S. 1f.

[558] Vgl. *Hagebusch, A./Oberle, T.,* Gläubigerbefriedigung, 2006, S. 620; *Wellensiek, J.,* Übertragende, 2002, S. 233.

[559] Zur Diskrepanz zwischen Unternehmenswert und dem tatsächlich realisierten Kaufpreis vgl. *Lange, I.,* Unternehmenswerterhaltung, 2005, S. 195ff.

betriebes und damit den Erhalt der Arbeitsplätze.[560] Kehrseite ist der Totalverlust auf Eigentümerseite. Die übertragende Sanierung nimmt damit eine Zwitterstellung zwischen Liquidation und echter Reaktivierung eines Not leidenden Unternehmens ein. Neben der Übertragung im Regelinsolvenzverfahren kann eine Übertragung auch auf Grundlage eines Insolvenzplanes erfolgen. Grundsätzlich ist es nur dem Insolvenzverwalter im eröffneten Verfahren nach dem Berichtstermin möglich, das schuldnerische Unternehmen zu veräußern. Die Insolvenzordnung bestimmt, dass der Verwalter das Unternehmen bis zur Entscheidung der Gläubigerversammlung fortführen soll. Nach neuester Rechtssprechung, die die Sanierungschancen für Not leidende Unternehmen stärken soll, kann der Insolvenzverwalter das Unternehmen jedoch auch schon vor dem Berichtstermin verkaufen und übertragen.[561]

3.4.1.2 Besonderheiten der übertragenden Sanierung

Die übertragende Sanierung eines Not leidenden Unternehmens ermöglicht dem Erwerber einen Unternehmenskauf mit besonderen Haftungsprivilegien.[562] Da bei einer übertragenden Sanierung der alte Rechtsträger des Not leidenden Unternehmens zurückgelassen wird, werden auch seine Verbindlichkeiten nicht vom neuen Unternehmensträger übernommen.[563] Insofern wird dem Erwerber ein entschuldetes Unternehmen zur dann vornehmlich leistungswirtschaftlichen Sanierung überlassen.[564] Das Problem der außergerichtlichen Übertragung, wonach der Erwerber für die alten betrieblichen Verbindlichkeiten des Vorgängers nach § 75 AO und § 25 HGB forthaften muss, stellt sich in der Insolvenz nicht.[565] Auch für die vor Insolvenzeröffnung

---

[560] Vgl. *Kautzsch, C.*, Unternehmenssanierung, 2001, S. 168.

[561] *Entwurf eines Gesetzes zur Vereinfachung des Insolvenzverfahrens vom 28.06.2006, Bundesregierungs-Drucksache 549/06.* Gesetzesentwurf und Pressemitteilung sind abrufbar unter *www.bmj.bund.de.* Von der Erteilung einer Veräußerungsbefugnis an den vorläufigen Insolvenzverwalter, wenn eine – zugegebenermaßen in der Praxis sehr seltene – Veräußerung des Unternehmens bereits in der Insolvenzantragsphase möglich ist, sieht der Gesetzgeber in seiner letzten Fassung zum Entwurf des vorgenannten ab. Dem vorläufigen Verwalter soll kein Recht zur Verwertung der vorläufigen Insolvenzmasse eingeräumt werden. Zudem ist es auch für den Erwerber mit Risiken verbunden, das Unternehmen vor Insolvenzeröffnung zu übernehmen, da er unter Umständen auf die in der Insolvenz vorhandenen Haftungsprivilegien verzichten muss. Vgl. *Hagebusch, A./Oberle, T.*, Gläubigerbefriedigung, 2006, S. 621 sowie ausführlich zur Zulässigkeit der Unternehmensveräußerung im Eröffnungsverfahren vgl. *Wrede, A.*, Übertragende, 2003, S. 28ff.; *Kautzsch, C.*, Unternehmenssanierung, 2001, S. 152ff.

[562] Vgl. *Smid, S.*, Grundzüge, 2002, S. 339.

[563] Vgl. *Wellensiek, J.*, Unternehmensfortführung, 1999, S. 443.

[564] Vgl. *Wellensiek, J.*, Übertragende, 2002, S. 235.

[565] Vgl. *Wellensiek, J.*, Sanieren, 1999, S. 408.

entstandenen Arbeitnehmeransprüche muss der Erwerber nicht haften. Das ist insbesondere bei Unternehmen von großer Bedeutung, die erhebliche Versorgungsanwartschaften wie Pensionszusagen durch die übertragende Sanierung „abhängen" können.[566]

3.4.1.3 Grenzen der übertragenden Sanierung

Die beschriebene Veräußerung eines Unternehmens in einem Insolvenzverfahren bringt die Anwendung des § 613a BGB mit sich. Dessen Regelungen zum Übergang der Arbeitsverhältnisse bei einem Betriebsübergang gelten in der Insolvenz fort.[567] Demnach gehen bei einem Verkauf der Vermögensgegenstände als Sachgesamtheit auch sämtliche Arbeitsverhältnisse mit allen Rechten und Pflichten auf den Erwerber über. Nach § 613a Abs. 4 BGB ist die Kündigung eines Arbeitnehmers wegen Betriebsübergangs auch durch den Insolvenzverwalter grundsätzlich unwirksam. Diese Regelungen erschweren den in der Regel notwendigen Arbeitsplatzabbau und damit auch eine übertragende Sanierung und werden als Sanierungs- und Veräußerungshindernis in der Insolvenz angesehen.[568] Ausgenommen hiervon sind jedoch Kündigungen, die im Hinblick auf ein Erwerberkonzept ausgesprochen werden. Kündigt der Insolvenzverwalter im Hinblick auf ein vernünftiges Erwerberkonzept das Arbeitsverhältnis mit einem Arbeitnehmer unter Ausnutzung der besonderen Kündigungsfristen in der Insolvenz, mithin einer längsten Frist von 3 Monaten zum Monatsende, so ist die Kündigung aufgrund ihrer Betriebsbedingtheit zumindest in den meisten Fällen wirksam.[569] Entscheidend ist hierbei, dass die Rationalisierungsmaßnahme und nicht der Betriebsübergang tragender Grund der Kündigung ist.[570] Ferner werden die weitreichenden Regelungen des § 613a BGB bei einem Betriebsübergang nach Eröffnung des Insolvenzverfahrens dergestalt eingeschränkt, dass der Erwerber nicht für rückständige Forderungen aus Arbeitsverhältnissen haftet, die zum Zeitpunkt der Insolvenzeröffnung bereits bestanden haben.[571] Diese Haftungseinschränkung des Erwerbers ist notwendig, weil sich ohne diese Regelung kaum ein Erwerber für das Unternehmen finden lassen würde. Dann ist eine Liquidation des Unternehmens wahrscheinlicher, was dem Ansinnen des § 613a BGB, die Interessen der Arbeitnehmer zu schützen, zuwiderläuft.

---

566 Vgl. *Menke, T.,* Betriebsübergang, 2003, S. 522f.

567 Vgl. *Hess, H.,* Sanierungshandbuch, 2009, S. 527.

568 Vgl. *Moll, W.,* Arbeitsrecht, 2009, S. 782.

569 Vgl. *Bauer, J.,* Rechtsfragen, 2005, S. 171.

570 Vgl. *Moll, W.,* Arbeitsrecht, 2009, S. 784.

571 Vgl. *Hess, H.,* Sanierungshandbuch, 2009, S. 558.

3.4.1.4 Beschäftigungsgesellschaften

Insbesondere für übertragende Sanierungen ist eine weitere insolvenzrechtlich Sanierungsmaßnahme in der Möglichkeit zu sehen, eine Beschäftigungsgesellschaft unter Ausnutzung des Transferkurzarbeitergeldes gem. § 175 Abs. 3 SGB III einzurichten. Dabei muss allerdings berücksichtigt werden, dass eine solche Beschäftigungsgesellschaft auch erhebliche Finanzierungsbeiträge des Unternehmens erforderlich macht. Die Einrichtung einer solchen Gesellschaft hat zwei Vorteile: zum einen kann der oben beschriebene, sanierungsfeindliche § 613a BGB umgangen und zum anderen ein sozialverträglicher, großzahliger Personalabbau ermöglicht werden. So schließt der Insolvenzverwalter zunächst mit Zustimmung des Betriebsrates Aufhebungsverträge mit den betroffenen Arbeitnehmern. Alsdann werden diese Arbeitnehmer durch eine extra gegründete Beschäftigungs- und Qualifizierungsgesellschaft (BQG) übernommen. Die übernommenen Mitarbeiter bekommen in der BQG in der Regel für 6 Monate ca. 80% ihres zuletzt erhaltenen Nettolohnes. Damit kann eine sofortige Entlassung der Mitarbeiter vermieden werden. Die Mitarbeiter haben die Chance, sich in dieser Zeit auf ein neues Arbeitsverhältnis zu bewerben bzw. nach einer übertragenden Sanierung in den alten Betrieb zurückzukehren. Streng genommen handelt es sich um eine Option für die Mitarbeiter, im Rahmen der Laufzeit der BQG eine neue Anstellung zu finden. Für den Erwerber eines Unternehmens im Rahmen einer übertragenden Sanierung ergibt sich die Möglichkeit, eine begrenzte Anzahl von Mitarbeitern bedarfsgerecht aus der BQG zu entnehmen, ohne an die Regelungen des § 613a BGB gebunden zu sein.

3.4.2 Eigenverwaltung

3.4.2.1 Grundgedanke

In den bisherigen Ausführungen wurde davon ausgegangen, dass die Verwaltung und Verwertung des Unternehmensvermögens in einem Insolvenzverfahren in fremder Hand, also durch den Insolvenzverwalter erfolgt. Dies stellt auch den Regelfall dar.[572] In Ausnahmefällen stellt die InsO jedoch das Institut der Eigenverwaltung des Schuldners zur Vermögensverwertung zur Verfügung.[573] Öffentlichkeitswirksam und erfolgreich angewandt wurde diese Form der Insolvenzbewältigung bei Großunternehmen wie z. B. Kirch Media, Babcock Borsig, Beta Digital, Lloyd Werft Bremer-

[572] Vgl. *Bork, R.* Insolvenzrecht, 2005, S. 208.

[573] Vgl. §§ 270ff. InsO.

haven, SinnLeffers oder Ihr Platz.[574] Die Eigenverwaltung stellt in Verbindung mit anderen Maßnahmen des Insolvenzrechts eine besondere Form des Verfahrensablaufes dar, die ebenfalls als gute Basis für eine Reaktivierung eines Not leidenden Unternehmens dienen kann.[575]

Der wesentliche Unterschied zwischen Regelinsolvenzabwicklung und Eigenverwaltung ist, dass einerseits die Verwaltungs- und Verfügungsbefugnis über die zur Insolvenzmasse gehörenden Vermögensgegenstände gemäß § 270 Abs. 1 Satz 1 InsO beim Schuldner bzw. bei dessen Geschäftsführung verbleibt.[576] Kommt es im Eröffnungsbeschluss zur Anordnung der Eigenverwaltung, so verbleibt der bisherige Schuldner

---

[574] Angemeldete, jedoch nicht umgesetzte bzw. gescheiterte Eigenverwaltungsverfahren betrafen bspw. die Großunternehmen Philip Holzmann, Hornblower Fischer, Grundig, Broadway Musical Management und Infomatec.

[575] Für die vorliegende Arbeit wird die Eigenverwaltung nur im Hinblick auf eine Fortführung und die beabsichtigte Sanierung des Not leidenden Unternehmen betrachtet. Der Gesetzgeber sieht keine Beschränkung der Anordnung der Eigenverwaltung auf ein bestimmtes Verfahrensziel vor. So kann die Eigenverwaltung auch bei der Liquidation eines Unternehmens angewandt werden. Vgl. *Huhn. C.*, Eigenverwaltung, 2001, S. 63.

[576] Vgl. *Seagon, C.*, Sanierung, 1998, S. 79. Die Frage, ob mit Anordnung der Eigenverwaltung auch alle gesellschaftsrechtlichen Bindungen in Bezug auf das Geschäftsleitungsorgan, das in der Eigenverwaltung weiterhin „der Schuldner" bspw. der Vorstand bei einer Aktiengesellschaft darstellt, bestehen bleiben, wird in der vorliegenden Arbeit nicht näher untersucht. Eine insofern abzugrenzende Definition der Person bzw. der Befugnisse des Schuldners – insbesondere im Falle einer Aktiengesellschaft in insolvenzrechtlicher Eigenverwaltung – unterbleibt daher für die Zwecke dieser Arbeit. In der juristischen Literatur wird die Frage, ob die gesellschaftsrechtlichen Beschränkungen der Geschäftsleitung bei Anordnung einer Eigenverwaltung nach den §§ 270 InsO bestehen bleiben, kontrovers diskutiert. Verneinend vgl. *Prütting, H./Huhn, C.*, Kollision, 2002, S. 777ff., bejahend vgl. *Ringstmeier, A./Hohmann, S.*, Gesellschaftsrecht, 2002, S. 406ff. sowie vgl. *Westrick, L.*, Eigenverwaltung, 2003, S. 68; *Hofmann, M.*, Eigenverwaltung, 2006, S. 189ff. sowie vgl. *Köchling, M.*, Fremdverwaltung, 2003, S. 54f. Letzterer bezieht insoweit Position, dass im Insolvenzverfahren einer Aktiengesellschaft der Aufsichtsrat weiterhin die Zuständigkeit für die Bestellung, Abberufung und Anstellung des Vorstandes behält. Für die Wirksamkeit der Eigenverwaltung als Sanierungselement wäre es jedoch sinnvoll, wenn die Durchführung von Sanierungsmaßnahmen innerhalb der Eigenverwaltung nicht durch Interessenskollisionen innerhalb der Not leidenden Unternehmen aufgrund von gesellschaftsrechtlichen Ein- und Beschränkungen be- bzw. verhindert werden. Insofern wird der Auffassung von *Prütting/Huhn* zumindest in dem Sinne gefolgt, nach der gesellschaftsrechtliche Beschränkungen in der Eigenverwaltung den eigenverwaltenden Schuldner nur insoweit binden sollten, wie sie auch einen Insolvenzverwalter im Regelinsolvenzverfahren binden würden. Vgl. *Prütting, H./Huhn, C.*, Kollision, 2002, S. 782. Ansonsten kann eine „Doppelaufsicht" und die Verteilung von Entscheidungskompetenzen vom geschäftsführenden Organ durch Sachwalter und ggf. Aufsichtsrat oder Gesellschafterbeirat nur positiv beeinflussen und steht nicht im Widerspruch zum Gläubigerinteresse.

bzw. das bisherige Management im Amt.[577] Andererseits muss der Schuldner aber auch die Aufgaben des Insolvenzverwalters, die dieser im Regelinsolvenzverfahren durchführt, selbst wahrnehmen.[578] Der aus dieser Doppelfunktion des Schuldners entstehende Interessenwiderstreit wird dadurch aufgelöst, dass dieser unter Aufsicht eines Sachwalters steht, der seine Geschäftsführung überwacht.[579] Die Insolvenzverwalterkompetenzen werden insoweit auf Schuldner und Sachwalter verteilt.[580] Im Übrigen gelten dieselben Vorschriften wie für ein Regelinsolvenzverfahren.[581] Grundsätzlich kann der Schuldner mit Ausnahme einiger vom Gericht oder der Gläubigerversammlung auferlegten Beschränkungen die gesamte gewöhnliche Geschäftstätigkeit ohne Mitwirkung des Sachwalters erledigen. Im Einvernehmen oder nur mit Zustimmung des Sachwalters kann der Schuldner in der Eigenverwaltung bspw. über die Fortsetzung beiderseits nicht vollständig erfüllter Verträge oder die Aufnahme von Prozessen entscheiden.[582] Aufgaben, die normalerweise dem Insolvenzverwalter zukommen und die in der Eigenverwaltung nunmehr vom Schuldner durchgeführt werden, sind auch die Erstellung eines Verzeichnisses über die Massegegenstände, eines Gläubigerverzeichnisses sowie einer Vermögensübersicht.[583] Diese Unterlagen werden anschließend vom Sachwalter geprüft.[584] Zudem muss der Schuldner im Berichtstermin den Gläubigern einen mit einer Stellungnahme des Sachwalters versehenen Bericht vorlegen.[585] Eine Besonderheit besteht bei der Verwertung von Sicherungsgut. Der Schuldner kann im Einvernehmen mit dem Sachwalter das Verwertungsrecht ausüben; im Gegensatz zu einem Insolvenzverwalter im Regelinsolvenzverfahren kann er aber keine gesonderten Feststellungskosten[586] geltend machen.[587]

---

[577] Zur Problematik der Insolvenzeröffnungsphase und der damit verbundenen Anordnung von Sicherungsmaßnahmen durch das Insolvenzgericht zum Gläubigerschutz in Verbindung mit einem Antrag des Schuldners auf Eigenverwaltung, über die erst mit Eröffnung des Verfahrens entschieden wird, vgl. *Ehricke, U.*, Sicherungsmaßnahmen, 2002, S. 782ff. Hier ergeben sich Kollisionen zwischen den einzelnen Sicherungsmaßnahmen und dem vom Gesetzgeber gewollten Zweck der Eigenverwaltung.

[578] Vgl. § 270 Abs. 1 S. 2 InsO.

[579] Vgl. § 274 InsO.

[580] Vgl. *Bork, R.*, Insolvenzrecht, 2005, S. 210.

[581] Vgl. § 270 Abs.1 S. 2 InsO.

[582] Vgl. § 279 S. 1, 2 InsO.

[583] Vgl. § 281 Abs. 1 InsO.

[584] Vgl. § 281 Abs. 1 S. 2 InsO.

[585] Vgl. § 281 Abs. 2 InsO.

[586] Im Regelinsolvenzverfahren sind diese in den §§ 170, 171 InsO geregelt. So betragen bspw. die zur Insolvenzmasse gezogenen Feststellungskosten für Mobiliarsicherheiten 4 % des Verwertungserlöses. Vgl. § 171 Abs. 1 S. 2 InsO.

[587] Vgl. § 282 InsO.

Nach Durchführung des eigenverwaltenden Insolvenzverfahrens mit allen damit verbundenen Aufgaben[588] hat der Schuldner die abschließende Verteilung der Insolvenzmasse durchzuführen, nachdem der Sachwalter zuvor das vom Schuldner erstellte Verteilungsverzeichnis geprüft hat.[589] Grundlage des Verteilungsverzeichnisses ist die Tabelle der angemeldeten Forderungen. Hat ein Gläubiger, der Schuldner oder der Sachwalter einer Forderung widersprochen, sie gilt diese als nicht festgestellt.[590]

So ermöglicht die Eigenverwaltung einem Schuldner, die Zukunft seines Not leidenden Unternehmens im Rahmen eines Insolvenzverfahrens eigenständig zu gestalten und durch Ausnützung der hierdurch entstehenden besonderen Handlungsmöglichkeiten dieses zu sanieren. Daraus könnte gefolgert werden, dass die Eigenverwaltung eine besondere Art der Sanierung innerhalb der Insolvenz ist. Jedoch hat die Eigenverwaltung in der Praxis mit Ausnahme der genannten öffentlichkeitswirksamen Fälle noch keine besondere Bedeutung erlangt.[591] Diesem Phänomen wird in diesem Kapitel insbesondere mit einer Abwägung der Chancen und Risiken der Anordnung der Eigenverwaltung nachgegangen. In dieser Arbeit soll insbesondere ein Entscheidungsmodell zur Prüfung der Vorteilhaftigkeit einer Sanierung in einem eigenverwalteten Insolvenzverfahren erarbeitet werden.

3.4.2.2 Voraussetzungen der Anordnung und Beschränkungen

Formal setzt die Anordnung der Eigenverwaltung zunächst immer einen Antrag des Schuldners voraus.[592] Ist der Insolvenzantrag von einem Gläubiger gestellt worden und der Schuldner möchte seine Verfügungsbefugnis durch Anordnung der Eigenverwaltung behalten, so ist diese von der Zustimmung des das Verfahren auslösenden Gläubigers abhängig.[593]

---

[588] Hier wird auf den korrespondierenden Tätigkeitsbereich des Insolvenzverwalters in Kap. 3.2.3.6 verwiesen.

[589] Vgl. § 283 Abs. 2 InsO.

[590] Vgl. § 283 Abs. 1 S. 2 InsO. Im Regelinsolvenzverfahren hingegen führt nur das Bestreiten einer Forderung durch den Insolvenzverwalter oder einen Insolvenzgläubiger dazu, dass die Forderung nicht festgestellt wird. Vgl. §§ 176, 179 Abs. 1 InsO. Vom Schuldner bestrittene Forderungen können also im Regelverfahren festgestellt werden.

[591] Nach Angaben des Statistischen Bundesamtes sind Im Jahre 2007 lediglich 147 Eigenverwaltungen angeordnet worden. Vgl. *Kranzusch, P.,* Anwendung, 2008, S. 1347. Im Vergleich zu rund 30.000 Unternehmensinsolvenzen im Jahr 2007, von denen ca. 60% eröffnet worden sind, kann festgestellt werden, dass für lediglich ca. 0,8% aller eröffneten Unternehmensinsolvenzverfahren die Eigenverwaltung angeordnet worden ist. Vgl. *Landfermann, H-G.,* Eigenverwaltung, 2008, S. 1520.

[592] Vgl. § 270 Abs. 2 Nr. 1 InsO.

[593] Vgl. § 270 Abs. 2 Nr. 2 InsO.

Die wichtigste Voraussetzung für einen Antrag des Schuldners auf Eigenverwaltung ist, dass es keine Veranlassung zu der Befürchtung gibt, dass die Anordnung der Eigenverwaltung zu einer Verzögerung des Verfahrens oder sonstigen Nachteilen für die Gläubiger führen wird.[594] Diese Frage ist deshalb immanent, weil es naheliegend erscheint, dass ein Schuldner bzw. dessen organschaftliche Vertreter, der das Unternehmen in die Insolvenz geführt hat, nicht unbedingt dessen idealer Retter ist.[595] Nur ein zuverlässiger, kompetenter Schuldner, der das Vertrauen der Gläubiger genießt, kann diese Verfahrensvariante wählen. Bei einer durch Managementfehler verursachten Notsituation ist das Problem, dass das bisherige Management eine Sanierung in der Vergangenheit nicht hinbekommen bzw. sie nicht versucht hat. Es hat das Unternehmen in eine Zwangslage manövriert, die Ursache für die Insolvenz ist. Dabei entsteht die Frage, warum einem solchen Management nun eine Sanierung in einem eigenverwalteten Insolvenzverfahren gelingen sollte. Je mehr unternehmensinterne Ursachen zur Insolvenz geführt haben, desto unwahrscheinlicher wird ein Eigenverwaltungsverfahren.[596] Wichtigste Voraussetzung aller Überlegungen zur Eigenverwaltung ist also, dass der bisherige Geschäftsführer tatsächlich in der Lage ist, die Geschäfte des Not leidenden Unternehmens besser weiterzuführen, als es ein Dritter kann. Dies ist in der Regel dann der Fall, wenn die Notlage des Unternehmens nicht durch Missmanagement, sondern im bestimmenden Maße durch Einflüsse von außen verursacht wurde.[597] Im anderen Fall trifft ansonsten die vielzitierte Aussage zu, dass mit der Eigenverwaltung der „Bock zum Gärtner“ gemacht wird.[598] Hier kommt dem Insolvenzgericht die Aufgabe zu, zu prüfen, ob die Eigenverwaltung im Einzelfall tatsächlich gegenüber der Regelverwaltung vorteilhafter ist.[599] Das Insolvenzgericht

---

[594] Vgl. § 270 Abs. 2 Nr. 3 InsO.

[595] Vgl. *Hess, H./Ruppe, N.,* Eigenverwaltung, 2002, S. 577.

[596] Vgl. *Körner, M.,* Eigenverwaltung, 2007, S. 272.

[597] Hier benennen *Ringstmeier/Hohmann* beispielweise die Zahlungsunfähigkeit eines Großkunden, eine nur vorübergehende Auftragsflaute oder unvorhergesehen hohe Ausgaben. Vgl. *Ringstmeier, A./Hohmann, S.,* Gesellschaftsrecht, 2002, S. 408. Eine weitere Möglichkeit ist jedoch auch, dass die Geschäftsleitung eines Unternehmen, die dieses in eine Notlage gebracht hat, vor der Insolvenz durch eine neue, auch seitens der Gläubiger unbestritten kompetenteren Geschäftsleitung ersetzt wurde und diese noch nicht ausreichend Zeit gehabt hat, alle notwendigen Maßnahmen durchzusetzen. Vgl. *Ehricke, U.,* Sicherungsmaßnahmen, 2002, S. 782.

[598] Vgl. stellvertretend für andere *Ehricke, U.,* Sicherungsmaßnahmen, 2002, S. 782; *Buchalik, R.,* Faktoren, 2000, S. 295; *Lakies, T.,* Eigenverwaltung, 1999, S. 1759.

[599] In der InsO ist diese Aufgabe des Insolvenzgerichts in § 5 InsO geregelt, nach welchem das Gericht von Amts wegen alle Umstände ermitteln muss, die für das Insolvenzverfahren von Bedeutung sind. Im Fall der Eigenverwaltung ist daher von großer Bedeutung, dass durch diese Verfahrensart für die Gläubiger keine Schlechterstellung gegenüber dem Regelverfahren eintritt.

muss bei der Entscheidung auch und insbesondere betriebswirtschaftliche Aspekte berücksichtigen.[600] Die Kompetenz des Managements ist nämlich nur über eine Analyse der Unternehmensentwicklung in der Vergangenheit im Hinblick auf Fehlentscheidungen des Managements festzustellen. Neben den Managementfähigkeiten muss der eigenverwaltende Schuldner zusätzlich insolvenzspezifische Pflichten erfüllen. Hierfür ist ein insolvenzrechtliches Grundverständnis notwendig, bei dem der Sachwalter Unterstützung leisten kann.

Im Zusammenhang mit der Doppelrolle des Schuldners, die Verwaltungs- und Verfügungsbefugnis neben den insolvenzrechtlichen Verpflichtungen auszuüben, hat der Gesetzgeber Beschränkungen vorgesehen. So werden die Kompetenzen des eigenverwaltenden Schuldners durch Aufsichts- und Zustimmungsbefugnisse des Sachwalters eingeschränkt. Dies ist erforderlich, da aufgrund der umfangreichen Kompetenzen des Schuldners die Gefahr besteht, dass dieser die Gläubiger schädigenden Maßnahmen vornimmt. Verfahrensverzögerungen und Vermögensentwertungen sowie die Bevorzugung einzelner Gläubiger durch den Schuldner sind die Gefahren der Eigenverwaltung.[601] Der Sachwalter hat somit die Aufgabe, die Handlungen des Schuldners zu überwachen, ihn während der Verfahrensabwicklung mit seiner Erfahrung sachkundig zu unterstützen und für die Gläubiger relevante Verfahrenshandlungen selbst durchzuführen.[602] In seiner Überwachungsfunktion schränkt er die Kompetenz des Schuldners in einigen Punkten ein. So benötigt dieser die Zustimmung des Sachwalters für das Eingehen von Verbindlichkeiten, die nicht zum gewöhnlichen Geschäftsverkehr gehören.[603] Des Weiteren kann der Sachwalter die Kassenführung übernehmen und hierfür über das Bankkonto des schuldnerischen Unternehmens verfügen.[604] Bei besonderen Rechtsgeschäften, die in §§ 160 Abs. 2, 162, 163 InsO näher bezeichnet sind, ist ohnehin wie bei einem Insolvenzverwalter die Zustimmung der Gläubigerversammlung notwendig.[605] Auch kann das Insolvenzgericht anordnen, dass bestimmte Rechtsgeschäfte nicht vom Schuldner durchgeführt werden dürfen, wenn nicht vorher die Zustimmung des Sachwalters eingeholt wurde.[606] Beispiels-

600 Vgl. *Gulde, V.,* Anordnung, 2005, S. 146.

601 Vgl. *Häsemeyer, L.,* Insolvenzrecht, 2007, S. 209 sowie *Vallender, H.,* Eigenverwaltung, 1998, S. 2133.

602 Vgl. *Hess, H./Weis, M./Wienberg, R.,* InsO, 2001, S. 2208f.

603 Vgl. § 275 Abs. 1 InsO. Hierunter fallen bspw. die Veräußerung und die Belastung von Grundstücken, die Aufnahme von Darlehen sowie die Abgabe von Verzichtserklärungen. Vgl. *Hess, H./Weis, M./Wienberg, R.,* InsO, 2001, S. 2231.

604 Vgl. § 275 Abs. 2 InsO.

605 Vgl. § 276 InsO.

606 Vgl. § 277 InsO.

weise können die Kündigung von Betriebsvereinbarungen nach § 120 InsO, die Einleitung eines Beschlussverfahrens auf Zustimmung des Arbeitsgerichts zur Durchführung einer geplanten Betriebsänderung nach § 122 InsO und die Einleitung eines Beschlussverfahrens zum Kündigungsschutz nach § 126 InsO ohne Zustimmung des Sachwalters nicht rechtswirksam vom Schuldner vorgenommen werden.[607] Damit sollen die Interessen der Arbeitnehmer besonders geschützt werden. Die Erfüllung von Rechtsgeschäften unter Mitwirkung des Betriebsrates nach den §§ 103 bis 128 InsO mit Ausnahme der §§ 120, 122 und 126 InsO sollen durch den Schuldner im Einvernehmen mit dem Sachwalter ausgeübt werden. Ein Verstoß hiergegen hat jedoch anders als bei den Rechten aus den §§ 120, 122 und 126 InsO nur Konsequenzen im Innenverhältnis von Schuldner und Sachwalter, nicht in der Rechtswirkung im Außenverhältnis.

Im Vorfeld der Einführung der InsO bemängelten Kritiker an der geplanten Eigenverwaltung, dass der Schuldner nicht unbedingt bestrebt sein wird, in der dann von ihm aufzustellenden Vermögensübersicht ihn selber betreffende Sachverhalte zu berücksichtigen. Dies betrifft bspw. den Ausweis von Rückgewähransprüchen aus Insolvenzanfechtung nach den §§ 129 ff. InsO oder die Betrachtung seiner eigenen Verfügungen nach Verfahrenseröffnung als unwirksam. Weiter wird der Schuldner nicht bestrebt sein, kapitalersetzende Leistungen nach § 135 InsO anzufechten, verdeckte Gewinnausschüttungen aufzudecken oder die nicht ordnungsgemäße Aufbringung oder den späteren Verzehr des Kapitals auszuweisen.[608] Dem steht entgegen, dass nur der Sachwalter diese Anfechtungs- und Gesamtschadensansprüche nach den §§ 92 und 93 InsO für die Insolvenzmasse geltend machen und auch nur er Rechtshandlungen nach den §§ 129 bis 147 InsO anfechten kann.[609] Im Sinne der umfangreichen Verfolgung aller Gläubigerinteressen wurden diese Aufgaben alle an den Sachwalter als unabhängigen Dritten übertragen.[610] So können bspw. Schadensersatzansprüche gegen einen GmbH-Geschäftsführer wegen verspäteter Insolvenzantragstellung aus § 823 Abs. 2 BGB in Verbindung mit § 64 GmbHG auch dann realisiert werden, wenn der betroffene Geschäftsführer als Schuldnerorgan die Geschicke des Unternehmens im Rahmen des Insolvenzverfahrens in der Eigenverwaltung durchführt.[611]

---

[607] Vgl. § 279 Abs. 3 InsO sowie *Hess, H./Ruppe, N.*, Eigenverwaltung, 2002, S. 578.

[608] Vgl. *Mönning, R.-D.*, Betriebsfortführung, 1997, S. 79f.

[609] Vgl. § 280 InsO.

[610] Vgl. *Hess, H./Weis, M./Wienberg, R.*, InsO, 2001, S. 2247.

[611] Allerdings sollten Ansprüche gegen den die Eigenverwaltung durchführenden Schuldner selten sein, denn Voraussetzung für die Anordnung der Eigenverwaltung ist, dass es sich um einen redlichen Schuldner handelt.

3.4.2.3 Chancen und Risiken der Eigenverwaltung

Dem Schuldner wird in der Eigenverwaltung die Möglichkeit gegeben, die Sanierung seines Unternehmens in Eigenregie voranzutreiben.[612] Den Chancen, ein Not leidendes Unternehmen durch die Eigenverwaltung in der Insolvenz zu reaktivieren, stehen Risiken gegenüber, die eine solche Reaktivierung scheitern lassen bzw. unmöglich machen.

Die Anordnung der Eigenverwaltung hat in erster Linie den Vorteil, dass es in einigen Fällen günstiger ist, dem Schuldner seine Verwaltungs- und Verfügungsbefugnis zu belassen, weil sein Know-how und seine Erfahrungen für eine optimale Geschäftsführung des Not leidenden Unternehmens unentbehrlich sein können.[613] Dies ist insbesondere dann der Fall, wenn der Schuldner über spezifisches, unternehmensbezogenes Fachwissen verfügt, das von einem Insolvenzverwalter in der ihm zur Verfügung stehenden kurzen Zeit nicht erworben werden kann.[614] Unternehmen, die besondere berufsrechtliche Anforderungen oder spezifische Fachfertigkeiten und Branchenkenntnisse- bzw. kontakte voraussetzen, können sogar nur mit Hilfe des Schuldners fortgeführt werden.[615] Dann fließen bereits im Vorfeld einer Insolvenz erworbene Kenntnisse der Gesellschafter und des Managements in die Abwicklung des Insolvenzverfahrens ein und helfen den von der Insolvenz wirtschaftlich Betroffenen, ihre Interessen mit einem bestmöglichen Ergebnis der Vermögensverwertung des schuldnerischen Unternehmens durchzusetzen.[616] Besondere Anwendungsfälle

[612] Vgl. *Vallender, H.*, Eigenverwaltung, 1998, S. 2136.

[613] Vgl. *Bork, R.*, Insolvenzrecht, 2005, S. 207.

[614] Vgl. *Hess, H./Ruppe, N.*, Eigenverwaltung, 2002, S. 577. *Förster* wehrt sich gegen diesen Ansatz zur Begründung der Eigenverwaltung und stellt die Frage, ob die Eigenverwaltung sich zum Ziel gesetzt haben kann, dass der kompetente Schuldner sich gegen den vermeintlich inkompetenten Verwalter zur Wehr setzen muss. Er verneint diese Frage vehement und sieht die Gefahr, dass die Eigenverwaltung lediglich als Strategie des Schuldners ausgenutzt wird, um seine eigenen Interessen bzw. die der Gesellschafter zu verfolgen. Seiner Meinung nach kann der „inkompetente" Verwalter die erforderlichen Kenntnisse über die Eigenschaften und Besonderheiten des Not leidenden Unternehmens ohnehin nur durch Rückgriff auf die fachliche Kompetenz der zweiten Managementebene und den vielfältigen Ebenen des Betriebes gewinnen. Seiner Auffassung nach hat die erste Reihe des Managements ihre Unfähigkeit zur Unternehmensführung bereits bewiesen und damit keinen Anspruch mehr auf eine gesetzlich legitimierte Fortführung des Unternehmens mit dem Ziel, auch tatsächlich die Gläubigerinteressen zu vertreten. Vgl. *Förster, K.*, Klartext, 2003, S. 402f. Ebenso vgl. *Köchling, M.*, Fremdverwaltung, 2003, S. 56.

[615] Hierbei ist bei besonderen berufsrechtlichen Anforderungen bspw. an eine Klinik oder Apotheken, bei spezifischen Fachfertigkeiten bspw. an einen Bäckereibetrieb oder eine Landwirtschaft zu denken. Vgl. *Kranzusch, P.*, Anordnung, 2008, S. 1350.

[616] Vgl. *Hofmann, M.*, Eigenverwaltung, 2006, S. 189.

sind auch Geschäftsbetriebe, die rund um die Uhr aufrechterhalten werden müssen wie bspw. Produktionsunternehmen mit Schichtbetrieb oder Presseagenturen. Hier ist es ebenfalls sinnvoll, auf die vorhandenen Führungsstrukturen zurückzugreifen, weil es bspw. einem Insolvenzverwalter im Regelinsolvenzverfahren gar nicht möglich ist, eine solche Leistung zu erbringen.[617]

Zusätzlich zum Know-how Erhalt können in einem eigenverwalteten Insolvenzverfahren alle Sanierungsmaßnahmen der Insolvenzordnung vom geschäftserfahrenen Schuldner genutzt werden.[618] So kann die Eigenverwaltung insbesondere in Verbindung mit einem Insolvenzplan umfangreichen Gestaltungsspielraum für eine Reaktivierung des Unternehmens verschaffen.[619] In der Praxis ergibt sich eine höhere Erfolgswahrscheinlichkeit für die Anordnung der Eigenverwaltung dann, wenn mit Insolvenzantrag- und Eigenverwaltungsantragstellung bereits ein vorbereiteter Insolvenzplan vorgelegt wird, der ein plausibles Fortführungsszenario in Aussicht stellt.[620] Scheitert ein außergerichtlicher Vergleichsversuch an nur einzelnen Gläubigern, kann derselbe Vergleich inhaltsgleich als Insolvenzplan mit Eigenverwaltung unter Umständen erfolgreich sein.[621] Zusätzlich ist ideale Voraussetzung für die Anordnung der Eigenverwaltung der Insolvenzantrag wegen drohender Zahlungsunfähigkeit, weil dann zumeist das Verhältnis zwischen Schuldner und Gläubiger noch nicht zerrüttet ist. Für den Schuldner bietet sich hier der Anreiz, aufgrund der frühen Insolvenzantragstellung auch zukünftig die Geschicke des Geschäftsbetriebes zu leiten, zumindest jedoch wesentlich zu beeinflussen.[622]

Die Sanierung in einem Eigenverwaltungsverfahren ist insbesondere dann gegenüber der Sanierung im Regelinsolvenzverfahren vorteilhaft, wenn die Insolvenz nicht öf-

---

[617] Vgl. *Körner, M.*, Eigenverwaltung, 2007, S. 273.

[618] Hier ist insbesondere auf die in Kap. 3.3 beschriebenen Reaktivierungsmaßnahmen wie bspw. die kürzeren Kündigungsfristen, die Inanspruchnahme von Insolvenzgeld oder die Möglichkeit zur Beschränkung von Sozialansprüchen zu denken.

[619] *Spies* sieht bspw. den in der Vergangenheit restriktiven Umgang mit der Eigenverwaltung in Kombination mit einem Insolvenzplanverfahren als nicht gerechtfertigt an und fordert dazu auf, diese insolvenzrechtlichen Gestaltungsinstrumente zur Umsetzung eines Sanierungskonzeptes häufiger anzuwenden. Vgl. *Spies, J.*, Insolvenzplan, 2005, S. 1259.

[620] Vgl. *Koch, A.*, Eigenverwaltung, 1998, S. 240. Am Beispiel der Drogeriemarktkette Ihr Platz skizziert *Minuth* in Kürze, wie das Unternehmen in einem eigenverwalteten Insolvenzverfahren in Verbindung mit einem Insolvenzplan saniert wurde. Vgl. *Minuth, P.*, Sanierungsinstrument, 2008, S. 456ff.

[621] Vgl. *Landfermann, H.-G.*, Eigenverwaltung, 2008, S. 1517. Zu den Besonderheiten des Insolvenzplanes vgl. Kap. 3.4.3.

[622] Vgl. *Valllender, H.*, Eigenverwaltung, 1998, S. 2130.

fentlich wahrnehmbar sein soll. Mit Einsetzung eines Insolvenzverwalters können bereits Irritationen bei Marktakteuren entstehen. Diese zu vermeiden, kann weitere Verhandlungen mit den Gläubigern, insbesondere mit den Mitarbeitern, den Kunden und den Lieferanten unterstützen.[623] Durch die Kontinuität in der Geschäftsleitung des Not leidenden Unternehmens verliert das negativ behaftete Insolvenzszenario seinen Schrecken.

Ökonomisch betrachtet können mit der Eigenverwaltung der Ablaufprozess des Insolvenzverfahrens vereinfacht und beschleunigt sowie dessen Kosten bedeutend gesenkt werden, so dass die Gläubiger die Chance haben, eine höhere Befriedigungsquote zu erhalten.[624] Zum einen entfallen die Kosten für den Insolvenzverwalter und werden durch die wesentlich geringeren Kosten des Sachwalters ersetzt.[625] Nach § 12 Abs. 1 InsVV erhält der Sachwalter in der Regel 60% der für den Insolvenzverwalter bestimmten Vergütung, weil der Zeitaufwand, die Pflichten und die damit verbundene Haftung des Sachwalters von denen des Insolvenzverwalters abweichen.[626] Dieser Kostenvorteil kommt den Gläubigern über eine höhere Quotenzahlung zugute.[627] Zum anderen entfallen für gesicherte Gläubiger die Kostenpauschalen bei der Verwertung von Sicherungsgut.[628] Ein weiterer Kostenvorteil entsteht aus der Verkürzung des Verfahrens. Der eigenverwaltende Schuldner hat ein großes Interesse an einer raschen Beendigung des Verfahrens. Dies führt bei Insolvenzverfahren in Eigenverwaltung zumeist dazu, dass diese in einem wesentlich kürzeren, kostensparenden Zeitfenster abgewickelt werden.[629] Insbesondere entfällt die Einarbeitungszeit des Insolvenzverwalters.[630] Bestehende persönliche Kontakte zu Kunden und Lieferanten können unmittelbar genutzt werden und müssen nicht neu aufgebaut werden.[631] Dies setzt ein bereits vor Anordnung der Eigenverwaltung stabiles Vertrauensverhältnis der Beteiligten voraus.

---

623 Vgl. *Körner, M.*, Eigenverwaltung, 2007, S. 273.

624 Vgl. *Hess, H./Weis, M./Wienberg, R.*, InsO, 2001, S. 2207; *Bork, R.*, Insolvenzrecht, 2005, S. 208; *Häsemeyer, L.*, Insolvenzrecht, 2007, S. 204; *Prütting, H./Huhn, C.*, Kollision, 2002, S. 780.

625 Vgl. *Vallender, H.*, Eigenverwaltung, 1998, S. 2137.

626 Vgl. *Landfermann, H.-G.*, Eigenverwaltung, 2008, S. 1537.

627 Vgl. *Hofmann, M.*, Gesetzeszweck, 2007, S. 261.

628 Vgl. § 282 Abs. 1 Satz 2, 3 InsO.

629 Vgl. *Hofmann, M.*, Eigenverwaltung, 2006, S. 29f.

630 Vgl. *Häsemeyer, L.*, Insolvenzrecht, 2007, S. 204.

631 Dies ist bspw. bei Unternehmen von Bedeutung, in denen Geschäfte erst durch jahrelange Kontakte und Geschäftsbeziehungen wie beim Schiffsbau oder im Film- und Modebereich zu Stande kommen. Vgl. *Körner, M.*, Eigenverwaltung, 2007, S. 273.

Mit dem Wunsch, die Reaktivierung eines Not leidenden Unternehmens im Rahmen der Eigenverwaltung durchzuführen, sind aber auch einige Probleme und Risiken verbunden. So liegt ein Erschwernis in der Durchsetzbarkeit der Eigenverwaltung in der Person des (vorläufigen) Insolvenzverwalters begründet. Dieser bekommt gerade in der Eigenverwaltung das „Zepter" nicht in die Hand. In der Eröffnungsphase wird er als Gutachter oder vorläufiger Insolvenzverwalter eingesetzt. In den meisten Fällen wird dieselbe Person dann im eröffneten Verfahren als Sachwalter bestellt. Dieser hat nur kontrollierende Aufgaben.[632] Seine Tätigkeit wird zwar in Anlehnung an die Vergütungsordnung im Insolvenzverfahren bezahlt, jedoch fällt die Vergütung geringer aus als die eines Insolvenzverwalters im Regelinsolvenzverfahren ohne Eigenverwaltung.[633] Insofern ist der Insolvenzverwalter rein aus Erwerbsinteressen kein Befürworter der Eigenverwaltung.[634] In der Literatur wird entsprechend die Frage aufgeworfen, ob der Sachwalter tatsächlich bereit ist, sich für eine geringere Entlohnung entsprechend zu engagieren.[635] Das birgt für die Gläubiger die Gefahr, dass masseschädigende Maßnahmen nicht entdeckt oder nur unzureichend nachverfolgt werden.

Ein weiteres Problem der Eigenverwaltung ist die vom Gesetzgeber nicht geklärte Frage, wie speziell mit der Funktion des routinemäßig vom Amtsgericht eingesetzten vorläufigen, starken oder schwachen Insolvenzverwalters im Eröffnungsverfahren umgegangen werden soll. Es gibt bisher keine Sonderregelung für die Eigenverwaltung im Eröffnungsverfahren, so dass das Insolvenzgericht grundsätzlich nicht daran gehindert ist, einen vorläufigen Verwalter als Sicherungsmaßnahme anzuordnen. Damit soll das Schuldnervermögen gesichert werden. Daneben werden bis zu einer Entscheidung durch die Gläubigerversammlung neben der beantragten Eigenverwaltung noch alle gesetzlich vorgesehenen Verfahrensziele offen gehalten.[636] Im Eröffnungsverfahren werden für die Reaktivierung des Not leidenden Unternehmens jedoch bereits ganz entscheidende Weichen gestellt. Die Bestellung eines vorläufigen Insolvenzverwalters könnte im Aussenverhältnis zu erhebliche Irritationen führen,[637] da

[632] Siehe Kap. 3.4.1.2.

[633] Vgl. *Seagon, C.*, Sanierung, 1998, S. 80. Für seine Tätigkeit als Sachwalter erhält der Insolvenzverwalter nur 60% der Regelvergütung seiner sonstigen Insolvenzverwaltervergütung. Vgl. *Körner, M.*, Eigenverwaltung, 2007, S. 274.

[634] So auch *Westrick, L.*, Eigenverwaltung, 2003, S. 71 sowie *Kranzusch, P.*, Anwendung, 2008, S. 1354.

[635] Vgl. *Vallender, H.*, Eigenverwaltung, 1998, S. 2139.

[636] Vgl. *Ehricke, U.*, Sicherungsmaßnahmen, 2002, S. 783.

[637] Vgl. *Braun, E.*, Insolvenzverwalter, 2003, S. 588f.

sie zumindest für den nicht mit dem Thema vertrauten Beteiligten eine negative Signalwirkung hat.[638] Solche Irritationen bspw. auf Lieferanten- oder Kundenseite können dem Ziel einer unbeeinträchtigten Betriebsfortführung- und einer vom Schuldner beabsichtigen „geräuschlosen" Sanierung in Eigenverwaltung entgegenwirken.[639]

Hier wäre eine Änderung des „gesetzgeberischen Mangels"[640] wünschenswert, um die Eigenverwaltung in ihrer Signalwirkung nicht schon zu Beginn eines solchen Verfahrens zu konterkarieren. Eine Lösung für dieses Problem könnte sein, dass der Entscheidungsfindungsprozess über das Vorliegen der Voraussetzung zur Anordnung der Eigenverwaltung beschleunigt wird. Sobald das Insolvenzgericht prognostizieren kann, dass insbesondere keine vermögensmäßige Benachteilung der Gläubiger eintritt, kann das Insolvenzverfahren entweder sofort eröffnet oder aber im Eröffnungsverfahren von Sicherungsmaßnahmen abgesehen werden. Eine besondere Möglichkeit, Bedenken wegen einer Gläubigergefährdung entgegenzuwirken, kann in dem Wechsel oder der Ergänzung des Managements gesehen werden.[641] Wird der Schuldner in seiner Geschäftsleitungsfunktion belassen und wird ihm mit Verfahrensbeantragung noch ein weiterer geschäftskundiger und zudem sanierungs- und insolvenzerfahrener Manager zur Seite gestellt, so kann auch noch dessen Erfahrung zu einer erfolgreichen Eigenverwaltung beitragen.[642] Das Zusammenwirken beider Personen

---

638 Wohingegen die Eigenverwaltung gerade ein positives Fortführungsimage bei den Beteiligten des Not leidenden Unternehmens verursachen soll. Vgl. *Körner, M.*, Eigenverwaltung, 2007, S. 273.

639 Dabei hat die Anordnung der vorläufigen schwachen Insolvenzverwaltung keinen Entzug der Verwaltungs- und Verfügungsbefugnis des Schuldners zur Folge, sondern lediglich das Erfordernis der Zustimmung zu Rechtshandlungen des Schuldners durch den vorläufigen schwachen Insolvenzverwalter.

640 Vgl. *Braun, E.*, Insolvenzverwalter, 2003, S. 590.

641 *Kranzusch* bezeichnet dies als ein „Signalling" von Kompetenz zur Eigenverwaltung. Vgl. *Kranzusch, P.*, Anwendung, 2008, S. 1349.

642 Vgl. *Buchalik, R.*, Faktoren, 2000, S. 296. In der Vergangenheit haben nur vereinzelte Großverfahren wie bspw. die Babcock Borsig AG oder die KirchMedia GmbH & Co. KGaA das Instrument der Eigenverwaltung angewendet. Als Besonderheit ist anzumerken, dass in beiden Fällen das alte Management, also der Vorstand, bereits vor Antragstellung und Anordnung der Eigenverwaltung durch insolvenzerfahrene Sanierungsexperten ersetzt wurde, um so einen „Wunschkandidaten" der Gläubiger als eigenverwaltenden Schuldner seitens der Großgläubiger zu „erzwingen". *Hofmann* bezeichnet dies als „atypische Eigenverwaltung in Großverfahren", vgl. *Hofmann, M.*, Eigenverwaltung, 2006, S. 361ff. Gegen diese Vorgehensweise zur Umgehung der vom Gericht bestellten Organe hatte das für die Insolvenz der Babcock Borsig AG zuständige Amtsgericht Duisburg unter anderem deshalb Bedenken, weil es der Auffassung war, dass das Fehlen der personellen Kontinuität des obersten Vertretungsorgans bei der Eigenverwaltung einer Aktiengesellschaft zu einer Gläubigerbenach-

(Fortsetzung auf S. 147)

kann eine interessante Perspektive darstellen, denn nur so kann sowohl die jahrelange Erfahrung und das Know-how des Schuldners mit dem Blickwinkel eines externen und unabhängigen, zusätzlich im Umgang mit der Insolvenz vertrauten Managers für die Gesundung des Unternehmens genutzt werden. Die Überwachung beider Organe erfolgt nach wie vor über den Sachwalter.

Einzeln wird in der Literatur auch dazu aufgerufen, einen „vorläufigen" Sachwalter[643] oder nur einen Sachverständigen zur Vermeidung negativer psychologischer Wirkungen im Außenverhältnis einzusetzen. An anderer Stelle wird gefordert, dass der Gesetzgeber die Antragstellung der Eigenverwaltung dahingehend ändert, dass der zulässige Insolvenzantrag wegen drohender Zahlungsunfähigkeit an die Anordnung zur Eigenverwaltung geknüpft wird.[644] Im Allgemeinen werden Irritationen aber dadurch vermieden, dass der vorläufige Insolvenzverwalter und der Schuldner vertrauensvoll miteinander umgehen und dies auch nach außen kommunizieren. Allein der Hinweis, dass der vorläufige Insolvenzverwalter nur eingeschränkte Befugnisse bei der Fortführung des Not leidenden Unternehmens hat, kann das Risiko negativer Reaktionen von Dritten reduzieren.[645]

Ein Risiko der Sanierung eines Not leidenden Unternehmens im eigenverwalteten Insolvenzverfahren liegt für den Schuldner darin, dass es für ihn keine Garantie für die Anordnung der Eigenverwaltung gibt. So besteht für den sanierungswilligen, redlichen Schuldner, der idealerweise schon bei drohender Zahlungsunfähigkeit einen Insolvenzantrag mit Eigenverwaltung stellt, die Gefahr, dass diese vom Insolvenzgericht wegen fehlender notwendiger Voraussetzungen nicht angeordnet wird und er

---

642 *(Fortsetzung von S. 146)* teiligung führt. Dies gelte insbesondere deshalb, weil nach Auffassung des Amtsgerichtes eben gerade Zweck der Eigenverwaltung ist, dass die Kenntnisse und Erfahrungen des Schuldners bzw. des obersten Vertretungsorganes für die Durchsetzung der Gläubigerinteressen genutzt werden sollen. Hierzu und die teilweise kontroverse Auffassung der insolvenzrechtlichen Literatur zusammenfassend vgl. *Köchling, M.,* Fremdverwaltung, 2003, S. 55f. Im Zusammenhang mit der betriebswirtschaftlich effizienten Ausübung von Reaktivierungsmanagement und der gezielten Nutzung des Sanierungsinstruments der Eigenverwaltung ist nach Meinung des Verfassers der Einsatz eines neuen, unbelasteten und sanierungs- und insolvenzerfahrenen Managements erstrebenwert, soweit dem Not leidenden Unternehmen nicht durch Wegfall des alten Managements entscheidendes Know-how entzogen wird und insbesondere soweit nur das neue Management das dringend benötigte Vertrauen der Gläubiger genießt.

643 Vgl. *Ehricke, U.,* Sicherungsmaßnahmen, 2002, S. 789 sowie ursprünglich *Uhlenbruck, W.,* Insolvenzverwalter, 2000, S. 333.

644 Vgl. *Huhn, C.,* Eigenverwaltung, 2001, S. 426.

645 Vgl. *Landfermann, H.-G.,* Eigenverwaltung, 2008, S. 1526.

dadurch die Verwaltungs- und Verfügungsbefugnis über sein Unternehmen verliert. Neben fehlenden formalen und nicht formalen Voraussetzungen wird die seltene Anordnung von Eigenverwaltungen in der Literatur auch auf die restriktive Einstellung der Insolvenzgerichte zurückgeführt.[646] Als Grund der Zurückhaltung wird der geringe Erfahrungsschatz aufgrund der wenigen erfolgreichen Eigenverwaltungsverfahren genannt.[647]

Im Hinblick auf das hier betrachtete Not leidende Unternehmen wäre folgende Regelung wünschenswert: Stellt der Schuldner bereits bei drohender Zahlungsunfähigkeit einen Insolvenzantrag in Verbindung mit der Eigenverwaltung, so sollte ihm Gelegenheit gegeben werden, den Antrag zurückzunehmen, wenn das Gericht die Voraussetzungen für eine Eigenverwaltung für nicht gegeben hält.[648] So kann der Schuldner außergerichtliche Bemühungen zur Sanierung des Not leidenden Unternehmens fortsetzen. Wenn das Gericht diese Einschätzung abgibt wird der frühe Insolvenzantrag für den Schuldner attraktiver[649] und die praktische Bedeutung der Eigenverwaltung würde beträchtlich steigen. Letztlich ist nicht das Gericht, sondern die Mehrheitsentscheidung der Gläubigerversammlung für oder gegen die Anordnung der Eigenverwaltung entscheidend.[650] Die Entscheidung der Gläubiger kann der Schuldner jedoch einigermaßen sicher prognostizieren, wenn er im Vorfeld vertrauensvoll mit ihnen zusammengearbeitet hat.

In der Literatur und Praxis wird allgemein kritisch zur Eigenverwaltung angemerkt, dass die Eigenverwaltung vornehmlich eine Möglichkeit für den Schuldner ist, sich auf Kosten der Gläubiger selbst zu sanieren.[651] Diese Aussage erweist sich jedoch als falsch, soweit die gesetzlichen Vorgaben vom Schuldner beachtet werden. Denn zum

---

[646] Vgl. *Vallender, H.,* Praxis, 2009, S. 920.

[647] Vgl. *Vallender, H.,* Praxis, 2009, S. 919 sowie *Kranzusch, P.,* Anwendung, 2008, S. 1348.

[648] Vgl. *Landfermann, H.-G.,* Eigenverwaltung, 2008, S. 1520.

[649] Der Anreiz für den Schuldner, rechtzeitig einen Insolvenzantrag zu stellen, wurde vom Gesetzgeber als ein besonderer Vorteil der Eigenverwaltung mit Sachwalter gegenüber der Bestellung eines Insolvenzverwalters gesehen. Vgl. *Landfermann, H.-G.,* Eigenverwaltung, 2008, S. 1515.

[650] Vgl. §§ 271, 272 Abs. 1 Nr. 1.

[651] Vgl. *Vallender, H.,* Eigenverwaltung, 1998, S. 2138f. Um dieser Gefahr und gleichzeitig Kritik der Eigenverwaltungs-Gegner zu begegnen, schlägt *Buchalik* vor, dass die Gesellschafter möglichst schon vor Antragstellung ihre Anteile am Not leidenden Unternehmen auf einen Treuhänder übertragen sollen. Vgl. *Buchalik, R.,* Faktoren, 2000, S. 296. Allgemein zu Treuhandlösungen vgl. *Buchalik, R.,* Restrukturierungs-/Sanierungsmöglichkeiten, 2004, S. 42ff.

einen verfolgt der Schuldner nur seine Pflicht, wenn er wegen Zahlungsunfähigkeit und Überschuldung einen Insolvenzantrag stellt. Stellt er freiwillig mit drohender Zahlungsunfähigkeit einen Insolvenzantrag, forciert er diese Vorverlagerung nur, um die Sanierungschancen des Unternehmens zu erhöhen.[652] Beantragt er daneben noch die Eigenverwaltung, so folgt er zum anderen dem ausdrücklichen Willen des Gesetzgebers. Daher kann einem solchen Schuldner kein Vorwurf des Missbrauchs des Insolvenzrechts gemacht werden. Unabhängig davon kann die Eigenverwaltung jederzeit durch Gläubigerbeschluss beendet werden, sobald sich Verdachtsmomente oder Zweifel an der Integrität des eigenverwaltenden Schuldners ergeben.[653] Damit kann und muss die Arbeit eines gewissenhaften, sorgfältigen und aufmerksamen Sachwalters die Nachteile der Institution Eigenverwaltung kompensieren. Das Risiko liegt insoweit in einer unzureichenden Kontrolle und Unterstützung des eigenverwaltenden Schuldners durch den Sachwalter, die potentielle gläubigerschädigende Maßnahmen begünstigt und Missbrauch erst ermöglicht.[654]

3.4.2.4 Fazit

Die Eigenverwaltung ist sicherlich nicht für jedes Unternehmen, jede Krisensituation und zur Lösung jedes Interessenkonfliktes die richtige Form der Krisenbewältigung. Jedoch ist sie in bestimmten Fällen die bestmögliche Abwicklungsvariante. Grundvoraussetzung für die Nutzung der Eigenverwaltung im Rahmen der Reaktivierung eines Not leidenden Unternehmens ist die Berücksichtigung des obersten Verfahrensziels der Insolvenzordnung, nämlich die bestmögliche gemeinschaftliche Gläubigerbefriedigung. Das weitere Verfahrensziel, der Erhalt eines Unternehmens, kann nur mit der Unterstützung der Gläubiger erreicht werden. Zur Beantwortung der Frage, in welcher bestimmten Situation die Eigenverwaltung sinnvoll ist und welche Voraussetzungen dann für deren Anwendung vorliegen müssen, werden die erarbeiteten Ergebnisse im nachfolgenden Entscheidungsmodell zusammengefasst. Es ist in drei Stufen unterteilt: Mögliche Anwendungsfälle, notwendige Voraussetzungen und zu prüfende Sachverhalte. Liegt ein Anwendungsfall für die Eigenverwaltung vor, müssen anschließend die formalen und nicht formalen Voraussetzungen für ein solches Verfahren geprüft werden. Abschließend kann die Vorteilhaftigkeit einer Reaktivierung des Not leidenden Unternehmens in einem eigenverwalteten Insolvenzverfahren anhand der aufgeführten Sachverhalte festgestellt werden.

---

[652] Vgl. *Huhn, C.,* Eigenverwaltung, 2001, S. 428.

[653] Vgl. *Ringstmeier, A./Hohmann, S.,* Gesellschaftsrecht, 2002, S. 407.

[654] Vgl. *Lakies, T.,* Eigenverwaltung, 1999, S. 1760.

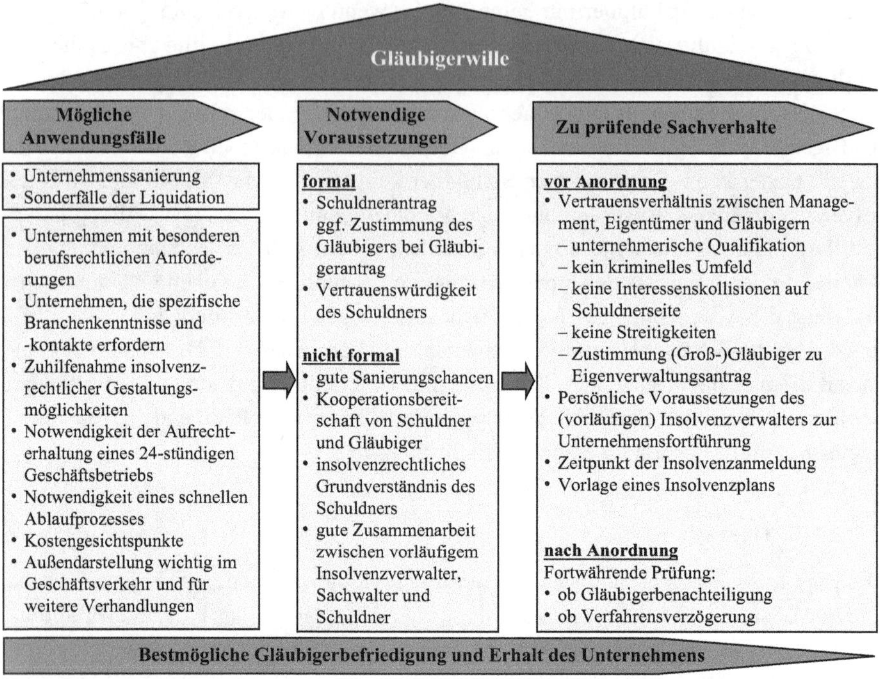

Abbildung 31: Entscheidungsmodell zur Vorteilhaftigkeitsprüfung der Eigenverwaltung[655]

Besteht also im Ergebnis ein gutes Vertrauensverhältnis zwischen Management, Eigentümern und Gläubigern, ist weiterhin der vorläufige Insolvenzverwalter bereit zu einer Fortführung und Sanierung, kann dann auch noch frühzeitig Insolvenz angemeldet werden und ist schließlich die Vorlage eines Insolvenzplans vorgesehen, so spricht einiges für die Anwendung der Eigenverwaltung zur Reaktivierung eines Not leidenden Unternehmens.

Braun sieht in der Eigenverwaltung die Chance eines redlichen Schuldners für eine bessere Art der Insolvenzbewältigung durch Nutzung einer gesetzlichen Mitwirkungschance.[656] Dem könnte zugestimmt werden, wenn die gesetzlichen Rahmenbedingungen mehr Anreize für die Anwendung der Eigenverwaltung zuließen. Der

---

[655] Eigene Darstellung in Anlehnung an *Körner, M.*, Eigenverwaltung, 2007, S. 275.
[656] Vgl. *Braun, E.*, Insolvenzverwalter, 2003, S. 590.

Schuldner hat nur dann einen Anreiz, die Sanierung seines Not leidenden Unternehmens in einem eigenverwalteten Insolvenzverfahren in Verbindung mit einem frühzeitigen Insolvenzantrag als ernstzunehmende Alternative zur außergerichtlichen Sanierung zu erwägen, wenn er vom Gericht die Erfolgsaussichten genannt bekommt, dass die Eigenverwaltung auch tatsächlich angeordnet wird. Nur dann kann auch das gesetzgeberische Ziel erreicht werden, mit der Eigenverwaltung die Befriedigungschancen der Gläubiger zu erhöhen.[657]

3.4.3 Planverfahren

3.4.3.1 Hintergrund des Insolvenzplanverfahrens

Der hier betrachtete Insolvenzplan nach § 1 InsO entspricht einem betriebswirtschaftlichen Sanierungsplan[658] mit dem Ziel der Wiederherstellung der Ertragskraft des Unternehmens, ist aber erweitert um insolvenzspezifische Faktoren und Besonderheiten.[659] Die Insolvenzbewältigung erfolgt durch eine finanz- und leistungswirtschaftliche Sanierung des Not leidenden Unternehmens im Rahmen des bisherigen Rechtsträgers mit dem Ziel, eine Gläubigerbefriedigung aus den Erträgen des sanierten Unternehmens zu ermöglichen.[660] Der Gesetzgeber hat den Beteiligten einer Insolvenz mit den Regelungen zum Insolvenzplanverfahren die Möglichkeit eingeräumt, an Stelle eines gesetzlich geregelten Verfahrens das Insolvenzverfahren nach einem inhaltlich weitgehend von den Beteiligten autonom bestimmten Planverfahren abzuwickeln. Abweichend zum materiellen Insolvenzrecht kann in die Rechte besicherter Gläubiger eingegriffen werden. Dabei darf aber kein Gläubiger schlechter gestellt werden als er ohne das Planverfahren stehen würde.

Dem Insolvenzplan stand das amerikanische Insolvenzrecht, insbesondere Chapter 11 des U.S. Bankruptcy Code (Chapter 11), Pate.[661] Allerdings gibt es erhebliche Unterschiede zwischen dem amerikanischen und dem deutschen Verfahren, was auf eine abweichende Sichtweise der jeweiligen Gesetzgeber zurückzuführen ist.

---

[657] Vgl. *Huhn, C.*, Eigenverwaltung, 2001, S. 426.

[658] Bei Insolvenzplänen kann grundsätzlich je nach Einsatz zwischen einem Liquidations-, bzw. Übertragungsplan und einem Sanierungsplan unterschieden werden. Vgl. hierzu Kap. 3.4.3.2.

[659] Vgl. *Zirener, J.*, Sanierung, 2005, S. 163.

[660] Vgl. *Eidenmüller, H.*, vor §§ 217 bis 269, 2002, S. 1394.

[661] Vgl. *Dinstühler, K.-J.*, Insolvenzplan, 1998, S. 333.

Chapter 11: US Bankruptcy Code von 1978

Zunächst ist anzumerken, dass der Begriff Insolvenz in den USA nicht solch negative Assoziationen wie bei der Mehrzahl der am Markt beteiligten Akteure in Deutschland weckt.[662] In den USA wird eine andere „Insolvenzkultur“ gelebt. Hiernach werden eine Unternehmenskrise und die Möglichkeit des Scheiterns von Unternehmen als normale Erscheinungen im Wirtschaftsleben angesehen.[663] Die Insolvenz ist vollständig in das unternehmerische Denken integriert. Dies zeigt sich insbesondere daran, dass Not leidende Unternehmen den Gläubigerschutz nach Chapter 11 gern in Anspruch nehmen – jüngst haben dies der Automobilzulieferer Delphi Corporation oder die Fluggesellschaften Delta Air Lines und Northwest Airlines getan. Chapter 11 beschreibt dabei das amerikanische Reorganisationsverfahren, das als Rechtsrahmen für Verhandlungen zwischen Schuldner und Gläubigern zur planvollen Reorganisation des Schuldners dienen soll.[664] Der Gesetzgeber hat mit diesem Konkursrecht eine Einigung zwischen Schuldner und Gläubiger und den Erhalt des Unternehmens als ausdrückliches Ziel definiert.[665]

Der Ablauf und die Grobstruktur des Planverfahrens nach Chapter 11 und nach der Insolvenzordnung sind im Wesentlichen identisch.[666] Inhaltlich wurde das System des Planverfahrens, das Prinzip der Gruppenbildung nach Gläubigerinteressen sowie das Obstruktionsverbot aus dem amerikanischen Recht mit einigen kleinen Änderungen in das deutsche Insolvenzplanverfahren übernommen.[667] Die Unterschiede beider Verfahren liegen im völlig anderen Grundverständnis der Aufgaben des Insolvenzrechts begründet. Dies kommt in einer Vielzahl von Einzelregelungen zum Ausdruck: Wesentlich ist, dass Chapter 11 nicht Teil eines einheitlichen Insolvenzverfahrens ist, sondern alternativ zum Liquidationsverfahren nach Chapter 7 anzuwenden ist. Das macht die schuldnerorientierte Bedeutung des Verfahrens deutlich. Dies wird auch dadurch unterstrichen, dass nach Chapter 11 zwar jeder Beteiligte einen Insolvenzplan vorlegen kann, faktisch ist aber nahezu ausschließlich vom Initiativrecht des Schuldners auszugehen. Wesentlich ist auch, dass das Verfahren automatisch bei Schuldnerantrag eröffnet wird und kein Eröffnungsgrund wie im deut-

[662] Zur Neustart-feindlichen Einstellung in Deutschland vgl. auch *Piepenburg, H.,* Neustart, 2001, S. 596.

[663] Vgl. *Haarmeyer, H.,* Option, 2005.

[664] Vgl. *Terhart, P.,* Chapter 11, 1996, S. 53.

[665] Vgl. *Terhart, P.*, Chapter 11, 1996, S. 54.

[666] Vgl. *Happe, E.,* Rechtsnatur, 2004, S. 35.

[667] Vgl. *Seagon, C.,* Sanierung, 2009, S. 608.

schen Verfahren erforderlich ist. Darin zeigt sich die Sanierungsorientierung des amerikanischen Rechts. Weiter ist bspw. Chapter 11 grundsätzlich ein verwalterloses Verfahren in der Hand des Schuldners (debtor in possession)[668], wohingegen das Insolvenzplanverfahren nur ausnahmsweise ohne Verwalter erfolgt.[669] Nach Chapter 11 hat der Schuldner während der ersten 120 Tage des Verfahrens ein exklusives Planvorlagerecht, wohingegen gemäß § 218 Abs. 1 InsO kein exklusives Vorlagerecht kodifiziert ist. Diese und andere Abweichungen dokumentieren die unterschiedlichen Grundkonzeptionen von Chapter 11 und dem Insolvenzplanverfahren.[670] Nicht zuletzt sind in den USA dem Insolvenzrecht angrenzende Rechtsgebiete wie das Recht der Kreditsicherheiten und das Arbeitsrecht inhaltlich anders ausgestaltet als das deutsche Recht.[671] Das führt zu einem unterschiedlichen Gesamtbild des Chapter 11 Verfahren im Verhältnis zum Insolvenzplanverfahren.

Im Ergebnis sieht das US-amerikanische Verfahren das schuldnerische Unternehmen im Mittelpunkt, es orientiert sich am „Schuldnerschutz", weniger an der Gläubigerbefriedigung.[672] Im Grundsatz bezweckt das amerikanische Insolvenzrecht den Schutz des Schuldners vor dem Zugriff seiner Gläubiger und einen unbelasteten Wiedereintritt in das Wirtschaftsleben.[673] Mit Hilfe eines gerichtlich bestätigten Insolvenzplans wird eine Befreiung der Restschulden eines Not leidenden Unternehmens ermöglicht.[674]

Insolvenzplanverfahren in Deutschland seit 1999

Gegenüber dem US-amerikanischen Recht ist in Deutschland die InsO der Haftungsverwirklichung verschrieben. Die Fortführung eines Not leidenden Unternehmens ggf. verbunden mit der Sanierung durch einen Insolvenzplan ist lediglich ein Mittel zur Verwertung des Schuldnervermögens.[675] Das deutsche Insolvenzverfahren ist

---

[668] Die Einsetzung eines Insolvenzverwalters erfolgt nur sehr selten, wenn Betrug, grobes Missmanagement oder ähnliche Tatbestände seitens des Managements vorliegen. Vgl. *Happe, E.*, Rechtsnatur, 2004, S. 28f.

[669] Vgl. § 270 Abs. 2 InsO.

[670] Vgl. *Eidenmüller, H.*, vor §§ 217 bis 269, 2002, S. 1400.

[671] Vgl. *Achsnik, J.*, Options-Modelle, 2002, S. 29 f.

[672] Vgl. *Happe, E.*, Rechtsnatur, 2004, S. 29.

[673] Vgl. *Smid, S./Rattunde, R.*, Insolvenzplan, 2005, S. 44. Dabei bleibt der Schuldner von Antragstellung an weiterhin für die Geschäftsführung zuständig, wenn das Gericht nicht unter Vorgabe wichtiger Begründungen eine Absetzung des Schuldners fordert.

[674] Vgl. *Ehlers, H.*, Amerikanische, 1998, S. 2025.

[675] Vgl. *Kautzsch, C.*, Unternehmenssanierung, 2001, S. 172.

vom Prinzip des „Gläubigerschutzes" dominiert. Mit dem Insolvenzplan wurde ein Element aus dem US-amerikanischen Insolvenzrecht übernommen, das sich in eine Verfahrensordnung einpassen muss, die die Sanierung des Schuldnerunternehmens nicht als Ziel, sondern nur als gleichwertige Alternative neben die Zerschlagung des Unternehmens zur Haftungsverwirklichung stellt.[676]

Möglicherweise lässt sich aus der länderspezifisch verschiedenen Einstellung zu einem gesetzlichen Sanierungsverfahren der verhaltene Umgang mit dem Insolvenzplan in Deutschland erklären. Von 1999 bis 2005 wurden nur 965 Insolvenzpläne bei insgesamt 127.600 eröffneten Insolvenzverfahren eingereicht. Dabei stieg die Anzahl der Insolvenzpläne von anfänglich 47 im Jahr 1999 bis auf 221 im Jahr 2005.[677] *Smid/ Rattunde* bewerten die Entwicklung der Anzahl durchgeführter Insolvenzpläne in den Jahren 1999 bis 2003 gegenüber dem früheren Vergleich als dürftig und sehen das vom Gesetzgeber angestrebte Sanierungsziel des Insolvenzrechts noch in weiter Ferne.[678] Die bisherigen Erfahrungen mit dem Insolvenzplan haben gezeigt, dass dieser zwar nur bei einem geringen Teil aller Unternehmensinsolvenzen zur Anwendung gelangt, die Sanierungs- und Befriedigungserfolge jedoch sehr gut sind.[679] So werden zum einen höhere Quoten an die Gläubiger gezahlt, zum anderen wird ein Planverfahren im Vergleich zum Regelinsolvenzverfahren sehr schnell abgewickelt. Nach einer Studie von *Haarmeyer* zur Zertifizierung von Insolvenzverwaltern anhand diverser Auswahlkriterien liegen die Quoten für ungesicherte Gläubiger im Insolvenzplanverfahren deutlich über 15 %.[680] Zudem werden die Verfahren innerhalb von acht Monaten komplett abgewickelt. Ähnliche Ergebnisse ergab ein Forschungsprojekt des *IfM Bonn* über die Häufigkeit und die Probleme bei Sanierungen in der Insolvenz.[681] Demnach sind die größten Vorteile eines Insolvenzplanverfahrens neben der Sicherung von Arbeitsplätzen auch eine schnelle Schuldenregulierung und eine hohe Befriedigungsquote für die Gläubiger.

---

676 Vgl. § 1 InsO.

677 Siehe Forschungsstudie des IfM Bonn, abgedruckt bei *Kranzusch, P.,* Sanierungen, 2007, S. 805.

678 Vgl. *Smid, S./Rattunde, R.,* Insolvenzplan, 2005, S. 31. Anders dagegen *Schmudde/Vorwerk*, die dem Insolvenzplan „zunehmende Anwendungsfreudigkeit" konstatieren. Vgl. *Schmudde, B./Vorwerk, S.,* Facetten, 2006, S. 352.

679 Vgl. *Haarmeyer, H.,* Insolvenzverwaltung, 2007, S. 172.

680 Vgl. *Haarmeyer, H.,* Insolvenzverwaltung, 2007, S. 172.

681 Nähere Informationen hierzu unter www.ifm-bonn.org sowie eine knappe Darstellung einiger Ergebnisse bei *Kranzusch, P.,* Sanierungen, 2007, S. 804ff.

Im Ergebnis wurde mit dem Insolvenzplanverfahren ein Sanierungsinstrument des US-amerikanischen Insolvenzrechts in die deutsche Insolvenzordnung übernommen, das bisher keine rechte Akzeptanz bei den an einem Not leidenden Unternehmen Beteiligten gefunden hat. Das kann nicht allein durch die verschiedenen gesetzlichen Wurzeln des Insolvenzplans mit den unterschiedlich gewichteten Zielsetzungen der beiden Gesetzesgeber begründet sein. Auch an der betriebswirtschaftlichen Komplexität eines Insolvenzplans als solchen kann es nicht liegen, weil die Komplexität eines Sanierungsplans innerhalb- und außerhalb der Insolvenz gleich ist.[682]

Verhaltene Anwendung des Insolvenzplans

Die Gründe für die verhaltene Anwendung des Insolvenzplans sind vielfältig. Zu nennen ist vorrangig die immer noch viel zu späte Insolvenzantragstellung, selbst bei Vorliegen einer Antragspflicht. Damit werden die Handlungsspielräume zur Rettung eines Not leidenden Unternehmens gering. Dies kann mit der Unkenntnis des Instruments Insolvenzplan bei den an einem Not leidenden Unternehmen Beteiligten zusammenhängen.[683]

Die Alteigentümer und das Management setzen sich häufig in einer Krisensituation zu wenig mit den grundsätzlich aussichtsreichen Sanierungschancen innerhalb eines Insolvenzverfahrens auseinander. Die Insolvenz wird nicht als Sanierungsoption berücksichtigt. Dies liegt an dem immer noch bestehenden Vorurteil, dass die Insolvenz das Ende der eigenen unternehmerischen Tätigkeit bedeutet. Ferner sind die Entscheidungsprozesse mit Eröffnung des Insolvenzverfahrens an die Gläubigerversammlung bzw. den Gläubigerausschuss delegiert. Diese Beteiligtengruppe ist in der Regel ebenfalls mit der Insolvenzmaterie nicht vertraut. Dementsprechend unsicher und vorsichtig fällt sie auch die für eine Sanierung dringend notwendigen kurzfristigen Entscheidungen.

Ferner kann der Insolvenzverwalter als weiterer entscheidender Mitspieler auf keine langjährigen Erfahrungen mit den Verhaltensmustern der Beteiligten bei einem Abstimmungsprozess im Insolvenzplanverfahren zurückgreifen. So fehlt ihm oft der Hintergrund für eine zuverlässige Prognose zum Abstimmungsverhalten. Ist der Insolvenzverwalter mit der Insolvenzplanerstellung beauftragt, können seine per-

[682] Vgl. *Zirener, J.*, Sanierung, 2005, S. 177.

[683] Vgl. *Gerster, E.*, Insolvenzplan, 2008, S. 438.

sönlichen Interessen nicht außer Acht gelassen werden. Zunächst stellt das Verfahren hohe Anforderungen an den Verwalter, weil nur durch seine Moderations- und Überzeugungskraft die Zustimmung der Gläubiger zustande kommt. Zum anderen muss das Arbeitsumfeld des Verwalters auf die speziellen, insbesondere auch betriebswirtschaftlichen Anforderungen eines Planverfahrens eingerichtet sein.[684] Dabei haben die meisten Insolvenzverwalter einen juristisch geprägten beruflichen Hintergrund, wohingegen der Insolvenzplan als Sanierungsplan starke Züge betriebswirtschaftlicher Planrechnungen aufweist.[685] Insolvenzpläne lassen sich hinsichtlich Zeit, Umfang der benötigten Liquidität und dem Ergebnis, also dem Konsens aller Beteiligten, nur schwer vorhersehen. Dabei ist die tendenziell schnellere Abwicklung einer Insolvenz im Rahmen eines Planverfahrens nicht unbedingt im Interesse des Insolvenzverwalters. Zum einen muss er Aufgaben, die er in einem Regelverfahren in einem längeren Zeitabschnitt erledigen kann, im Planverfahren binnen weniger Wochen oder Monate erledigen. Gegenüber dem Regelverfahren erfordert das Planverfahren einen erheblichen Arbeitsmehraufwand innerhalb kurzer Zeit.[686] Übersieht er dabei wesentliche Aufgaben wie Anfechtung von Rechtshandlungen und Haftungsansprüche gegen Gesellschafter oder das Management, haftet er für den potentiellen Schaden gegenüber den Gläubigern unmittelbar und persönlich. Dabei ist das Insolvenzplanverfahren in der Regel von größerer Aufmerksamkeit bei den daran Beteiligten und deren Umfeld begleitet. Der weniger riskante Weg für den Verwalter ist, die übertragende Sanierung als Verfahrensvehikel zu nutzen, als sich auf die Unsicherheitsfaktoren des Insolvenzplans einzulassen.[687]

Das Insolvenzplanverfahren eröffnet dem Verwalter aber auch zahlreiche Vorteile. Ein Insolvenzplanverfahren ist im günstigsten Fall schon nach wenigen Wochen abgeschlossen, wohingegen ein Regelinsolvenzverfahren sich in der Regel über Jahre hinzieht. Dabei müssen bis zum Abschluss des Verfahrens immer wieder Sachstandsmitteilungen an das Insolvenzgericht gefertigt werden. Dabei erhält der Verwalter im Regelinsolvenzverfahren nicht unbedingt eine höhere Vergütung. Für die Erstellung eines Insolvenzplans mit den dabei notwendigen Vorarbeiten und Verhandlungen

---

684 Vgl. *Haarmeyer, H./Nickert, C.*, Insolvenzplanverfahren, 2009, S. 660f.

685 *Haarmeyer/Nickert* kritisieren in diesem Zusammenhang die Fixierung der Insolvenzverwaltertätigkeit auf Rechtsanwälte, weil diese zumeist aufgrund ihrer berufseigenen Haftungs- und Risikovermeidungsstrategie nicht den für eine wirtschaftliche Lösung erforderlichen unternehmerischen Mut mitbringen. Vgl. *Haarmeyer, H./Nickert, C.*, Insolvenzplanverfahren, 2009, S. 661.

686 Vgl. *Gerster, E.*, Insolvenzplan, 2008, S. 443.

687 Vgl. *Smid, S./Rattunde, R.*, Insolvenzplan, 2005, S. 24f.

kann der Insolvenzverwalter eine deutliche Erhöhung seiner Regelvergütung erreichen.[688]

Auch bei den Insolvenzgerichten ist eine mangelhafte Kenntnis des Instruments Insolvenzplan anzutreffen. Nur wenige Insolvenzrichter und -rechtspfleger haben in der Vergangenheit Insolvenzplanverfahren betreut.[689] Auch sie verfügen in der Regel weder über die notwendige Erfahrung noch über die betriebswirtschaftlichen Kenntnisse, um Unternehmensfortführungen in der Insolvenz sachgerecht zu beurteilen und zu beaufsichtigen. Auch dies kann die Anwendung und erfolgreiche Durchführung eines Planverfahrens erschweren.

Schließlich liegt ein weiterer Grund der zurückhaltenden Anwendung des Insolvenzplans auch in der Skepsis der Gläubiger gegenüber diesem Instrument begründet.[690] Dies gilt insbesondere bei Plänen, die vorsehen, dass die bisherigen Eigentümer und das Management das Not leidende Unternehmen fortführen. Gläubiger werden ihre Zustimmung zu einem solchen Planverfahren nur geben, wenn sie noch Vertrauen in die Führung des Not leidenden Unternehmens haben.

Diese Unsicherheiten und Informationsasymmetrien führen auf beiden Seiten zu einer empfundenen Unberechenbarkeit des Insolvenzplans. So bleiben die Verfahrensdauer, der Liquiditätsbedarf und die zukünftigen Chancen für eine Einigung zwischen den Gläubigern aufgrund fehlender Erfahrungswerte für alle Beteiligten ungewiss.[691] Dabei ist aber in Literatur und Praxis anerkannt, dass ein Insolvenzplanverfahren zur Bewältigung einer Insolvenz als strategisches Sanierungsinstrument dienen kann. Das Planverfahren als privatautonome Verhandlungslösung unter gesetzlicher Aufsicht beinhaltet Handlungsoptionen und Vorteile, die in einer freien Sanierung nicht zur Verfügung stehen.[692]

3.4.3.2 Arten von Insolvenzplänen

Insolvenzpläne sind universelle Instrumente der Masseverwertung.[693] Sie können grundsätzlich bei Unternehmensfortführungen oder -zerschlagungen in der Insolvenz

---

[688] Vgl. *Nowak, B.,* § 3, 2007, S. 1816f.
[689] Vgl. *Gerster, E.,* Insolvenzplan, 2008, S. 439.
[690] Vgl. *Gerster, E.,* Insolvenzplan, 2008, S. 439.
[691] Vgl. *Smid, S./Rattunde, R.,* Insolvenzplan, 2005, S. 9.
[692] Vgl. *Eidenmüller, H.,* vor §§ 217 bis 269, 2002, S. 1414.
[693] Vgl. *Eidenmüller, H.,* vor §§ 217 bis 269, 2002, S. 1397.

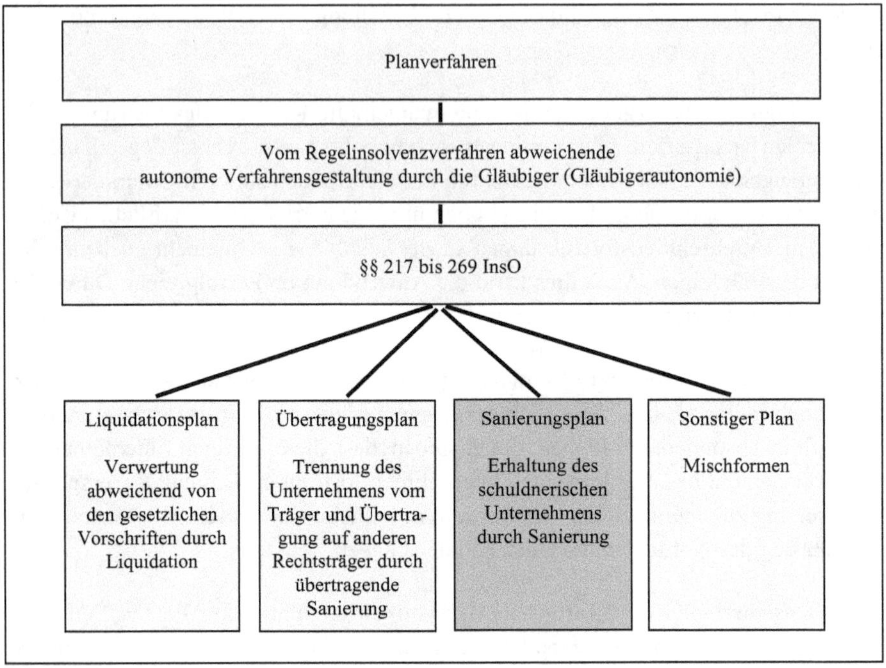

Abbildung 32: Arten von Insolvenzplänen[694]

angewendet werden. Welche Form der Unternehmensverwertung die geeignete Variante darstellt, wird vom Verhältnis des Fortführungs- zum Liquidationswert des Unternehmens bestimmt.[695] Die Zustimmung der Gläubiger zu einem Insolvenzplan hängt davon ab, ob sie ihre eigene Situation durch die Bestimmungen des Plans verbessern. Um das feststellen zu können, müssen die Gläubiger über eine Vergleichsrechnung ihrer Situation mit und ohne Insolvenzplan informiert werden.[696] Grundlage hierfür ist ein vom Insolvenzverwalter erstelltes Masseverzeichnis mit den ent-

---

[694] Eigene Darstellung.

[695] Der Liquidationswert ist der Zerschlagungswert für alle Aktiva des Unternehmens. Er ist abhängig von der Marktsituation, der Zerschlagungsintensität und der Zerschlagungsgeschwindigkeit. Der Fortführungswert ist mit den anerkannten Methoden der Unternehmensbewertung sowie um insolvenzbedingt korrigierte handelsrechtliche Fortführungswerte im Sinne von „Rekonstruktionswerten" zu ermitteln. Vgl. hierzu *Eilenberger, G.*, §§ 219, 220, 2002, S. 1535ff. Dabei kann die Summe der Rekonstruktionswerte unter Berücksichtigung einer DCF-Bewertung zu korrigieren sein.

[696] Vgl. *Eilenberger, G.*, §§ 219, 220, 2002, S. 1528.

sprechend anzugebenden Werten.[697] Übersteigt der Fortführungswert den Liquidationswert, dann entscheidet ein Vergleich der Fortführungswerte bei einer übertragenden Sanierung und bei einer Reorganisation, welche Form der Unternehmensfortführung geboten ist.[698] So kann eine Unternehmenssanierung unter Beibehaltung des Rechtsträgers ebenso wie eine übertragende Sanierung oder eine von den gesetzlichen Vorschriften abweichende Liquidation auf Grundlage eines Insolvenzplans vorgenommen werden. Schließlich sind Mischformen solcher Fälle denkbar.

3.4.3.2.1 Liquidations- und Übertragungsplan

Die Zerschlagung eines Not leidenden Unternehmens kann in einem Insolvenzplan abweichend von gesetzlichen Regelungen schneller und effizienter durchgeführt werden.[699] Gegenstand eines Liquidationsplans ist die Veräußerung einzelner Vermögensgegenstände und die Erlösverteilung.[700] Sowohl der Zeitpunkt der Veräußerung wie auch die Modalitäten der Erlösverteilung können in einem Liquidationsplan abweichend von gesetzlichen Bestimmungen geregelt werden. So muss der Verwalter in einem Regelverfahren gem. § 159 InsO und den §§ 17 bis 19 InsO unverzüglich liquidieren. Im Liquidationsplan können die Auflösungsgeschwindigkeit und die Verwertungsquote optimiert werden.[701] Zudem können von den absonderungsberechtigten Gläubigern Opfer abverlangt werden, die über deren gesetzlich verpflichtende Verfahrensbeiträge hinausgehen.[702]

Der häufigste Anwendungsfall der Liquidierung zu Gunsten der Gläubiger ist die Unternehmensveräußerung an eine Übernahmegesellschaft, also eine übertragende Sanierung. Die Rahmenbedingungen hierfür können ebenfalls im Rahmen eines Übertragungsplanes definiert werden.[703] Der Liquidations- und Übertragungsplan ist jedoch nicht Gegenstand der Arbeit, bei ihm geht es gerade nicht um die Reaktivierung eines Not leidenden Unternehmens.

---

[697] Vgl. § 151 Abs.1 und Abs. 2 InsO.

[698] Vgl. *Eidenmüller, H.*, vor §§ 217 bis 269, 2002, S. 1396.

[699] Vielfach wird ein Liquidationsplan befreit wird. Im gesetzlichen Verfahren beträgt der Zeitraum zur Erlangung der Restschuldbefreiung (§§ 286ff. InsO) 6 Jahre.

[700] Vgl. *Braun, E.,/Frank, A.*, vor § 217, 2007, S. 1186.

[701] Vgl. *Hermanns, M./Buth, A. K.*, Insolvenzplan, 1997, S. 1178.

[702] Vgl. *Pape, G./Uhlenbruck, W.*, Insolvenzrecht, 2002, S. 573.

[703] *Smid/Rattunde* sind jedoch der Ansicht, dass eine Unternehmensübertragung an einen Dritten von einem Insolvenzverwalter außerhalb des „komplizierten" Insolvenzplanverfahrens eventuell besser vorgenommen werden kann. Vgl. *Smid, S./Rattunde, R.*, Insolvenzplan, 2005, S. 32.

3.4.3.2.2 Sanierungsplan

Der Insolvenzplan kann – und das ist insbesondere im Zusammenhang mit dem in der vorliegenden Arbeit behandelten Reaktivierungsmanagement von Bedeutung – auch und insbesondere die Sanierung eines Not leidenden Unternehmens in der Hand des bisherigen Trägers vorsehen, wenn dieser beispielsweise für die erfolgreiche Unternehmensfortführung erforderlich ist. Diese Form des Insolvenzplans ist der Hauptanwendungsfall des Insolvenzplanverfahrens. Bei einer Sanierung in der Insolvenz ist der Insolvenzplan das einzige Instrument, das das Unternehmen als Ganzes und damit auch als Rechtsträger erhalten kann.

Der Erhalt des Rechtsträgers kann für ein insolventes Unternehmen große Bedeutung haben. Zum einen bleiben die bestehenden Eigentumsverhältnisse bzw. die Gesellschafterstruktur grundsätzlich erhalten. Für die bisherigen Gesellschafter bedeutet das, dass ihnen ihr unternehmerisches Eigentum bzw. ihre Gesellschafterstellung trotz Insolvenz erhalten bleibt. Würde in einem Regelinsolvenzverfahren der Rechtsträger liquidiert, so verbleiben den Gesellschaftern in der Regel wertlose Gesellschaftsanteile. Allerdings setzt eine Beibehaltung der bisherigen Unternehmensträger voraus, dass der Unternehmer bzw. die Gesellschafter nicht nur Teil des Problems, sondern vor allem auch Teil der Lösung im Hinblick auf eine umfassende leistungs- und finanzwirtschaftliche Sanierung für den Fortbestand des Unternehmens sind.

Zudem können möglicherweise Vertragsverhältnisse mit günstigen Konditionen, die rechtlich an den Unternehmensträger gebunden sind, Grund für seinen Erhalt sein. Hierbei ist insbesondere an Lieferverträge mit Kunden zu denken, die im Falle einer Neuverhandlung möglicherweise nur zu verschlechterten Bedingungen abgeschlossen werden können. So ist die Beibehaltung des Unternehmensträgers dann zwingend, wenn vertragliche Bindungen in ihrer bestehenden Form aus Wirtschaftlichkeitsgründen heraus über die Insolvenz hinweg bestehen bleiben sollen. Ferner haben Not leidende Unternehmen zumeist Verlustvorträge aus den Krisenjahren, die nur dann steuerlich vorgetragen und genutzt werden können, wenn die steuerrechtliche Identität des Unternehmens erhalten bleibt. Daneben ist die Aufrechterhaltung des Unternehmensträgers insbesondere dann essentiell, wenn schwer oder nicht übertragbare Rechte mit ihm verbunden sind. Dies ist bei Unternehmenslizenzen von Bedeutung. Bei der Insolvenz eines wirtschaftlich tätigen Bundesligaeishockeyvereins ist dies beispielsweise der Fall. So ist der hauptsächliche Vermögenswert eines solchen Vereins in nicht übertragbaren Bundesligalizenzen zu sehen, die nur bei einem

Sanierungsplan erhalten bleiben.[704] Ferner ist der Erhalt des Unternehmensträgers auch bei Berufsträgern, die Mitglieder freier kammergebundener Berufe sind, notwendig, damit deren Berufszulassung erhalten bleibt.[705] Ein Widerruf dieser Zulassung beendet für Rechtsanwälte, Steuerberater oder Ärzte ansonsten auch deren unternehmerische Tätigkeit.[706] Nicht zuletzt spielt die Öffentlichkeitswirkung bei der Fortführung des insolventen Unternehmens in Verbindung mit der Aufrechterhaltung dessen Rechtsträgers eine große Rolle. Dies gilt insbesondere bei Unternehmen, zu deren immateriellen Vermögensgegenständen eine gewachsene Unternehmenshistorie bzw. ein großer Name gehört. Dabei können Außenstehende die Unterschiede, ob ein Unternehmen in einem Insolvenzverfahren liquidiert oder saniert wird, ohnehin nur schwer erkennen.[707]

3.4.3.3 Inhalt des Sanierungsplans

Typisch für einen Sanierungsplan ist die Befriedigung der Gläubiger nicht aus dem Erlös, der mit Verwertung des Schuldnervermögens entsteht, sondern aus den Erträgen des reaktivierten Unternehmens.[708] Dabei sollen im Sanierungsplan entscheidungsrelevante Informationen enthalten sein, die als Grundlage für die Gläubiger über die Zustimmung zum Plan wichtig und notwendig sind.[709] Formal sind hierfür *darstellende* und *gestaltende* Angaben im Insolvenzplan vorgesehen.[710]

Der *darstellende Teil* des Insolvenzplans[711] ist dem Inhalt eines Sanierungskonzeptes ähnlich. Darin werden die Grundlagen für die geplante Gestaltung der Rechte der Beteiligten gelegt. Inhalt des darstellenden Teils ist die Darstellung der derzeitigen Unternehmenslage und der erforderlichen Maßnahmen zur weiteren Verfahrensabwicklung.[712] Zur Darstellung der derzeitigen Unternehmenslage gehören zum einen die Aufstellung eines Vermögensstatus, eines Gläubiger- und Schuldnerverzeichnis-

[704] Ein Beispiel hierfür findet sich bei *Hingerl, J.*, Insolvenzplan, 2004, S. 232f.

[705] Vgl. *Schmittmann, J. M.*, Kammerberufe, 2004, S. 725.

[706] Die Berufszulassung kann entzogen werden, wenn das Kammermitglied in Vermögensverfall gerät oder in wirtschaftlich ungeordneten Verhältnissen lebt. Vgl. *Schmittmann, J. M.*, Kammerberufe, 2004, S. 725.

[707] Vgl. *Seagon, C.*, Sanierung, 2009, S. 619.

[708] Vgl. § 229 S. 1 InsO.

[709] Vgl. § 220 InsO.

[710] Vgl. § 219 S. 1 InsO.

[711] Vgl. § 220 InsO.

[712] Vgl. *Smid, S./Rattunde, R.*, Insolvenzplan, 2005, S. 111ff.

ses, eines Verzeichnisses des wesentlichen Anlage- und Umlaufvermögens und eine Zusammenfassung der rechtlichen und wirtschaftlichen Verhältnisse der Gesellschaft.[713] Daneben wird die historische Entwicklung des Unternehmens hin zu seiner Notlage aufgezeigt. Weiter ist Gegenstand des darstellenden Teils die Analyse der Krisensituation unter Berücksichtigung eventueller anfechtbarer Rechtsgeschäfte sowie eine Einschätzung der Schwachstellen und Sanierungschancen des Unternehmens.[714] Ein zweiter wichtiger Bestandteil ist die Erläuterung der erforderlichen Maßnahmen zur weiteren Verfahrensabwicklung. Hierzu gehört in einem Sanierungsplan die Beschreibung der Sanierungsmaßnahmen des beabsichtigten betriebswirtschaftlichen Sanierungskonzeptes. Darin werden die erforderlichen und unter Umständen bereits eingeleiteten finanz- und leistungswirtschaftlichen Sanierungsmaßnahmen dargelegt, die zu einer Verbesserung der ebenfalls im Plan dazulegenden Vermögens-, Finanz- und Ertragslage des Not leidenden Unternehmens führen sollen. Ergänzend zur Darlegung der Maßnahmen werden dem Plan Anlagen mit entsprechenden Planbilanzen und Plan-Gewinn- und Verlustrechungen[715] beigefügt, aus denen sich die Wirkungen der Sanierungsmaßnahmen im geplanten Sanierungszeitraum ergeben.[716]

Mit finanzwirtschaftlichen Maßnahmen muss die Beseitigung des Insolvenzgrundes bewirkt werden. Im Rahmen der Neuordnung der Finanzierungsbeziehungen des Not leidenden Unternehmens ist insbesondere ein Teilerlass der Verbindlichkeiten verbunden. Wichtig ist die Frage, wie die Überbrückungsfinanzierung bis zur Wiedererstarkung des Not leidenden Unternehmens erfolgen soll. Dabei sind grundsätzlich alle in Kapitel 3.1.4.2.1 beschriebenen liquiditätsfördernden Maßnahmen autonomer und heteronomer Art auch bei der Sanierung in einem Insolvenzverfahren möglich.

[713] Vgl. *Smid, S./Rattunde, R.*, Insolvenzplan, 2005, S. 113.

[714] Vgl. *Hess, H./Weis, M.*, Insolvenzplan, 1996, S. 92.

[715] Für die Gläubiger ist hierbei zu beachten, dass die dem Insolvenzplan beigefügten Planrechnungen nur bedingt aussagekräftig sind, weil sie hauptsächlich auf den vom Insolvenzverwalter basierenden Vorstellungen über die zukünftige Entwicklung des Unternehmens basieren. Nach Aufhebung des Verfahrens liegt die Fortführung jedoch in den Händen der weiteren Geschäftsführung. Vgl. *Schreiber, W./Flitsch, M.*, Geltendmachung, 2005, S. 1174.

[716] Dies ist gesetzlich nur in den Fällen erforderlich, in denen vorgesehen ist, dass die Gläubiger aus den zukünftigen Erträgen des fortgeführten Unternehmens befriedigt werden sollen. Vgl. *Kebekus, F.*, § 217, 2007, S. 832. In der Praxis ist weitläufige Meinung, dass in jedem Insolvenzplanverfahren die umfangreichen Plananlagen nach § 229 InsO zu erstellen sind. *Kebekus* weist zu Recht darauf hin, dass dies unrichtig ist. Plananlagen sind eben nur dann zu erstellen, wenn im Insolvenzplan bestimmt wird, dass die Gläubiger aus den Erträgen des vom Schuldner oder von einem Dritten fortgeführten Unternehmens befriedigt werden sollen. Entsprechend lautet auch der Gesetzestext in § 229 Abs. 1 InsO.

Bilanzbereinigende Maßnahmen zur Bereinigung einer bilanziellen Überschuldung werden durch den mit der Insolvenz verbundenen „bilanziellen Neustart“ ermöglicht. Ferner ist zu berücksichtigen, dass autonome finanzwirtschaftliche Maßnahmen, die das Unternehmen aus unternehmensinternen Kapitalreservoirs vornehmen kann, nur mehr in sehr geringem Umfang zur Verfügung stehen werden. Dies gilt deshalb, weil die unternehmenseigenen Reserven in den meisten Fällen bereits beim Insolvenzantragsgrund der drohenden Zahlungsunfähigkeit weitgehend in Anspruch genommen oder schlechtestenfalls ganz aufgezehrt sind.[717] Liquiditätsfördernde Maßnahmen wie die Optimierung des Kreditoren- und Debitorenmanagements sind in der Regel bereits vorgenommen worden. Die Zuführung jedweden Kapitals seitens der Gesellschafter oder anderer Unternehmensinterner sind als Sanierungsbeitrag auch im Insolvenzverfahren möglich. Heteronome finanzwirtschaftliche Sanierungsmaßnahmen, also finanzielle Beiträge, die nicht vom Unternehmen selbst, sondern von außen bewirkt werden, sind im Rahmen einer Sanierung im Insolvenzverfahren unbedingt erforderlich.[718] Für die hiesige Betrachtung sind dabei die heteronomen Sanierungsmaßnahmen, die durch Einwirken des Insolvenzrechts zur Verfügung gestellt werden, von großer Bedeutung. Hier ist bspw. daran zu denken, dass bestehende, für das Not leidende Unternehmen nachteilige langfristige Finanzierungsverträge über § 103 InsO sofort beendet[719], Gläubiger zu Forderungsverzichten veranlasst werden[720] oder durch das von der Agentur für Arbeit zur Verfügung gestellte Insolvenzgeld Liquiditätsspielräume geschaffen werden können. Diese und die weiteren spezifischen insolvenzrechtlichen Reaktivierungsmaßnahmen sind in Kapitel 3.3 aufgeführt. Auf die dortigen Ausführungen wird insoweit verwiesen. Die finanzwirtschaftlichen Sanierungsmaßnahmen werden im darstellenden Teil des Insolvenzplans erörtert und im gestaltenden Teil umgesetzt.

Die Regelung von leistungswirtschaftlichen Maßnahmen in einem Insolvenzplan ist den finanzwirtschaftlichen nachrangig, weil deren Erfolgswirkungen längerfristiger ausgerichtet sind. Das wichtigste Problem der dringend notwendigen Anpassungsmaßnahmen der die Leistungserstellung betreffenden Prozesse im Unternehmen ist die häufig nur begrenzt zur Verfügung stehende Zeit im Insolvenzplanverfah-

[717] Solche autonome finanzwirtschaftliche Sanierungsmaßnahmen sind bspw. Verkauf nicht betriebsnotwendiger Aktiva und der Abbau von unnötigen Lagerbeständen. Vgl. Kap. 3.1.4.2.1.

[718] In Kap. 3.1.4.2.1 sind bspw. Beiträge der Kunden, Lieferanten, des Staates, der Arbeitnehmer und sonstiger Dritter als Möglichkeit zur finanziellen Stabilisierung des Krisenunternehmens aufgeführt.

[719] Vgl. Kap. 3.3.6.

[720] Vgl. Kap. 3.3.3.

ren.[721] Im Zusammenhang mit dem knappen Zeitfenster zur Reaktivierung eines Unternehmens können diese nicht immer gleich durchgeführt werden. Sie müssen aber rechtzeitig geplant werden, um die Erfolgswahrscheinlichkeiten valide bewerten zu können. Es genügt nicht, lediglich die Bilanz eines Not leidenden Unternehmens durch Beseitigung der Überschuldung oder der (drohenden) Zahlungsunfähigkeit zu sanieren, vielmehr ist eine leistungswirtschaftliche Sanierung zur langfristigen Reaktivierung erforderlich.[722] Insofern ist es bereits im Vorfeld einer Insolvenzanmeldung dringend geboten, auch leistungswirtschaftliche Sanierungsmaßnahmen bei der Ausnutzung der Gestaltungsmöglichkeiten des Insolvenzplanverfahrens zu berücksichtigen und in die Planungen mit einzubeziehen.

Die leistungswirtschaftlichen Maßnahmen bezwecken eine Neuausrichtung aller Prozesse innerhalb des Not leidenden Unternehmens, um es in der Zukunft wieder wettbewerbsfähig fortzuführen. Sie werden im darstellenden Teil des Plans als Plangrundlage erörtert.[723] Im gestaltenden Teil werden sie nicht erwähnt, weil sie keine Auswirkungen auf die Rechtsstellung der Beteiligten haben. Auch hier können grundsätzlich alle in Kapitel 3.1.4.2.2 beschriebenen Maßnahmen in den verschiedenen Funktionsbereichen des Unternehmens auch in einem Insolvenzplan vorgesehen werden. Die in Kapitel 3.3 erläuterten spezifischen insolvenzrechtlichen Reaktivierungsmaßnahmen finden ergänzend Anwendung und können die Durchsetzung der Sanierungsmaßnahmen erleichtern. Hierbei ist im leistungswirtschaftlichen Bereich insbesondere auf die in einem Insolvenzverfahren erleichterten Maßnahmen im Personalbereich hinzuweisen.[724]

Im *gestaltenden Teil* wird festgelegt, wie die Rechtsstellung der Beteiligten durch den Plan geändert wird.[725] Ein Bestandteil des gestaltenden Teils sind Beschlüsse, die dem Insolvenzverwalter oder dem Eigenverwalter bestimmte Handlungen erlauben wie bspw. Entlassungen, Kreditaufnahmen etc. Des Weiteren sind Bestandteil die Verrichtungsmaßnahmen des Insolvenzgerichts und das Sanierungsprogramm für das Not leidende Unternehmen.[726] Letzteres beinhaltet die Willenserklärungen der Beteiligten über einen Schulderlass, eine Schuldstundung oder eine Änderung ihrer Rechte, die die Reaktivierung des Not leidenden Unternehmens erst ermöglichen.

---

[721] Vgl. *Eidenmüller, H.*, § 217, 2002, S. 1465.

[722] Vgl. *Cranshaw, F. L.*, Sanierungsunterstützende, 2008. S. 422.

[723] Vgl. § 220 InsO.

[724] Vgl. Kap. 3.3.5.

[725] Vgl. § 221 InsO.

[726] Vgl. Smid, S./Rattunde, R., Insolvenzplan, 2005, S. 129.

Im Hinblick auf die Beteiligten, in deren Rechtsstellung eingegriffen werden soll, können zwangsweise Planunterworfene und nicht zwangsweise Planunterworfene unterschieden werden.[727] Zwangsweise Planunterworfene sind diejenigen, deren Rechtsstellung auch gegen ihren Willen und unabhängig von ihrer Teilnahme an dem Insolvenzplanverfahren durch den Insolvenzplan zu ihren Lasten geändert werden kann.[728] Hierzu gehören die (nachrangigen) Insolvenzgläubiger, die absonderungsberechtigten Gläubiger und der Schuldner selber. Im Hinblick auf den Schuldner kann dessen Haftung[729] sowie die persönliche Haftung der Gesellschafter des Schuldners nach Beendigung des Verfahrens im gestaltenden Teil geregelt werden[730]. Zur Gruppe der nicht zwangsweise Planunterworfenen zählen alle anderen Personen, vornehmlich die aussonderungsberechtigten Gläubiger sowie die Massegläubiger. In ihre Rechtsstellung kann nicht eingegriffen werden.[731]

Die inhaltlichen Gestaltungsmöglichkeiten des Insolvenzplans sind vielfältig, weil den Beteiligten ein Höchstmaß an gestalterischer Flexibilität eingeräumt wird. So sind in der Literatur eine Reihe von Musterinsolvenzplänen entwickelt worden, die der Praxis als Leitfaden dienen sollen.[732] Solche Mustergliederungen können nur als grobe formelle Checkliste verstanden werden, ansonsten ist jeder Plan nämlich den jeweiligen einzelfallspezifischen Besonderheiten anzupassen.

3.4.3.4 Verfahrensablauf

Das Gesetz unterscheidet drei aufeinanderfolgende Abschnitte des Insolvenzverfahrens: die Aufstellung des Plans in den §§ 217 bis 234 InsO, die Annahme und die Bestätigung des Plans in den §§ 235 bis 253 InsO, die Wirkungen des bestätigten Plans und die Überwachung der Planerfüllung in den §§ 254 bis 269 InsO.

---

[727] Vgl. Eidenmüller, H., § 221, 2002, S. 1547.

[728] Vgl. § 254 Abs. 1 S. 1, 3 InsO.

[729] Vgl. § 217 InsO.

[730] Vgl. § 227 Abs. 2 InsO.

[731] Vgl. Hess, H., § 221, 2001, S. 2054.

[732] Sehr ausführlich bspw. bei *Braun, E./Uhlenbruck, W.,* Muster, 1998. Weitere Musterinsolvenzpläne im Anhang bei *Smid, S./Rattunde, R.,* Insolvenzplan, 2005, S. 349ff. sowie bei *Lauscher, R./Weßling, J./Bange, H.,* Muster-Insolvenzplan, 1999, S. 5ff. und bei *Haarmeyer, H./Nickert, C.,* Insolvenzplanverfahren, 2009, S. 671ff. Diese umfangreichen und detaillierten Musterpläne müssen zur einfacheren Handhabung in kleineren und mittleren Insolvenzverfahren entsprechend angepasst werden. Vgl. hierzu *Bilgery, W.,* Insolvenzplan, 2001, S. 317f.

Der Gesetzgeber gibt nur einen formellen Rahmen vor, wie der Insolvenzplan zustande kommt und umgesetzt werden muss.[733] Den konkreten Inhalt des Plans überlässt er den Beteiligten. Ein Planinitiativrecht haben der Schuldner und der Insolvenzverwalter.[734] Auf deren eigene Initiative oder auf Initiative der Gläubigerversammlung kann vom Schuldner oder vom Verwalter dem zuständigen Insolvenzgericht ein Insolvenzplan vorgelegt werden.[735] Zur Vermeidung von Verfahrensverschleppungen durch gesetzeswidrige Insolvenzpläne nimmt das Insolvenzgericht eine gerichtliche Vorprüfung vor, bevor der Insolvenzplan dem Abstimmungsverfahren der Gläubiger zugeführt wird. Zwar obliegt es letztendlich den Gläubigern, ob der Insolvenzplan angenommen oder abgelehnt werden soll. Aufgrund vorgegebener Verfahrensregeln ist dennoch zunächst vom Gericht zu prüfen, ob das gesetzliche Verfahren und die Mindestanforderungen eingehalten sind. Der Kontrollumfang beschränkt sich auf die Frage des Initiativrechts, eine offensichtliche Aussichtslosigkeit sowie eine offensichtliche Unerfüllbarkeit.[736] Weiterhin prüft das Gericht, ob eine Gläubigergruppe durch den Insolvenzplan offensichtlich schlechter steht, als sie im Regelverfahren stehen würde.[737] Wird der Plan nicht aufgrund solcher Mängel zurückgewiesen, so wird er an den Gläubigerausschuss, den Schuldner bzw. den Insolvenzverwalter vorab zur Stellungnahme weitergeleitet.[738] In einem vom Gericht bestimmten Erörterungs- und Abstimmungstermin wird der Inhalt des Plans und das jeweilige Stimmrecht der Gläubiger erörtert, bevor die Abstimmung über den Plan erfolgt.[739] Ein Stimmrecht wird grundsätzlich denjenigen Gläubigern gewährt, die ihre Forderungen angemeldet haben und die nicht vom Insolvenzverwalter oder einem stimmberechtigten Gläubiger dem Grunde oder der Höhe nach bestritten worden sind.[740]Anschließend wird über

[733] Vgl. *Bork, R.,* Insolvenzrecht, 2005, S. 169.

[734] Vgl. § 218 Abs. 1 S. 1 InsO.

[735] Zum Planinitiativrecht ausführlich vgl. *Smid, S.,* Planinitiative, 1996, S. 1249ff. Für den Schuldner ist das Insolvenzplanverfahren die letzte mögliche Chance, sein Vermögen unter einem von ihm beeinflussten Verfahrensprozess zu erhalten. Der Gläubiger kann über den Insolvenzverwalter die Erstellung eines Insolvenzplans erzwingen.

[736] Vgl. § 231 InsO. Die Prüfung des in der Regel mit betriebswirtschaftlich komplexen Sachverhalten verbundenen Sanierungsplans ist eine sehr schwierige Aufgabe für das Insolvenzgericht. Die Entscheidung des Gerichts ist entscheidend für den weiteren Gang des Verfahrens und den Erfolg des Insolvenzplans. Vgl. *Maus, K.-H.,* Insolvenzplan, 2000, S. 951.

[737] Zu den Gründen einer Nichtannahme des Insolvenzplans durch das Insolvenzgericht vgl. *Macke, H./Wegener, W.,* Insolvenzplan, 1998, S. 759.

[738] Vgl. § 232 Abs. 1 InsO.

[739] Vgl. § 235 Abs. 1 InsO.

[740] Vgl. hierzu und zu den Ausnahmen § 237 Abs. 1 S. 1 in Verbindung mit § 77 Abs. 1 S. 1, Abs. 2 und 3 Nr. 1.

den Plan in Gruppen, die der Planersteller gebildet hat, abgestimmt.[741] In dem Plan werden die Gläubiger in homogene, sachgerecht voneinander abgegrenzte Gruppen eingeteilt.[742] Typische Gruppen sind Arbeitnehmer, Banken, absonderungsberechtigte Gläubiger, Lieferanten und öffentliche Institutionen. Die Gruppeneinteilung[743] ist zwingend im Insolvenzplan zu regeln. Stimmt jede Gruppe mit einfacher Kopf- und Summenmehrheit[744] dem Insolvenzplan zu, so ist dieser angenommen.[745] Entscheidungen der Gläubiger sind also grundsätzlich Mehrheitsentscheidungen. Wesentliche Verfahrensgrundsätze im Insolvenzplanverfahren sind in diesem Zusammenhang der Minderheitenschutz und das Obstruktionsverbot[746]. Der Minderheitenschutz kommt im Grundsatz sachgerechter Gruppenabgrenzung[747], im Gleichbehandlungsgrundsatz[748] und im Mehrheitsprinzip zum Ausdruck[749]. Unter bestimmten Voraussetzungen wird die Zustimmung einer sich widersetzenden Gläubigergruppe allerdings durch das Insolvenzgericht fingiert und damit dem Minderheitenschutz eine Grenze gesetzt. Dieses sogenannte Obstruktionsverbot verhindert, dass ein wirtschaftlich sinnvoller Plan durch den Widerstand einzelner Gläubiger scheitert.

Nach Annahme des Plans durch die Gläubiger und Zustimmung des Schuldners[750] ist schlussendlich noch die Bestätigung durch das Insolvenzgericht erforderlich.[751] Die Bestätigung des Gerichts hängt von der Einhaltung wesentlicher Verfahrensvorschriften sowie davon ab, ob ein dem Plan widersprechender Gläubiger, der einen Antrag auf Versagung der Bestätigung gestellt hat, durch den Plan voraussichtlich

[741] Vgl. §§ 235 Abs. 1 S. 1, 243 InsO.

[742] Vgl. § 222 Abs. 1 und Abs. 2 InsO.

[743] Zur Gruppenbildung vgl. Kap. 3.4.3.5.2.

[744] Somit muss zum einen die Mehrheit der abstimmenden Gruppenmitglieder (Kopfmehrheit) zustimmen und zum anderen müssen die Forderungen der zustimmenden Gläubiger mehr als die Hälfte der Forderungen aller abstimmenden Gläubiger der Gruppe ausmachen (Summenmehrheit).

[745] Vgl. §§ 243, 244 InsO.

[746] Vgl. § 245 InsO sowie die Ausführungen zum Obstruktionsverbot im nachfolgenden Kapitel.

[747] Vgl. § 222 Abs. 2 S. 2 InsO sowie die Ausführungen zur Gruppenbildung im nachfolgenden Kapitel.

[748] Vgl. § 226 InsO sowie die Ausführungen zur Gläubigergleichbehandlung im nachfolgenden Kapitel.

[749] Vgl. § 244 Abs. 1 Nr. 1,2 InsO.

[750] Nach § 247 Abs. 1 InsO muss auch der Schuldner dem Insolvenzplan zustimmen. Seine Zustimmung kann aber bei Vorliegen des § 247 Abs. 2 Nr. 1 und Nr. 2 fingiert werden.

[751] Vgl. § 248 InsO.

schlechter gestellt wird, als er ohne einen Plan stehen würde.[752] Ist die Bestätigung erteilt und hat das Insolvenzgericht einen Beschluss der Bestätigung erstellt, treten die im gestaltenden Teil des Insolvenzplans festgelegten Wirkungen für und gegen die Beteiligten ein.[753] Das Insolvenzgericht beschließt die Aufhebung des Insolvenzverfahrens[754] mit der Folge, dass der Schuldner wieder frei über die Insolvenzmasse verfügen kann.[755] Allerdings kann auch vorgesehen werden, dass die Planerfüllung überwacht wird.[756] Die Überwachung ist Aufgabe des Verwalters[757], der dem Gläubigerausschuss und dem Insolvenzgericht jährlich zu berichten hat.[758] Rechtsgeschäfte des Schuldners können für die Überwachungszeit von der Zustimmung des Verwalters abhängig gemacht werden.[759]

3.4.3.5 Stellschrauben des Planverfahrens

Das Planverfahren ist ein vom Gesetzgeber zur Verfügung gestelltes Instrumentarium, das mit einem Höchstmaß an Flexibilität die Insolvenzbewältigung eines Not leidenden Unternehmens als privatautonomen Entscheidungsprozess ermöglicht. Im Grunde genommen ist das Planverfahren dem außergerichtlichen Sanierungsplan ähnlich, der ebenfalls im Rahmen privatautonomer Verhandlungen und Entscheidungen der Beteiligten zu einer Lösung für das Not leidende Unternehmen führen soll. Der Insolvenzplan hat den Charakter einer privatautonomen Übereinkunft, für die das Insolvenzrecht die Rahmenbedingungen schafft. Ziel ist eine Konsenslösung, die auf dem freiwilligen Engagement der Beteiligten beruht. Ist ein Konsensvorschlag unterbreitet, müssen in beiden Fällen die von der Notlage des Unternehmens Betroffenen darüber abstimmen. Eine solche kollektive Entscheidungsfindung ist aufgrund des individuellen Bestrebens eines jeden Beteiligten, seinen persönlichen Nutzen zu

[752] Vgl. §§ 250, 251 InsO. § 251 InsO kodifiziert den Minderheitenschutz. Dieser ist dem Umstand geschuldet, dass die mehrheitliche Zustimmung einer Gruppe zum Insolvenzplan noch nicht gewährleistet, dass der Plan auch die Interessen der überstimmten Minderheit angemessen berücksichtigt. Das Gericht hat insoweit zu prüfen, ob für einzelne widersprechende Beteiligte vorgesehene Leistungen im Verhältnis zu den Leistungen, die sie ohne Insolvenzplan erhalten würden, unzureichend sind. Liegt eine solche Benachteiligung des Gläubigers vor, können im Insolvenzplan zusätzliche Leistungen an solche Beteiligte vorgesehen werden. Siehe hierzu auch die Ausführungen zu Sonderabkommen in Kap. 3.4.3.5.4.

[753] Vgl. § 254 Abs. 1 S. 1 InsO.

[754] Vgl. § 258 Abs. 1 InsO.

[755] Vgl. § 259 Abs. 1 InsO.

[756] Vgl. § 260 Abs. 1 InsO.

[757] Vgl. § 261 Abs. 1 S. 1 InsO.

[758] Vgl. § 261 Abs. 2 S. 1 InsO.

[759] Vgl. § 263 Abs. 1 InsO.

maximieren, sehr schwierig. Ergebnis der in Kapitel 2.3 vorgenommenen Untersuchungen zum Problem der kollektiven Entscheidungsfindung war, dass ein solcher Konsens aufgrund verschiedenartiger Interessenslagen, unterschiedlicher Rechtsausstattungen und Risikoeinstellungen sowie unterschiedlicher Informationen der Beteiligten und der Trittbrettfahrerproblematik häufig nicht zu erreichen ist.[760]

Dieses Problem hat der Gesetzgeber erkannt und die Entscheidungsspielräume der einzelnen Beteiligten eingeschränkt. In diesem Punkt unterscheiden sich die freien Sanierungsverhandlungen und solche innerhalb des Insolvenzverfahrens: während die Entscheidung für die Durchführung eines außergerichtlichen Sanierungsverfahrens in der Regel die Zustimmung aller Beteiligter voraussetzt, kann bei einer Sanierung im Rahmen des Insolvenzplanverfahrens über besondere gesetzliche Bestimmungen der Abstimmungsprozess im Sinne einer Annahme des Insolvenzplans beeinflusst werden.

Die Frage, ob ein Insolvenzplanverfahren und ein Sanierungsplan von den beteiligten Gläubigern angenommen und damit das Unternehmen saniert und fortgeführt wird, hängt zunächst entscheidend von der einzelnen Situation und alsdann vom Geschick des Planverfassers ab. Dabei ist die Gruppenbildung Schlüsselfaktor für die Erfolgsaussichten eines vorgelegten Sanierungsplans. Die Zustimmung einer Mehrheit der abstimmenden Gruppen zum Insolvenzplan kann zum einen über eine die spezifischen Interessenlagen berücksichtigende Zuteilung der Beteiligten in Gläubigergruppen beeinflusst werden. Zum anderen kann der Widerspruch einer Gläubigergruppe durch das Obstruktionsverbot überwunden werden. Beide Faktoren berücksichtigend bietet es sich daher an, eine ungerade Anzahl von Gläubigergruppen zu bilden und diesen Gruppen jeweils spezifische Planregelungen anzubieten, die ihre jeweilige Zustimmungswahrscheinlichkeit erhöhen.[761] Zudem kann die Aufteilung einer sicher zustimmenden Gruppe in zwei oder mehr Gruppen sinnvoll sein. Damit wird die Anzahl der für eine Abstimmungsmehrheit notwendigen Gläubigergruppen erhöht. Um spezielle Anreize für möglicherweise opponierende Gläubiger zu setzen, kann der Insolvenzplan Sonderabkommen mit den Gläubigergruppen vorsehen.

Das Insolvenzrecht sieht eine Reduzierung der Anzahl der Abstimmenden dergestalt vor, dass nicht jeder Gläubiger einzeln, sondern nur eine jede zuvor gebildete Gläu-

---

[760] Vgl. hierzu zusammenfassend die Gründe für die Schwierigkeit eines solchen Konsens in Kap. 2.3.4.

[761] Vgl. *Eidenmüller, H.*, § 222, 2002, S. 1576.

bigergruppe gesondert über den Insolvenzplan abstimmt.[762] Dabei werden nur innerhalb einer Gruppe gleiche Rechte angeboten.[763] Dadurch erfolgt eine Begrenzung der Gleichbehandlung aller Gläubiger auf einzelne Gläubigergruppen. Für die Entscheidung zur Planannahme innerhalb einer Gruppe muss eine einfache Kopf- und Summenmehrheit der in der Gruppe abstimmenden Gläubiger erreicht werden.[764] Weiter regelt das Insolvenzrecht, dass zur Annahme des Insolvenzplans grundsätzlich die Zustimmung einer jeden Gruppe erforderlich ist.[765] Diese Regelung wird mit dem in § 245 InsO kodifizierten Obstruktionsverbot beschränkt. Wenn die Mehrheit der Gruppen dem Plan mit den erforderlichen Mehrheiten zugestimmt hat, dann kann das Insolvenzgericht die Zustimmung der widersprechenden Gruppen ersetzen.

Diese gesetzlichen Einschränkungen der ansonsten privatautonomen Übereinkunft stellen darauf ab, eine im Sinne des Gläubigerkollektivs wirtschaftlich optimale Abwicklungslösung für das Not leidende Unternehmen zu erzwingen. Zugleich sind die besonderen Bestimmungen zur Gruppenbildung und zum Abstimmungsprozess die Stellschrauben für den Erfolg eines Insolvenzplans und damit für die Reaktivierung eines Not leidenden Unternehmens.

3.4.3.5.1 Gläubigergleichbehandlung

In einem Insolvenzverfahren herrscht das Prinzip der Gläubigergleichbehandlung.[766] Es ist auf das alternativ zu einem Regelinsolvenzverfahren eintretende Insolvenzplanverfahren[767] nur begrenzt anwendbar. Gerade in einem Insolvenzplan kann von dem Grundsatz der Gläubigergleichbehandlung dahingehend abgewichen werden, dass für einzelne Gläubiger bzw. Gläubigergruppen günstigere Regelungen getroffen werden, die auch gegen den Willen anderer Gläubiger durchgesetzt werden können.

Werden im Rahmen der Gruppenbildung Gläubiger mit gleichartigen wirtschaftlichen Interessen zusammengefasst, hat jeder Beteiligte einen Anspruch darauf, mit den übrigen Beteiligten seiner Gruppe gleichbehandelt zu werden.[768] Dieser auf die

[762] Vgl. § 243 InsO.
[763] Vgl. § 226 Abs. 1 InsO.
[764] Vgl. § 244 Abs. 1 InsO.
[765] Vgl. § 245 Abs 1 Nr. 3 InsO.
[766] Vgl. *Braun, E.*, § 66, 2006, S. 964.
[767] Vgl. § 1 S. 1 S.1 InsO.
[768] Vgl. § 226 Abs. 1 InsO.

jeweilige Gruppe begrenzte Gleichbehandlungsgrundsatz gilt aber nicht im Vergleich mit allen sonstigen Mitgliedern anderer Gläubigergruppen. Die unterschiedliche Behandlung der Beteiligten in Gruppen ist gerade Zweck des Insolvenzplanverfahrens.[769] So kann der Insolvenzplan den einzelnen Gläubigergruppen entsprechend ihrer wirtschaftlich unterschiedlichen Betroffenheit unterschiedliche Regelungen im Hinblick auf die quotale Befriedigung ihrer Ansprüche zuordnen.

Aus dieser Besonderheit resultiert, dass unter Umständen Gläubiger einem Insolvenzplan nicht zustimmen. Grundsätzlich hat ein Insolvenzplan zwar nur dann Aussicht auf Zustimmung durch die Beteiligten, wenn die darin angebotenen Leistungen die einzelnen Gläubigergruppen besser stellen, als sie bei Liquidation des Unternehmens stehen würden. So könnte man eigentlich annehmen, dass kein Gläubiger den Regelungen eines Insolvenzplans widersprechen wird. Ist ein Gläubiger nun innerhalb seiner Gruppe im Insolvenzplan wirtschaftlich nicht schlechter gestellt als er ohne Insolvenzplan stehen würde, dann kann er sich aber trotzdem im Vergleich mit der Behandlung und Befriedigung anderer Gläubigergruppen benachteiligt fühlen. Gleichbehandlung innerhalb einer Gruppe bedeutet nicht Gleichbehandlung zwischen den Gruppen. Das kann Gläubiger zu ablehnendem Verhalten bewegen.

Für ein funktionsfähiges Insolvenzplanverfahren müssen die Grenzen der Gläubigergleichbehandlung bestimmt werden, um das ganze Verfahren nicht am Widerstreit der Interessen der gesamten Gläubigerschaft scheitern zu lassen, die eben nicht homogen sondern vielgestaltig sind.[770] In Verbindung mit den Gestaltungsmöglichkeiten bei der Gruppenbildung zwingt die „neue“ bzw. „begrenzte“ Gläubigergleichbehandlung zu einer Kompromisslösung aller Beteiligten zum Erhalt des Not leidenden Unternehmens.

3.4.3.5.2 Gruppenbildung

Die Insolvenzordnung sieht in § 222 InsO die Abstimmung zum Insolvenzplan nach Maßgabe der Einteilung der Gläubiger in einzelne Gruppen vor. Dies gehört zu den wichtigsten Vorschriften für den Insolvenzplan und das Planverfahren an sich. Mit der Einteilung der Gläubiger in Abstimmungsgruppen werden zwei Ziele erreicht: erstens soll dem Planinitiator ermöglicht werden, das Abstimmungsergebnis durch eine taktisch vorteilhafte Gruppenzuordnung der Beteiligten im Sinne einer Annah-

---

769 Vgl. *Breuer, W.,* § 226, 2002, S. 1636.

770 Vgl. *Smid, S./Rattunde, R.,* Insolvenzplan, 2005, S. 251.

me des Insolvenzplans zu beeinflussen.[771] Dabei soll der Plan nach Möglichkeit die vermögensrechtliche Stellung aller Beteiligten verbessern, dabei aber keinen Beteiligten gegen seinen Willen wirtschaftlich schlechter stellen, als er im Falle einer Vermögensverwertung im geregelten Insolvenzverfahren stehen würde.[772] Zweitens dient die Einteilung der Gläubigergruppen dazu, eine Ungleichbehandlung der in ihren Rechten betroffenen Gläubiger zu ermöglichen. Dies geschieht dadurch, dass eine Gleichbehandlung von Gläubigern gleicher Gruppenzuordnung im Unterschied zur Ungleichbehandlung der Gläubiger mit unterschiedlichen Gruppenzugehörigkeiten vorgesehen wird. Das bedeutet: Es gibt eine gruppenbezogene versus gruppenübergreifende Gleichbehandlung zum Wohle des Wertzuwachses, der im Planverfahren gegenüber dem Regelinsolvenzverfahren realisiert und allen Gläubigern gleichmäßig zugute kommt.

Für die Erfolgsaussichten eines Insolvenzplans kommt es also auf zwei Faktoren an: zum einen muss die Gruppeneinteilung dergestalt sein, dass sie erstens vom Insolvenzgericht für zulässig befunden wird und insbesondere zweitens eine Mehrheit für die erfolgreiche Abstimmung zum Insolvenzplan zulässt. Zum anderen kann der Planersteller das im nachfolgenden Kapitel erläuterte Obstruktionsverbot beim Abstimmungsprozess berücksichtigen, nach der die Zustimmung einer Gläubigergruppe durch das Insolvenzgericht ersetzt werden kann, wenn die erforderliche Mehrheit nicht erreicht wird.[773]

Im Rahmen der Gruppenbildung gilt es, die Interessen der verschiedenen Beteiligten so zu bündeln, dass die entstehenden Gläubigergruppen in Mehrheit einer Reaktivierung des Not leidenden Unternehmens im Insolvenzplan zustimmen. Die InsO gibt im § 222 Abs. 1 bis 3 nur eine Grobeinteilung der Gläubiger nach rechtlichen Kriterien vor.[774] Danach ist zunächst obligatorisch eine Gruppe für die absonderungsberechtigten Gläubiger zu bilden, wenn in deren Rechte eingegriffen werden soll.[775] Weiter muss der Plan hinsichtlich der nicht nachrangigen und der nachrangigen Gläubigern unterscheiden.[776] Das Gesetz sieht weiterhin vor, dass für Arbeitnehmer, die mit nicht unerheblichen Forderungen als Insolvenzgläubiger am Verfahren betei-

[771] Vgl. *Smid, S./Rattunde, R.*, Insolvenzplan, 2005, S. 165.
[772] Vgl. *Hess, H.*, § 222, 2001, S. 2067.
[773] Hierzu vgl. die Ausführungen zum § 245 InsO in Kap. 3.4.3.5.3.
[774] Vgl. *Hess, H.*, § 222, 2001, S. 2076.
[775] Vgl. § 222 Abs. 1 Nr. 1 InsO.
[776] Vgl. § 222 Abs. 1 Nr. 2, 3 InsO.

ligt sind, eine eigene Gruppe gebildet werden soll.[777] Für Kleingläubiger kann ebenfalls eine eigene Gruppe gebildet werden.[778] Demgegenüber besteht eine fakultative Gruppenbildung. Aus den Gläubigern mit gleicher Rechtsstellung können weitere verschiedene Gruppen gebildet werden, in denen Gläubiger mit jeweils gleichartigen wirtschaftlichen Interessen zusammengefasst werden.[779] Der Planersteller muss dabei auf eine sachgerechte Abgrenzung der Gruppen achten.[780] Die hierfür verwendeten Kriterien werden dem Planersteller überlassen, sollen aber im Insolvenzplan erläutert werden.[781] Der Gesetzgeber gibt zu den Kriterien der Gruppendifferenzierung keine weiteren Erläuterungen.

Für die fakultative Gruppenbildung ist besonders wichtig, dass Beteiligte mit gleicher Rechtsstellung damit nicht notwendigerweise in nur einer oder derselben Gruppe sein müssen.[782] Vielmehr kommt es darauf an, dass die unterschiedlichen (wirtschaftlichen) Interessenslagen der verschiedenen Beteiligten bei der Gruppeneinteilung berücksichtigt werden. In Kapitel 2.3.2 sind die Zielvorstellungen aller miteinander in Geschäftsbeziehung unbeachtet einer Insolvenzsituation Stehenden auf drei wesentliche Aspekte reduziert worden: die maximale Befriedigung bestehender Forderungen, die Mitnahme einer zukünftigen Gewinnchance und die Vermeidung eines Negativimages. In einer Krisen- und Insolvenzsituation verschieben sich die Priorisierungsgrade dieser Einzelziele. So sind einige Geschäftspartner des Not leidenden Unternehmens wie Lieferanten und Kunden vorrangig an einer Fortführung der Geschäftsbeziehung und zur Erzielung zukünftiger Gewinne interessiert und werden dem Insolvenzplan zustimmen. Andere wiederum, z. B. Banken werden der maximalen Befriedigung ihrer Forderungen den Vorzug geben. Der Großteil der Arbeitnehmer wird ausschließlich an der Fortführung des Unternehmens zur Sicherung ihrer zukünftigen Löhne und Gehälter interessiert sein. Der einzelne, durch Sanierungsmaßnahmen im Vorfeld der Insolvenz gekündigte Arbeitnehmer orientiert sich eher an einer schnellen Rückführung seiner noch offenen Lohnforderungen. Sind öffentliche Institutionen als Geldgeber involviert, haben diese neben ihrem Interesse aus dem Darlehensverhältnis auch eine Verpflichtung gegenüber dem gemeinschaftlichen Interesse. Für sie hat auch die Vermeidung einer negativen Beeinflussung des

---

[777] Vgl. § 222 Abs. 3, S. 1 InsO.

[778] Vgl. § 222 Abs. 3, S. 2 InsO.

[779] Vgl. § 222 Abs. 2, S. 1 InsO.

[780] Vgl. § 222 Abs. 2, S. 2 InsO. Die Insolvenzordnung definiert nicht näher, was unter einer sachgerechten Abgrenzung zu verstehen ist.

[781] Vgl. § 222 Abs. 2, S. 3 InsO.

[782] Vgl. *Eidenmüller, H.*, § 222, 2002, S. 1587.

Images eine hohe Priorität. Sie werden eine Fortführung favorisieren und ebenfalls dem Insolvenzplan zustimmen. Manche Gläubiger werden daher im Falle eines Insolvenzplans eher zu Zugeständnissen bereit sein als andere. All diese Faktoren legen nahe, dass innerhalb der Gläubiger mit gleicher Rechtsstellung Gruppen gebildet werden müssen, die im Plan unterschiedlich behandelt werden. Ansatzpunkte für eine fakultative Gruppenbildung mit gleichartigen wirtschaftlichen Interessen sind also im Wesentlichen die unterschiedlichen Interessen, Beziehungen und Erwartungen der Beteiligten bzw. deren unterschiedliche Einstellungen zu Risiken und Zeitpräferenzen.[783] Darüber hinaus können weitere Ansatzpunkte für gleichartige wirtschaftliche Interessen sein: die gleichartige rechtliche Struktur der den Beteiligten zustehenden Rechte, die Gleichartigkeit des Gegenstandes, die Werthaltigkeit einer Insolvenzforderung oder eines Absonderungsrechts sowie der Fälligkeit bzw. Unsicherheit eines Rechts.[784]

3.4.3.5.3 Obstruktionsverbot

Mit dem in § 245 InsO kodifizierten Obstruktionsverbot greift der Gesetzgeber in die ansonsten im Insolvenzplan erwünschte privatautonome Übereinkunft ein und bewältigt damit den Spagat zwischen gemeinsamer Wertschöpfung aller Beteiligten und der individuellen Nutzenmaximierung. Mit dem Obstruktionsverbot wird verhindert, dass einzelne an einem insolventen Unternehmen Beteiligte eine ökonomisch sinnvolle Lösung für die Gläubigergemeinschaft blockieren, um individuelle Sondervorteile zu erlangen.

Das Obstruktionsverbot beinhaltet im Wesentlichen, wenn nur eine Gläubigergruppe dem Insolvenzplan nicht zustimmt und diese Gruppe „voraussichtlich" bei der Planrealisierung nicht schlechter gestellt würde als in einem Regelinsolvenzverfahren, dass dann die Zustimmung dieser Gläubigergruppe als erteilt gilt. Dieses ermöglicht, dass Insolvenzpläne nicht daran scheitern, dass sie nicht mehrheitlich auf Zustimmung der Gläubiger stoßen. Dabei muss jede Gruppe aber im Weiteren angemessen am wirtschaftlichen Wert beteiligt werden[785], der auf Basis des Plans den Beteiligten

[783] Vgl. *Eidenmüller, H.*, § 222, 2002, S. 1575. *Eidenmüller* schlägt in diesem Zusammenhang vor, dass „pessimistische, risikoaverse und/oder ungeduldige Gläubiger in erster Linie mit einer Barquote und/oder Fremdkapitaltiteln, optimistische, risikofreudige und/oder geduldige demgegenüber in erster Linie mit Eigenkapitaltiteln abgefunden werden." Theoretisch ist der Ansatz erwägenswert, in der Praxis bislang nicht bekannt.

[784] Vgl. *Eidenmüller, H.*, § 222, 2002, S. 1597ff.

[785] Vgl. § 245 Abs. 2 InsO.

zufließt. Die angemessene Beteiligung am wirtschaftlichen Mehrwert definiert nachfolgende Abbildung 33:

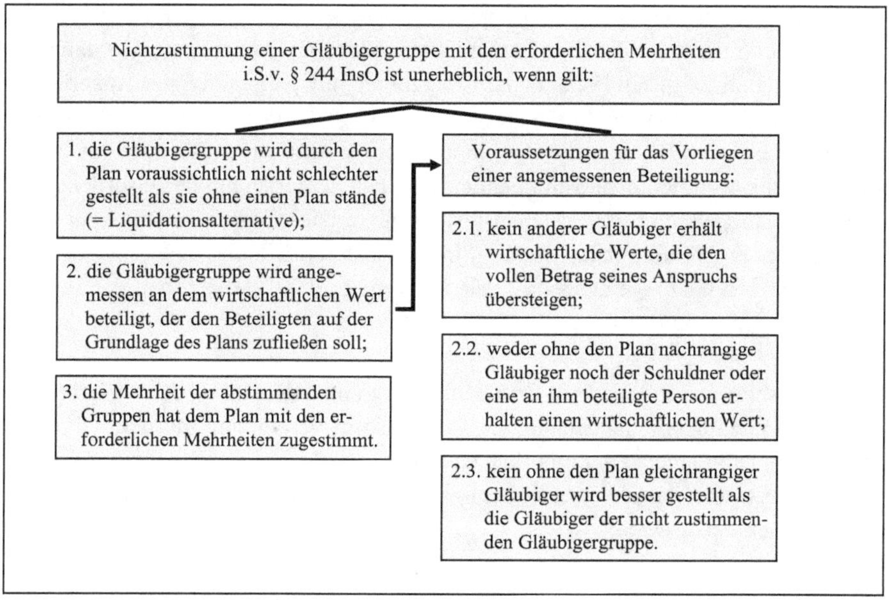

Abbildung 33: Obstruktionsverbot im Insolvenzplanverfahren[786]

Die Prüfung dieser Voraussetzungen durch das Insolvenzgericht ist aufgrund der umfangreichen rechtlichen und betriebswirtschaftlichen Sachverhaltsaufklärungen im Einzelfall schwierig und hängt entscheidend von den zur Verfügung gestellten Informationen ab. Damit wird die Bedeutung der Inhalte des Plans und der Plananlagen deutlich.[787] Zum einen muss das Insolvenzgericht die Liquidationsalternative realistisch einschätzen können, zum anderen muss es die Angemessenheit des wirtschaftlichen Werts beurteilen können, der den Beteiligten auf Grundlage des Planes zufließen soll.[788] Die Bestimmungen des Plans werden am Bezugspunkt der Liquidationsalternative gemessen. Das heißt, dass die vom Planersteller vorgenommene Bewertung der Vermögensgegenstände unter Zerschlagungsgesichtspunkten nach Ab-

[786] In Anlehnung an *Drukarczyk, J.,* § 245, 2002, S. 1729.

[787] Zu den Planinhalten vgl. Kap. 3.4.3.3.

[788] Vgl. § 245 Abs. 1 S. 1, 2 InsO.

zug der damit verbundenen Kosten für das Gericht nachvollziehbar und überprüfbar sein muss. Zur Überprüfung der Angemessenheit[789] des der ablehnenden Gläubigergruppe zugewiesenen Anspruchs ist sicherzustellen, dass keinem anderen Gläubiger mehr als der volle Betrag seines Anspruchs zugewiesen wird[790], dass nachrangige Gläubiger und der Schuldner[791] nichts erhalten, bevor nicht höherrangige Gläubiger vollständig befriedigt sind[792] und dass Gläubiger mit gleichrangigen Ansprüchen gleich behandelt werden[793]. Allein die Voraussetzung, die in § 245 Abs. 1 Nr. 3 InsO kodifiziert ist, nämlich dass die Zustimmung einer Abstimmungsgruppe als erteilt gilt, wenn die Mehrheit der abstimmenden Gruppen dem Plan mit den erforderlichen Mehrheiten zugestimmt hat, ist leicht festzustellen. Diese Voraussetzung kann vom Planersteller problemlos erfüllt werden, indem er durch Bildung einer entsprechenden Anzahl von Gläubigergruppen dafür Sorge trägt, dass die Mehrheit der abstimmenden Gruppen für den Plan stimmt.[794]

Mit der beschriebenen kreativen Gruppenbildung unter Beachtung der nur gruppenbezogenen Gläubigergleichbehandlung ist es also in Verbindung mit dem Obstruktionsverbot dem Planersteller möglich, das Risiko der Ablehnung des Insolvenzplans zu reduzieren und ihn als Reaktivierungsinstrument gezielt für ein Not leidendes Unternehmen einzusetzen.[795]

3.4.3.5.4 Sonderabkommen

Der vom Gesetzgeber gewünschten Flexibilität des Insolvenzplanverfahrens ist geschuldet, dass alle möglichen Vereinbarungen, die den Vermögensausgleich unter den Beteiligten betreffen, darin getroffen werden können. So können auch Sonderabkommen mit einzelnen Gläubigergruppen getroffen werden, wenn diese ihre wirtschaftlichen Interessen nur durch gesonderte Bedingungen erfüllt sehen und nur dann einem Insolvenzplan zustimmen. Mit einem Sonderabkommen ist eine Besserstellung

---

789 Ausführlich zu Überprüfung der Angemessenheit vgl. *Drukarczyk, J.*, § 245, 2002, S. 1749ff.

790 Vgl. § 245 Abs. 2 Nr. 1 InsO.

791 Soll der Schuldner nach den Bestimmungen des Plans das Unternehmen fortführen, so ist damit nicht zwingend eine Zuwendung verbunden, die die Ausübung des Obstruktionsverbots verhindern würde. Hier kommt es auf die Bewertung der Gegenleistung an. Vgl. *Hess, H.*, § 245, 2001, S. 2142.

792 Vgl. § 245 Abs. 2 Nr. 2 InsO.

793 Vgl. § 245 Abs. 2 Nr. 3 InsO.

794 Siehe Ausführungen zur Gruppenbildung im vorangegangenen Kapitel.

795 Vgl. *Kebekus, F.*, § 217, 2007, S. 826.

der Gläubiger gemeint, bspw. durch Einräumung eines Besserungsscheines, durch vorfristig zu leistende Zahlungen, durch Zahlungen an Arbeitnehmer zum Ausgleich eines durch einen Sozialplan erlittenen Verlustes, Finanzierungshilfen oder durch Vorauszahlungen auf zukünftige Lieferungen.[796] Solche Regelungen können alle Bestandteil des Insolvenzplans sein. Hierbei hat im Zusammenhang mit dem Erhalt des Rechtsträgers und der gewünschten Partizipation der Gläubiger an der später zu erwartenden Zunahme des Unternehmenswerts in der Praxis der Besserungsschein eine herausragende Rolle eingenommen.

Ein Besserungsschein im Zusammenhang mit einem Sanierungsplan bedeutet, dass Gläubiger zum Wohl der Liquidität des Not leidenden Unternehmen auf einen Teil ihrer Forderungen verzichten. Sie erhalten Nachzahlungen auf diese Verzichte, wenn und soweit sich die Vermögensverhältnisses des Not leidenden Unternehmens bessern. So können sich die Gläubiger mit einem Besserungsschein einen Anteil am zukünftigen Unternehmenserfolg sichern. Dies kann an einem einfachen Beispiel erläutert werden: Ein Insolvenzplan kann vorsehen, dass Gläubiger dem Not leidenden Unternehmen einen Teil seiner Verbindlichkeiten erlassen und den Rest unter Zinsverzicht in der Hoffnung auf einen Sanierungserfolg stunden. Zur Tilgung der verbleibenden Schulden wird ein Zahlungsplan vereinbart, dessen Einhaltung vom Insolvenzverwalter überwacht wird. Sofern das Not leidende Unternehmen nach Sanierung und Erfüllung des Zahlungsplans Gewinn macht, wird den Gläubigern über ihren Forderungsverzicht mit Besserungsschein ein bestimmter Teil hiervon zugewendet.[797]

Werden allerdings Sonderabkommen außerhalb der Regelungsinhalte des Insolvenzplans vorgenommen und hätte mindestens ein Gläubiger einer solchen Regelung zustimmen müssen,[798] handelt es sich um gesetzeswidrige Tatbestände. Die oben beschriebenen Regelungen zur Einzelgruppenabstimmung nach § 226 InsO begünstigen solche Umgehungsversuche. So könnte sich ein unredlicher Schuldner durch verdeckte Sonderabkommen außerhalb des Planverfahrens wohlwollendes Abstimmungsverhalten der Gläubiger erkaufen und damit den Gleichbehandlungsgrundsatz bei der Forderungsberücksichtigung unterlaufen. § 226 Abs. 3 InsO beinhaltet für solche Fälle ein Verbot, das jegliches Abkommen mit einzelnen Gläubigern, durch das diese eine Bevorzugung erhalten sollen, untersagt.

---

[796] Vgl. *Hess, H.*, § 226, 2001, S. 2089.

[797] Zum Besserungsschein vgl. *Cranshaw, F. L.*, Sanierungsunterstützende, 2008, S. 427f.

[798] Vgl. § 226 Abs. 2 InsO.

3.4.3.6 Prepackaged Plan

Der Prepackaged Plan, also der vorbereitete Insolvenzplan, bezeichnet eine besondere Form des Insolvenzplans. Er ist ein schon im Vorfeld einer beabsichtigten Insolvenzantragstellung vom Schuldner erarbeiteter Insolvenzplan, der von diesem mit Insolvenzantragstellung beim Insolvenzgericht eingereicht wird. Er unterscheidet sich nur insofern von einem normalen Insolvenzplan, als er zeitlich dem Insolvenzverfahren vorgelagert ist und nur vom Schuldner erstellt und eingereicht wird.

Ablauftechnisch stellt das Not leidende Unternehmen wegen drohender Zahlungsunfähigkeit Antrag auf Eröffnung des Insolvenzverfahrens und reicht das vorgefertigte Sanierungskonzept als Insolvenzplan beim Insolvenzgericht ein.[799] Gegebenenfalls kann gleichzeitig ein Antrag auf Eigenverwaltung gestellt werden. Da in einem solchen Insolvenzplan in der Regel die wesentlichen Rahmenbedingungen zuvor mit den Gläubigern abgesprochen worden sind, wird das Insolvenzgericht keinen Zweifel an der Vertrauenswürdigkeit und der Krisenbewältigungsfähigkeit des Not leidenden Unternehmens bzw. deren verantwortlicher Organe haben.[800] Soweit der Insolvenzplan auch verfahrensrechtlich keine Fehler aufweist, kann das Insolvenzgericht den Plan annehmen und den Gläubigern zur Abstimmung vorlegen.

Mit Einreichung eines Prepackaged Plans wird dem Schuldner die Möglichkeit gegeben, seine geplante Sanierung auch in einem gerichtlichen Verfahren durchzuführen und dabei das Sanierungsverfahren dann maßgeblich mit zu beeinflussen. Der Prepackaged Plan bietet sich insbesondere dann an, wenn der Schuldner einen Sanierungsplan für sein Not leidendes Unternehmen erstellt hat und dann feststellt, dass die Umsetzung der erarbeiteten und notwendigen Sanierungsmaßnahmen in einer freien Sanierung sehr teuer wird und das Unternehmen die Kosten hierfür nicht aufbringen kann. Dies ist bspw. dann der Fall, wenn Gläubiger nicht bereit sind, in ausreichendem Maße erforderliche Sanierungsbeiträge zur Gesundung des Not leidenden Unternehmens zu leisten. Die Konsequenz daraus ist, dass ein Konsens über die Sanierungsbeiträge der Beteiligten nur mit enorm hohen Kosten erreicht werden kann. Hier kann das Sanierungskonzept im Rahmen eines Insolvenzplans Unterstützung leisten, die verschiedenen Gläubigergruppen zu einer gemeinsamen Bewältigung der Unternehmenskrise zwangsweise zu disziplinieren. Hierfür stehen die in Kapitel 3.4.3.5 erörterten Stellschrauben des Insolvenzplans zur Verfügung.

---

[799] Der Gesetzgeber hat die Vorverlagerung des Eintrittszeitpunkts der Insolvenz explizit als Anreiz für die rechtzeitige Einleitung der Sanierung innerhalb eines Insolvenzverfahrens geschaffen. Vgl. *Smid, S./Rattunde, R.*, Insolvenzplan, 2005, S. 17.

[800] Vgl. *Hofmann, M.*, Gesetzeszweck, 2007, S. 263.

Zentraler Punkt für einen erfolgreichen Prepackaged Plan ist wie bei einem normalen Insolvenzplan die Akzeptanz der Planinhalte von Seiten der Gläubigergemeinschaft. Diese wird sich sinnvollen Sanierungsvorschlägen nicht verwehren, wenn das Not leidende Unternehmen in der Vergangenheit seinen vertraglichen Offenlegungspflichten gegenüber seinen Gläubigern nachgekommen ist und transparent die Unternehmensentwicklung, die jetzige Krisensituation und mögliche Lösungswege dargelegt hat.[801] Je eher sich die Beteiligten also vor Eröffnung eines Insolvenzverfahrens auf eine Sanierung innerhalb des Insolvenzverfahrens einstellen können, desto wahrscheinlicher sind erfolgreiche Sanierungen von Not leidenden Unternehmen mit Insolvenzplänen möglich.[802] Nachdem ein Prepackaged Plan im Vorfeld einer Insolvenzbeantragung mit allen Beteiligten abgestimmt ist, wird mit dessen Einreichung ein Orientierungsleitfaden für die an einem Not leidenden Unternehmen Beteiligten vorgelegt. Niemand ist mehr irritiert von dem dann gesteuert eingeleiteten Insolvenzverfahren. Dabei profitiert das Not leidende Unternehmen zusätzlich von dem frühzeitig eingereichten Insolvenzplan, weil das Insolvenzverfahren damit wesentlich schneller durchgeführt werden kann. Die Erstellung, Vorlage und Annahme eines normalen Insolvenzplans kann mehrere Monate dauern. Ein Insolvenzverfahren mit einem Prepackaged Plan hingegen kann bereits mit Insolvenzeröffnung abgeschlossen werden. Das reduziert die indirekten Kosten der Insolvenz, die durch die Öffentlichkeit des Verfahrens bei den durch die Insolvenz möglicherweise verursachenden Irritationen bei den Marktakteuren entstehen.[803]

Für den Planersteller ist eine besondere Schwierigkeit eines jeden Insolvenzplans die weitsichtige Voraussichtsplanung. Der Ersteller eines Prepackaged Plans muss durch dessen frühzeitige Einreichung zwei Verfahrensstadien berücksichtigen: Zum einen muss der Zeitraum bis zur Insolvenzantragstellung, zum anderen der Zeitraum danach durch forecast-Liquiditätsberechnungen und Plan-Ertragsentwicklungen detailliert geplant werden. Nur ein tragfähiges rechtlich und betriebswirtschaftlich ausgearbeitetes Unternehmenskonzept in Verbindung mit noch ausreichenden Liquiditätsreserven[804] kann Ausgangsbasis für die erfolgreiche Umsetzung eines vorbereiteten Insolvenzplans nach Insolvenzantragstellung sein.

---

[801] Vgl. *Cranshaw, F. L.*, Sanierungsunterstützende, 2008, S. 422.

[802] Vgl. *Hingerl, J.*, Entwicklungen, 2008, S. 404.

[803] Zu den indirekten Kosten der Insolvenz vgl. Kap. 3.5.1.1.

[804] Dies gilt zum einen wegen der für die Erstellung des Insolvenzplans entstehenden Kosten und zum anderen für die nach dessen Vorlage anfallenden Fortführungskosten bis zu einer Gläubigerentscheidung.

Die Sanierung in einem Insolvenzverfahren ist grundsätzlich immer dann der freien Sanierung vorzuziehen, wenn sich abzeichnet, dass die Gläubiger in privatautonomen Verhandlungen keinen Konsens erzielen werden. Ist sich das Unternehmen nicht sicher, dass eine solche gemeinschaftliche Lösung gefunden wird, kann es sinnvoll sein, einen an den Vorschriften des Insolvenzplanverfahrens orientierten außergerichtlichen Entscheidungsvorschlag zu unterbreiten, d. h. den außergerichtlich auszuhandelnden Sanierungsplan mit der „Drohgebärde" der Insolvenz zu versehen.[805] Wenn das Not leidende Unternehmen den im außergerichtlichen Einigungsverfahren erstellten Sanierungsplan bereits als Insolvenzplan konzipiert, kann es in dem Fall, dass die außergerichtlichen Sanierungsversuche scheitern, alternativ rechtzeitig und schnell einen Antrag auf Eröffnung des Insolvenzverfahrens stellen. Ein solches Vorgehen bedingt, dass die Regelungen des Insolvenzplanes bereits bei der außergerichtlichen Einigung berücksichtigt werden müssen. Dabei hat der Verweis im außergerichtlichen Einigungsversuch, dass der Sanierungsplan bei einem Scheitern der Verhandlungen zwangsläufig in einen Sanierungsplan in der Insolvenz umgewandelt wird, potenziell disziplinierende Wirkungen auf die Gläubiger. Zusammenfassend ist der Prepackaged Plan kein neuartiges Sanierungsinstrument sondern nur ein vom Schuldner frühzeitig eingereichter Insolvenzplan. Für den Schuldner bietet sich dabei die Möglichkeit, die Reaktivierung seines Unternehmens durch sein frühzeitiges Handeln auch in einem Insolvenzverfahren mit selbst zu bestimmen.

3.5 Kosten- und Nutzenanalyse: Reaktivierungsmanagement vs. Klassische Sanierung

Nach *Eidenmüller* „*[...] dürfte es eigentlich niemals zur Beantragung und Einleitung eines gerichtlichen Insolvenzverfahrens mit dem Ziel der Unternehmensreorganisation kommen [...], wenn ein Unternehmen sanierungsfähig- und -würdig ist (sein Fortführungswert ist also größer als sein Liquidationswert), wenn alle Beteiligten sich rational verhalten und über vollständige Informationen im Hinblick auf entscheidungsrelevante Parameter (Fortführungswert, Liquidationswert, Höhe der Gläubigeransprüche, Reorganisationskosten etc.) verfügen, wenn die Transaktionskosten für Verhandlungen Null und Kompensationskosten zwischen allen Beteiligten unbeschränkt möglich sind.*"[806] Bei Vorliegen vorgenannter Voraussetzungen wäre damit eine freie Sanierung dem Reaktivierungsmanagement immer überlegen.

---

[805] Vgl. *van Zwoll, C.,* Insolvenzplan, 2008, S. 418. *Van Zwoll* stellt anhand eines Praxisbeispiels eindrucksvoll dar, wie ein solcher „außergerichtlicher Insolvenzplan" die Gläubiger eines insolventen Schuldners zu einer außergerichtlichen Einigung veranlasst hat.

[806] Vgl. *Eidenmüller, H.,* Unternehmenssanierung, 1999, S. 343f.

In der Praxis liegen alle diese Voraussetzungen äußerst selten vor. So handeln weder die Beteiligten in einer Krise rational, noch verfügen sie über vollständige Informationen. In der Insolvenzsituation eines Unternehmens versagt gerade der freie Markt aufgrund von ungewissen Rahmenbedingungen und Informationsasymmetrien. Da die Beteiligten unterschiedliche Anstrengungen für ihre Informationsbeschaffung aufwenden, entstehen aufgrund des unterschiedlichen Informationsniveaus zwangsläufig unterschiedlich hohe Transaktionskosten, deren Kompensation nur eingeschränkt möglich ist. Die Praxis zeigt, dass in zahlreichen Fallkonstellationen die Sanierung eines Unternehmens im Rahmen des Insolvenzverfahrens im Vergleich zur freien Sanierung vorteilhaft ist. Vorteilhafter ist sie zumindest dann, wenn sie für die Beteiligten kostengünstiger ist. Der Nutzen ist in beiden Fällen für alle Beteiligten ein erfolgreiches und nachhaltig saniertes Unternehmen als Ergebnis des gesamten Sanierungsprozesses. Nur ein vollständig wiedererstarktes Unternehmen kann die unterschiedlichen Zielvorstellungen der Beteiligten komplett erfüllen. Der wesentliche Unterschied zwischen den beiden Sanierungsformen liegt auf der Kostenseite. Insoweit müssen zunächst die Kosten beider Sanierungsformen ermittelt werden. Alsdann kann ein Vergleich zwischen den bei Ausübung von Reaktivierungsmanagement entstehenden (Transaktions-)Kosten und den bei einer Sanierung im Wege freier Verhandlungen entstehenden Kosten erfolgen und Entscheidungshilfen für oder gegen die eine oder andere Sanierungsform geben.

3.5.1 Die Kostenarten der Verfahren

Als indirekte Kosten der Insolvenz bezeichnet man die Kosten, die durch das Ereignis der Insolvenz und die Einleitung eines Insolvenzverfahrens im Hinblick auf den Wert des Unternehmens ausgelöst werden. Sie werden auch als Opportunitätskosten der Insolvenz bezeichnet.[807] Diese Kosten haben gemein, dass sie im Vorfeld nur prognostizierbar, aber nicht exakt berechenbar sind. Indirekt sind die Kosten deshalb, weil die Kosten nicht durch Unternehmensentscheidungen unmittelbar beeinflusst werden können und nicht quantifizierbar sind, sie liegen im Ungewissen.

Im Rahmen eines Insolvenzverfahrens entstehen beispielsweise indirekte Kosten dadurch, dass ein Insolvenzverfahren bei einem Großteil der Marktakteure nur als Liquidations- bzw. Zerschlagungsvariante wahrgenommen wird. Dem liegen althergebrachte Vorurteile zugrunde. Wegen der besonderen Publizität ergeben sich dann möglicherweise negative Verhaltensänderungen aller Marktteilnehmer. Beispielweise

---

[807] Vgl. *Eidenmüller, H.,* Unternehmenssanierung, 1999, S. 74.

können Kunden verunsichert werden und sich nach anderen Lieferanten umsehen. Oder Lieferanten verlangen aus Angst vor einem Forderungsausfall Vorkasse. Auch besteht die Gefahr, dass Mitarbeiter mit Schlüsselqualifikationen sich einen vermeintlich sichereren Arbeitgeber suchen. Diese Faktoren können die Krisensituation verschärfen. Grund für das negative Verhalten der übrigen Marktteilnehmer gegenüber dem Not leidenden Unternehmen ist die verschlechterte Reputation. Fraglich ist, ob diese ihre Ursache in einem Insolvenzverfahren hat oder ob sie bereits vorher durch die Krise als solche angelegt ist. Das Insolvenzverfahren verdeutlicht vielleicht allen Beteiligten nur das Ausmaß der Krise. Zumeist nehmen die Beteiligten die negative Entwicklung eines Not leidenden Unternehmens aber bereits im Vorfeld wahr und ändern ihr Verhalten. Dies hat zur Folge, dass die mit der Durchführung des Insolvenzverfahrens verursachten Opportunitätskosten ansteigen. Der Wert des Unternehmens sinkt. Die Publizität eines Insolvenzverfahrens kann jedoch auch positiv genutzt werden. Ist die Krise publik, sind die Beteiligten eher zu Zugeständnissen bereit.

Direkte Insolvenzkosten beinhalten alle Kosten, die direkt durch die Nutzung des Insolvenzverfahrens verursacht werden. Das sind neben den Gerichtskosten, die Kosten für den vorläufigen Insolvenzverwalter, den endgültigen Insolvenzverwalter, den Sachwalter sowie für einen eventuell bestellten Gläubigerausschuss. Diese Kosten entstehen aufgrund gerichtlicher Vorgaben.

Die Gerichtskosten des Insolvenzverfahrens teilen sich in Gebühren und Auslagen des Gerichtes auf. Gebühren entstehen für den Antrag auf Eröffnung des Insolvenzverfahrens und für die Durchführung eines solchen. Zum anderen beinhalten die Gerichtskosten Auslagen, also die Kosten, die dem Gericht im Verlaufe des Insolvenzverfahrens entstehen wie z. B. Sachverständigenkosten, Kosten für Zustellungen und Veröffentlichungen. Maßgeblich für diese Kosten ist das Gerichtskostengesetz mit einem Kostenverzeichnis. Anhand dessen sind die Kosten exakt zu berechnen.

Die Vergütung des vorläufigen und des Insolvenzverwalters fallen bei den direkten Kosten für die Durchführung eines Insolvenzverfahrens am deutlichsten ins Gewicht. Auch diese sind in einer Vergütungsverordnung gesetzlich geregelt. In § 63 InsO sind die Grundzüge hinsichtlich der Vergütung und der Erstattung angemessener Auslagen geregelt. § 63 InsO legt fest, dass der Regelsatz der Vergütung des Insolvenzverwalters nach dem Wert der Insolvenzmasse zur Zeit der Beendigung des Insolvenzverfahrens zu berechnen ist. Umfang und Schwierigkeit der Geschäftsführung des Verwalters wird durch Abweichungen vom Regelsatz Rechnung getragen.

Konkretisiert werden die Vorschriften zur Vergütung des (endgültigen) Insolvenzverwalters in der Insolvenzrechtlichen Vergütungsverordnung (InsVV). Der Regelsatz bestimmt sich nach einer degressiven Staffelung. Der Insolvenzverwalter erhält von den ersten € 25.000 Insolvenzmasse eine Vergütung in Höhe von 40%; von dem Mehrbetrag der Insolvenzmasse bis zu € 50.000 25%; von einem darüber hinausgehenden Betrag bis zu € 250.000 7% usw.[808] Die Mindestvergütung des Insolvenzverwalters liegt bei € 1.000 für das gesamte Verfahren.[809] Entscheidend für die tatsächliche Höhe der Verwaltervergütung sind die Abweichungsvorschriften vom Regelsatz nach § 3 InsVV, die oben benannten Umfang und Schwierigkeit der Geschäftsführung im Einzelfall berücksichtigen. So gehören die Bearbeitung schwieriger arbeitsrechtlicher Fragen und die Ausarbeitung eines Insolvenzplanes zu den Tatbeständen, die einen Zuschlag zum Regelsatz rechtfertigen.[810] Abschläge können dann gerechtfertigt sein, wenn bspw. die Insolvenzmasse zum Zeitpunkt der Amtsübernahme durch den Insolvenzverwalter bereits zu einem wesentlichen Teil verwertet war.[811]

Die Vergütung des vorläufigen Insolvenzverwalters richtet sich nach der Vergütung des (endgültigen) Insolvenzverwalters und beträgt in der Regel 25% dieser Vergütung.[812] Auch die Vergütung des Sachwalters in der Eigenverwaltung[813] und des Treuhänders im vereinfachten Verbraucherinsolvenzverfahren[814] richten sich grundsätzlich nach der Vergütung des Insolvenzverwalters. Allerdings differiert die Höhe der Vergütung auch hier. So erhält bspw. der Sachwalter in der Regel 60% der für den Insolvenzverwalter vorgesehenen Vergütung.

Weitere Kosten fallen im Rahmen eines Insolvenzverfahrens an, wenn ein Gläubigerausschuss bestellt wird.[815] Die Berechnung der Vergütung für die Mitglieder des Gläubigerausschusses ist in den §§ 17f. InsVV geregelt. Sie sieht Stundensätze zwischen € 35,00 und € 95,00 zuzüglich Auslagen und Umsatzsteuer vor. Die Vergütung und die zu erstattenden Auslagen des vorläufigen und endgültigen Insolvenz-

[808] Vgl. § 2 Abs. 1 InsVV.

[809] Vgl. § 2 Abs. 2 InsVV.

[810] Vgl. § 3 Abs. 1 Buchstabe d, e InsVV.

[811] Vgl. § 3 Abs. 2 Buchstabe a InsVV.

[812] Vgl. § 21 Abs. 2 Nr. 1 InsO i.V.m. § 63 InsO.

[813] Vgl. § 274 Abs. 1 InsO i.V.m. § 63 InsO.

[814] Vgl. § 313 Abs. 1 InsO i.V.m. § 63 InsO. Die Funktion des Treuhänders betrifft hier das Verbraucherinsolvenzverfahren, was nicht Gegenstand dieser Arbeit ist.

[815] Vgl. Kap. 3.2.3.3.

verwalters, des Treuhänders, des Sachwalters und der Mitglieder des Gläubigerausschusses werden durch das Insolvenzgericht per Beschluss festgesetzt.[816]

Die direkten Kosten des Insolvenzverfahrens als Rahmenbedingung von Reaktivierungsmanagement sind also einfach abgrenzbar und messbar. Sie lassen sich im Ergebnis exakt berechnen, wenn die Höhe der Insolvenzmasse und die die Erhöhungsfaktoren[817] bestimmenden Unternehmensdaten bekannt sind.

Auch in der freien Sanierung entstehen Kosten für das Sanierungsmanagement. Diese korrespondieren dem Grunde nach mit den vorstehenden Kosten des Insolvenzverfahrens. Auch die Kosten des Sanierungsmanagements sind berechenbar. Sie werden bemessen in Stunden bzw. Tagessätzen der einzusetzenden Sanierungsmanager-/berater. Die Höhe der Stunden-/Tagessätze richten sich prinzipiell nach der Unternehmensgröße und der Schwierigkeit der Sanierungsaufgaben. Dies sind dieselben Parameter, die die Vergütungsordnung der Honorarberechnung eines Insolvenzverwalters zugrunde legt.

Die wesentlichen direkten Kosten beider Sanierungsformen entstehen aber durch die notwendigen Sanierungsmaßnahmen selber. Da das Ziel beider Sanierungsformen ein nachhaltig saniertes und wieder ertragreiches Unternehmen ist, müssen auch die betriebs- und finanzwirtschaftlichen Maßnahmen gleich sein. Der Unterschied liegt in der Umsetzung bzw. in den Sanierungsinstrumenten. Entscheidend ist dabei, dass die Maßnahmen des Reaktivierungsmanagements in vielen Fällen überhaupt erst wieder eine Sanierung ermöglichen, weil sie einen Verhandlungsausgleich erzwingen bzw. die Kosten hierfür eindämmen.

Im Zusammenhang mit der Erzielung eines Verhandlungsausgleiches bei den von der Krise eines Unternehmens Betroffenen entstehen Konfliktsituationen.[818] Diese sind ebenfalls Kostentreiber. Konfliktsituationen entstehen mit der Schwierigkeit, bei Verhandlungen die Beteiligten zur Unterstützung sinnvoller Sanierungsbeiträge zu bewegen. Dabei stoßen außergerichtliche vertragliche Regelungen an die Grenzen ihrer Leistungsfähigkeit. Basis für eine erfolgreiche Einigung aller Beteiligten ist nämlich zum einen, dass alle von der Notlage des Unternehmens Betroffenen in den

---

[816] Vgl. § 64 Abs. 1 InsO.

[817] Je nach Schwierigkeit eines Verfahrens ist die Vergütung des Insolvenzverwalters von bestimmten Erhöhungsfaktoren beeinflusst, die seine Vergütung ansteigen lassen.

[818] Vgl. hierzu die Ausführungen in Kap. 2.3.3.

Sanierungsprozess eingebunden werden. Die Besonderheit hierbei liegt darin, dass sich bestimmte Gläubigertypen- bzw. gruppen nahezu unmöglich einbinden lassen. Dies gilt aufgrund ihrer besonderen Rechtsstellung und des damit verbundenen Anreizes, ihre privilegierte Vermögensposition nicht für eine im Gemeininteresse der Gläubiger liegende Sanierung aufzugeben, sondern sich aus dieser „herauszuhalten“.[819] Das trifft für Gläubiger zu, die bspw. Eigentums- oder Sicherungsrechte an betriebsnotwendigen Vermögensgegenständen des Not leidenden Unternehmens besitzen.

Zum anderen ist die Basis für eine erfolgreiche Sanierung, dass die Übereinkünfte der einzelnen Beteiligtengruppen auch eingehalten werden, damit das Sanierungsverfahren als Ganzes nicht bspw. durch einzelne Störer, die für sich Sondervorteile beanspruchen, gefährdet wird.[820] Zuletzt entstehen weitere Kosten dadurch, dass Anreize zwischen Eigen- und Fremdkapitalgebern sowie zwischen Trägern der Sanierung und Trägern des Sanierungsmanagements bestehen, die jeweils andere Partei durch risikoreiche Entscheidungen und Maßnahmen zu schädigen, um Eigenvorteile zu generieren.[821] Im Rahmen all dieser Verhandlungen, der Formulierung, der Kontrolle, der Überwachung sowie der Einhaltung der definierten Vertragsbedingungen entstehen (Transaktions-)Kosten.

Insgesamt ist die Höhe der in einem freien oder gerichtlichen Sanierungsprozess entstehenden Kosten davon abhängig, in welcher Verfassung sich das Unternehmen selbst befindet und in welchem Marktumfeld es agiert. Diese externen und internen Faktoren sind Kostentreiber für eine Sanierung. Damit können sich nur aus der Einzelfallanalyse der Kostentreiber Anhaltspunkte für die Vorteilhaftigkeit der einen oder anderen Sanierungsform ableiten.

3.5.2 Kostentreiber

Überschuldung

Das Ausmaß der Überschuldung gibt Auskunft über das Verhältnis zwischen Vermögen und Schulden. Ein hoher bzw. steigender Überschuldungsgrad stellt die Bo-

---

[819] Vgl. hierzu auch die Ausführungen zu den Konflikten zwischen Fremdkapitalgebern in Kap. 2.3.3.2.2.

[820] Angesprochen ist das erläuterte Trittbrettfahrerproblem unter den Gläubigern eines Not leidenden Unternehmens.

[821] Vgl. hierzu die Ausführungen in Kap. 2.3.3.2.1 und Kap. 2.3.3.2.3.

nität des Unternehmens in Frage. Die Überschuldung kann nur durch die Zuführung von Eigenkapital beseitigt werden. Damit ist der Grad der Überschuldung des Unternehmens ein wesentlicher Kostentreiber in der freien Sanierung. Mit zunehmender Überschuldung steigt der Eigenkapitalbedarf in der Finanzierung des Not leidenden Unternehmens an. Hierdurch wird eine außergerichtliche Sanierung des Not leidenden Unternehmens zunehmend teurer. Der Handlungsspielraum für die Gesellschafter des Not leidenden Unternehmens nimmt bei zunehmender Überschuldung ab.

Illiquidität

Der Grad der Illiquidität stellt einen weiteren Kostentreiber für die freie Sanierung dar. Mit abnehmender Zahlungsfähigkeit des Not leidenden Unternehmens werden die Handlungsspielräume für Sanierungsmaßnahmen geringer, da die ausreichende Liquidität hierfür nicht zur Verfügung steht. Je höher das Ausmaß der Illiquidität ist, desto größer wird der weitere Finanzierungsbedarf, der nur über die Zuführung von Eigenkapital oder weiterem Fremdkapital gedeckt werden kann. Die Zuführung von Eigen- oder Fremdkapital verursacht Transaktionskosten. Darüber hinaus setzt die abnehmende Zahlungsfähigkeit des Unternehmens eine Abwärtsspirale in Gang. Der Grad der Illiquidität wird weiter verschärft, da weitere Kosten für Mahnungen, Vollstreckungen oder sonstige Maßnahmen zur Eintreibung der ausstehenden Forderungen und höhere Zinsen für Fremdkapital entstehen.

Vielzahl der Beteiligten

Auch und insbesondere die Anzahl der an einem Not leidenden Unternehmen Beteiligten stellt einen Kostentreiber dar. Je größer die Anzahl der Mitspracheberechtigten, desto schwieriger ist es, einen Konsens aller Beteiligten herbeizuführen. Hierdurch entstehen Transaktionskosten. Mit zunehmender Anzahl der Beteiligten steigen diese Kosten.

Dauerschuldverhältnisse

Ein weiterer wesentlicher Kostenfaktor in der Sanierung sind bestehende Dauerschuldverhältnisse, aus denen die Leistungen nicht mehr benötigt werden. Überflüssige Dauerschuldverhältnisse wie Mietverträge, Leasingverträge, Arbeitsverhältnisse und sonstige Abnahmeverpflichtungen bedeuten für das Unternehmen Kosten ohne Mehrwert. Ein Lösen aus diesen Dauerschuldverhältnisses ist in der freien Sanierung in der Regel nur gegen Abstandszahlungen möglich. Je mehr überflüssige Dauerschuldverhältnisse bestehen, desto höher sind die Kosten einer Sanierung.

Der wesentliche Effekt von Reaktivierungsmanagement besteht darin, die Kostentreiber einzudämmen oder zu beseitigen. Der Vorteil gegenüber einer freien Sanierung besteht in der Zwangsdisziplinierung aller Beteiligten.

Dem Grad der Überschuldung und damit dem Finanzierungsbedarf eines Not leidenden Unternehmens in einer freien Sanierung entgegnet die Insolvenzordnung mit der kompletten Bereinigung der Passivseite des Unternehmens. Die Insolvenz ermöglicht dem Unternehmen eine Verschnaufpause, es kann ohne Rücksicht auf Altverbindlichkeiten alle Einnahmen zur Finanzierung des laufenden Geschäftsbetriebes verwenden. Mit Insolvenzantragstellung wird das noch vorhandene Vermögen des Not leidenden Unternehmens zusätzlich vor dem unkontrollierten Zugriff der Gläubiger geschützt, um die Sanierungsaussichten für das Unternehmen nicht dadurch zu gefährden, dass für die Fortführung des Unternehmens notwendige, sicherungsübereignete Vermögensgegenständen von den Sicherungsgebern abgezogen werden.[822] Das Vermögen wird „eingefroren" und kann folglich nicht mehr für die Begleichung bestehender Verbindlichkeiten verwendet werden. Nach Abschluss des Insolvenzverfahrens werden die Gläubigeransprüche nur noch quotal abhängig vom verbleibenden Vermögen des Not leidenden Unternehmens befriedigt.[823]

Dem Kostentreiber Illiquidität und den damit verbundenen zunehmenden Kosten für das Eintreiben von ausstehenden Forderungen an das Not leidende Unternehmen entgegnet die Insolvenzordnung durch die oben beschriebene Maßnahme, dass Zwangsvollstreckungsmaßnahmen bereits im Insolvenzeröffnungsverfahren untersagt sind. Um das Unternehmensvermögen frühzeitig vor dem Zugriff der Gläubiger zu schützen und Liquidität für seine Sanierung zu schonen, kann sich ein Not leidendes Unternehmen bereits bei drohender Zahlungsunfähigkeit unter den „Schutz" der Insolvenzordnung stellen.[824] Die Handlungsohnmacht der freien Sanierung in der Illiquidität des Not leidenden Unternehmens wird bei einer Sanierung im Rahmen eines Insolvenzverfahren durch zahlreiche, liquiditätsfördernde Maßnahmen beseitigt.[825]

---

822 Vgl. hierzu die Ausführungen zum Schutz vor Einzelzwangsvollstreckungsmaßnahmen in Kap. 3.3.2.

823 Vgl. hierzu die Ausführungen zur quotalen Befriedigung der Gläubiger in Kap. 3.3.7.

824 Vgl. hierzu die Ausführungen zum Insolvenzantragsgrund der drohenden Zahlungsunfähigkeit in Kap. 3.3.1.

825 Vgl. hierzu insbesondere die Ausführungen zum Insolvenzgeld und zur Anfechtung bei den Reaktivierenden Maßnahmen nach der Insolvenzordnung in Kap. 3.3.3. und Kap. 3.3.6.

Die Vielzahl der an einer freien Sanierung Beteiligten ist ein wesentlicher Kostentreiber in der freien Sanierung. Voraussetzung für die erfolgreiche Vornahme von außergerichtlichen Sanierungsbemühungen ist zwingend eine Konsens-Lösung aller am Not leidenden Unternehmen Beteiligten. Die Eigentümer und alle Gläubiger müssen einem Sanierungs- bzw. Vergleichsvertrag mit den jeweilig für sie resultierenden Konsequenzen zustimmen. Es gibt keine Möglichkeit, eine opponierende Minderheit zu einem dem Kollektivinteresse entsprechenden Verhalten zu disziplinieren. Dahingegen ist bei Reaktivierungsmanagement im Rahmen des Insolvenzverfahrens keine Konsens-Lösung aller Beteiligten erforderlich. Vielmehr bestimmt das Gesetz sogar, dass eine Gläubigermehrheit opponierende Minderheiten überstimmen kann.[826]

Zuletzt können mit den Instrumenten des Reaktivierungsmanagements für die Sanierung des Unternehmens kostentreibende Dauerschuldverhältnisse einfacher beendet werden. Im Hinblick auf die Beendigung von Arbeitsverträgen ist auf die arbeitsrechtlichen Besonderheiten im Insolvenzverfahren[827], im Hinblick auf sonstige Verlustverträge auf das Wahlrecht des Insolvenzverwalters, noch nicht vollständig erfüllte gegenseitige Verträge zu erfüllen oder nicht, hinzuweisen.[828]

Der Nutzen von Reaktivierungsmanagement bzw. die Wahrscheinlichkeit dessen Anwendung im Gegensatz zu einer freien Sanierung muss sich also folglich danach bemessen, wie viele der beschriebenen Kostentreiber bei dem Not leidenden Unternehmen vorliegen und wie stark die jeweiligen Kostentreiber ausgeprägt sind.

3.5.3 Ergebnis

Ein Vergleich der Kosten, die bei Ausübung von Reaktivierungsmanagement und bei einer Sanierung im Wege freier Verhandlungen entstehen, ergibt die Konstellationen, in denen Reaktivierungsmanagement der klassischen Sanierung überlegen ist:

1. Je höher das Ausmaß der Überschuldung des Unternehmens ist, desto höher ist der Eigenkapitalbedarf in der Finanzierung des Unternehmens. Daraus lässt sich

---

[826] Vgl. hierzu die Ausführungen zum Insolvenzplan und seinen besonderen Stellschrauben im Hinblick auf die Gruppenbildung, die Gleichberechtigung und das Obstruktionsverbot in Kap. 3.4.3.5.

[827] Vgl. hierzu die Ausführungen zu den arbeitsrechtlichen Besonderheiten im Insolvenzverfahren in Kap. 3.3.5.

[828] Vgl. hierzu die Ausführungen zur Beendigung von Verlustverträgen in Kap. 3.3.4.

ableiten, dass Reaktivierungsmanagement durch die Möglichkeit eines Zwangsvergleichs der klassischen Sanierung bei einer erheblichen Überschuldung dann überlegen ist, wenn die Überschuldung durch einen Verzicht der Gläubiger beseitigt werden kann.

2. Je höher das Ausmaß der Illiquidität, desto höher ist der Finanzierungsbedarf des Not leidenden Unternehmens und desto höher sind die Kosten der Finanzierung. Hierdurch wird eine Abwärtsspirale in Gang gesetzt. Durch den Vollstreckungsschutz hat das Unternehmen bei Anwendung von Reaktivierungsmanagement zum einen die Möglichkeit, diese sich beschleunigende Abwärtsspirale zu stoppen. Zum anderen können liquiditätsfördende Maßnahmen in einem Insolvenzverfahren die Illiquidität beseitigen. Je weiter also die Illiquidität fortgeschritten ist, desto größer ist der Mehrwert des Reaktivierungsmanagements.

3. Reaktivierungsmanagement kennt die Möglichkeit, Zwangsvergleiche herbeizuführen, d. h. es kann eine Vielzahl von Beteiligten zu einem gemeinschaftlichen Vorgehen disziplinieren. Hieraus kann abgeleitet werden, dass je größer die Anzahl der Beteiligten ist, desto größer ist auch der Nutzen von Reaktivierungsmanagement im Eindämmen der Transaktionskosten.

4. Ist es einem Unternehmen nicht gelungen, seine Dauerschuldverhältnisse an die sich ständig ändernden externen und internen Rahmenbedingungen anzupassen, so wird es gezwungen, teure Abschlagszahlungen an seine Vertragspartner zur Auflösung dieser Verträge zu leisten oder aber fortlaufend Leistungen einzukaufen, die nicht benötigt werden. Sollte dies die Ertragslage des Unternehmens derart schmälern, dass es in seiner Existenz gefährdet ist, so ist Reaktivierungsmanagement eine Möglichkeit, diese Dauerschuldverhältnisse außerordentlich zu beenden.

4 Empirische Untersuchung

„Ein theoretisches Gedankengebäude mag so intelligent und ideenreich sein wie es nur kann, wissenschaftlich und praktisch akzeptabel wird es erst durch die Bewährung im empirischen Test und schließlich in der praktischen Anwendung.“[829]

Dieser Aussage *Wittes* schließt sich der Verfasser an und überträgt die in den bisherigen Kapiteln erarbeitete Problemstellung auf die Praxis, um die dortigen Vorgehensweisen zu analysieren und damit die bisherigen Ergebnisse weiter zu entwickeln. In Kapitel 4.1 wird hierfür das methodische Vorgehen der empirischen Untersuchung erläutert, bevor in Kapitel 4.2 sechs Fallstudien dargestellt und einzeln im Hinblick auf die Forschungsfrage und deren Unterfragen analysiert werden. Die Ergebnisse der empirischen Studie werden in Kapitel 4.3 vorgestellt.

4.1 Methodik der empirischen Untersuchung

Im Rahmen der nachfolgend darzustellenden empirischen Untersuchung erfolgt eine Auseinandersetzung mit ausgewählten Not leidenden Unternehmen, die im Rahmen eines Insolvenzverfahrens reaktiviert wurden. Ausgangsbasis sind damit Unternehmen, bei denen aufgrund der Existenz einer Vielzahl der oben beschriebenen Kostentreiber eine außergerichtliche Sanierung gescheitert war. Anhand von Fallstudien wird untersucht, ob die Werkzeuge der InsO tatsächlich dazu dienen, die Reaktivierung eines Unternehmens zu leisten und wie dies geschieht. Dabei gilt das Hauptaugenmerk dem Insolvenzplan als wesentlichstes Sanierungsinstrument des Reaktivierungsmanagements.

Der Aufbau der Fallstudienuntersuchung ergibt sich aus den jeweiligen Schwerpunkten der Einzelfälle. Grundsätzlich unterteilen sich die Fallstudien in die Schwerpunkte Fallbeschreibung und Fallanalyse. Im Rahmen der Fallbeschreibung werden zunächst die notwendigsten Hintergrundinformationen zum betrachteten Unternehmen aufgeführt. Alsdann werden die Auslöser der Krise und ggf. der Verlauf des Insolvenzverfahrens dargestellt. Wenn dies für das Aufzeigen der Reaktivierungsmaßnahmen

---

[829] Vgl. *Witte, E.*, Nutzungsanspruch, 1981, S. 17.

notwendig erscheint, findet auch die Situation vor und nach Insolvenzeröffnung Beachtung. Alsdann werden die besondere Verfahrensart und die einzelnen reaktivierenden Maßnahmen nach der Insolvenzordnung beschrieben. Insbesondere wird beim Insolvenzplanverfahren als wesentliches Sanierungsinstrument der InsO auch der Aufbau und der Inhalt der Insolvenzpläne mit einer Beschreibung des darstellenden und gestaltenden Teils skizziert.

Im Rahmen der Fallanalyse werden die Erkenntnisse der Fallstudien vor dem Hintergrund der theoretischen Untersuchungen in den Kapiteln 2 und 3 betrachtet. Dabei wird zum einen untersucht, ob der in Kapitel 2 erarbeitete Krisenverlauf zur Notlage des Unternehmens geführt hat und welche Krisenursachen dafür verantwortlich waren. Zum anderen wird untersucht, ob unterschiedliche Interessenlagen der am Not leidenden Unternehmen Beteiligten die Art der Krisenbewältigung beeinflusst haben. Zuletzt werden die vom Insolvenzverwalter ergriffenen Maßnahmen zu den theoretisch ermittelten Reaktivierungsmaßnahmen in Bezug gesetzt. Dabei werden auch die besonderen Verfahrensarten nach der Insolvenzordnung, die übertragende Sanierung, die Eigenverwaltung und insbesondere der Insolvenzplan berücksichtigt. Die einzelnen Fallanalysen werden in Kapitel 4.3 zu den Ergebnissen der empirischen Untersuchung zusammengefasst.

Die empirische Untersuchung verfolgt das Ziel, die umfangreichen Möglichkeiten im Zusammenhang mit Reaktivierungsmanagement auf Basis von realen Fällen aus der Insolvenzverwalter-Praxis aufzuzeigen. Zudem kann in den einzelnen Fallstudien nachvollzogen werden, wie eine Sanierung in einem Insolvenzverfahren im Wesentlichen abläuft. Dies soll dazu beitragen, die noch immer bestehenden Vorbehalte zu relativieren, die der Sanierung in einem Insolvenzverfahren immer noch aufgrund der Unkenntnis der Verfahrensabläufe entgegengebracht werden. Also haben die Fallstudien in dieser Arbeit einen deskriptiven bzw. illustrierenden Charakter. Sie helfen bei der Fortentwicklung der Ergebnisse der theoretischen Analyse.

Die Inhalte der nachstehend aufgeführten Fallstudien resultieren aus den von namhaften Sachverständigen, vorläufigen und endgültigen Insolvenzverwaltern sowie Sachwaltern erstellten Gutachten, Berichten zur Gläubigerversammlung, Sanierungsgutachten und Insolvenzplänen. Auskunftspersonen für Rückfragen zu den einzelnen Fallstudien waren die Insolvenzverwalter und Sachwalter. Bei der Auswahl der Fallstudien war wesentlich, dass diese aus aktuellen Insolvenzverfahren entstammen, dass sie für die vorgenannten Ziele der empirischen Untersuchung relevant sind und dass Daten zu den wesentlichen Schritten des Verfahrens vorliegen. Teilweise liegen den Fallstudien sehr stark öffentlich verfolgte Unternehmensinsolvenzen zugrunde, teilweise handelt es sich um mittelständische bzw. kleine Unternehmen, die in einem Insolvenzverfahren saniert wurden. Es wurden bewusst Fallstudien ausgewählt, die alle Größenordnungen von Unternehmen widerspiegeln, um nicht die Vermutung entstehen zu lassen, dass die ergriffenen Reaktivierungsmaßnahmen nur bei bestimmten Unternehmensgrößen anzuwenden sind. Aus demselben Grund variiert auch die Branche der Fälle. Es werden Dienstleistungs- und Produktionsunternehmen betrachtet. Es ist anzumerken, dass die Fälle aus mehreren möglichen Fallstudien ausgewählt wurden. Die Schwierigkeit bestand zum einen darin, überhaupt Zugang zu relevanten Fallstudien zu bekommen. Insolvenzverfahren sind keine öffentlichen Verfahren. Zum anderen war teilweise die Qualität der verfügbaren Informationen unzureichend. Das begrenzte die Anzahl der potenziell zu untersuchenden Unternehmen.

Der Verfasser musste sich gegenüber den Insolvenzverwaltern verpflichten, die Fallstudien in Bezug auf die Identität des schuldnerischen Unternehmens anonym zu halten, auch weil manche der hier beschriebenen Insolvenzverfahren noch nicht vollständig abgeschlossen sind.

4.2 Fallstudien

4.2.1 Fallstudie 1 zur übertragenden Sanierung

Hintergrundinformationen

Bei dem hier betrachteten Unternehmen handelt es sich um eine Unternehmensgruppe, die als Automobilzulieferer internationalen Ruf genießt. Sie ist ein weltweit führender Hersteller von Einzelkomponenten für Personenkraftwagen und Nutzfahrzeuge. Das Unternehmen beliefert Erstausrüster, also unmittelbar die Hersteller der Kraftfahrzeuge und große Komponentenlieferanten. Sämtliche weltweit bedeutenden Automobilhersteller sind Kunden der Unternehmensgruppe. Daneben beliefert die Gruppe auch den globalen Ersatzteilmarkt. In Europa ist die Gruppe Marktführer bei den hergestellten Komponenten, weltweit ist sie zweitgrößter Anbieter. Die Gruppe unterhält insgesamt 15 Produktionsstandorte und teilt ihre unternehmerischen Aktivitäten im Wesentlichen auf fünf Einzelunternehmen auf. Die einzelnen Mitglieder der Unternehmensgruppe haben im Dezember 2007 allesamt Antrag auf Eröffnung des Insolvenzverfahrens über ihr Vermögen gestellt. Die Gruppe beschäftigte zusammen über 2000 Arbeitnehmer.

Auslöser der Krise

Das betrachtete Unternehmen hatte schon in den letzten Jahren mit einem deutlichen Rückgang seines Betriebsergebnisses zu kämpfen. Das ordentliche Betriebsergebnis war im Jahr 2008 mit ca. € 4 Mio. negativ. Auch im Jahr zuvor wurde eine negatives Betriebsergebnis in Höhe von ca. € 2 Mio. erzielt. Verantwortlich für die schlechten Ergebnisse war zum einen ein starker Abfall der Gesamtleistungen des Unternehmens aufgrund der gesamtwirtschaftlichen Entwicklung in 2008. Diese verursachte bei dem hier betrachteten Unternehmen einen Auftragsrückgang von 30% bis 50%. Aus der abnehmenden Gesamtleistung resultierte zum anderen ein gestiegener Materialaufwand aufgrund der geringeren Abnahmemengen. Auch konnte der Personalaufwand nicht in erforderlichem Maße und schnell an die verminderte Gesamtleistung angepasst werden. Diese Entwicklung setzte eine Abwärtsspirale in Gang. Das Unternehmen war zudem hoch fremdfinanziert. Den größten Anteil am Fremdkapital hatten Bankkredite. Aufgrund der dünnen Eigenkapitaldecke konnten die auflaufenden Verluste der vergangenen Jahre nicht ohne die weitere Aufnahme von Fremdmitteln finanziert werden. Die Versuche, neues Fremdkapital zu bekommen, scheiterten jedoch aufgrund der negativen Ergebnisse der letzten Jahre. Die insbesondere für die Automobilzulieferer erwarteten schwierigen wirtschaftlichen Rahmenbedingungen in den nächsten Jahren zwang die Geschäftsführung, Antrag auf Eröffnung eines Insolvenzverfahrens wegen Zahlungsunfähigkeit zu stellen. Dies insbesondere auch vor dem Hintergrund, dass die Hauptkunden aufgrund der hervorragenden Marktposition und der Qualität der Produkte des Unternehmens ihre Bereitschaft zur Unterstützung auch in einem Insolvenzverfahren signalisierten.

Situation bei Insolvenzantragstellung

Der vorläufige Insolvenzverwalter musste unmittelbar nach Insolvenzantragstellung zunächst den Geschäftsbetrieb der ganzen Gruppe stabilisieren. Die Insolvenz hat zu erheblicher Unsicherheit bei Lieferanten, Kunden und Arbeitnehmern geführt, die nur durch eine intensive Kommunikationspolitik beseitigt werden konnte. Wesentlichste Aufgabe für den Insolvenzverwalter war die Sicherstellung der Überlebensfähigkeit der nicht insolventen Gruppengesellschaften und die Sicherstellung der weiteren Belieferung durch Lieferanten und Dienstleister. Letztlich mussten natürlich auch die Kundenbeziehungen aufrechterhalten werden.

Stabilisierende Maßnahmen nach Insolvenzantragstellung

Nachdem der Geschäftsbetrieb nach Insolvenzantragstellung vollumfänglich fortgeführt wurde, musste der vorläufige Insolvenzverwalter bereits im Eröffnungsverfahren umfangreiche Maßnahmen zur Stabilisierung des Geschäftsbetriebes vornehmen. Zum einen wurde das Insolvenzgeld für die Arbeitnehmer für einen Zeitraum von drei Monaten mit Zustimmung der Agentur für Arbeit vorfinanziert. Im Weiteren hat der vorläufige Insolvenzverwalter die Sanierungsfähigkeit des Unternehmens geprüft und eine global tätige M&A-Beratungsgesellschaft damit beauftragt, Kaufinteressenten für die angeschlagene Unternehmensgruppe zu suchen.

Aufgrund der Umsatzrückgänge der Unternehmensgruppe waren insbesondere Personalanpassungsmaßnahmen erforderlich. So mussten auf Grundlage des zusammen mit der Personalabteilung der Unternehmensgruppe erarbeiteten Sanierungskonzeptes insgesamt ca. 200 Arbeitsplätze in der Gruppe abgebaut werden. In diesem Zusammenhang führte der Insolvenzverwalter intensive Verhandlungen mit dem Konzernbetriebsratschef und den Einzelbetriebsräten über den Abschluss von Interessenausgleichen und Sozialplänen. Um den Stellenabbau möglichst sozialverträglich zu gestalten, wurde eine sogenannte Beschäftigungs- und Qualifizierungsgesellschaft („BQG") eingerichtet. Als Trägergesellschaft wurde gemeinsam mit dem Betriebsrat eine Personalentwicklungs- und Arbeitsmarktagentur beauftragt. Diese führte vor Eröffnung des Verfahrens eine sogenanntes „profiling" mit den vom Stellenabbau betroffenen Arbeitnehmern durch. Nach Durchführung dieser Profilingmaßnahmen der einzelnen Arbeitnehmer hat die Mehrheit der Mitarbeiter einen Vertrag mit dem Insolvenzverwalter und der Personalentwicklungs- und Arbeitsmarktagentur geschlossen. Die Beschäftigungs- und Qualifizierungsgesellschaft hatte eine Maximallaufzeit von 10 Monaten bei einer Bezugshöhe von 85% der letzten Vergütung. Die individuelle Laufzeit der BQG für den einzelnen Arbeitnehmer errechnete sich aus der doppelten Kündigungsfrist plus zwei Monate.

Sanierungsmodell übertragende Sanierung

Verfahrensablauf

Die hier betrachtete Unternehmensgruppe hatte im Dezember 2007 einen Eigenantrag auf Eröffnung des Insolvenzverfahrens über ihr Vermögen wegen Zahlungsunfähigkeit gestellt. Der anschließend vom Gericht eingesetzte vorläufige Insolvenzverwalter über alle fünf Gesellschaften hatte drei Wochen nach Antragstellung die ersten Ermittlungen und Maßnahmen in einem ersten Zwischenbericht an das Insolvenzgericht mitgeteilt. Im Februar 2008 hat er das vom Gericht bei Bestellung angeforderte Sachverständigengutachten abgegeben. Aufgrund der Ergebnisse des Gutachtens, nämlich dem Vorliegen eines Insolvenzeröffnungsgrundes, der guten Aussichten für eine Fortführung des Unternehmens und der Tatsache, dass das schuldnerische Vermögen die Verfahrenskosten decken wird, wurde das Insolvenzverfahren im März 2008 eröffnet. Im vorläufigen Insolvenzverfahren mussten bereits verfahrensleitende Maßnahmen getroffen werden, die nicht ohne Beteiligung der maßgeblichen Gläubigergruppen entschieden werden sollten. Deshalb wurde ein vorläufiger Gläubigerausschuss gemäß § 76 I InsO eingesetzt, mit dem der vom Insolvenzverwalter initiierte Investorenprozess abgestimmt werden konnte, ohne dass eine aufwändig zu gestaltende Gläubigerversammlung einberufen werden musste. Mitglieder dieses Ausschusses waren Vertreter der wesentlichen Gläubigergruppen.

Ende April 2008 erfolgte mit Zustimmung des vorläufigen Gläubigerausschusses der Übergang des kompletten Geschäftsbetriebes auf diverse, neu gegründete Auffanggesellschaften. Eine weitere Beschlussfassung der Gläubigerversammlung war nicht mehr notwendig. Die erste Gläubigerversammlung fand dann im Mai 2008 statt. Hierbei wurde die Gläubigergesamtheit über das Ergebnis der übertragenden Sanierung informiert.

Übertragende Sanierung

Unmittelbar nach Einleitung des Insolvenzverfahrens hat der Insolvenzverwalter zusammen mit der Geschäftsführung und externen Beratern die grundsätzlichen Sanierungsmöglichkeiten der Unternehmensgruppe geprüft. Die Gespräche mit den potentiellen Investoren haben schon sehr frühzeitig gezeigt, dass diese ausschließlich an einer übertragenden Sanierung interessiert sind. Dies lag zum einen darin begründet, dass durch eine solche Restrukturierung zum einen die aktuellen Gesellschafterverhältnisse beendet und zum anderen zeitnah eine Trennung zwischen dem operativen Geschäft der jetzigen Gruppe und der dann neuen Gruppe realisiert werden konnte. Es war schon sehr früh absehbar, dass eine Eigensanierung der Unternehmensgruppe durch ein Insolvenzplanverfahren aufgrund fehlender eigener Finanzmittel nicht darstellbar war. Insbesondere im Hinblick auf die erwarteten schwierigen wirtschaftlichen Rahmenbedingungen für Automobilzulieferer in den nächsten Jahren würde eine für den Insolvenzplan notwendige, hinreichend sichere Prognose der zukünftigen Erträge sehr schwierig werden lassen. So war klar, dass ein finanzstarker Gesellschafter benötigt wurde, der zum einen weitere Restrukturierungskosten finanzieren und zum anderen auch im Falle weiterer Umsatzeinbrüche Finanzmittel zur Verfügung stellen kann.

Deshalb haben sich die Bemühungen des Verwalters bereits in einem sehr frühen Stadium auf das Sanierungsmodell der übertragenden Sanierung auf eine neu zu gründende Auffanggesellschaft fokussiert. Hierfür wurde ein M&A-Unternehmen

mit der Investorensuche beauftragt. In diesem Zusammenhang erfolgte die Einrichtung eines Datenraums zur Information potentieller Interessenten, in dem die Interessenten due-dilligence Prozesse durchführen konnten.

Das Modell der übertragenden Sanierung wurde mit verschiedenen Investoren diskutiert. Dabei war beabsichtigt, sämtliche Gegenstände des Anlage- und Umlaufvermögens der insolventen Gesellschaften der Unternehmensgruppe ebenso wie die Unternehmensbeteiligungen der nicht insolventen Gesellschaften an eine oder mehrere neue Gesellschaften, die von einem Investor gehalten werden, zu veräußern. Als Diskussionsgrundlage mit den Investoren wurde ein umfangreicher Unternehmenskaufvertrag als Muster entworfen. Dieses Vertragsmuster wurde bezüglich der Einzelheiten in den diversen Verhandlungen abgestimmt. Dabei wurde der vorläufige Gläubigerausschuss fortlaufend über den Stand der Diskussionen informiert.

Die Umsetzung eines solchen Sanierungsmodells konnte nach entsprechender Beschlussfassung der beteiligten Gläubigerausschüsse fünf Monate nach Insolvenzantragstellung mit einem Finanzinvestor erreicht werden. Hierfür wurden spiegelbildlich zur bestehenden Gruppe diverse Auffanggesellschaften durch den Investor gegründet, die die Vermögensgegenstände der insolventen Gesellschaften bzw. der Geschäftsanteile an den nicht insolventen Gruppengesellschaften übernommen haben. Der Gesamtkaufpreis für die Unternehmensgruppe wurde nach Vertragsunterzeichnung vom Investor auf die Treuhandkonten des Insolvenzverwalters geleistet. Nach Auskehr der den gesicherten Gläubigern zustehenden Erlöse und vollständigen Befriedigung deren Ansprüche wurde der Resterlös vom Insolvenzverwalter anteilsmäßig auf die fünf Gesellschaften der Gruppe verteilt, um dort die bestehenden Quoten zu bestreiten.

Die Arbeitsverhältnisse aller Mitarbeiter sind gemäß § 613 A BGB übergegangen. Insgesamt konnten über 90% sämtlicher Arbeitsplätze in der Gruppe durch die übertragende Sanierung erhalten bleiben. Das operative Geschäft der Gruppe konnte bereits vier Monate nach Insolvenzantragstellung durch den Investor übernommen werden. Sämtliche deutschen Standorte und weltweit tätigen übrigen operativen Einheiten konnten erhalten bleiben. Die weltweite Unternehmensgruppe konnte als Ganzes erhalten bleiben. Der Arbeitsplatzabbau in Deutschland, der zudem über eine Beschäftigungs- und Qualifizierungsgesellschaft realisiert worden war, betrug unter 10%.

Die Aufgaben des Insolvenzverwalters beschränkten sich nach der übertragenden Sanierung der Unternehmensgruppe auf die abschließende Umsetzung der Kauf- und

Übertragungsverträge mit dem Investor, die Abwicklung der nicht verkauften Vermögensgegenstände und Gesellschaften, die abschließende Feststellung der Eigentumsvorbehaltsrechte der Lieferanten, die Abrechnung mit den Lieferanten, die abschließende Feststellung der Masseverbindlichkeiten, die Prüfung der Tabellenforderungen und die abschließende Bewertung anfechtungsrelevanter Sachverhalte. Das Insolvenzverfahren endet voraussichtlich nicht vor 2011.

Fallanalyse

Die Fallstudie zeigt, wie der Geschäftsbetrieb einer weltweit agierenden Unternehmensgruppe nur fünf Monate nach Insolvenzantragstellung mittels einer übertragenden Sanierung auf einen Investor übertragen und damit als Ganzes erhalten werden konnte. Dabei konnte der Großteil der Arbeitsplätze gerettet werden. Weiterhin konnten infrastrukturell bedeutende Standorte erhalten werden. Lieferanten konnten einen wichtigen Kunden behalten und die Belieferung der Endabnehmer war kurze Zeit nach Insolvenzantragstellung wieder vollständig sichergestellt.

Der vorläufige Insolvenzverwalter musste nach Insolvenzantragstellung im Wesentlichen intensive Kommunikationspolitik betreiben. Das Vertrauen in das Not leidende Unternehmen und dessen Vertreter war im Vorfeld der Beantragung des Insolvenzverfahrens aufgrund der zunehmenden Illiquidität des Unternehmens und der sich dadurch zuspitzenden Krisensituation vollständig verloren gegangen. Entscheidend war hier, die Vielzahl der Beteiligten dazu zu bewegen, eine Sanierung des Not leidenden Unternehmens zu unterstützen. Zur Stabilisierung der Liquiditätssituation konnte das Unternehmen über die Insolvenzgeldfinanzierung drei Monate ohne Personalkosten fortgeführt werden.

Als Verfahrensart wurde die übertragende Sanierung gewählt. Das Planverfahren konnte in vorliegendem Fall nicht angewendet werden, weil das Unternehmen nur unzureichende eigene Finanzmittel hatte und weil die schlechte Prognose für die Ertragsaussichten in der Automobilzulieferindustrie die Befriedigungsmöglichkeiten der Gläubiger in der Zukunft sehr ungewiss werden ließ.

Mit der übertragenden Sanierung auf einen Investor im eröffneten Verfahren war im Rahmen dringend notwendiger Restrukturierungsmaßnahmen ein Personalabbau zu bewerkstelligen. Hierbei wurde die Einrichtung einer Beschäftigungs- und Qualifizierungsgesellschaft eingesetzt.

Die Fallstudie zeigt im Ergebnis den schnellen und reibungslosen Ablauf eines Insolvenzverfahrens verbunden mit der erfolgreich ergriffenen Möglichkeit, einem Not leidenden Unternehmen die Chance für einen Neuanfang zu geben. Dabei wurde die Rettung des Unternehmens durch die Wirtschaftskrise erheblich erschwert. Am Ende ist ein neues Unternehmen mit altem Namen und mit eingeführten Marken am Markt entstanden, das sich nunmehr schuldenfrei dem Wettbewerb stellen kann. Für den Käufer bestand hier der Vorteil, dass er das Unternehmen schuldenfrei, also ohne „Altlasten" übernehmen konnte. Die Insolvenz war also eine gute Chance für den Finanzinvestor das Unternehmen mit einer bereinigten Bilanz neu aufzustellen. Zudem erhofft er sich in Verbindung mit den weiteren, sich in seinem Portfolio befindlichen Unternehmen, Verbundeffekte zu erzielen.

4.2.2 Fallstudie 2 zur übertragenden Sanierung

Hintergrundinformationen

Bei dem hier betrachteten Unternehmen handelt es sich um eine Unternehmensgruppe, die in der Herstellung, dem Handel und dem Vertrieb von Flugzeugen, insbesondere von Segelflugzeugen und kleinen Motorflugzeugen tätig ist. Das Unternehmen ist einer der größten europäischen Hersteller für diese Art von Fluggeräten. Das Unternehmen beschäftigte in Deutschland über 1.100 Mitarbeiter, in einer Tochtergesellschaft in Ungarn weitere ca. 300. In den Geschäftsjahren von 2004 bis 2008 erwirtschaftete das Unternehmen einen durchschnittlichen Umsatz von ca. 300 Mio. pro Jahr. Die Gesamtverbindlichkeiten des Unternehmens zum Zeitpunkt der Insolvenzantragstellung beliefen sich auf ca. € 110 Mio.

Auslöser der Krise

Die Insolvenz des Unternehmens ist sowohl auf exogene als auch auf endogene Faktoren zurückzuführen. Aufgrund der im vorliegenden Fall sehr prägnanten Krisenentwicklung werden die Auslöser in diesem Fall ausführlicher dargestellt.

Als exogene Krisenursache ist die insgesamt negative Marktentwicklung in der Flugzeug-Branche zu nennen. So war insgesamt seit 2007 eine geringere Nachfrage im In- und Ausland nach Flugzeugen zu verzeichnen. Dennoch stieg jedes Jahr die Anzahl der von den Herstellern produzierten Freizeitflugmaschinen. Dies führte dazu, dass sich die ohnehin vorhandenen Überbestände stark erhöhten. Im Jahr 2008 schließlich brach die Nachfrage erneut und deutlich stärker als im Vorjahr ein. Die Unternehmensgruppe konnte im Geschäftsjahr 2006/2007 noch knapp € 2 Mio. Gewinn erzielen, im Jahr 2008, dem Jahr der Insolvenzantragstellung, kumulierte sich ein Verlust von ca. 12 Mio. Die Umsätze waren stark zurückgegangen. Dieser Absatzrückgang in Kombination mit hohen Überbeständen sowohl beim Unternehmen als auch bei den Händlern hat dazu geführt, dass zum einen deutlich weniger Flugzeuge als geplant verkauft werden konnten und zum anderen signifikante Sonderrabatte gegenüber Händlern und Endkunden eingeräumt werden mussten, um überhaupt Umsätze zu generieren. Diese beiden Faktoren sind in Verbindung mit den negativen Auswirkungen der globalen Finanzkrise als maßgeblich für die eingetretene Unternehmenskrise zu betrachten. Zum anderen war in Deutschland aufgrund der Mehrwertsteuererhöhung zum 01.01.2007 bereits vorab erkennbar, dass die hohe Nachfrage in 2006 durch vorgezogene Käufe sich im Folgejahr nicht fortsetzen wird. Diese Entwicklung ist wie erwartet eingetreten.

Neben den vorgenannten exogenen Ursachen ist die Krisenentwicklung des Unternehmens aber auch auf hausgemachte Probleme zurückzuführen. Seit rund zehn Jahren ist vor allem im deutschen Markt als Hauptabsatzmarkt des insolventen Unternehmens ein einheitlicher Trend dahingehend zu verzeichnen, dass die Nachfrage nach Segelflugzeugen sinkt, wohingegen Motorflugzeuge stärker nachgefragt werden. Der Schwerpunkt der Produktion des hier betrachteten Unternehmens lag jedoch auf der Produktion von Segelflugzeugen. Auf den im Markt erkennbaren Trend hin zu Motorflugzeugen wurde nur durch geringfügige Produktionssteigerungen in diesem Segment reagiert. Zu den hohen Überbeständen hat weiterhin beigetragen, dass in den letzten Jahren aus Wettbewerbsgründen eine Anpassung der Produktion an das tatsächliche Marktvolumen in Europa nicht vorgenommen wurde.

Um die hohen Bestände nicht noch weiter steigen zu lassen und um die für den laufenden Geschäftsbetrieb benötigte Liquidität zu generieren, wurde beschlossen, mit einer aggressiven Vertriebsstrategie und unter Gewährung von hohen Sonderrabatten bis zu 25% bzw. Sonderkonditionen die Flugzeuge im Markt zu platzieren. Dies zog nach sich, dass die Bruttomarge erheblich sank und dadurch bedingt sich die ohnehin angespannte Liquiditätssituation stetig verschärfte. Der damit einhergehende Verlust betrug rund € 8 Mio. Diese negative Entwicklung konnte nicht rechtzeitig durch eingeleitete Gegenmaßnahmen zur Kosteneinsparung, wie bspw. die Durchsetzung von Kostensenkungen und die Realisierung stiller Reserven, kompensiert werden. Das traditionell ohnehin geringe Eigenkapital war in der Folge schnell aufgebraucht.

Hinzu kommt, dass in den Jahren vor Insolvenzantragstellung die Anzahl der von dem Unternehmen angebotenen Modelle deutlich überproportional zum Umsatz gestiegen ist. Diese Entwicklung ging zu Lasten der Produktionseffizienz und führte zu erhöhten Entwicklungs-, Produktions-, Konstruktions- und Werbungskosten. Einen weiteren negativen Effekt auf die Liquidität verursachte die verzögerte Fakturierung von verkauften Musterflugzeugen.

Aufgrund der im Geschäftsjahr 2007/2008 eingetretenen negativen Geschäftsentwicklung wurden bereits im Vorfeld der Insolvenz in enger Abstimmung mit den beteiligten Poolbanken verschiedene Restrukturierungskonzepte in Zusammenarbeit mit einer von der Geschäftsführung beauftragten Unternehmensberatung erstellt. Seitens der Banken wurde die Kreditgewährung u. a. davon abhängig gemacht, dass die schlechte Eigenkapitalsituation des Unternehmens durch die Hereinnahme eines Finanzinvestors oder eines strategischen Investors verbessert wird. Im Rahmen der Finanzierungsverhandlungen mit den Poolbanken in Bezug auf den für die Wintermonate benötigten Saisonkredit wurden die vorgelegten Restrukturierungskonzepte mit den Banken diskutiert. Parallel wurde mit potentiellen Investoren verhandelt. Nach der Vorlage von indikativen Angeboten hätte jedoch seitens der Interessenten oder der Banken frisches Geld für die Phase der due dilligence zur Verfügung gestellt werden müssen. Dazu bestand jedoch letztlich keine Bereitschaft. Ein externer Investor als Finanzgeber konnte ebenfalls in der Kürze der Zeit nicht gefunden werden. Die außergerichtlichen Sanierungsbemühungen waren gescheitert. Der Saisonkredit wurde abgelehnt.

Verfahrensablauf

Das Unternehmen hat im Oktober 2008 Antrag auf Eröffnung des Insolvenzverfahrens über ihr Vermögen wegen Zahlungsunfähigkeit und Überschuldung gestellt. Das Insolvenzverfahren wurde im Januar 2009 eröffnet. Das in Insolvenz geratene Unternehmen wurde im Rahmen einer übertragenden Sanierung im selben Monat der Verfahrenseröffnung an einen Finanzinvestor verkauft. Ca. 700 der ca. 1.100 Arbeitsplätze konnten dadurch erhalten bleiben. Der Investor hat den Kauf über eine Landesbürgschaft und Eigenmittel finanziert. Das Insolvenzverfahren ist noch nicht abgeschlossen, da in Verbindung mit dem verbleibenden, sich in Liquidation befindlichen Rechtsträger noch einige Fragen zu klären sind. Zur Dauer des noch laufenden Insolvenzverfahrens sowie zu einer eventuellen Quote für die Gläubiger konnte der Insolvenzverwalter zum heutigen Zeitpunkt noch keine Aussage treffen.

Reaktivierungsmaßnahmen

Verhandlungen mit Sicherungsgläubigern

Die besondere Problematik bei dem hier betrachteten Unternehmen war, dass die bei Antragstellung vorgefundene Liquidität für ein Unternehmen dieser Größenordnung sehr gering war. Zudem waren nahezu sämtliche Vermögensgegenstände, insbesondere auch die im Bestand befindlichen Flugobjekte, besichert und die Forderungen aus Lieferungen und Leistungen waren weitgehend an Factoringgesellschaften oder die beteiligten Poolbanken abgetreten. Ferner ruhte die Produktion bei Antragstellung bereits und Kurzarbeit war angeordnet. So war zum Zeitpunkt der Insolvenzantragstellung mit keinen nennenswerten Massezuflüssen, die eine Finanzierung der Betriebsfortführung gesichert hätten, zu rechnen.

In diesem Zusammenhang wurde umgehend nach Antragstellung mit den Poolbanken, den Factoringgesellschaften und den Eigentumsvorbehaltslieferanten Verhandlungen geführt mit dem Ziel, eine Sicherheitenabgrenzungs- und Verwertungsvereinbarung zu treffen. Ziel der Gespräche war vorrangig, die Fortführung des Geschäftsbetriebes durch finanzielle Beiträge der Sicherungsgläubiger zu ermöglichen, um eine bestmögliche Verwertung im Rahmen eines Investorenprozesses nicht von vornherein zu vereiteln. Dabei mussten die Sicherungsgläubiger an den Kosten der Aufrechterhaltung der betrieblichen Strukturen angemessen beteiligt werden. Die Gespräche gestalteten sich aufgrund der divergierenden Interessenlagen der Vielzahl der beteiligten Sicherungsgläubiger als äußerst schwierig und zeitaufwändig.

Letztlich konnte im Mai 2009, also fünf Monate nach Eröffnung des Insolvenzverfahrens, eine Sicherheitenabgrenzungs- und Verwertungsvereinbarung abgeschlossen werden. Im Sinne dieser Vereinbarung war der Insolvenzverwalter berechtigt, von den Verwertungserlösen aller Sicherungsgüter vorab und ohne gesonderte Zustimmung der Sicherungsgläubiger die anfallenden Verwertungskosten zu entnehmen, die direkt oder indirekt im Zusammenhang mit der Verwertung der Sicherungsgüter stehen und auch der Erhaltung der betrieblichen Strukturen des Unternehmens dienen. Soweit sich aus der Verwertung der Sicherungsgüter unter Berücksichtigung der Verwertungskosten ein Überschuss der Verwertungserlöse ergab, regelte die Vereinbarung die Verteilung des Netto-Erlöses. Daran partizipierte die Insolvenzmasse nach einem gestaffelten Verhältnis. Damit war die Fortführung des Not leidenden Unternehmens kurzfristig finanziert.

Gewährleistungen

Eine der vordringlichsten Problemstellungen nach Anordnung der vorläufigen Insolvenzverwaltung zum Erhalt des Unternehmens war die Frage der Behandlung von Gewährleistungen sowohl für bereits verkaufte und ausgelieferte Flugzeuge (Altflugzeuge) als auch für die ab Antragstellung zu verkaufenden Fluggeräte (Neuflugzeuge). Die seitens des Unternehmens eingeräumte Gewährleistung betrug grundsätzlich zwei

Jahre. Grundsätzlich hätten die Gewährleistungsforderungen für Altflugzeuge einfache Insolvenzforderungen dargestellt, die am Ende des Insolvenzverfahrens quotal befriedigt worden wären. Ein solches Vorgehen hätte jedoch voraussichtlich einen erheblichen, irreparablen und nachhaltigen Image- und Markenschaden ausgelöst. Es stand zu befürchten, dass im Falle eines solchen Vorgehens die Flugzeuge des Unternehmens aufgrund der damit einhergehenden Signalwirkung im Markt unverkäuflich gewesen wären. Dies hätte sich unmittelbar negativ auf die Betriebsfortführung und den eingeleiteten Verkaufsprozess ausgewirkt, die Marken wären massiv entwertet worden.

Vorstehendes berücksichtigend hat der vorläufige Insolvenzverwalter zusammen mit den beteiligten Banken, zu deren Gunsten die Marken verpfändet waren, und den Händlern, die Gewährleistungsansprüche der Kunden entgegennahmen, Verhandlungen geführt. Für Neufahrzeuge stand von Beginn an fest, dass sich diese nur verkaufen lassen, wenn die Gewährleistung für diese Flugzeuge sichergestellt ist. Für Altflugzeuge wurde eine Einigung dahingehend erzielt, dass die Banken im Falle von solchen Gewährleistungen einer kostenfreien Lieferung von Ersatzteilen an die Händler zustimmen und diese wiederum die jeweils vorzunehmenden Gewährleistungsarbeiten auf eigene Kosten durchführen. Im Ergebnis leisteten die Händler damit einen wichtigen Sanierungsbeitrag für die Fortführung und den Bestand des Not leidenden Unternehmens. Ein solcher Beitrag wäre im Rahmen freier Sanierungsbemühungen eher unwahrscheinlich gewesen.

Initiierung eines Investorenprozess

Bereits kurz nach Anordnung der vorläufigen Verwaltung kristallisierte sich heraus, dass eine dauerhafte Fortführung des Geschäftsbetriebs nur durch einen Investor erfolgen kann. Das Unternehmen verfügte nicht ansatzweise über die zu seinem Erhalt benötigten finanziellen Mittel. Zudem bestand im Unternehmen erheblicher Um- und Restrukturierungsbedarf, der wiederum einen hohen Investitionsaufwand mit sich gebracht hätte. Abgesehen davon war davon auszugehen, dass nur durch einen neuen Investor der durch die Insolvenz sowohl bei den Händlern als auch bei den Endkunden eingetretene immense Vertrauensverlust wieder beseitigt werden konnte. So wurde umgehend mit einer weltweiten Investorensuche begonnen. Dem kam entgegen, dass bereits im Vorfeld der Insolvenz Verhandlungen mit zahlreichen Investoren mit dem Ziel geführt wurden, um die sich drastisch verringernde Eigenkapitalposition des Unternehmens zu stärken.

Im Rahmen des Investorenprozesses wurden rund 70 potentielle Interessenten angesprochen. Parallel dazu wurde eine Unternehmensberatung vom vorläufigen Insolvenzverwalter mit der Erstellung eines Restrukturierungskonzeptes für einen potentiellen Investor beauftragt. Dies geschah vor dem Hintergrund, dass der gesamte Markt für die Produkte des Unternehmens eingebrochen war und verlässliche und planbare Absatzzahlen nicht aus den Vergangenheitswerten abgeleitet werden konnten. Die Beauftragung einer Unternehmensberatung war aufgrund der hohen Zerfallsgeschwindigkeit und dem daraus resultierenden geringen Zeitfenster für die Investorensuche von erheblicher Relevanz, da ansonsten ein potentieller Investor mangels Entscheidungs- und Planungsgrundlage kein seriöses Angebot hätte abgeben können. Es war jedoch nicht auszuschließen, dass es trotz der intensiven Bemühungen um Investoren in Anbetracht der aktuellen Finanzkrise zu einer weitgehenden Zerschlagung des Unternehmens kommen würde. Strategische Investoren hatten aufgrund der als schwierig einzustufenden gesamtwirtschaftlichen und marktspezifischen Rahmenbedingungen kaum Interesse, sie hatten selbst mit dem enormen Absatzeinbruch zu kämpfen. Finanzinvestoren hatten in der vorherrschenden angespannten Wirtschaftslage nur sehr eingeschränkt Zugang zu risikobereitem Fremdkapital.

So war dem vorläufigen Insolvenzverwalter bereits zu Beginn klar, dass eine Betriebsfortführung im eröffneten Verfahren ausschied, wenn kein Investor für das Unternehmen gefunden wird. Das Unternehmen verfügte weder über ausreichende liquide Mittel, noch war es in der Lage, Sicherheiten zu stellen, um Löhne und Gehälter zahlen zu können und unter Vollkosten den Geschäftsbetrieb aufrecht zu erhalten. Darüber hinaus wäre eine Betriebsfortführung mit weiteren Verlusten in erheblicher Höhe verbunden gewesen, welche innerhalb kürzester Zeit auflaufen würden und damit zu einer Aufzehrung der Insolvenzmasse geführt hätten.

Sanierungsverhandlungen in Bezug auf Tochterunternehmen

Die Insolvenzantragstellung durch das hier betrachtete Unternehmen wirkte sich unmittelbar auf das ungarische Tochterunternehmen, bei dem ein Teil der Flugzeuge produziert wurde, aus. Dieses war sowohl was die Materiallieferungen für die Produktion als auch die Umsätze betraf vollumfänglich abhängig von dem Mutterunternehmen. Durch die Schieflage des Mutterunternehmens konnte auch das Tochterunternehmen seine Gläubigerforderungen nicht mehr in ausreichendem Maße befriedigen. Einzelne Gläubiger hatten bereits mit einem Insolvenzantrag gedroht.

Die Stellung eines Insolvenzantrages gegen die ungarische Tochtergesellschaft hätte nicht absehbare Folgen sowohl für den Geschäftsbetrieb des Mutterunternehmens als auch für den aufgesetzten internationalen Investorenprozess nach sich gezogen. Daher wurden intensive Verhandlungen über Stundungsmöglichkeiten mit den Lieferanten, Banken, den ungarischen Sozialversicherungsträgern und Finanzbehörden sowie sonstiger Gläubiger zur Vermeidung eines Insolvenzantrages geführt. Letztlich wurden infolge der umfangreichen Verhandlungen mit den Hauptgläubigern und mit dem Ziel, einen wichtigen Kunden nicht zu verlieren, Stundungsvereinbarungen getroffen. Darüber hinaus wurde erreicht, dass die involvierten deutschen und ungarischen Finanzinstitute den zuvor von der Insolvenzverwaltung konkret ermittelten Finanzierungsbedarf des Tochterunternehmens übernahmen.

Insolvenzgeld

Unmittelbar nach Insolvenzantragstellung hat der vorläufige Insolvenzverwalter die Insolvenzgeldvorfinanzierung der Arbeitnehmer in Deutschland vorbereitet. Dies geschah, um die störungsfreie Aufrechterhaltung der Betriebstätigkeit sicherzustellen. Die zuständigen Agenturen für Arbeit haben die Zustimmung zur Insolvenzgeldvorfinanzierung der Löhne und Gehälter für die Monate Oktober bis Dezember 2008 erteilt. Daraufhin wurden die Verträge mit der vorfinanzierenden Bank erstellt und die Forderungskaufverträge unterzeichnet.

Personalabbau

Es stand von Beginn der Insolvenzantragstellung fest, dass selbst mit einer Investorenlösung für die Zeit nach Eröffnung des Insolvenzverfahrens eine Produktion in dem Umfang wie sie vor Antragstellung stattgefunden hatte, wirtschaftlich nicht mehr möglich war. Zur Erreichung eines Sanierungserfolges waren also erhebliche Einsparungen zwingend notwendig. Insbesondere war die vorhandene Personalstärke zu reduzieren.

So wurden Betriebsvereinbarungen zur Durchführung von Transfergesellschaften verhandelt, um den geplanten Personalabbau sozialverträglicher zu machen. Die Arbeitnehmer sollten durch den Abschluss eines Aufhebungsvertrages mit dem Insolvenzverwalter und gleichzeitigem Abschluss eines neuen Arbeitsvertrages mit dem Träger der Transfergesellschaft die Möglichkeit erhalten, aus dem insolventen Betrieb auszuscheiden und in die Transfergesellschaft zu wechseln. Aufgrund der Feststellung, dass diese Maßnahme nur im Falle eines günstigen Verlaufs des Investorenprozesses aus Verkaufserlösen würde finanziert werden können, wurde parallel die Betriebsstilllegung in Verbindung mit der Verhandlung eines Interessenausgleichs und eines Sozialplanes vorbereitet.

Ferner war der Erwerber des hier betrachteten Unternehmens nur unter der Bedingung zum Erwerb der Vermögensgegenstände bereit, dass nicht alle Arbeitnehmer des Unternehmens gemäß § 613a BGB auf ihn übergehen würden. Aus diesem Grund war die Zwischenschaltung von Transfergesellschaften erforderlich, in die die Arbeitnehmer des Unternehmens unmittelbar, d.h. ohne einen Tag Arbeitslosigkeit, überführt werden mussten. Die Kosten der Transfergesellschaft waren dabei teilweise vom Unternehmen selbst zu tragen. Diesen Anteil musste das Unternehmen aber mangels Masse aus dem am Tag des Vollzugs des Kaufvertrags fällig werdenden Kaufpreises leisten. Ein wesentlicher Bestandteil des Kaufvertrages war dann die Übernahmeverpflichtung von Arbeitnehmern aus den Transfergesellschaften. So stellte der Erwerber nach Vollzug des Kaufvertrages 650 Arbeitnehmer von den ursprünglich 1.100 Arbeitnehmern aus dem Personalbestand der eingerichteten Transfergesellschaften ein.

Fallanalyse

Bei dem vorstehend betrachteten Unternehmen handelt es sich wie schon in der ersten Fallstudie um ein Großunternehmen, das wegen Zahlungsunfähigkeit und Überschuldung Insolvenz anmelden musste. Wieder ist es ein öffentlichkeitswirksames Insolvenzverfahren. Im Ergebnis konnten zwei Drittel der Arbeitsplätze und zwei Produktionsstandorte, die regional bedeutsam sind, erhalten werden. Eine Besonderheit in diesem Insolvenzverfahren war, dass bei Insolvenzantragstellung dem Insolvenzverwalter keinerlei Liquidität mehr zur Verfügung stand, um das Unternehmen fortzuführen. Es existierte eine Vielzahl von im gesamten Vermögen des Unternehmens gesicherten Gläubigern. Hauptaufgabe hier war die Vielzahl der Beteiligten dazu zu bewegen, Beiträge zur Beseitigung der Illiquidität des Not leidenden Unternehmens zu leisten, um diesem überhaupt eine Option auf Fortführung und Sanierung zu geben. Dieses Bestreben war im Rahmen dieses Insolvenzverfahrens erfolgreich. Hintergrund der Bereitschaft der besicherten Gläubiger war, dass es ihnen an einer eigenen Vertriebsstruktur fehlte, um ihr Sicherungsgut zu verwerten. Eine sofortige Einstellung aller Geschäftsaktivitäten der Insolvenzschuldnerin hätte zu ganz erheblichen Wertabschlägen auch bei den besicherten Gläubigern geführt.

Im Rahmen des Insolvenzeröffnungsverfahrens konnte erreicht werden, dass die Kunden des Not leidenden Unternehmen, nämlich die Händler, Gewährleistungsmaßnahmen an Flugzeugen ihrer Endkunden kostenlos durchführten. Neben diesem Sanierungsbeitrag der Händler leisteten die im Ersatzteillager besicherten Gläubiger ebenfalls einen Sanierungsbeitrag, indem sie der kostenfreien Freigabe von Ersatzteilen in Gewährleistungsfällen zustimmten. Diese Sanierungsbeiträge waren für den Fortbestand des Unternehmens von großer Bedeutung. Wären die Gewährleistungsfälle von Endkunden nicht mehr abgenommen worden, hätte das zu einer irreparablen Rufschädigung geführt. Zu solchen Beiträgen wären die Beteiligten bei außergerichtlichen Sanierungsbemühungen vermutlich nicht bereit gewesen.

Wesentlicher Auslöser der Krise war, dass das Not leidende Unternehmen eine technologische Entwicklung bzw. Veränderung verschlafen hat bzw. sich nicht rechtzeitig auf die sich verändernde Nachfragesituation auf dem Markt reagiert hat. Diese zunächst aufgrund strategischer Fehlentscheidungen entstehende Strategiekrise hat sich zu einer Ertrags- und Liquiditätskrise mit dem typischerweise einhergehenden Liquiditätsengpass ausgeweitet. Letztlich war Auslöser der Insolvenz, dass nicht mehr ausreichend Liquidität zur Verfügung stand und seitens der Beteiligten keine Bereitschaft mehr bestand, weitere Finanzmittel zur Verfügung zu stellen. Die freie Sanierung ist im Grunde daran gescheitert, dass die Bank ihre Bereitschaft zur Finanzmittelbereitstellung von der Bereitschaft anderer Gläubiger oder Dritter abhängig gemacht hat, dasselbe zu tun. Andere Gläubiger waren hierzu nicht bereit und externe Finanzgeber konnten in der Kürze der Zeit nicht gefunden werden.

Als Verfahrensart zur Reaktivierung des Not leidenden Unternehmens wurde die übertragende Sanierung gewählt. Ein Insolvenzplanverfahren kam zum einen aufgrund des erheblichen Vertrauensverlustes der Beteiligten in das Not leidende Unternehmen und zum anderen aufgrund der Tatsache, dass das Unternehmen über keinerlei interne Finanzmittel und Vermögen mehr verfügte, nicht in Frage.

In vorliegendem Fall musste in der Insolvenzantragsphase alles daran gesetzt werden, den Geschäftsbetrieb des Unternehmens aufrecht zu erhalten, um im Investorenprozess ein lebendes Unternehmen anbieten zu können. Dies galt ebenso für das sich nicht in einem Insolvenzverfahren befindliche Tochterunternehmen. Anderenfalls wären die betrieblichen Strukturen unwiederbringlich zerfallen und es wäre von vorneherein einzig ein Zerschlagungsszenario mit dem damit einhergehenden erheblichen Werteverlust verblieben. Hauptsächliche Maßnahme zur Schonung der Liquidität war wieder die Finanzierung der Löhne über Insolvenzgeld.

Wieder lagen bereits vor Insolvenzantragstellung erarbeitete Restrukturierungskonzepte vor. Hervorzuheben ist bei dieser Fallstudie, dass der vorläufige Insolvenzverwalter sogar ein den neuen Umständen angepasstes Restrukturierungskonzept für einen potentiellen Erwerber in Auftrag gegeben hat, um diesem eine Entscheidungs- und Planungsgrundlage zu geben und den Verkauf im Hinblick auf die schnelle Übertragung auf einen finanzstarken Investor voranzutreiben. Eine wesentliche Reaktivierungsmaßnahme war hier also auch die Vorbereitung eines Sanierungskonzeptes für das Unternehmen nach erfolgter Übertragung auf einen Investor.

Ebenso wie in der ersten Fallstudie konnte im Ergebnis ein in finanzielle Nöte geratenes Not leidendes Unternehmen über die Insolvenz von seinen Schulden bereinigt und dadurch wieder für Käufer interessant gemacht werden. Der Erwerber des Unternehmens war eine ausländische Unternehmensgruppe, die auf die Sanierung von angeschlagenen Unternehmen spezialisiert ist. Ihm war nicht nur daran gelegen, das Unternehmen in seiner jetzigen Form weiterzuführen, sondern er hatte das Ziel, das Unternehmen europaweit auszubauen und neu auszurichten. Geplant hat der Käufer dabei auch Zukäufe in derselben Branche, damit das Unternehmen europaweit zum Marktführer werden kann. Heute, ein Jahr nach der Übernahme, erzielt das Unternehmen nach weiteren Restrukturierungsmaßnahmen eigenen Angaben zufolge eine schwarze Null.

4.2.3 Fallstudie 3 zur Eigenverwaltung mit Insolvenzplan

Hintergrundinformationen und Auslöser der Krise

Bei der hier betrachteten Fallstudie handelt es sich um eine Schiffwerft, die insbesondere Reparaturen, Umbauten und Erweiterungen von großen Schiffen durchführte.

Im Jahr 2004 standen der Fertigbau und die Auslieferung eines großen Passagierschiffes an einen großen Reeder an. Aufgrund einer Verkettung unglücklicher Umstände sank dieses Passagierschiff in einer Sturmnacht im Januar 2004 auf Grund und lag bis Deck vier unter Wasser. Der Schaden war durch eine entsprechende Versicherung gedeckt. Hier lag das Problem aber darin, dass eine Einigung der Schadensregulierung mit 64 aus dem In- und Ausland stammenden Versicherungen nicht kurzfristig in vollem Umfang erfolgen konnte. Der Reeder stellte bis zur Bergung und Ursachenfeststellung jegliche weitere Zahlungen an die Werft ein. Zu diesem Zeitpunkt hatte das Unternehmen aber erhebliche Vorleistungen in Form von Eigen- und Fremdleistungen erbracht. Die in diesem Zusammenhang entstandenen Verbindlichkeiten aus Lieferungen und Leistungen sollten zumindest zum Teil durch die am Ende Januar fällige nächste Kundenzahlung über € 37 Mio. ausgeglichen werden. Aufgrund des Unglücks im Januar 2004 teilte der Reeder jedoch mit, dass er die vom Unternehmen angeforderte und vereinbarte Rate nicht zahlen würde. Das Unternehmen musste in Folge dessen im Februar 2004 wegen Zahlungsunfähigkeit einen Insolvenzantrag stellen.

Durch die Schiffs-Havarie verzögerten sich der Fertigbau und die Auslieferung des Schiffes erheblich. Dem Reeder stand gemäß Schiffsbauvertrag mit der Werft wegen der verspäteten Ablieferung des Schiffes ein Kündigungsrecht zu. Zudem bewirkte die verspätete Auslieferung eine Vertragsstrafe in zweistelliger Millionenhöhe. Unabhängig der Frage, ob die Vertragsstrafe von einer Versicherung gedeckt ist oder nicht, bedeutet dies die Illiquidität des Unternehmens, da der Zahlungsfluss bis zur Klärung dieser Frage unterbrochen war.

Wesentliche vom Insolvenzverwalter ergriffene Reaktivierungsmaßnahmen

Sicherung des Auftragsbestandes

Der vorläufige Insolvenzverwalter führte zusammen mit der Geschäftsführung der Werft umfangreiche Gespräche mit den beteiligten Kreditinstituten und den zuständigen öffentlichen Stellen. Von dem involvierten Bankenkonsortium wurde der Werft ein Massekredit über € 10 Mio. zur Verfügung gestellt. Dieser Kredit wurde durch bankübliche Besicherung, nämlich die Abtretung der nach Insolvenzantragstellung entstandenen Forderungen und sonstiger, bislang unbelasteter Aktiva, abgesichert. Dadurch war das Unternehmen wieder in der Lage alle laufenden Aufträge unabhängig von den mit der Schiffs-Havarie zusammenhängenden Problemen fortzuführen.

Ferner hat der vorläufige Insolvenzverwalter zusammen mit der Geschäftsführung die Verhandlungen mit den Versicherern zur Deckung der Kosten für die Bergung, die Schadensminderung und die Wiederherstellung nach Insolvenzantragstellung fortgeführt. Hier konnte nach intensiven Verhandlungen im Juli 2004 eine Vereinbarung zwischen Reeder und der Werft erreicht werden, in der sich die Versicherer dazu bereit erklärten, dass sie bis zu € 178 Mio. zur Wiederherstellung des Schiffes zahlen werden. Die Verhandlungen mit den Versicherungen haben sich unter anderem deshalb als nachhaltig schwierig dargestellt, als die Schadenshöhe innerhalb von Europa in dieser Branche bislang beispiellos war. Ferner mussten insgesamt 63 Versicherer aus dem In- und Ausland der Vereinbarung zustimmen, nachdem der führende Versicherer die ihm zustehende Führungsklausel wegen der Höhe des Schadens nicht ausgeübt hat.

Mit der Reederei des auf Grund gelaufenen Schiffes war ein Schiffbauvertrag abgeschlossen worden. Dieser sah bei verspäteter Ablieferung vor, dass der Reeder ein Kündigungsrecht mit der Rechtsfolge erwirbt, dass die bisher geleisteten Anzahlungen zurückverlangt werden konnten. Zudem wurde eine Vertragsstrafe zugunsten des Reeders in Höhe von € 30 Mio. fällig. Die Ansprüche des Reeders waren durch Bankgarantien von insgesamt € 35 Mio. insolvenzfest abgesichert. Die Garantien der Banken waren ihrerseits über eine Hinterlegung von über € 18 Mio. an Eigenmitteln der Werft als auch über die Gestellung von Grundschulden insolvenzfest gesichert. Die Aufkündigung des Vertrages und die Einforderung der Vertragsstrafe hätte das finanzielle Aus für das Unternehmen bedeutet.

Zusammen mit der Geschäftsführung musste der vorläufige Insolvenzverwalter intensive Verhandlungen über den Fertigbau des verunglückten Schiffes mit dem Reeder aufnehmen. Im Laufe des Insolvenzeröffnungsverfahrens konnte mit dem Reeder eine Regelung in Form einer Vertragsergänzung zu dem ursprünglichen Schiffbauvertrag gefunden werden. Die Regelung berücksichtigte nicht nur die berechtigten Interessen der Lieferanten an einer Quotenerwartung, sondern auch die Interessen des Reeders an einer hinreichenden Kompensation des Verzögerungsschadens und die Interessen der Werft an einer kostendeckenden Fertigstellung des Projektes. Der Reeder war bereit, auf die sofortige Fälligstellung seiner Ansprüche unter Inanspruchnahme der Garantien zu verzichten. Stattdessen wurde seine Forderung über € 30 Mio. aus der verzögerten Ablieferung des Schiffes gestundet und gleichzeitig ein Rangrücktritt gegenüber den übrigen aktuellen und künftigen Gläubigern der Werft vereinbart. Zudem haben die Gesellschafter des Werftunternehmens den Schuldbeitritt zur gestundeten Vertragsstrafe erklärt.

Insolvenzgeld

Die Agentur für Arbeit hat unmittelbar nach Insolvenzantragstellung der Werft einer Vorfinanzierung des Insolvenzausfallgeldes für die Monate Februar, März und April 2004 zugestimmt. Insgesamt wurden an die Mitarbeiter bis zur Eröffnung des Insolvenzverfahrens rund € 3,8 Mio. an Insolvenzgeld ausgezahlt.

Eigenverwaltung und Insolvenzplan

Verfahrensablauf

Mit Insolvenzantragstellung im Februar 2004 hat die Geschäftsführung ebenfalls einen Antrag auf Eigenverwaltung gem. §§ 270ff. InsO eingereicht. Das Insolvenzgericht hat einen vorläufigen Insolvenzverwalter bestellt und ihn zugleich als Sachverständigen beauftragt, zu prüfen, ob ein Insolvenzeröffnungsgrund vorliegt, welche Aussichten für die Fortführung des schuldnerischen Unternehmens bestehen und ob das schuldnerische Vermögen die Kosten des Verfahrens decken wird. Das Gutachten hat ergeben, dass das Unternehmen zahlungsunfähig war, die erwartete freie Masse zur Deckung der Verfahrenskosten ausreicht und dass seitens des vorläufigen Insolvenzverwalters keine Bedenken gegen den Antrag der Geschäftsführung auf Anordnung der Eigenverwaltung bestehen.

Das Insolvenzverfahren wurde daraufhin im Juni 2004 eröffnet, die Eigenverwaltung angeordnet und der vorläufige Insolvenzverwalter zum Sachwalter bestellt. Im Berichtstermin fünf Monate nach Insolvenzantragstellung erging ein einstimmiger Beschluss, dass der Geschäftsbetrieb fortgeführt, die vom Insolvenzgericht angeordnete Eigenverwaltung sowie der vom Gericht eingesetzte Sachwalter und Gläubigerausschuss bestätigt und der Sachwalter gem. §§ 217ff. InsO beauftragt wurde, einen Insolvenzplan zu erstellen. Ein solcher Insolvenzplan wurde im September 2004 den Gläubigern präsentiert. Mitte 2005 konnte das Verfahren mit Bestätigung des Insolvenzplans bereits aufgehoben werden.

Inhalt des Insolvenzplans

Wesentlicher Baustein für die Finanzierung des Insolvenzplans stellte die Stundung der Reeder-Forderung aus der Vertragsstrafe durch verspätete Ablieferung des Unglückschiffs dar. Nur durch die dadurch gesparte Liquidität konnte die Werft Quotenzahlungen an die Gläubiger anbieten. Der Reeder hat auf die sofortige Fälligstellung seiner Ansprüche aus verspäteter Auslieferung unter Inanspruchnahme der Garantien verzichtet. Die Forderung von € 30 Mio. wurde gestundet und gleichzeitig ein Rangrücktritt gegenüber den aktuellen und künftigen Gläubigern des Unternehmens vereinbart. Die Tilgung der Vertragsstrafe erfolgte in Abhängigkeit von den zukünftigen Überschüssen der Werft nach Erfüllung des Planverfahrens. Aufgrund der Stundung der Forderung aus der Vertragsstrafe durch verspätete Ablieferung hatte die Werft eine um diesen Betrag verbesserte Liquidität. Erst diese verbesserte Liquidität ermöglichte es der Werft, den Insolvenzplan zu erfüllen. Nur die Stundung der Vertragsstrafe ermöglichte eine Quotenzahlung an die Gläubiger.

Der darstellende Teil des Insolvenzplans beinhaltete eine Darstellung der aktuellen Situation des Unternehmens unter Darlegung der Insolvenzursachen, der Entwicklung der wirtschaftlichen Situation bis heute und der wesentlichen Vertragsverhältnisse. Im Weiteren wurden die beiden operativen Maßnahmen zur langfristigen Stärkung der Werft, nämlich der Erhalt der Zahlungsfähigkeit und die Steigerung der Wettbewerbsfähigkeit erörtert. Die Fortführung des Geschäftsbetriebes setzte voraus, dass die Gesellschaft mit hinreichendem Kapital ausgestattet wird, um eine dauerhafte Fortführung zu ermöglichen und eine erneute Insolvenzantragstellung zu vermeiden. Hierfür hatte der Insolvenzverwalter auf Basis der Analyse des historischen Liquiditätsbedarfes den zukünftigen Kapitalbedarf abgeleitet. Im Ergebnis benötigte die Werft eine Mindestliquiditätsreserve in Höhe von € 20 Mio. als Betriebsmittel und € 10 Mio. für Avallinien zur Bestellung von Sicherheiten, demnach mindestens € 30 Mio. als Barreserve. Des Weiteren war Voraussetzung für eine dauerhafte Sanierung die Steigerung der Wettbewerbsfähigkeit der Werft. Zu diesem Zweck wurden im Rahmen des Insolvenzverfahrens zum einen operative Maßnahmen wie die Erhöhung und Verstetigung von Vertriebstätigkeiten, der Abschluss eines Sanierungstarifvertrages und die Senkung der Infrastrukturkosten durchgeführt. Zum anderen musste die Kapitalbasis des Unternehmens gestärkt werden. Um dieses Ziel zu erreichen, sollten neue Gesellschafter gegen Kapitalerhöhung aufgenommen werden. Für die Aufnahme neuer Gesellschafter musste Rechtssicherheit auf der Passiv- seite der Werft bestehen, d. h. dem Insolvenzplanverfahren musste zugestimmt werden.

Ferner enthielt der darstellende Teil des Insolvenzplans eine Ermittlung der Verteilungsmassen bei Liquidation und bei Annahme des Insolvenzplans. Die Verteilungsmasse und die sich daraus ergebende Quote wurden anhand der Darstellung der Aktiva des Unternehmens, der Masseverbindlichkeiten und der Insolvenzforderungen jeweils im Falle der Liquidation bzw. der Fortführung ermittelt. Die Verteilungsmasse bestimmte sich aus dem Vermögen des Unternehmens nach Abzug der Gläubigerforderungen, die in diesem Vermögen besichert waren. Die Masseverbindlichkeiten im Falle der Liquidation beinhalteten im vorliegenden Fall die im Insolvenzzeitraum begründeten Verbindlichkeiten, die geschätzten Kosten des Insolvenzverfahrens, die Kosten für anfallende Garantierückstellungen, die Auslaufkosten der knapp 500 Mitarbeiter, die voraussichtlichen Kosten des Sozialplans und die Stilllegungskosten für die bestehenden Infrastruktureinrichtungen. Diese Masseverbindlichkeiten wurden von der Verteilungsmasse abgezogen und den Forderungen der ungesicherten Gläubiger gegenübergestellt. Im vorliegenden Fallbeispiel ergab sich dabei bei Liquidation des Unternehmens eine Quote von 3%.

Im Falle der Fortführung des Unternehmens stand weniger Unternehmensvermögen als Verteilungsmasse für die Gläubiger zur Verfügung, weil es in der Regel größtenteils betriebsnotwendig war. Dafür verblieb als Verteilungsmasse das Barvermögen des Unternehmens, das sich aus der erfolgreichen Durchführung des Havarie-Projektes ergeben hatte. Aufgrund der Stundung der Forderung aus der Vertragsstrafe durch verspätete Ablieferung an den Reeder hatte die Werft eine um diesen Betrag verbesserte Liquidität, die sie zur Befriedigung der Insolvenzgläubiger einsetzen konnte. Im vorliegenden Fallbeispiel ergab sich bei Annahme des Plans eine Quote von 30% auf die Forderungen der ungesicherten Gläubiger bzw. auf 100% auf die Forderungen der Arbeitnehmer und Kleingläubiger. Zuletzt wurden im darstellenden Teil des Insolvenzplans die Grundsätze der Gruppenbildung erläutert, die im gestaltenden

Teil näher definierten Besserungsscheine ausgelobt und die Entscheidungsalternativen für die Gläubiger zusammengefasst.

Der gestaltende Teil beinhaltete die im Insolvenzplanverfahren vorgesehenen Regelungen für die Gläubigergruppen. Es wurden insgesamt fünf Gläubigergruppen gebildet. Die Arbeitnehmer sollten 100% als Verteilungszahlung erhalten. Kleingläubiger mit Forderungen bis zu € 7.500 sollten 100% ihrer Forderungen erhalten. Auf die Forderungen der mittelbaren und unmittelbaren Gesellschafter sollte keine Quote bezahlt werden. Der Pensionssicherungsverein sollte 30% seiner festgestellten Forderungen zuzüglich einer eventuellen Erhöhung aus Besserungsscheinen erhalten. Zuletzt sollten die sonstigen Gläubiger 30% ihrer Forderungen zuzüglich einer eventuellen Erhöhung aus Besserungsscheinen bekommen.

Der Insolvenzplan sah im gestaltenden Teil auch Besserungsscheine vor und regelte diese ebenfalls im darstellenden Teil. So standen 50% des Überschusses an nicht betriebsnotwendiger Liquidität, der durch den operativen Geschäftsbetrieb nach Berücksichtigung der im Insolvenzplan vorgesehenen Verteilungsquoten erwirtschaftet werden konnte, den Gläubigern zu. Die verbleibenden 50% sollten von der Werft zur Tilgung des Darlehens des Reeders über € 30 Mio. verwendet werden. Der Besserungsschein war begrenzt auf eine Anhebung der Quote auf bis zu 40%. Des Weiteren sah der Insolvenzplan vor, dass 100% jener Erträge, die der Sachwalter im Rahmen von insolvenzrechtlich anfechtbaren Rechtshandlungen realisieren würde, den Gläubigern zustehen. Der dritte Besserungsschein bestimmte, dass Ausschüttungen an heutige mittel- und unmittelbare Gesellschafter und Erlöse aus Anteilsverkäufen den Gläubigern ebenfalls zu 100% zustehen sollten. Die Besserungsscheine waren zeitlich befristet bis zum 31.12.2007.

Fallanalyse

Der vorstehend beschriebene Fall verbindet zwei wesentliche Verfahrensarten eines Insolvenzverfahrens: die Eigenverwaltung und den Insolvenzplan. Diese Kombination war hier möglich gewesen, da die Insolvenzursache des Unternehmens nicht in Managementfehlern begründet lag und das Vertrauen zwischen Unternehmen und Kunden in der Krisensituation des Not leidenden Unternehmens nicht zerstört war. Vielmehr hat ein singuläres Ereignis dazu geführt, dass ein an sich gesundes Unternehmen in eine existenzbedrohende Schieflage geraten ist. Zu Gunsten der Eigenverwaltung war anzuführen, dass die aktuelle Geschäftsführung für die Fortführung der Insolvenzschuldnerin unverzichtbar war. Die Geschäftsführung hat sich weltweit hohes Vertrauen bei den Reedern und damit bei den Kunden der Werft erarbeiten können. Es galt, dieses Vertrauen auch im Rahmen eines eröffneten Insolvenzverfahrens so nachhaltig wie möglich zu bewahren. Nur so erschien eine dauerhafte Fortführung der Insolvenzschuldnerin gesichert.

Der Fall zeigt weiterhin, dass die zeitliche Abfolge der definierten Krisenphasen nicht zwingend ist, sondern auch singuläre Ereignisse zu einer sofortigen Zahlungsunfähigkeit und Überschuldung führen können.

Hauptproblem des Unternehmens war aufgrund des Ausbleibens der geplanten Zahlung durch den Reeder die kurzfristige Beschaffung von Kapital. Für die hierfür notwendigen langwierigen Verhandlungen mit dem Reeder und den sonstigen Gläubigern konnte nur das Insolvenzverfahren den notwendigen Ordnungsrahmen zur Verfügung stellen. Die Finanzierung des eingetretenen Schadens über die Versicherung war nicht in einem kurzen Zeitfenster möglich. Solange hätte das Not leidende Unternehmen nicht ohne Liquidität fortbestehen können. So konnte im Rahmen des Insolvenzverfahrens ein Massekredit zur Beseitigung der Illiquidität beschafft werden. Dadurch war es dem Unternehmen wieder möglich, seiner Geschäftstätigkeit nachzugehen und dringend benötigte weitere Liquidität zu generieren. Hierbei war auch die Ausreichung des dreimonatigen Insolvenzgeldes von Vorteil. Das Unternehmen konnte drei Monate ohne Personalkosten agieren.

Diese Fallstudie macht augenscheinlich, wie wichtig die Verschnaufpause für ein Unternehmen ist, das durch ein kurzfristig eintretendes Ereignis in die Illiquidität und damit in die Handlungsunfähigkeit getrieben wurde. Eine solche kann nur im Rahmen des Insolvenzverfahrens gewährt werden.

4.2.4 Fallstudie 4 zum Insolvenzplan

Hintergrundinformationen

Bei dem hier betrachteten Not leidenden Unternehmen handelt es sich um ein produzierendes Unternehmen der Metallverarbeitung in der Rechtsform einer GmbH & Co. KG, das 1969 in Nordrhein-Westfalen gegründet wurde und noch heute seinen Sitz dort hat. Das Unternehmen hatte durchschnittlich 80 Arbeitnehmer beschäftigt. Die Immobilien der Gesellschaft und deren wesentliche Betriebsaggregate standen im Sonderbetriebsvermögen der Gesellschafter.

Die Ertragslage des Unternehmens im Zeitverlauf von 2005 bis Mitte 2009 stellt die nachfolgende Abbildung 34 dar:

	2005 T€	2006 T€	2007 T€	2008 T€	30.06.09 T€
Gesamtleistung	7.006	7.379	6.862	6.051	1.669
Materialeinsatz	1.919	2.316	1.957	1.724	602
Kosten für bezogene Leistungen	513	396	435	379	104
Rohertrag	**4.574**	**4.667**	**4.470**	**3.948**	**963**
Sonstige betriebliche Erträge	32	51	27	46	99
Betriebliche Erträge insgesamt	**4.606**	**4.718**	**4.497**	**3.994**	**1.062**
Personalkosten	3.282	3.411	3.259	3.170	1.277
Anlagenbeschreibungen	42	45	30	18	7
Raum- und Betriebskosten	596	587	556	504	193
Verwaltungskosten	123	129	125	110	188
Vertriebskosten	246	119	86	104	34
Betriebssteuern	1	3	2	2	1
Betriebliche Kosten insgesamt	**4.290**	**4.294**	**4.058**	**3.908**	**1.700**
Betriebsergebnis	**316**	**424**	**439**	**61**	**-638**
Zinsergebnis	-25	-8	-1	-44	-22
Geschäftsergebnis	**291**	**416**	**438**	**17**	**-660**
Neutrales Ergebnis	-5	68	-3	-5	0
Unternehmensergebnis vor Steuer	**286**	**484**	**435**	**12**	**-660**
Gewerbesteuer	78	113	110	60	0
Unternehmensergebnis nach Steuer	**208**	**371**	**325**	**-48**	**-660**
Vorabvergütungen	-12	-18	-40	0	0
Jahresfehlbetrag (-) /-überschuss (+)	**+ 196**	**+ 353**	**+ 285**	**- 48**	**- 660**

Abbildung 34: Ertragslage des Unternehmens der Fallstudie 4[830]

Die Vermögenslage hingegen stellt sich wie folgt dar:

	2005 T€	2006 T€	2007 T€	2008 T€	30.06.09 T€
Aktiva					
Anlagevermögen					
Immat. Vermögensgegenstände und Sachanlagen	68	53	43	28	23
Finanzanlagen	50	52	46	42	38
	118	**105**	**89**	**70**	**61**
Umlaufvermögen					
Vorräte	828	786	669	479	370
Forderungen aus Lieferung u. Leistung	749	674	760	591	503
Sonstige Vermögensgegenstände	189	234	276	202	200
Flüssige Mittel	379	301	481	144	648
	2.145	**1.995**	**2.186**	**1.416**	**1.721**
Rechnungsabgrenzung	2	18	23	19	31
Bilanzsumme	**2.265**	**2.118**	**2.298**	**1.505**	**1.813**

[830] Eigene Darstellung.

	2005 T€	2006 T€	2007 T€	2008 T€	30.06.09 T€
Passiva					
Eigenmittel					
Kapitalkonten	250	250	250	250	-108
Rücklagenkonten der Gesellschafter	350	350	350	327	0
	600	**600**	**600**	**577**	**-108**
Fremdkapital					
Steuer- und sonstige Rückstellungen	698	566	616	609	765
Gesellschafterkonten	159	286	539	121	131
	857	**852**	**1.155**	**730**	**896**
Kurzfristige Verbindl. gg. Kreditinstituten	298	144	79	53	48
Verbindlichkeiten aus Lieferung u. Leistung	97	168	161	81	264
Sonstige Verbindlichkeiten	413	354	303	64	713
	808	**666**	**543**	**198**	**1.025**
Bilanzsumme	**2.265**	**2.118**	**2.298**	**1.505**	**1.813**

Abbildung 35: Vermögenslage des Unternehmens der Fallstudie 4[831]

Verfahrensverlauf

Im April 2009 hatte das Unternehmen einen Antrag auf Eröffnung des Insolvenzverfahrens über ihr Vermögen wegen drohender Zahlungsunfähigkeit gestellt. Im Vorfeld der Antragstellung stimmten sich die Gesellschafter mit Insolvenzexperten über die Vorgehensweise für eine Reaktivierung ihres in Not geratenen Unternehmens im Rahmen eines Insolvenzverfahrens ab. Ziel der Altgesellschafter war, das Unternehmen durch einen Insolvenzplan zu sanieren. Am 01.07.2009 wurde das Insolvenzverfahren eröffnet. Im September 2009 fand die Gläubigerversammlung statt, die den Insolvenzverwalter beauftragte, einen Insolvenzplan für das Not leidende Unternehmen zu erstellen. Im Oktober 2009 wurde der vom Insolvenzverwalter zusammen mit den geschäftsführenden Gesellschaftern entwickelte Insolvenzplan der Gläubigergemeinschaft und dem Insolvenzgericht vorgelegt. Der Insolvenzplan wurde alsdann einstimmig von den einzelnen Gläubigergruppen bestätigt. Das Insolvenzverfahren wird zum 31.12.2009 aufgehoben.

Auslöser der Krise

In 2008 beschäftigte das Unternehmen durchschnittlich ca. 80 Arbeitnehmer. Infolge der Finanzkrise brach der Auftragseingang in der zweiten Jahreshälfte drastisch ein.

[831] Eigene Darstellung.

Dies ist aus der vorstehend aufgeführten Entwicklung der Ertragslage deutlich erkennbar. Trotz der Tatsache, dass die Geschäftsführerin hierauf unmittelbar reagierte und ca. ein Viertel der Stellen abbaute, waren die ergriffenen Maßnahmen nicht ausreichend, um der negativen Umsatzentwicklung entgegenzuwirken. Im April 2009 war absehbar, dass die GmbH & Co. KG im Juni zahlungsunfähig werden würde. Weitere dringend notwendige Personalmaßnahmen waren aufgrund von vertraglichen und gesetzlichen Kündigungsfristen in der gebotenen Kürze der Zeit nicht möglich. Auch fehlten dem Unternehmen die für einen Sozialplan erforderlichen Finanzmittel. Die ebenfalls vorstehend dargestellte Vermögenssituation zeigt die angespannte Lage. Aufgrund dieses Umstandes sah sich die Geschäftsführerin gezwungen, den Antrag auf Eröffnung des Insolvenzverfahrens zu stellen.

Reaktivierungsmaßnahmen

Kunden- und Lieferantengespräche

Unmittelbar nach Einleitung des Insolvenzeröffnungsverfahrens nahm der vorläufige Insolvenzverwalter Kontakt zu den wesentlichen Auftraggebern des Unternehmens auf und informierte diese über die Aufrechterhaltung des Geschäftsbetriebes und die beabsichtigte Sanierung des Unternehmens. Lieferanten und Kunden wurden gebeten, die Geschäftsbeziehung aufrecht zu erhalten und so den anstehenden Restrukturierungsprozess zu unterstützen. Gleichzeitig wurde den Kunden eine qualitätsgerechte und pünktliche Auslieferung der Aufträge zugesichert. Eingehende Lieferantenrechungen wurden unter Abzug von Skonto sofort bezahlt.

Diese Maßnahmen hatten vertrauensbildenden Charakter, so dass im Ergebnis alle Kunden auch weiterhin mit dem Not leidenden Unternehmen zusammenarbeiteten. Alle Lieferanten hielten ferner ihre Lieferantenbeziehung zum Unternehmen aufrecht.

Personalanpassungen

Mitarbeiter und Betriebsrat wurden fortlaufend über den weiteren Verlauf des Insolvenzverfahrens unterrichtet. Dies war Grundlage für die zwingend notwendigen Personalanpassungsmaßnahmen mit Eröffnung des Verfahrens. Die offene und intensive Kommunikation ermöglichte das notwendige Vertrauen für die anschließend erfolgreichen Verhandlungen zum Interessenausgleich und Sozialplan.

Zum Zeitpunkt der Einleitung des Insolvenzverfahrens beschäftigte die GmbH & Co. KG noch 64 Mitarbeiter. Mit Einleitung des Insolvenzverfahrens stellte der vorläufige Insolvenzverwalter fest, dass eine Stabilisierung und Erholung des Marktumfeldes und eine Steigerung der Auftragseingänge kurzfristig nicht zu erwarten war. Die vorliegenden und zu erwartenden Aufträge boten Beschäftigung für ca. 20 bis 25 Arbeitnehmer. Damit war absehbar, dass weitere gravierende Personalmaßnahmen notwendig waren, um unmittelbar mit Eröffnung des Insolvenzverfahrens die Beschäftigungszahl auf das vorhandene Umsatzvolumen anzupassen und damit letztendlich den Produktionsstandort dauerhaft erhalten zu können. Nach intensiven Verhandlungen mit dem Betriebsrat wurde eine Beschäftigungs- und Qualifizierungsgesellschaft (BQG) errichtet. Nur so konnte der Personalbestand in der gebotenen Zeit und unter Berücksichtigung der sozialen Belange der Arbeitnehmer an das vorhandene Auftragspotential angepasst werden. Im Rahmen dieser Beschäftigungs- und Qualifizierungsmaßnahme wurden 22 Anstellungsverhältnisse zum 14.07.2009 aufgehoben und auf eine Transfergesellschaft überführt. 27 weitere Anstellungsverhältnisse wurden zum 31.10.2009 aufgehoben und ebenfalls in die Transfergesellschaft überführt. Die Entwicklung der Arbeitnehmeranzahl sowie der Lohnsumme in 2009 sowie die sich aus den Personalanpassungen ergebenden Ersparnisse veranschaulicht nachfolgender Überblick.

	Januar 2009	April 2009	Juli 2009	September 2009
	Anzahl	Anzahl	Anzahl	Anzahl
Mitarbeiter	75	64	52	25
Personalkosten	€ 236.677,00	€ 206.600,00	€ 117.041,00	€ 86.082,00

Abbildung 36: Entwicklung der Personalkosten des Unternehmens der Fallstudie 4[832]

Insolvenzgeld

Im Zeitraum der vorläufigen Insolvenzverwaltung holte der vorläufige Insolvenzverwalter die Zustimmung des Arbeitsamtes zur Vorfinanzierung der insolvenzgeldfähigen laufenden Nettoentgeltansprüche der Arbeitnehmer ein. Das Insolvenzgeld finanzierte eine Bank vor.

832 Eigene Darstellung.

Dauerschuldverhältnisse

Im Bereich der Dauerschuldverhältnisse wurden die Verträge, insbesondere die Energie- und Wasserversorgung sowie die Telekommunikation, soweit sie für die Fortführung des Unternehmens benötigt wurden, fortgeführt bzw. neue Verträge geschlossen. Alle übrigen Verträge sind gekündigt worden.

Insolvenzplan

Die Gläubigerversammlung beauftragte den Insolvenzverwalter, einen Insolvenzplan für das Not leidende Unternehmen zu erstellen. Der Plan sollte das Ziel verfolgen, das Unternehmen fortzuführen und zu erhalten, eine finanzwirtschaftliche Reorganisation unter Zustimmung der Gläubiger zu erreichen und alle Voraussetzungen zur Umsetzung dringend notwendiger leistungswirtschaftlicher Sanierungsmaßnahmen zu schaffen. Die Regelungsansätze des Insolvenzplans betreffend die unterschiedlichen Gläubigergruppen waren zusammenfassend wie folgt:

Die absonderungsberechtigten Warenlieferanten erhielten Abfindungsbeträge auf ihre Rechte in Höhe von 75% ihrer zur Tabelle angemeldeten Forderungen. Diese Gläubigergruppe erhielt sich mit Annahme des Insolvenzplans und einem Sanierungsengagement von 25% ihrer Forderungssumme einen Kunden. Die Arbeitnehmer verzichteten auf 60% ihrer Forderungen. Ein Teil behielt den Arbeitsplatz und der andere Teil bekam über die Beschäftigungs- und Qualifizierungsgesellschaft die Chance, ein neues Anstellungsverhältnis nach Überwindung der Krise zu bekommen. Die betrieblichen Alterszusagen des Not leidenden Unternehmens an Mitarbeiter und ehemalige Mitarbeiter blieben bestehen, so dass der Pensionssicherungsverein nicht eintreten musste. Kleingläubiger mit Forderungen von weniger als € 500,00 erhielten 100% ihrer Forderung. Die der GmbH & Co. KG aufgrund von gesellschaftsrechtlichen Verflechtungen nahestehenden Personen verzichteten in Gänze auf ihre Forderungen. Weiter sah der Insolvenzplan vor, dass die Gesellschafter zur Finanzierung des Planes und der Quote an die Insolvenzgläubiger auf zukünftige Mietzahlungen für ein Jahr verzichten. Dafür bekamen die Gesellschafter über den Insolvenzplan ihr Unternehmen entschuldet zurück und können an zukünftigen Gewinnchancen profitieren. Schließlich verzichteten die nicht nachrangigen und ungesicherten Gläubiger auf 60% ihrer Forderungen, die zinslos für einen Zeitraum von zwölf Monaten ab Bestätigung des Plans gestundet und in vier gleichen Raten zum Ende eines Quartals gezahlt werden. Diese unbesicherten sonstigen Gläubiger sind neben dem Finanzamt die Sozialversicherungsträger und die Agentur für Arbeit. Diese haben gemeinsam, dass sie die übergeordneten Interessen des Staates und seiner Einrichtungen bzw. der Allgemeinwirtschaft vertreten und damit im besonderen Maße an der zukünftigen Entwicklung der Schuldnerin in Zusammenhang mit der ordnungsgemäßen Fortführung des Geschäftsbetriebes interessiert sind.

Der Insolvenzplan enthielt ferner die Gegenüberstellung der Verteilungsmasse sowie die Quoten bei Liquidation und bei Annahme des Insolvenzplans. Dabei ergab sich die Verteilungsmasse wieder aus der Summe der Vermögenswerte des Unternehmens abzüglich der Aus- und Absonderungsrechte der gesicherten Gläubiger sowie der Kosten des Insolvenzverfahrens.

Aus den verbleibenden Vermögenswerten bzw. der Verteilungsmasse waren im Fall der Liquidation zunächst die Masseverbindlichkeiten zu bedienen. Diese setzten sich beim vorliegenden Unternehmen wie folgt zusammen: Aus den Verbindlichkeiten im Rahmen des fortgeführten Geschäftsbetriebes, den Kosten des Insolvenzverfahren, den Garantierückstellungen für die seit der Insolvenzantragstellung ausgelieferten Produkte, den Kosten der Beschäftigungs- und Qualifizierungsgesellschaft, Rückstellungen für aufgrund von betrieblicher Übung entstandenen Weihnachtsgeldzahlungen, den Kosten der Ausproduktion und den Stilllegungskosten.

Die Verteilungsmasse war anschließend um diese Masseverbindlichkeiten zu bereinigen. Der entstehende Restbetrag verblieb für die ungesicherten Gläubiger nach § 38 InsO. Daraus ergab sich bei Liquidation der Gesellschaft eine rein rechnerische Quote von 30%.

Für die Bestimmung der Verteilungsmasse bei Fortführung des Not leidenden Unternehmens war zu beachten, dass der Großteil des Anlage- und Umlaufvermögens für die Fortführung betriebsnotwendig war und nicht liquidiert werden könnte. Die Verteilungsmasse bei Fortführung des Unternehmens ergab sich also vorrangig aus den Gesellschafterbeiträgen. Die Gesellschafter hatten ein besonderes Interesse an dem dauerhaften Erhalt ihres Unternehmens und der Durchführung des Insolvenzplans, weswegen sie zum einen zu Mietverzichten für Gebäude und Maschinen und zum anderen zu Verzichten auf die Rückzahlung der von ihnen ausgereichten Darlehen bereit waren.

Eine Gegenüberstellung der oben beschriebenen Regelungsansätze und Quoten bei Annahme des Insolvenzplans mit der bei einer Liquidation des Unternehmens zu erwartenden Quote von 30% zeigte, dass sich alle Gläubiger bei Fortführung des schuldnerischen Unternehmens deutlich besser stellten als sie bei einer Liquidation des Unternehmens gestanden hätten.

Fallanalyse

Vorstehende Fallstudie wurde ausgewählt, weil sie einige der in dieser Arbeit beschriebenen Reaktivierungsmaßnahmen vereint. Das betrachtete Unternehmen erfüllt den gesetzlich nicht verpflichtenden Insolvenzeröffnungsgrund der drohenden Zahlungsunfähigkeit. Mit Antragstellung wegen drohender Zahlungsunfähigkeit hat es die Anwendung weiterer Reaktivierungsmaßnahmen mit dem frühzeitigen „Unternehmensschutz" durch die gesetzlichen Regelungen der InsO erst ermöglicht. Das Unternehmen verfolgte das Ziel, in einem Insolvenzverfahren saniert zu werden.

Auslöser der Krisensituation waren im Wesentlichen externe Faktoren. Wie die Ertragslage des Unternehmens beweist, gab es bis zum Jahr 2007 keine Anzeichen für eine sich möglicherweise entwickelnde Krise. Durch die in 2008 beginnende Wirtschaftskrise musste das Unternehmen einen gravierenden Auftrags- und damit Umsatzeinbruch hinnehmen. Dies führte sofort zu einer Ertragskrise. Das Unternehmen versuchte in Folge der Ertragskrise seine Kosten an die veränderte Erlössituation anzupassen. Hierbei stieß es insbesondere bei der dringend notwendigen radikalen Anpassung der Personalkosten auf Probleme, weil die notwendigen Maßnahmen nicht finanzierbar waren. Das Unternehmen geriet in Liquiditätsschwierigkeiten.

Zur Schonung der Liquidität konnte wiederum die Reaktivierungsmaßnahme Insolvenzgeld eingesetzt werden. Diese ermöglichte eine Fortführung des Geschäftsbetriebs, ohne für drei Monate Lohnzahlungen einschließlich Lohnsteuern und Sozialabgaben leisten zu müssen. Des Weiteren begannen die Vertreter des Unternehmens und der eingesetzte vorläufige Insolvenzverwalter kurz nach Insolvenzantragstellung, die Basis für eine Reaktivierung zu schaffen. So wurde den an der Insolvenz Beteiligten sehr frühzeitig die Absicht erläutert, dass das Unternehmen im Rahmen eines Insolvenzplanverfahrens saniert werden sollte. Daneben wurden im Hinblick auf die für eine Fortführung des Unternehmens notwendigen Personalanpassungen insbesondere Verhandlungen mit den Arbeitnehmern und dem Betriebsrat über den Interessenausgleich und den Sozialplan geführt. Die frühzeitige Einbindung und die fortlaufende Information dieser Beteiligtengruppe machte deren Einlenken zu einer schnellen Anpassung des Personalbestandes unter Berücksichtigung der sozialen Belange der Arbeitnehmer durch eine BQG möglich.

Zur Entschuldung des Unternehmens waren im Insolvenzplan zahlreiche Sanierungsbeiträge der Beteiligten vorgesehen. Durch Zustimmung aller Gläubiger zu diesen Beiträgen und damit letztlich zum Insolvenzplan war es möglich, dass das Unternehmen wieder am Wirtschaftsgeschehen teilnehmen kann. Die Gläubigerforderungen wurden quotal befriedigt. Das Insolvenzverfahren und die Reaktivierung des Not leidenden Unternehmens konnte schlussendlich innerhalb von nur acht Monaten abgeschlossen werden. Die Fallstudie zeigt insgesamt, dass die Basis für eine schnelle Reaktivierung eines Not leidenden Unternehmens die frühzeitige Auseinandersetzung mit den Möglichkeiten einer Sanierung in der Insolvenz, die Anwendung von Reaktivierungsmaßnahmen sowie eine offene Informationspolitik mit allen am Not leidenden Unternehmen Beteiligten ist.

4.2.5 Fallstudie 5 zum Insolvenzplan

Hintergrundinformation

Bei dem hier betrachteten Unternehmen handelt es sich um einen italienischen Obst- und Gemüsegroßhandel in der Rechtsform einer GmbH. Das familienbetriebene Unternehmen betreibt an den Standorten Hamburg und Bremen auf dem Großmarkt einen Import und den Großhandel mit Obst und Gemüse. Die beiden Großmärkte versorgen primär gewerbliche Abnehmer, also Einzelhändler und Restaurants, in den Regionen Hamburg, Bremen, Schleswig-Holstein, Niedersachsen und Mecklenburg-Vorpommern. Das Unternehmen beschäftigte zum Insolvenzantragszeitpunkt insgesamt 23 Arbeitnehmer und drei geschäftsführende Gesellschafter.

Im November 2006 beantragten die geschäftsführenden Gesellschafter des Unternehmens die Eröffnung des Insolvenzverfahrens über das Vermögen ihrer Gesellschaft beim zuständigen Amtsgericht. Am selben Tag wurde das Eröffnungsverfahren angeordnet und ein vorläufiger Insolvenzverwalter bestellt. Dieser wurde neben der Anordnung von Sicherungsmaßnahmen am schuldnerischen Vermögen damit beauftragt, ein Gutachten darüber zu erstellen, ob ein maßgebender Eröffnungsgrund vorliegt, welche Aussichten für eine Fortführung des Unternehmens bestehen und ob eine die Verfahrenskosten deckende verfügbare Masse vorhanden ist. Diese Fragen wurden positiv beantwortet.

Der Geschäftsbetrieb wurde im Antragszeitraum vollumfänglich fortgeführt. Im März 2007 wurde das Insolvenzverfahren eröffnet. Der vorläufige wurde zum endgültigen Insolvenzverwalter bestellt. Im April 2007 fand die Gläubigerversammlung statt, in der der Verwalter seinen Bericht zum Unternehmen unterbreitete. Im Ergebnis wurde er berechtigt und beauftragt, zum einen den Geschäftsbetrieb des Unternehmens fortzuführen und zum anderen einen Insolvenzplan auszuarbeiten. Der Insolvenzplan wurde im Juli 2007 eingereicht und in demselben Monat einstimmig von der Gläubigergemeinschaft angenommen. Die Aufhebung des Verfahrens erfolgte bereits im

September 2007. Die letzte Rate der im Plan vorgesehenen Insolvenzquote wurde im April 2008 bezahlt.

Wirtschaftliche Entwicklung

Die wirtschaftlichen Eckdaten des Unternehmens lassen sich wie folgt zusammenfassen:

Das Unternehmen erwirtschaftete in den Jahren vor Insolvenzantragstellung einen durchschnittlichen Umsatz in Höhe von ca. € 30 Mio. pro Jahr. Abzüglich der eingesetzten Roh-, Hilfs- und Betriebsstoffe sowie bezogener Leistungen verblieb ein Rohertrag zwischen ca. € 1,3 Mio. und € 2 Mio., also eine Rohertragsmarge zwischen 4 und 6,5%. Nach Berücksichtigung weiterer Erträge und Aufwendungen wie bspw. Erträge aus Wertpapieren und Zinsen sowie Aufwendungen für Personal, Miete und Zinsen verblieb in den Jahren vor Insolvenzantragstellung ein Jahresüberschuss von ca. € 95.000 im Jahr 2003, ein Jahresfehlbetrag im Jahr 2004 in Höhe von ca. € 120.000 und ein Jahresüberschuss von ca. € 24.000,00 im Jahr 2005.

Im Jahr der Insolvenzantragstellung betrugen die Umsatzerlöse nur ca. € 28 Mio. Die Bezugspreise der Roh-, Hilfs- und Betriebsstoffe waren so angestiegen, dass kein positiver Rohertrag mehr erzielt werden konnte. Der Jahresfehlbetrag in 2006 betrug daher ca. € 1,4 Mio.

Auslöser der Krise

Der Großhandel für Obst und Gemüse ist stark fragmentiert und wird im Endverbrauchergeschäft von den großen Handelskonzernen dominiert, die verstärkt selbst bei den Produzenten einkaufen. Der Fachhandel, wie das hier betrachtete Unternehmen, verliert immer mehr Geschäft an den Lebensmitteleinzelhandel und die Discounter, was den Margendruck verschärft. So war eine Insolvenzursache des Unternehmens im starken Wettbewerbsdruck zu sehen.

Ein weiterer Grund lag in der Verkettung ungünstiger Entwicklungen beim Einkauf von Gemüse und Obst in der zweiten Jahreshälfte 2006. Daraus resultierte auch der hohe Verlust in diesem Jahr. Den Erfahrungen aus den Vorjahren folgend hat das Unternehmen im Juli 2006 Kirschen aus Italien geordert und hierfür einen bis Ende September 2006 gewährten Saisonkredit der Deutschen Bank in Höhe von € 1 Mio. in Anspruch genommen. Es wurde davon ausgegangen, dass die Bedarfe der Händler für die bis Mitte August 2006 verlaufende Kirschsaison mit dem Einkauf der Italien-Kirschen mit positivem Ertrag abgedeckt werden können. Zwei unvorhersehbare Ereignisse haben die Einkaufsplanung jedoch negativ beeinflusst und das Unternehmen in eine existenzbedrohende Situation gebracht: die extreme Sommerhitze im Jahr 2006 und die öffentlich diskutierte Pestizidproblematik bei Obst.

Kirschen werden mit einer Transporttemperatur von 2 Grad beim Großhändler angeliefert. In der Ladenauslage der Supermärkte erfolgt keine Kühlung der Kirschen mehr. Durch die extreme Hitze im Juli 2006 sind die Zellstrukturen der Kirschen durch den Temperaturschock von 2 Grad auf 30 Grad geradezu explodiert. Die Supermärkte hatten daher mit großen Verderb der Ware zu kämpfen und passten umgehend ihr Bestellverhalten an die Situation an. Für das schuldnerische Unternehmen bedeute dies, dass nur noch 20% der geplanten und abgesprochenen Mengen, die bereits eingekauft und auf dem Transportwege waren, von den Kunden abgerufen wurden.

Daneben wurden bei Kirschen im Juni/Juli 2006 erhöhte Pestizidrückstände gemessen. Die Obst- und Gemüsegroßhändler wurden öffentlich an den Pranger gestellt. Daraufhin verlor das schuldnerische Unternehmen auch noch einen Großkunden, obwohl die Untersuchung der Ware hierfür keinen Anlass gab.

Letztlich konnten die Ertragserwartungen aus dem Einkauf der Kirschen nicht realisiert werden. Auch die Ertragserwartungen mit anderen Obstsorten konnten aufgrund der in Italien herrschenden extremen Hitze nicht realisiert werden. Die Hitze führte zu Qualitätsproblemen, die die Produzenten wiederum zu höheren Einstandspreisen gezwungen hat. Das setzte die Margen unter Druck.

Auslösetatbestand für die Insolvenz war, dass das Unternehmen keine ausreichende Liquidität zur Finanzierung der durch die vorgenannten Probleme entstehenden extremen Verluste zur Verfügung hatte. Finanzierungsgespräche mit Banken im Vorfeld der Antragstellung verliefen erfolglos.

Reaktivierende Maßnahmen im Verfahrensablauf

Insolvenzantragsphase

Zur Sicherung der Insolvenzmasse war angeordnet worden, dass die Insolvenzschuldnerin über Gegenstände ihres Vermögens nur noch mit Zustimmung des vorläufigen Insolvenzverwalters wirksam verfügen durfte. Die Schuldner des Unternehmens wurden darauf hingewiesen, Zahlungen für das Unternehmen nur noch auf das vom Insolvenzverwalter eingerichtete Treuhandkonto zu leisten. Der vorläufige Insolvenzverwalter wurde vom Insolvenzgericht ermächtigt, Bankguthaben und sonstige Forderungen einzuziehen sowie eingehende Gelder entgegenzunehmen. Die Drittschuldner wurden aufgefordert, nur noch unter Beachtung dieser Anordnung zu leisten.

Zudem wurden im Insolvenzantragszeitraum das Vermögen und die Schulden des Unternehmens festgestellt. Dabei erfolgte eine körperliche Aufnahme des Anlage- und Umlaufvermögens innerhalb von 24 Stunden mittels einer lieferantenbezogenen Inventur. Dies war angesichts der schnell verderblichen Waren zur Sicherung der Sonderrechte von Lieferanten unumgänglich. Angesichts des Umstandes, dass kurz vor Insolvenzantragstellung Waren nur im Rahmen von Bargeschäften angekauft wurden, gehörten die Waren zum Stichtag der Insolvenzantragstellung dem Unternehmen.

Gleichzeitig wurde nach erster Sichtung und Diskussion der wirtschaftlichen Eckdaten des Unternehmens mit der Geschäftsführung die Entscheidung seitens des vorläufigen Insolvenzverwalters gefällt, einstweilig den Geschäftsbetrieb aufrecht zu erhalten. Über diese Absicht wurden die Geschäftspartner, also die Kunden und Lieferanten, mittels Serienbrief informiert. Die Entwicklung des Unternehmens wurde über die kurzfristige Einführung eines Unternehmenscontrollings, das bisher in dieser Form noch nicht im Unternehmen bestand, überprüft. Hierfür führte der vorläufige Insolvenzverwalter einen geschäftstäglichen Bericht über Einnahmen, Ausgaben, Debitoren und Kontenstände ein.

Im Hinblick auf die beabsichtigte Fortführung des Unternehmens finanzierte der vorläufige Insolvenzverwalter mit Zustimmung der zuständigen Bundesagentur für Arbeit die durch Insolvenzgeld gesicherten Löhne und Gehälter über die Commerzbank vor und zahlte diese an die Mitarbeiter aus.

Zudem führte der vorläufige Insolvenzverwalter auch Verhandlungen über Miet- und Dienstverträge. Im Hinblick auf die Mietzahlungen wurden Gespräche über die Höhe der zu zahlenden Mieten im Insolvenzeröffnungszeitraum mit den Vermietern der Großmärkte Hamburg und Bremen aufgenommen. Im Ergebnis verzichtete der Großmarkt Hamburg zur nachhaltigen Sanierung auf zwei Monatsmieten. Verhandlungen mit dem Großmarkt Bremen blieben aufgrund der kurzfristigen Kündigungsmöglichkeiten des Vermieters erfolglos. Die bestehenden Dienstverträge mit den geschäftsführenden Gesellschaftern wurden dahingehend neu verhandelt, als diese nur noch 1/3 der ursprünglichen Bezüge beinhalteten. Die weiteren 2/3 der Bezüge wurden nur dann fällig, wenn ein vereinbartes positives Betriebsergebnis erreicht wird.

Weiterhin wurden die Arbeitsverhältnisse mit zwei Mitarbeiter im Eröffnungsverfahren gekündigt, um die Personalkosten an den tatsächlichen Bedarf anzupassen.

Insolvenzplan im eröffneten Verfahren

Bereits in der Insolvenzantragsphase wurden erste Gespräche zwischen dem vorläufigen Insolvenzverwalter, den geschäftsführenden Gesellschaftern und ersten Gläubigergruppen darüber geführt, das Unternehmen durch einen Insolvenzplan zu reaktivieren. Die geschäftsführenden Gesellschafter wollten ihren Geschäftsbetrieb durch eine Bareinlage sanieren, die den Insolvenzgläubigern über einen Insolvenzplan zur Verfügung gestellt werden sollte. Die Finanzierung der Bareinlage sollte über Mittel aus dem Bereich der italienischen Großfamilie sowie Beiträgen aus der Arbeitnehmerschaft erfolgen. Die Inhalte des Insolvenzplans werden nachfolgend kurz zusammengefasst.

Der Insolvenzverwalter wurde beauftragt, die Sanierung des Unternehmens im Rahmen eines Insolvenzplanes vorzunehmen. Der Insolvenzplan wurde den Geschäftsführern, den Gesellschaftern, den absonderungsberechtigten Gläubigern sowie den für die Fortführung der Gesellschaft hilfreichen Beteiligten wie Warenkreditversicherern, dem Vermieter der Betriebsstätte und der Hausbank des Unternehmens vorgestellt.

Im darstellenden Teil des Insolvenzplans wurden die wirtschaftlichen Verhältnisse des Unternehmens seit Anordnung des Insolvenzeröffnungsverfahrens dargestellt und die wirtschaftliche Entwicklung für ein Jahr im Voraus prognostiziert. Anschließend erfolgte eine Darstellung der operativen Maßnahmen, die zur Finanzierung der an die Gläubiger auszuschüttenden Insolvenzquoten bei gleichzeitiger langfristiger Stärkung des Unternehmens durch Sanierungsmaßnahmen führen sollten. Es wurde aufgezeigt, wie das Eigenkapital wiederhergestellt und die Zahlungsfähigkeit erhalten bleiben sollte. Daneben wurde aufgezeigt, wie das Unternehmen wettbewerbsfähig bleiben könnte. Operative Maßnahmen hierzu waren Sanierungsbeiträge der geschäftsführenden Gesellschafter, die Erhöhung und Verstetigung der Umsätze, das Angleichen der geschuldeten und geforderten Zahlungsziels auf Lieferanten- und Kundenseite, das Absenken der Infrastrukturkosten und die Optimierung des betrieblichen Controlling. Diese Maßnahmen sind aus den bisherigen Ausführungen zur klassischen Sanierung bekannt.

Anschließend wurden die jeweiligen Verteilungsmassen und die Quoten bei Liquidation und bei Annahme des Insolvenzplans ermittelt. Für den Fall der Liquidation als

Alternative zur Annahme des Insolvenzplans wurde die aktuelle Verteilungsmasse bei Liquidation der tatsächlichen Höhe der Insolvenzforderungen gegenübergestellt, um daraus eine rechnerische Quote für die Gläubiger zu ermitteln. In vorliegendem Fall nahmen ungesicherte Gläubiger nach § 38 InsO mit ca. € 4 Mio. am Insolvenzverfahren teil. Ausgangslage für die Verteilungsmasse ist die Aktivseite der Planbilanz des Unternehmens, die auf dem fortgeschriebenen Buchwert basierte. Die Buchwerte wurden um stille Reserven erhöht und um insolvenzspezifische Anwartschaften, wie Leasingverträge mit Kaufoptionen, ergänzt. Bei Bestehen eines Wertberichtigungsbedarfes wurden die Buchwerte im Falle der Liquidation abgeschrieben. Von diesen angepassten Buchwerten waren die Sonderrechte in Abzug zu bringen. Der sich ergebende Aktiva-Wert betrug im Falle der Liquidation des Unternehmens ca. € 1,7 Mio.

Die Verbindlichkeiten sind dann nach den einzelnen Rangklassen der Gläubiger aufgeteilt worden. Vorrangig waren die Masseverbindlichkeiten nach den §§ 54, 55 Abs. 1, Nr. 1 InsO zu bedienen. Dies waren die Kosten des Insolvenzverfahrens sowie die sonstigen Masseverbindlichkeiten, die mit insgesamt ca. € 1 Mio. kalkuliert wurden. Zusätzlich mussten die Auslauflöhne sowie die Auslaufkosten der Standmieten in Bremen und Hamburg vorrangig bezahlt werden. Im Ergebnis ergab sich eine Verteilungsmasse bei Liquidation in Höhe von ca. € 300.000,00, das entsprach einer Quote auf die ungesicherten Insolvenzforderungen von 7,5%.

Für den Fall der Annahme des Insolvenzplans ergaben sich zu berücksichtigende Insolvenzforderungen in Höhe von ca. € 3,5 Mio. Ausgangslage für die Verteilungsmasse waren wiederum die korrigierten Buchwerte der Aktivseite der Planbilanz des Unternehmens. Dabei wurde untersucht, welche Betriebsmittel zur Betriebsfortführung notwendig waren und welche zugunsten der Verteilungsmasse veräußert werden könnten. Im vorliegenden Fall war es erforderlich, das gesamte Anlagevermögen als betriebsnotwendiges Vermögen zu belassen. Es handelte sich dabei insbesondere um Mietereinbauten, die keinen oder nur einen geringen Liquidationsschätzwert hatten. Das Umlaufvermögen hingegen wurde in die verwertbaren Aktiva mit einbezogen. Ferner erhöhte sich bei den Fortführungswerten der Debitorenbestand. So ergab sich eine Teilungsmasse für Quotenzahlungen in Höhe von ca. € 1,2 Mio., was einer Gesamtquote an die ungesicherten Gläubiger von ca. 34% entsprach.

Abschließend enthielt der darstellende Teil noch die Grundsätze der Gruppenbildung sowie die Fälligkeit und Besicherung der Quotenzahlung. In den Grundsätzen der Gruppenbildung wurde erläutert, aus welchen Gründen der Insolvenzverwalter die

Gruppen ausgewählt hatte. Am Ende des darstellenden Teils wurden die Entscheidungsalternativen für die Gläubiger zusammengefasst. Die Gläubiger konnten sich im Rahmen des ihnen zustehenden Wahlrechts für oder gegen die Annahme des Planes entscheiden. Im vorliegenden Fall konnte eine jede Insolvenzforderung mit einer deutlich höheren Quote bedient werden als im Falle der Liquidation. Es hat also keine Gläubiger gegeben, die sich gegen den Plan gestellt hätten, weil sie sich mit der Ablehnung des Plans wirtschaftlich wesentlich schlechter gestellt hätten. Die Frage des Obstruktionsverbots war hier also nicht von Bedeutung.

Im gestaltenden Teil wurden im Wesentlichen die Auswirkungen des Insolvenzplans auf die jeweiligen Gläubigergruppen erläutert. Im vorliegenden Fall wurden vier Gläubigergruppen gewählt: Erstens die absonderungsberechtigten Gläubiger, in deren Rechte nicht eingegriffen werden sollte. Zweitens die Kleingläubiger, die 100% als Verteilungszahlungen erhielten. Drittens wurde eine Gruppe für die gesellschaftsnahen Gläubiger gebildet, die keine Quote erhalten sollten. Sie verzichteten mit Bestätigung des Plans auf 100% ihrer Forderungen. Die vierte Gruppe waren die sonstigen Gläubiger im Range des § 38 InsO. Diese Gläubiger erhielten ca. 34%.

Fallanalyse

In der vorstehend dargestellten Fallstudie hat wie bei der Schiffswerft ein einmaliges Ereignis dazu geführt, dass das Unternehmen in die Illiquidität gerutscht ist. Die Krise war vorher als solche nicht vorauszusehen und es gab auch keine Krisensymptome, die darauf hätten hinweisen können.

Der vorläufige Insolvenzverwalter hat die verfahrensrechtlichen Voraussetzungen geschaffen, den Geschäftsbetrieb vollumfänglich fortzusetzen und zu sanieren. In diesem Zusammenhang wurde ein Controllingsystem eingeführt, das vorher nicht im Unternehmen existiert hat und das nunmehr den finanziellen Stand des Unternehmens wöchentlich abbildet. Zur Unterstützung der Fortführung hat der (vorläufige) Insolvenzverwalter zudem zahlreiche Reaktivierungsmaßnahmen ergriffen. So wurden im Wesentlichen die Dienstverträge mit den Geschäftsführern auf ein Drittel der vorherigen Bezüge reduziert, weiter konnte mit einem Vermieter im Hinblick auf das Sanierungsvorhaben in der Insolvenz ein Mietverzicht vereinbart werden. Zudem konnten die Arbeitsverhältnisse mit zwei Mitarbeitern kurzfristig beendet werden. Über das vom vorläufigen Insolvenzverwalter initiierte Insolvenzgeld konnte das Unternehmen letztlich drei Monate ohne Lohn- und Gehaltszahlung arbeiten und sich so zusätzliche Liquidität schaffen.

Die Reaktivierung des Not leidenden Unternehmens konnte im Rahmen eines Insolvenzplans erreicht werden. Der Insolvenzplan sah wesentliche Sanierungsbeiträge der Gesellschafter vor. Zum einen verzichteten diese auf 100% ihrer Forderungen an das Unternehmen, zum anderen leisteten sie Einlagen, um das Eigenkapital der Gesellschaft wiederherzustellen und die Insolvenzgläubiger quotal zu befriedigen. Alsdann bekamen sie nach Bestätigung des Insolvenzplans „ihr" Unternehmen zurück. Für die Insolvenzgläubiger konnte im Vergleich zu einer Liquidation des Unternehmens, bei der die ungesicherten Insolvenzforderungen mit einer Quote von 7,5% bedient worden wären, im Insolvenzplan eine Quote von nahezu 34% erreicht werden. Kleingläubiger sind sogar vollständig befriedigt worden. In die Rechte der absonderungsberechtigten Gläubiger wurde nicht eingegriffen.

Im Ergebnis ist in der vorliegenden Fallstudie die Fortführung, Sanierung und Reaktivierung des Unternehmens in einem Insolvenzplan sowohl für das Unternehmen als auch für die beteiligten Gläubiger eine sinnvolle Lösung gewesen. Die Gläubiger sind durch die Fortführung des Unternehmens und die quotale Befriedigung ihrer Insolvenzforderungen deutlich besser gestellt als sie im Falle der Liquidation gestellt wären. Darüber hinaus ist die Fortführung und Reaktivierung für diejenigen Insolvenzgläubiger, die Lieferanten der Insolvenzschuldnerin sind, deshalb erstrebenswert gewesen, weil ihnen so ein Kunde erhalten geblieben ist. Für die Arbeitnehmer an den Standorten Bremen und Hamburg blieb der Arbeitsplatz erhalten.

4.2.6 Fallstudie 6 zum Insolvenzplan

Hintergrundinformation

Das hier betrachtete Unternehmen ist im Bereich der Entwicklung und des Vertriebs von Softwareprodukten tätig. Die Kernkompetenz liegt dabei im Bereich der Entwicklung und des Vertriebs von kaufmännischen Steuerungsmodulen. Die Kunden des Unternehmens kommen schwerpunktmäßig aus dem Bereich des Sicherungs- und Bewachungsgewerbes. In den Jahren vor Insolvenzantragstellung wurde eine neue Software speziell für Ärzte entwickelt. Die Entwicklung dieser Software erfolgte jedoch mit erheblichen Verzögerungen bei gleichzeitigen Umsatzrückgängen im Kerngeschäft, was im Ergebnis zur Illiquidität des Unternehmens geführt hat.

Das Unternehmen beschäftigte sechs Arbeitnehmer. Im Oktober 2008 hat der geschäftsführende Gesellschafter Antrag auf Eröffnung des Insolvenzverfahrens wegen Zahlungsunfähigkeit gestellt. Mit dem Antrag hat das Unternehmen auch den Entwurf eines Insolvenzplanes vorgelegt. Das Insolvenzgericht hat nach Antragseingang einen vorläufigen Insolvenzverwalter bestellt, der Insolvenzplanentwurf wurde den Gläubigern zugestellt. Im Dezember 2008 wurde das Insolvenzverfahren eröffnet, die Gläubigerversammlung fand im Januar 2009 statt.

Mit Annahme des Insolvenzplans wurde das Insolvenzverfahren aufgehoben und unter Planüberwachung durch den Insolvenzverwalter gestellt. Leider ist das Planverfahren im Rahmen der Planüberwachung gescheitert, da die im Plan vorgesehenen, zur Gläubigerbefriedigung erforderlichen Umsätze vom Unternehmen nicht generiert werden konnten. Das Insolvenzverfahren wurde daraufhin im Oktober 2009 erneut wieder eröffnet.

Insolvenzplan

Rahmenbedingungen

Ziel des vom Schuldner vorgelegten Insolvenzplans war die kontinuierliche Fortführung des Geschäftsbetriebs. Aus den prognostizierten Erlösen des Unternehmens war beabsichtigt, die Kleingläubiger vollständig und die beiden involvierten Kreditinstitute sowie die Bundesanstalt für Arbeit und das Finanzamt anteilig zu bedienen. Die beiden Kreditinstitute machten Forderungen gegen das Unternehmen in Höhe von € 400.000,00 geltend. Die Situation ist insoweit komplex gewesen, als neben dem Unternehmen auch der geschäftsführende Gesellschafter und dessen Ehefrau über Darlehen und wechselseitige Bürgschaften in voller Höhe für den Forderungsbetrag der Kreditinstitute verpflichtet waren. Ohne eine Einigung, die neben dem Unternehmen auch die privaten Verpflichtungen löst, wäre eine Privatinsolvenz beider Personen unausweichlich und die Fortführung des Unternehmens wegen deren zentraler Funktion ausgeschlossen gewesen.

Die Kreditinstitute wurden bereits im Vorfeld des Insolvenzantrages über das geplante Insolvenzplanvorhaben informiert. Sie signalisierten in den im Vorfeld geführten Verhandlungen, dass der einzureichende Plan im Abstimmungstermin ihre Zustimmung finden könnte.

Der Insolvenzverwalter prüfte die Verwertungsalternativen für das Unternehmen für die Gläubiger. Er kam zu dem Schluss, dass auch ohne Insolvenzplanverfahren gewisse Verwertungsmöglichkeiten für die im Besitz des Unternehmens befindliche Software und für die damit in Zusammenhang stehenden Wartungsverträge bestünden. Mit letzteren ließ sich ein relativ fixer Jahresumsatz von ca. € 150.000,00 erzielen. Weitere relevante Verwertungserlöse hätten aus dem Unternehmensvermögen nicht erzielt werden können. Allerdings hätte das gleichwohl zur Betriebsstilllegung mit Verlust aller Arbeitsplätze geführt. Für den Fall der Liquidation prognostizierte der Insolvenzverwalter, dass die zu erwartenden Erlöse zwar die Verfahrenskosten decken würden, eine Quote für die Gläubiger allerdings nicht zu erwarten gewesen wäre, vor allem weil Masseverbindlichkeiten im Arbeitnehmerbereich entstanden wären.

Der Insolvenzplan mit den in Aussicht gestellten Befriedigungsaussichten basierte auf der Prämisse, dass ab dem Jahr 2010 hinreichende Erträge erwirtschaftet werden könnten, die die Erfüllung der nach Teilverzicht verbliebenen Kredite und die Berücksichtigung der sonstigen Insolvenzforderungen nach dem Insolvenzplan ermöglichen.

Das relativ konstante Geschäft im Bewachungsbereich auf Basis der bestehenden Wartungsverträge und die bis dato erzielten Vertriebsergebnisse hinsichtlich der neuen Ärztesoftware überzeugten den Insolvenzverwalter davon, dass die Planziele erreichbar wären. Zumindest war sichergestellt, dass die Planannahme keine neuen Risiken für die Gläubigergemeinschaft bedeuten würde. Dies galt vor allem auch, da die Fortführung des Geschäftsbetriebes keine neuen Mittel vorsah und die Planerfüllung zu einer deutlich höheren Befriedigung der Insolvenzgläubiger geführt hätte als die Liquidation des Unternehmens. Ein Scheitern des Insolvenzplans hätte somit keine weiteren Nachteile für die Gläubiger mitgebracht. Zudem konnten mit den Regelungen des Insolvenzplans alle Verfahrenskosten und die Masseverbindlichkeiten gedeckt werden. All dies hat den Insolvenzverwalter dazu bewogen, die Durchführung des vom Schuldner vorgelegten Insolvenzplans mit einigen Modifikationen voranzutreiben.

Inhalt des Plans

Der vom Schuldner vorgelegte Plan umfasst elf Seiten und erfüllt die wesentlichen Anforderungen an einen Insolvenzplan. Er ist sehr einfach gehalten und enthält die für die Gläubigerentscheidung wesentlichen Informationen. Im allgemeinen Teil werden kurz Gegenstand und Ziel des Insolvenzplans beschrieben. Dabei werden die Ergebnisse der Liquidationsalternative gegenübergestellt. Im darstellenden Teil hat der geschäftsführende Gesellschafter zunächst die Entwicklung und die wirtschaftliche Lage des Unternehmens bis zur Insolvenzantragstellung beschrieben. Diese beinhaltet eine Kurzvorstellung der Person des geschäftsführenden Gesellschafters und dessen finanzieller Verflechtung mit dem Unternehmen. Weiter werden die Unternehmensgeschichte, die Mitarbeiterdaten, die vorhandenen Rechtsverhältnisse und die finanzwirtschaftlichen Entwicklung des Unternehmens dargestellt. Im Anschluss daran erfolgt eine Analyse des Unternehmens hinsichtlich der Insolvenzursachen und eine Beurteilung der zukünftigen Aussichten für die Fortführung des Geschäftsbetriebes. Auf der Fortführung des Unternehmens aufbauend wird die Gläubigerbefriedigung berechnet. Im gestaltenden Teil sind zunächst die Maßnahmen zur Sanierung des Unternehmens beschrieben. Dabei wurden zum einen eine intensivere Neukundengewinnung zum Vertrieb der vorhandenen Software und zum anderen die Neuentwicklung einer Software für weitere Kundenzielgruppen vorgesehen. Weiter wird die Ergebnis- und Finanzplanung für die Jahre 2009 und 2010 dargestellt. Aus den erwarteten Erlösen der Geschäftsfortführung soll die Bedienung der Gläubiger nach den gruppenspezifischen Regelungen erfolgen.

Der Insolvenzplan sieht fünf Gläubigergruppen vor. Zwei Gruppen stellen die beiden Kreditinstitute dar, eine Gruppe die Ehefrau des geschäftsführenden Gesellschafters, eine Gruppe die Kleingläubiger und eine Gruppe die sonstigen Gläubiger, bestehend aus dem Finanzamt und der Bundesagentur für Arbeit. Der gestaltende Teil sieht für die Bankengruppen vor, dass diese einem Zins- und Tilgungsmoratorium bis Ende 2009 zustimmen. Treten die Planzahlen der Ergebnis- und Finanzplanung ein, kann das Unternehmen anschließend wieder die Darlehen bedienen. Diese Konstellation ist deshalb notwendig, weil der geschäftsführende Gesellschafter und seine Ehefrau ohnehin für die Darlehen persönlich bürgen. Die Regelung des Insolvenzplans für ein Zins- und Tilgungsmoratorium gibt der einzigen Erwerbsquelle dieser beiden Personen, dem Unternehmen, eine Verschnaufpause. Die Ehefrau als eigene Gläubigergruppe verzichtet vollständig auf die ihr zustehenden Forderungen aus Mieten. Kleingläubiger mit einer Forderung bis € 500,00 oder soweit sie ihre Forderungen auf diesen Betrag beschränken, sollen vollständig aus den zukünftigen Erträgen bedient werden. Alle übrigen Gläubiger sollen eine Quote von 10% auf ihre Insolvenzforderungen erhalten.

Fallanalyse

Die vorstehend beschriebene Fallstudie hat einen Prepackaged Plan bei einem Kleinunternehmen zum Inhalt. Es kann festgehalten werden, dass hier auf Initiative des Schuldners den Gläubigern eine Möglichkeit aufgezeigt wurde, zumindest eine quotale Befriedigung ihrer Forderungen zu erhalten, wenn sie dem Insolvenzplan zustimmen. Aufgrund der engen Verzahnung der finanziellen Situation des geschäftsführenden Gesellschafters und seiner Frau mit der des Unternehmens musste eine Lösung gefunden werden, die die Interessen des bisherigen Eigentümers des Unternehmens und die Interessen der Gläubiger in Einklang bringen. Ohne den geschäftsführenden Gesellschafter hätte das Unternehmen keinen Fortbestand mehr gehabt. Dann wäre auch die Existenzgrundlage von sechs Arbeitnehmern zunichte gemacht worden. In der vorliegenden Konstellation können alle Gläubiger gegenüber einem Regelinsolvenzverfahren nur gewinnen, weil sich kein Gläubiger schlechter stellt als er bei einer Liquidation stehen würde.

Das Fallbeispiel beweist, dass auch für Kleinunternehmer ein Prepackaged Plan durchaus eine Möglichkeit ist, mit Eigeninitiative und frühzeitiger Kommunikation mit den Beteiligten eine Schuldenbereinigung über ein Insolvenzverfahren vorzunehmen. Alle Beteiligten konnten besser gestellt werden und haben so dem Plan zugestimmt. Problem bei dem betrachteten Unternehmen war, dass die im Insolvenzplan prognostizierten Erträge zur quotalen Befriedigung der Gläubigeransprüche schließlich nicht erwirtschaftet werden konnten. Dadurch ist der Insolvenzplan gescheitert.

4.3 Ergebnisse der empirischen Untersuchung

Die vorstehend analysierten sechs Fallstudien lassen sich auf die Besonderheiten der drei Verfahrensarten nach der Insolvenzordnung reduzieren, die dem Reaktivierungsmanagement konzeptionell zur Verfügung stehen.

Reaktivierung im Rahmen einer übertragenden Sanierung

Fallstudie 1 und Fallstudie 2 wurden im Rahmen einer übertragenden Sanierung an einen Investor verkauft. Dadurch konnte das Not leidende Unternehmen in seiner Grundstruktur erhalten bzw. wirtschaftlich reaktiviert werden.

Bei beiden Fallstudien haben exogene und endogene Ursachen zur Schieflage des Unternehmens geführt, vor allem die sich in 2008 entwickelnde Wirtschaftskrise, die von gravierenden Auftragseinbrüchen begleitet wurde. Dies galt im Besonderen für die hier betrachteten Branchen. Im Gegensatz zu den anderen, in einem Insolvenzplanverfahren reaktivierten Unternehmen, findet bei beiden Fallstudien das in der vorliegenden Arbeit zugrunde gelegte Vier-Phasen-Modell im Hinblick auf den Krisenverlauf Anwendung. Beide Unternehmen befanden sich seit längerem in einer Ertragskrise, die insbesondere bei Fallstudie 2 auch von strategischen Fehlentscheidungen geprägt war. Der Flugzeugproduzent hatte eine Marktentwicklung „verschlafen". In den Jahren vor Insolvenzantragstellung sind Bemühungen beider Unternehmen, die Ertragskrise zu beseitigen, gescheitert. Verstärkt durch die gesamtwirtschaftliche Krisenlage gerieten die Unternehmen dann in die Illiquidität.

Die zunehmende Illiquidität hat mit sich zuspitzender Krisensituation dazu geführt, dass die Schieflage des Unternehmens öffentlich sichtbar wurde. Dies führte zu Vertrauensverlusten bei den mit den Unternehmen zusammenarbeitenden Beteiligten. Außergerichtliche Möglichkeiten einer Sanierung waren deshalb nicht mehr durchsetzbar. Das Unternehmen der Fallstudie 2 hatte zudem mit einer Vielzahl von Fremdkapitalgebern zu tun, die umfangreich im Unternehmensvermögen besichert waren. Hier galt es, diese im Wege intensiver Kommunikation diese zu einem Konsens zu bewegen.

Die besondere Schwierigkeit in beiden Fällen war, die durch die Illiquidität entstandene Handlungsunfähigkeit des Unternehmens zu beseitigen, um die Existenz des Unternehmens zu sichern. In beiden Fällen war der durch Insolvenzantragstellung ermöglichte Schutz vor Einzelzwangsvollstreckungsmaßnahmen der individuellen Gläubiger die einzige Möglichkeit für das Unternehmen, eine Lösung für seine Krisensituation zu finden. Zur Schonung der Liquidität war insbesondere die Maßnahme, das Unternehmen durch das Insolvenzgeld vorübergehend ohne Personalkosten fortzuführen, eine entscheidende Reaktivierungsmaßnahme. Im weiteren Verlauf des Insolvenzverfahrens konnten dann die Gläubiger zu entscheidenden Sanierungsbeiträgen bewegt werden, die dem Unternehmen in der Suchephase nach einem Investor die Möglichkeit gaben, am Leben zu bleiben.

Beide Fälle haben auch gezeigt, dass im Rahmen des Reaktivierungsmanagement umfangreiche Maßnahmen im Personalbereich notwendig sind. Über Beschäftigungsgesellschaften konnte in beiden Fällen ein sozialverträglicher Personalabbau durchgeführt werden.

Schlüsselfaktoren beider übertragenden Sanierungen waren die Wiedergewinnung von verloren gegangenem Vertrauen bei den Geschäftspartnern der Unternehmen, die dreimonatige Fortführung des Geschäftsbetriebes ohne Personalkosten und der sozialverträgliche Abbau von Arbeitsplätzen.

Reaktivierung im Rahmen der Eigenverwaltung

Bei der Untersuchung des Unternehmens ging es vor allem um die Prüfung der Vorteilhaftigkeit einer Sanierung in einem eigenverwalteten Insolvenzverfahren.

Dabei sieht das Modell als mögliche Anwendungsfälle eine Unternehmenssanierung und Sonderfälle der Liquidation vor. In der vorliegenden Fallstudie war Ziel, das Unternehmen zu sanieren. Weiterhin lagen wichtige Voraussetzungen der Eigenverwaltung vor. So waren zur Fortführung des Geschäftsbetriebes spezifische Branchenkenntnisse und -kontakte erforderlich, die das Management über Jahrzehnte erworben hat. Diese konnten vom Insolvenzverwalter in der Kürze der Zeit nicht erwartet werden. Zudem war ein schneller (Sanierungs-) Ablaufprozess im Rahmen der Sanierung in einem Insolvenzverfahren erforderlich, um die Fortführungschance des Unternehmens nicht zu gefährden. Da wäre eine lange Einarbeitungszeit für ein neues Management nicht zuträglich gewesen. Außerdem war in der Außendarstellung wichtig, dass die Insolvenz nur ein vorübergehender Zustand zur Krisenbewältigung war. Dies konnte dadurch erreicht werden, dass das Management weiterhin die Geschäfte führte. Zudem hatten keine Managementfehler, sondern eine Kombination unglücklicher Zufälle zur Schiffs-Havarie und damit zur Krisensituation des Unternehmens geführt. Weiterhin war das im Not leidenden Unternehmen vorhandene Management für die Fortführung des Geschäftsbetriebs unverzichtbar, weil es großes Vertrauen bei den Geschäftspartnern des Unternehmens genoss. Bei der betrachteten Fallstudie wurde das Not leidende Unternehmen in Eigenverwaltung fortgeführt und der Sachwalter konnte parallel die Weichen des Insolvenzverfahrens stellen. Dies war nur aufgrund einer guten Zusammenarbeit zwischen vorläufigen Insolvenzverwalter bzw. Sachwalter und der Geschäftsführung des Not leidenden Unternehmens möglich. Die Reaktivierung des Unternehmens ist im Rahmen eines Insolvenzplanverfahrens erfolgreich abgeschlossen worden.

Reaktivierung im Rahmen eines Insolvenzplans

Das Insolvenzplanverfahren auf Basis eines vom Insolvenzverwalter ausgearbeiteten Insolvenzplans fand bei Fallstudie 3, 4 und 5 Anwendung. In Fallstudie 3 und 5 wurde der Insolvenzverwalter mit der Erstellung des Plans beauftragt, das Unternehmen in Fallstudie 4 hatte bereits im Vorfeld der Insolvenzantragstellung das angestrebte Insolvenzplanverfahren kommuniziert. Die Ausarbeitung des Insolvenzplans erfolgte dann auch vom Insolvenzverwalter.

Fallstudienunternehmen 4 war aufgrund eines gravierenden Auftragseinbruchs in Folge der allgemeinen Wirtschaftskrise in eine existenzbedrohende Situation geraten. Auch bei den beiden anderen Unternehmen hatte ein einmaliges Ereignis dazu geführt, dass die Unternehmen in eine Liquiditätskrise geraten sind. Hierfür waren keine strategischen Fehlentscheidungen verantwortlich. Auch hat sich die Ertragslage der Unternehmen in den Jahren vor Insolvenzantragstellung nicht negativ entwickelt, so dass keine Anzeichen einer solchen Krisensituation im Vorfeld wahrnehmbar waren. Das gute Management ist eine Erklärung dafür, dass die Unternehmen im

Rahmen eines Insolvenzplanverfahrens saniert werden konnten. Das Vertrauensverhältnis zwischen dem Unternehmen und seinen Geschäftspartnern war nicht unwiederbringlich verloren. Innerhalb kurzer Zeit gerieten die Unternehmen durch einmalige Ereignisse in einen Liquiditätsengpass, der für die Außenstehenden unmittelbar spürbar waren. Die Beteiligten wurden nicht über einen längeren Zeitraum mit einer zunehmenden Handlungsunfähigkeit ihres Geschäftspartners konfrontiert. Vor diesem Hintergrund waren die Beteiligten im Rahmen des Planverfahrens auch bereit, Sanierungsbeiträge zur Reaktivierung des Unternehmens zu leisten. Dabei hatten sie die Chance, über Besserungsscheine an einer positiven zukünftigen Entwicklung des Unternehmens zu partizipieren. Die Illiquidität des Unternehmens in Fallstudie 3 wurde über einen ausgereichten Massekredit und die Finanzierung der Löhne und Gehälter über Insolvenzgeld kurzfristig beseitigt. Auch hier haben die Untersuchungen gezeigt, dass das Insolvenzgeld auch im Planverfahren einen wichtigen Beitrag zur Reaktivierung eines Not leidenden Unternehmens darstellt.

Das Unternehmen in Fallstudie 4 hatte bei drohender Zahlungsunfähigkeit Insolvenzantrag gestellt. Dies geschah verbunden mit der Intention, gezielt eine Reaktivierung des Geschäftsbetriebes im Rahmen eines Insolvenzplanverfahrens anzustreben. Das Unternehmen ist zwischenzeitlich wieder erfolgreich am Markt tätig.

Schlüsselfaktoren für die erfolgreiche Anwendung des Insolvenzplans waren in den drei betrachteten Unternehmen, dass die Vertrauensbasis zwischen Not leidenden Unternehmen und deren Geschäftspartnern nicht zerbrochen war. So konnte der für die Fortführung der Unternehmen wichtige Rechtsträger erhalten bleiben. Bei den Unternehmen in den Fallstudien 3 und 4 wären ansonsten die Basis der Unternehmensfortführung, nämlich die entscheidenden Kundenverträge, verloren gegangen. Es wäre fraglich gewesen, ob es einer neuen Gesellschaft gelungen wäre, wieder solche Verträge abzuschließen. Die Unternehmen konnten nur deshalb an ihre Eigentümer „zurückgegeben“ werden, weil diese nicht nur Teil des Problems, sondern eben in bedeutendem Maße auch Teil der Lösung im Hinblick auf Finanzierungsbeiträge waren. Letztlich war ein weiterer Schlüsselfaktor für den Erfolg der Reaktivierung die Schnelligkeit des Verfahrens. So konnten alle Verfahren innerhalb eines Jahres aus dem Insolvenzverfahren „entlassen“ werden.

Reaktivierung im Rahmen eines Prepackaged Plans

Das in Fallstudie 6 betrachtete Unternehmen hat mit Insolvenzantragstellung einen ausgearbeiteten Schuldnerplan vorgelegt. Dies geschah insbesondere vor dem Hintergrund, dass der geschäftsführende Gesellschafter festgestellt hatte, dass die Umsetzung seiner beabsichtigten, dringend notwendigen Sanierungsmaßnahmen in einer freien Sanierung sehr teuer wird und er bzw. das Unternehmen diese Kosten nicht aufbringen kann. Voraussetzung für den Erfolg eines solchen Prepackaged Plans ist wie bei einem normalen Insolvenzplan die Akzeptanz der Planinhalte von Seiten der Gläubiger. In vorliegenden Fall wurde offensichtlich, dass die Gläubiger sich durch die Planinhalte nicht schlechter stellen würden, als sie bei einer Liquidation des Unternehmens stehen würden. Ganz im Gegenteil erhielten sie die Möglichkeit, auf Basis der Planrechnungen am zukünftigen Erfolg des Unternehmens zu partizipieren. Das Problem des hier betrachteten Unternehmens war jedoch, dass die vom Unternehmen prognostizierten Erlöse nicht in dem angekündigten Ausmaße erzielt worden konnten. Daran ist das Planverfahren gescheitert. Hier spiegelt sich die besondere Schwierigkeit des Planverfahrens wider: jedes Unternehmenskonzept steht unter dem Vorbehalt unsicherer Prognosen und vieler externen Unwägbarkeiten.

5 Schlussfolgerungen

Als Ergebnis der Arbeit kann folgendes festgehalten werden:

1. Theoretisch verlaufen Unternehmenskrisen nach einem zeitlich aufeinanderfolgenden Schema; bei einmaligen Ereignissen wie aktuell dem Versagen der Kreditmärkte durchläuft das Not leidende Unternehmen die Krisenphasen jedoch in einem Zeitraffer. Zudem muss bei der Betrachtung eines Krisenprozesses berücksichtigt werden, dass die Insolvenz eines Unternehmens nicht das Ende einer sich verstetigenden Unternehmenskrise darstellt, sondern dass diese auch die Chance einer Sanierung in sich birgt.

2. Eine allgemeingültige Theorie der Unternehmenskrisen im Sinne eines Ursache-Wirkungs-Zusammenhangs von Einflussfaktoren und Krisenarten existiert aufgrund deren Vielschichtigkeit nicht.

3. Auch wenn ein Not leidendes Unternehmen für sanierungsbedürftig und -fähig erklärt wird, hängt letztlich die tatsächliche Entscheidung für eine Krisenbewältigung vom Ergebnis der Sanierungswürdigkeitsprüfung und damit vom Wohlwollen und der Unterstützung der an einem Not leidenden Unternehmen Beteiligten ab.

4. In einer Krise führen zahlreiche Umstände dazu, dass sinnvolle, für alle Beteiligten gewinnbringende Sanierungen an den Beteiligten selber scheitern:

   – Divergierende Interessenlagen und Rechtspositionen der Beteiligten erschweren eine gemeinschaftliche Krisenbewältigung.

   – Ausgangspunkt für eine Sanierungsentscheidung der an einer Sanierung Beteiligten ist die Einschätzung, welche Liquidations- und Fortführungswerte mit dem Not leidenden Unternehmen zu erzielen sind. Basis dieser Einschätzungen sind die zur Verfügung stehenden Informationen über das Unternehmen. Aus unvollständigen Informationen resultieren unterschiedliche Erwartungen und unterschiedliche Einschätzungen der Sanierungsfähigkeit.

   – Unterschiedliche Risikoeinstellungen der Beteiligten im Hinblick auf die Bereitschaft, Sanierungsmaßnahmen zu unterstützen, führen zu einem Moral-

Hazard-Problem: Einzelne Beteiligte können Handlungen vornehmen, die ein anderer nicht beobachten kann, die aber seine Position schwächen könnten.

- Es bestehen Anreize jedes Einzelnen, seine Vermögensposition nicht aufzugeben und kein höheres Risiko einzugehen. Sie führen dazu, dass der Einzelne alternativ Sanierungsbeiträge anderer Beteiligter einfordert oder abwartet. Das Problem ist als Trittbrettfahrerproblem bekannt.
- Divergierende Verfügungsrechte der Beteiligten führen dazu, dass die Beteiligten mit Sicherungsrechten zu Zugeständnissen für eine Sanierung in der Regel nicht bereit sind.

5. Mit Reform des deutschen Insolvenzrechts und Inkrafttreten der Insolvenzordnung im Jahr 1999 wurde diesem eine Sanierungsaufgabe zuteil. Der Gesetzgeber hat die Unternehmenssanierung als alternative Möglichkeit zur Zerschlagung eines Not leidenden Unternehmens für eine optimale Vermögensverwertung in § 1 InsO kodifiziert.

6. Im Hinblick auf die grundsätzliche Vorgehensweise in einem Sanierungsprozess ist festzustellen, dass zur Sanierung eines Not leidenden Unternehmens innerhalb- und außerhalb eines Insolvenzverfahrens im Wesentlichen dieselben Teilschritte bzw. Phasen durchlaufen werden; Abweichungen ergeben sich im Insolvenzverfahren durch zusätzliche gesetzliche Anforderungen.

7. Das Reaktivierungsmanagement schließt die Sanierungsinstrumente der klassischen Sanierung nicht aus. Sie können ergänzend zum Reaktivierungsmanagement eingesetzt werden.

8. Das Insolvenzplanverfahren, das möglicherweise mit dem Insolvenzantragsgrund der drohenden Zahlungsunfähigkeit und einem Antrag auf Eigenverwaltung verknüpft ist, stellt ein besonderes Sanierungsinstrument des Reaktivierungsmanagements dar. Seine Regelungen können die spezifischen Interessenlagen der Gläubiger bei der Gruppenbildung und der Abstimmung berücksichtigen. Weiter können sie opponierende Gläubiger durch das Obstruktionsverbot zwangsdisziplinieren und Sonderabkommen mit einzelnen Gläubigergruppen vorsehen. Damit kann ein geschickter Planverfasser den Erfolg dieses Sanierungsinstrument maßgeblich beeinflussen.

9. Die Instrumente der Insolvenzordnung können so eingesetzt werden, dass sie die Kosten einer Sanierung reduzieren. Bei der Sanierung eines Not leidenden

Unternehmens hängen die Kosten einer freien Sanierung von der Verfassung, in der sich das Unternehmen befindet und den Umständen des Marktumfeldes ab. Im Gegensatz zum Reaktivierungsmanagement gibt es hier keine Möglichkeit, die Sanierungskosten bindend für alle Beteiligten zu reduzieren.

10. Als Kostentreiber für eine freie Sanierung wurden der Grad der Überschuldung, der Grad der Illiquidität, die Anzahl der Beteiligten und die Existenz von Dauerschuldverhältnissen erarbeitet. Reaktivierungsmanagement ist ein wirksames Instrument um diese Kostentreiber einzudämmen und alle Beteiligten kostengünstig zwangszudisziplinieren.

11. Die empirischen Untersuchungen zur Verfahrensart der übertragenden Sanierung haben ergeben, dass ein Schlüsselfaktor für deren Erfolg die Wiedergewinnung von im Vorfeld der Insolvenzantragstellung verloren gegangenem Vertrauen ist. Auch für die Eigenverwaltung ist ein gutes Vertrauensverhältnis zwischen Management, Eigentümern und Gläubigern auf der einen und dem vorläufigen Insolvenzverwalter bzw. Sachwalter auf der anderen Seite entscheidend. Letztlich ist auch die Anwendung eines Insolvenzplanverfahrens nur dann möglich, wenn die Vertrauensbasis zwischen den am Sanierungsprozess Beteiligten nicht zerstört ist.

12. Alle in der Fallstudienanalyse betrachteten Reaktivierungen haben ergeben, dass im Rahmen der Reaktivierungsmaßnahmen insbesondere das Insolvenzgeld eine entscheidende Rolle für die Fortführung und Sanierung eines Not leidenden Unternehmens darstellt. Ohne diese Maßnahme wäre vielfach eine Unternehmensfortführung aufgrund der Liquiditätsbelastung aus Lohnverpflichtungen von vornherein unmöglich.

13. Die Fallstudien haben gezeigt, dass eine wesentliche Basis für eine schnelle Reaktivierung eines Not leidenden Unternehmens die frühzeitige Auseinandersetzung mit den Möglichkeiten einer Sanierung in der Insolvenz, die Kenntnis und entsprechend effiziente Anwendung von Reaktivierungsmaßnahmen sowie eine offene Informationspolitik mit allen am Not leidenden Unternehmen Beteiligten ist.

Insgesamt haben die Ausführungen auch gezeigt, dass die Anwendung von Reaktivierungsmanagement nur in bestimmten Situationen eine erfolgversprechende Variante ist, ein Unternehmen zu sanieren. Diese Anwendungsbedingungen sollten aber häufiger ernsthaft geprüft werden als das bisher der Fall ist. Die Erkenntnisse dieser Arbeit tragen dazu bei, die Anwendung von Reaktivierungsmanagement als eine alternative Unternehmenssanierung anzusehen. Die in dieser Arbeit vorgenommenen Untersuchungen zur Beantwortung der zentralen Forschungsfrage, unter welchen Voraussetzungen und in welcher Form Reaktivierungsmanagement der klassischen Sanierung überlegen ist, haben ergeben, dass die einzelnen Kostentreiber eines Sanierungsverfahrens vorab genau quantifiziert werden müssen. Die reaktivierenden Maßnahmen der Insolvenzordnung können diese Kostentreiber eindämmen. Dafür wurden die Instrumentarien der Insolvenzordnung für eine nachhaltige Sanierung und Reaktivierung eines Krisenunternehmens dargestellt und die Besonderheiten gegenüber einer außergerichtlichen Sanierung aufgezeigt. Aufgrund der ermittelten Kostentreiber kann eine Abwägung für oder gegen die eine oder andere Sanierungsform vorgenommen werden.

Im Rahmen der Fallstudienanalyse erfolgte eine Auseinandersetzung mit ausgewählten Not leidenden Unternehmen, die im Rahmen eines Insolvenzverfahrens reaktiviert wurden. Ausgangsbasis waren in allen Fällen Unternehmen, bei denen aufgrund der Existenz einer Vielzahl von Kostentreibern eine außergerichtliche Sanierung nicht mehr möglich war. Anhand detaillierter Analysen wurde untersucht, ob die Werkzeuge der InsO tatsächlich dazu dienen, die Reaktivierung eines Unternehmens zu leisten und wie dies geschieht. Dabei galt das Hauptaugenmerk dem Insolvenzplan als wesentlichem Sanierungsinstrument des Reaktivierungsmanagements. Im Ergebnis konnten über die übertragende Sanierung, die Eigenverwaltung und den Insolvenzplan alle Unternehmen – mit Ausnahme des Unternehmens in Fallstudie 6 – reaktiviert werden.

Die zurückhaltende Anwendung von Reaktivierungsmanagement in der bisherigen Praxis hängt insbesondere mit den indirekten Kosten der Insolvenz zusammen. Reaktivierungsmanagement wird deshalb von den an einem Not leidenden Unternehmen Beteiligten nicht als Instrument zur Bewältigung von Unternehmenskrisen wahrgenommen, weil die unternehmensintern Beteiligten wie Eigentümer und Management mit der Einleitung eines Insolvenzverfahren einen Einflussverlust über „ihr“ Unternehmen befürchten. Die unternehmensextern Beteiligten an einem Not leidenden Unternehmen wie Lieferanten und Kunden könnten bei Bekanntwerden, dass das Not leidenden Unternehmen durch ein Insolvenzverfahren saniert werden soll, irritiert sein, weil sie keine Erfahrung mit ihrer Position im Rahmen eines Insolvenzverfahrens haben. Die Insolvenz stellt für sie ein unkalkulierbares Risiko dar. Die Akzeptanz von Sanierungen in der Insolvenz bzw. von Reaktivierungsmanagement wird erst eintreten, wenn die Möglichkeit, sie als Sanierungsinstrument zu nutzen, ins breite Bewusstsein aller Marktteilnehmer gelangt ist und mehr Anwendungsfälle die Erfahrungswerte steigern lassen.

In diesem Zusammenhang hat der Insolvenzplan in jüngster Zeit vermehrte Anwendung gefunden. Dennoch bleibt speziell dieses Sanierungsinstrument weiterhin hinter dem Potential zurück. Der Insolvenzplan ist ein äußerst komplexes Regelwerk, der intensive Überzeugungsarbeit gegenüber allen Beteiligten erfordert. Auch wenn der Insolvenzplan in der Vergütungsordnung mit erheblichen Zuschlägen zur Regelvergütung gratifiziert wird, liegt die Annahme auf der Hand, dass eine Vielzahl von Insolvenzverwaltern trotz der höheren Vergütung diese Arbeiten scheuen. Auch auf Seiten der Gesellschafter erscheint der Insolvenzplan noch nicht auf breite Akzeptanz gestoßen zu sein. Dies mag auch in Zusammenhang mit dem besonderen Stigma eines Konkurses stehen. Der Insolvenzplan erfordert auch auf Seiten der Gesellschafter einen pro-aktiven Umgang mit der Krisenbewältigung und eine offene Kommunikation gegenüber den Gläubigern. Dieser Schritt ist für viele Gesellschafter, welche sich nach der Insolvenzantragstellung in eine innere Immigration begeben, psychologisch schwierig.

In Zukunft dürfte die Anwendung des Insolvenzplans aber weiter an Bedeutung gewinnen. In der jetzigen Schieflage der Kreditmärkte sind viele Unternehmen in eine Krisensituation geraten, obwohl ihr Kerngeschäft profitabel ist. Diese könnten in besonderem Maße vom Insolvenzplanverfahren als sinnvolle Alternative zu einer freien Sanierung profitieren. Es bleibt abzuwarten, wie sich die weltweite Wirtschaftskrise auf den bisher stiefmütterlichen Umgang mit der Sanierungsaufgabe der Insolvenzordnung auswirken wird. Die aktuelle Diskussion in der Öffentlichkeit in den vergangenen Monaten mag viel dazu beitragen, ob ein objektiverer und kreativerer Umgang aller Beteiligten mit dem Problem Insolvenz in Zukunft möglich sein wird.

Literaturverzeichnis

Achsnik, Jan [Options-Modelle, 2002]: Options-Modelle im Insolvenzplanverfahren, Berlin: Duncker & Humblot, 2002.

Andersch, Tammo/Schneider, Klaus J. [Sanierungskonzepten, 2006]: Erstellung und Testierung von Sanierungskonzepten, in: *Hommel, Ulrich/Knecht, Thomas C./Wohlenberg, Holger* (Hrsg.), Handbuch, 2006: S. 303–333.

Arbeitskreis für Insolvenz- und Schiedsgerichtwesen e. V., Köln (Hrsg.) [Schrift, 1997]: Kölner Schrift zur Insolvenzordnung: das neue Insolvenzrecht in der Praxis, Herne/Berlin: Verlag für die Rechts- und Anwaltspraxis, 1997.

Arbeitskreis für Insolvenz- und Schiedsgerichtwesen e. V., Köln (Hrsg.) [Schrift, 2000]: Kölner Schrift zur Insolvenzordnung: das neue Insolvenzrecht in der Praxis, 2. aktualisierte und wesentlich erweiterte Aufl., Herne/Berlin: Verlag für die Rechts- und Anwaltspraxis, 2000.

Baetge, Jörg/Kirsch, Hans-Jürgen/Thiele, Stefan [Bilanzen, 2003]: Bilanzen, 7., überarbeitete Aufl., Düsseldorf: IDW, 2003.

Baetge, Jörg/Kirsch, Hans-Jürgen/Thiele, Stefan [Bilanzanalyse, 2004]: Bilanzanalyse, 2. vollständig überarbeitete und erweiterte Aufl., Düsseldorf: IDW, 2004.

Baetge, Jörg/Ströher, Thomas [Jahresabschlussanalyse, 2006]: Krisenfrüherkennung auf der Basis von Jahresabschlüssen mit künstlichen neuronalen Netzen, in: *Hutzschenreuter, Thomas/Griess-Nega, Torsten*, Krisenmanagement, 2006, S. 117–142.

Balz, Manfred [Aufgaben, 1988]: Aufgaben und Struktur des künftigen einheitlichen Insolvenzverfahrens, in: ZIP 9 (1988), S. 273–294.

Balz, Manfred [Ziele, 1997]: Die Ziele der Insolvenzordnung, in: *Arbeitskreis für Insolvenz- und Schiedsgerichtswesen e. V.* (Hrsg.), Schrift, 1997, S. 3–22.

Balz, Manfred [Logik, 1988]: Logik und Grenzen des Insolvenzrechts, in: ZIP 9 (1988), S. 1438–1445.

Balz, Manfred et al. (Hrsg.) [Sanierung, 1986]: Sanierung von Unternehmen oder Unternehmensträgern?, Beiträge zum Insolvenzrecht, Band 1, Köln: Kommunikationsforum, 1986.

Baßeler, Ulrich/Heinrich, Jürgen/Utecht, Burkhard [Volkswirtschaft, 2006]: Grundlagen und Probleme der Volkswirtschaft, 18., überarbeitete Aufl., Stuttgart: Schäffer-Poeschel, 2006.

Bauer, Joachim [Rechtsfragen, 2005]: Rechtsfragen der Unternehmenssanierung, Berlin: ZAP Verlag, 2005.

Baumann, Walter [Unternehmenssanierung, 1988]: Unternehmenssanierung durch Auffanggesellschaften, Wien: Orac, 1988.

Bea, Franz X./Kötzle, Alfred [Krisenvermeidung, 1983]: Ursachen von Unternehmenskrisen und Maßnahmen zur Krisenvermeidung, in: DB 36 (1983), S. 565–571.

Beck, Matthias/Möhlmann, Thomas [Abwicklung, 2000]: Sanierung und Abwicklung in der Insolvenz: Erfahrungen, Chancen, Risiken, Berlin: Neue Wirtschafts-Briefe, 2000.

Bergauer, Anja [Krisenmanagement, 2001]: Erfolgreiches Krisenmanagement in der Unternehmung: eine empirische Analyse, Berlin: Erich Schmidt, 2001 (zugl. Diss. Univ. Duisburg, 1999).

Bibeault, D. B. [Turnaround, 1982]: Corporate Turnaround: How Managers Turn Losers into Winners, New York: McGraw-Hill, 1982.

Bichlmeier, Wilhelm/Engberding, Antonius/Oberhofer, Hermann [Insolvenzhandbuch, 1998]: Insolvenzhandbuch: ein rechtlicher und betriebswirtschaftlicher Leitfaden, Frankfurt am Main: Bund, 1998.

Bigus, Jochen/Eger, Thomas [Marktkonformität, 2003]: Führt die deutsche InsO zu mehr Marktkonformität bei Unternehmensinsolvenzen? Einige Bemerkungen aus ökonomischer Sicht, in: ZInsO 1 (2003), S. 1–9.

Bilgery, Wolfgang [Insolvenzplan, 2001]: Der schlanke Insolvenzplan, in: DZWiR 8 (2001), S. 316–318.

Binz, Fritz/Hess, Harald [Insolvenzverwalter, 2004]: Der Insolvenzverwalter: Rechtsstellung, Aufgaben, Haftung, Heidelberg: C. F. Müller, 2004.

Bitter, Georg [Überschuldungsbegriff, 2008]: Neuer Überschuldungsbegriff in § 19 Abs. 2 InsO: Führt die Finanzmarktkrise zu besseren Einsichten des Gesetzgebers?, in: ZInsO 20 (2008), ZInsO-Editorial, S. 1097.

Böckenförde, Björn [Unternehmenssanierung, 1991]: Unternehmenssanierung, Stuttgart: Schäffer-Poeschel, 1991.

Böckenförde, Björn [Unternehmenssanierung, 1996]: Unternehmenssanierung, 2. Auflage, Stuttgart: Schäffer-Poeschel, 1996.

Bork, Reinhard [Insolvenzrecht, 2005]: Einführung in das Insolvenzrecht, 4., neu bearbeitete Aufl., Tübingen: Mohr Siebeck, 2005.

Bork, Reinhard [Einführung, 2002]: Einführung in das Insolvenzrecht, 3. Aufl., Tübingen: Mohr Siebeck, 2002

Brandstätter, Jörn [Sanierungsfähigkeit, 1993]: Die Prüfung der Sanierungsfähigkeit notleidender Unternehmen, München: Beck, 1993.

Braun, Eberhard [Insolvenzverwalter, 2003]: Zwei Insolvenzverwalter in der Eigenverwaltung, in: NZI 11 (2003), S. 588–590.

Braun, Eberhard (Hrsg.) [InsO, 2007]: Insolvenzordnung, 3., neu bearbeitete Aufl., München: C. H. Beck, 2007.

Braun, Eberhard [§ 66, 2006]: § 66, in: *Gottwald, Peter* (Hrsg.), Insolvenzrechtshandbuch, 2006, S. 961–968.

Braun, Eberhard/Frank, Achim [vor § 217, 2007]: Sechster Teil, Insolvenzplan, Vorbemerkungen vor §§ 217 bis 269, in: *Braun, Eberhard* (Hrsg.), InsO, 2007, S. 1183–1189.

Braun, Eberhard/Uhlenbruck, Wilhelm [Muster, 1998]: Muster eines Insolvenzplans, Düsseldorf: IDW, 1998

Braun, Eberhard/Uhlenbruck, Wilhelm [Unternehmensinsolvenz, 1997]: Unternehmensinsolvenz: Grundlagen, Gestaltungsmöglichkeiten, Sanierung mit der Insolvenzordnung, Düsseldorf, IDW, 1997.

Braun, Eberhard (Hrsg.) [Insolvenzordnung, 2002]: Insolvenzordnung (InsO), Kommentar, München: C. H. Beck, 2002.

Breitenbücher, Bettina E. [Masseunzulänglichkeit, 2007]: Masseunzulänglichkeit – eine Analyse zu Überschuldung und Zahlungsunfähigkeit der Insolvenzmasse, Baden-Baden: Nomos, 2007 (zugl. Diss. Univ. Köln, 2006).

Breuer, Wolfgang [Insolvenzrecht, 2003]: Insolvenzrecht, 2., völlig überarbeitete und erweiterte Aufl., München: C. H. Beck, 2003.

Breuer, Wolfgang [§ 226, 2002]: § 226, in: *Kirchhof, Hans-Peter/Lwowski, Hans-Jürgen/Stürner, Rolf* (Hrsg.), Münchener, 2002, S. 1636–1638.

Brown, David/James, Christopher/Mooradian, Robert [Asset, 1994]: Asset sales by financially distressed firms, in: Journal of Corporate Finance (1994), Vol. 1, S. 233–257.

Brüchner, Tanja [Reorganisationsstrategien, 1999]: Reorganisationsstrategien für insolvenzbedrohte Unternehmen, Frankfurt am Main: Peter Lang, 1999 (zugl. Diss. Univ. Regensburg, 1998).

Brühl, Volker/Göpfert, Burkard, [Unternehmensrestrukturierung, 2004]: Unternehmensrestrukturierung, Stuttgart: Schäffer-Poeschel, 2004.

Brühl, Volker [Management, 2004]: Restrukturierung – Ursachen, Verlauf und Management von Unternehmenskrisen, in: *Brühl, Volker/Göpfert, Burkard,* Unternehmensrestrukturierung, 2004, S. 3–31.

Buchalik, Robert [Restrukturierungs-/Sanierungsmöglichkeiten, 2004]: § 2 Restrukturierungs-/ Sanierungmöglichkeiten aus Sicht der finanzierenden Bank, in: *Buth, Andrea K./Hermanns, Michael* (Hrsg.), Restrukturierung, 2004, S. 30–64.

Buchalik, Robert [Faktoren, 2000]: Faktoren einer erfolgreichen Eigenverwaltung, in: NZI 7 (2000), S. 294–301.

Burger, Anton [Unternehmenskrise, 1988]: Unternehmenskrise und Unternehmenssanierung, Hamburg: Dr. Kovac, 1988.

Burger, Anton/Ulbrich, Philipp [Sanierungscontrolling, 2006]: Sanierungscontrolling, in: *Hutzschenreuter, Thomas/Griess-Nega, Torsten* (Hrsg.), Krisenmanagement, 2006, S. 323–352.

Buth, Andrea K./Hermanns, Michael (Hrsg.) [Restrukturierung, 2004]: Restrukturierung, Sanierung, Insolvenz, 2., vollständig neu bearbeitete Aufl., München: C. H. Beck, 2004.

Buth, Andrea K./Hermanns, Michael (Hrsg.) [Restrukturierung, 2009]: Restrukturierung, Sanierung, Insolvenz, 3., vollständig neu bearbeitete Aufl., München: C. H. Beck, 2009.

Cranshaw, Friedrich L. [Sanierungsunterstützende, 2008]: Sanierungsunterstützende Maßnahmen des Kreditgebers außerhalb der „klassischen“ Kreditgewährung, in ZInsO 8 (2008), S. 421–432.

Creditreform (Hrsg.) [Insolvenzen, 2003]: Insolvenzen, Neugründungen und Löschungen – Jahr 2003, Neuss, 2003.

Creditreform (Hrsg.) [Insolvenzen, 2007]: Insolvenzen, Neugründungen und Löschungen – Jahr 2007, Neuss, 2007.

Creditreform (Hrsg.) [Insolvenzen, 2008]: Insolvenzen, Neugründungen und Löschungen – Jahr 2008 Neuss, 2008.

Creditreform (Hrsg.) [Insolvenzen, 2009]: Insolvenzen, Neugründungen und Löschungen – Jahr 2009, Neuss, 2009.

Dinstühler, Klaus-Jürgen [Insolvenzplan, 1998]: Der Insolvenzplan gem. den §§ 217–269 InsO, in: InVo 12 (1998), S. 333–346.

Drukarczyk, Jürgen [Unternehmen, 1987]: Unternehmen und Insolvenz – zur effizienten Gestaltung des Kreditsicherungs- und Insolvenzrechts, Wiesbaden: Gabler, 1987

Drukarczyk, Jürgen [§ 245, 2002]: § 245, in: *Kirchhof, Hans-Peter/Lwowski, Hans-Jürgen/Stürner, Rolf* (Hrsg.), Münchener, 2002, S. 1724–1758.

Eckardt, Diederich [§ 88, 2008]: § 88 – Vollstreckung vor Verfahrenseröffnung, in: *Henckel, Wolfram/Gerhardt, Walter* (Hrsg.), Insolvenzordnung, Zweiter Band, §§ 56–102, 2008, S. 756–794.

Ehlers, Harald [Amerikanische, 1998]: Amerikanische Erfahrungen mit „Chapter 11“ und die Insolvenzrechtsreform, in: ZIP 48 (1998), S. 2025–2026.

Ehlers, Harald/Drieling, Ilka [Unternehmenssanierung, 2000]: Unternehmenssanierung nach der Insolvenzordnung: Ein Wegweiser anhand eines Modellfalls, 2. neu bearbeitete und erweiterte Aufl., München: Beck, 2000.

Ehricke, Ulrich [Sicherungsmaßnahmen, 2002]: Sicherungsmaßnahmen bei Antrag auf Anordnung einer Eigenverwaltung, insbesondere zur Person des vorläufigen Sachwalters, in: ZIP 18 (2002), S. 782–789.

Eidenmüller, Horst [Unternehmenssanierung, 1999]: Unternehmenssanierung zwischen Markt und Gesetz, Köln: Otto Schmidt, 1999.

Eidenmüller, Horst [Effizienz, 1998]: Effizienz als Rechtsprinzip: Möglichkeiten und Grenzen der ökonomischen Analyse des Rechts, 2. Aufl., Tübingen: Mohr Siebeck, 1998.

Eidenmüller, Horst [Banken, 1996]: Die Banken im Gefangenendilemma: Kooperationspflichten und Akkordstörungsverbot im Sanierungsrecht, in: ZHR 160 (1996), S. 343–373

Eidenmüller, Horst [§ 217, 2002]: Erster Abschnitt, Aufstellung des Plans, § 217 Grundsatz, in: *Kirchhof, Hans-Peter/Lwowski, Hans-Jürgen/Stürner, Rolf* (Hrsg.), Münchener, 2002, S. 1416–1470.

Eidenmüller, Horst [vor §§ 217 bis 269, 2002]: Sechster Teil, Insolvenzplan, Vorbermerkungen vor §§ 217 bis 269, §§ 217, 218, in: *Kirchhof, Hans-Peter/Lwowski, Hans-Jürgen/Stürner, Rolf* (Hrsg.), Münchener, 2002, S. 1393–1415.

Eidenmüller, Horst [§ 221, 2002]: § 221 Gestaltender Teil, in: *Kirchhof, Hans-Peter/Lwowski, Hans-Jürgen/Stürner, Rolf* (Hrsg.), Münchener, 2002, S. 1542–1571.

Eidenmüller, Horst [§ 222, 2002]: § 222 Bildung von Gruppen, in: *Kirchhof, Hans-Peter/Lwowski, Hans-Jürgen/Stürner, Rolf* (Hrsg.), Münchener, 2002, S. 1572–1617.

Eilenberger, G. [§ 219, 220, 2002]: §§ 219 Gliederung des Plans, in: *Kirchhof, Hans-Peter/Lwowski, Hans-Jürgen/Stürner, Rolf* (Hrsg.), Münchener, 2002, S. 1525–1542.

Engberding, Antonius [Sanierung, 1998]: Unternehmenskrisen, Sanierung und Industriepolitik: einzelwirtschaftliche und strukturpolitische Handlungsspielräume beim Wandel von Unternehmen in der Krise, Berlin: Duncker & Humblot, 1998 (zugl. Diss. Univ. Hamburg, 1998).

Erlei, Mathias/Leschke, Martin/Sauerland, Dirk [Institutionenökonomie, 1999]: Neue Insitutionenökonomik, Stuttgart: Schäffer-Poeschel, 1999.

Fahlbusch, Wolfgang C. [Anfechtungsrecht, 2002]: Insolvenzrecht und Anfechtungsrecht, 4. Aufl., Münster: Alpmann und Schmidt, 2002.

Faulhaber, Peter/Landwehr, Norbert [Turnaround-Management, 2001]: Turnaround-Management in der Praxis, 2., erweiterte und aktualisierte Aufl., Frankfurt am Main, New York: Campus Verlag, 2001.

Fechner, Dietrich [Unternehmenssanierung, 1998]: Praxis der Unternehmenssanierung: Analyse, Konzept und Durchführung, Neuwied: Luchterhand, 1998.

Fechner, Dietrich/Kober, Bernd [Unternehmenssanierung, 2004]: Praxis der Unternehmenssanierung – Analyse, Konzept und Durchführung, München: Luchterhand, 2004.

Finsterer, Hans [Kreditinstitute, 1999]: Unternehmenssanierung durch Kreditinstitute: eine Untersuchung unter Beachtung der Insolvenzordnung, Wiesbaden: Gabler, 1999 (zugl. Diss. Univ. Erlangen, Nürnberg, 1999).

Fischer, Thomas [Agency, 1999]: Agency Probleme bei der Sanierung von Unternehmen, Wiesbaden: Deutscher Universitäts-Verlag 1999.

Fleege-Althoff, Fritz [Unternehmung, 1930]: Die notleidende Unternehmung, Stuttgart, 1930.

Flessner, Axel [Reorganisation, 1982]: Sanierung und Reorganisation: Insolvenzverfahren für Großunternehmen in rechtsvergleichender und rechtspolitischer Untersuchung, Tübingen: Mohr Siebeck, 1982.

Foerste, Ulrich [Insolvenzrecht, 2008]: Insolvenzrecht, 4. überarbeitete und erweiterte Aufl., München: C. H. Beck, 2008.

Förster, Karsten [Klartext, 2003]: Klartext: Wem nützt die Insolvenzverwaltung?, in ZInsO 9 (2003), S. 402–404.

Franke, Günter/Hax, Herbert [Finanzwirtschaft, 1999]: Finanzwirtschaft des Unternehmens und Kapitalmarkt, 4. Aufl., Berlin; Heidelberg; New York; Barcelona; Hongkong; London; Mailand; Paris; Singapur; Tokio: Springer, 1999.

Frege, Michael C./Keller, Ulrich/Riedel, Ernst [Insolvenzrecht, 2008]: Insolvenzrecht, 7. völlig neu bearbeitete Aufl., München: C. H. Beck, 2008.

Friedhoff, Heinrich C. [Insolvenzplan, 2002]: Sanierung einer Firma durch Eigenverwaltung und Insolvenzplan, in: ZIP 11 (2002), S. 497–500.

Frind, Frank [Insolvenzverwalter, 2007]: § 56 Dritter Abschnitt Insolvenzverwalter. Organe der Gläubiger, in: *Schmidt, Andreas*, Kommentar, 2007, S. 693–779.

Frind, Frank/Schmidt, Andreas [Insolvenzverwalterbestellung, 2004]: Insolvenzverwalterbestellung: Auswahlkriterien und Grenzen der Justiziabilität in der Praxis, in: NZI10 (2004), S. 533–538.

Gelblich, Katja [Überblick, 2005]: Emotionen – ein Überblick aus der Sicht der evolutionären und der kognitiven Psychologie, in: *Mummert, U./Sell, F.*, Emotionen, 2005, S. 17–41.

Gerster, Erwin [Insolvenzplan, 2008]: Insolvenzplan, „das unbekannte Wesen" oder „der Maßanzug des Insolvenzrechts"?, in: ZInsO 8 (2008), S. 437–445.

Gessner, Volkmar/Rhode, Barbara/Strate, Gerhard/Ziegert, Klaus A. [Konkursabwicklung, 1978]: Die Praxis der Konkursabwicklung in der Bundesrepublik Deutschland – eine rechtssoziologische Untersuchung, Köln: Bundesanzeiger, 1978.

Gless, Sven-Erik [Unternehmenssanierung, 1996]: Unternehmenssanierung: Grundlagen – Strategien – Maßnahmen, Wiesbaden: Gabler, 1996 (zugl. Diss. Humboldt-Univ., Berlin, 1995).

Gless, Sven-Erik/Undritz, Sven-Holger [Sanierung, 2004]: Sanierung aus der Insolvenz, in: *Brühl, Volker/Göpfert, Burkard,* Unternehmensrestrukturierung, 2004, S. 327–364.

Göbel, Elisabeth [Institutionenökonomie, 2002]: Neue Institutionenökonomik, Stuttgart: Lucius und Lucius, 2002

Gottwald, Peter (Hrsg.) [Insolvenzrechtshandbuch, 2006]: Insolvenzrechtshandbuch, 3., völlig neu bearbeitete Aufl., München: C. H. Beck, 2006.

Gottwald, Peter [§ 39, 2006]: § 39, in: *Gottwald, Peter* (Hrsg.), Insolvenzrechtshandbuch, 2006, S. 613–767.

Graf, Ulrich/Wunsch, Irene [Eigenverwaltung, 2001]: Eigenverwaltung und Insolvenzplan – gangbarer Weg in die Insolvenz von Freiberuflern und Handwerkern?, in: DZWiR 22 (2001), S. 1029–1040.

Graf-Schlicker, Marie Luise (Hrsg.) [InsO, 2007]: InsO – Kommentar zur Insolvenzordnung, Köln: RWS, 2007.

Grepl, Maike [Insolvenzgeldes, 2008]: Die Funktionen des Insolvenzgeldes unter besonderer Berücksichtigung des europäischen Rechts, Hamburg: Dr. Kovac, 2008 (zugl. Diss. Univ. Tübingen, 2007).

Groß, Paul J. [Fortführungsgesellschaften, 1988]: Sanierung durch Fortführungsgesellschaften, 2., neubearbeitete und wesentlich erweiterte Aufl., Köln: Otto Schmidt, 1988.

Gulde, Volker [Anordnung, 2005]: Die Anordnung der Eigenverwaltung durch das Insolvenzgericht im Eröffnungsbeschluss, Köln: Carl Heymanns, 2005.

Haarmeyer, Hans/Wutzke, Wolfgang/Förster, Karsten [Handbuch, 2001]: Handbuch zur Insolvenzverordnung: InsO/EGInsO, 3. Aufl., München: C. H. Beck, 2001 .

Haarmeyer, Hans [Option, 2005]: Die Insolvenz kann eine strategische Option sein, in: FAZ vom 01. November 2005.

Haarmeyer, Hans [Insolvenzabwicklung, 2005]: Der „Erfolg“ der Insolvenzabwicklung als Maßstab für Auswahl und Bestellung des Unternehmensinsolvenzverwalters, in: ZInsO 7 (2005), S. 337–340.

Haarmeyer, Hans [Insolvenzverwaltung, 2007]: Die „gute“ Insolvenzverwaltung, in: ZInsO 4 (2007), S. 169–173.

Haarmeyer, Hans/Pape, Gerhard/Stephan, Guido/Nickert, Cornelius (Hrsg.) [Formularbuch, 2009]: Formularbuch Insolvenzrecht, 2. Aufl., Münster: ZAP, 2009.

Haarmeyer, Hans/Nickert, Cornelius [Insolvenzplanverfahren, 2009]: Teil 13 – Das Insolvenzplanverfahren, in: *Haarmeyer, Hans/Pape, Gerhard/Stephan, Guido/Nickert, Cornelius* (Hrsg.), Formularbuch, 2009, S. 659–694.

Häsemeyer, Ludwig [Insolvenzrecht, 2007]: Insolvenzrecht, 4., vollständig überarbeitete Aufl., Köln, Berlin, Bonn, München: Carl Heymanns, 2007.

Hagebusch, Alfred/Oberle, Thomas [Gläubigerbefriedigung, 2006]: Gläubigerbefriedigung durch Unternehmenssanierung: die übertragende Sanierung, in: NZI 11 (2006), S. 618–622.

Happe, Eike [Rechtsnatur, 2004]: Die Rechtsnatur des Insolvenzplans, Köln, Berlin, München: Carl Heymanns, 2004 (zugl. Diss. Univ. Hannover, 2004).

Harz, Michael/Hub, Heinz-Günter/Schlarb, Eberhard [Sanierungs-Management, 2006]: Sanierungs-Management, 3., aktualisierte und erheblich erweiterte Aufl., Düsseldorf: Wirtschaft und Finanzen, 2006.

Hauschildt, Jürgen [Bilanzanalyse, 2006]: Bilanzanalyse im Dienste der Krisendiagnose, in: *Hutzschenreuter, Thomas/Griess-Nega, Torsten* (Hrsg.), Krisenmanagement, 2006, S. 97–115.

Henckel, Wolfram/Gerhardt, Walter (Hrsg.) [Insolvenzordnung, 2008]: Jaeger – Insolvenzordnung, Zweiter Band §§ 56–102, erste Aufl., Berlin: De Gruyter, 2008.

Henkelmann, Stefan [Schwebende, 2008]: Schwebende Verträge in der Insolvenz, Hamburg: Dr. Kovac, 2009 (zugl. Diss. Univ. Würzburg, 2008).

Hermanns, Michael/Buth, Andrea K. [Insolvenzplan, 1997]: Der Insolvenzplan als Sanierungsplan – Grundzüge und betriebswirtschaftliche Aspekte, in: DStR 30, 1997, S. 1178–1184.

Hess, Harald [Insolvenzrecht Band II, 2007]: Insolvenzrecht Band II, Kommentar §§ 113–359 InsO, Heidelberg: C. F. Müller, 2007.

Hess, Harald [Sanierungshandbuch, 2009]: Sanierungshandbuch, 4. Aufl., Köln: Hermann Luchterhand, 2009.

Hess, Harald [§ 221, 2001]: § 221, in: *Hess, Harald/Weis, Michaela/Wienberg, Rüdiger*, InsO, 2001, S. 2053–2066.

Hess, Harald [§ 222, 2001]: § 222, in: *Hess, Harald/Weis, Michaela/Wienberg, Rüdiger*, InsO, 2001, S. 2067–2077.

Hess, Harald [§ 226, 2001]: § 226, in: *Hess, Harald/Weis, Michaela/Wienberg, Rüdiger*, InsO, 2001, S. 2086–2091.

Hess, Harald [§ 245, 2001]: § 245, in: *Hess, Harald/Weis, Michaela/Wienberg, Rüdiger*, InsO, 2001, S. 2140–2147.

Hess, Harald/Fechner, Dietrich [Sanierungshandbuch, 1991]: Sanierungshandbuch, 2. Aufl., Neuwied: Hermann Luchterhand, 1991.

Hess, Harald/Ruppe, Nicole [Eigenverwaltung, 2002]: Die Eigenverwaltung in der Insolvenz einer AG oder einer GmbH, in: NZI 11 (2002), S. 577–581.

Hess, Harald/Weis, Michaela [Insolvenzplan, 1996]: Der Insolvenzplan nach der InsO, in: InVo 4 (1996), S. 91–93.

Hess, Harald/Weis, Michaela/Wienberg, Rüdiger [InsO, 2001]: InsO, Kommentar zur Insolvenzordnung mit EGInsO, 2., vollständig überarbeitete Aufl., Heidelberg: C. F. Müller, 2001.

Hesselmann, Stephan/Stefan, Ute [Zerschlagung, 1990]: Sanierung oder Zerschlagung insolventer Unternehmen – Betriebswirtschaftliche Überlegungen und empirische Ergebnisse, Stuttgart: Verlag C.E. Poeschel, 1990.

Hingerl, Josef [Insolvenzplan, 2004]: Insolvenzplan und richterliches Engagement, in: ZInsO 5 (2004), S. 232–233.

Hingerl, Josef [Entwicklungen, 2008]: Entwicklungen, Erfahrungen, Chancen, in ZInsO 8 (2008), S. 404–411.

Hofmann, Matthias [Eigenverwaltung, 2006]: Die Eigenverwaltung in der Insolvenz, Darstellung eines Rechtsinstituts unter besonderer Berücksichtigung der Gesellschaftsinsolvenz, Frankfurt am Main: Peter Lang, 2006.

Hofmann, Matthias [Gesetzeszweck, 2007]: Die Eigenverwaltung insolventer Kapitalgesellschaften im Konflikt zwischen Gesetzeszweck und Insolvenzpraxis, in: ZIP 6 (2007), S. 260–264.

Hommel, Ulrich/Knecht, Thomas C./Wohlenberg, Holger (Hrsg.) [Handbuch, 2006]: Handbuch Unternehmensrestrukturierung, 1. Aufl., Wiesbaden: Betriebswirtschaftlicher Verlag Dr. Thomas Gabler/GWV Fachverlage GmbH, 2006.

Hommel, Ulrich/Knecht, Thomas C./Wohlenberg, Holger [Unternehmenskrise, 2006]: Sanierung der betrieblichen Unternehmenskrise, in: *Hommel, Ulrich/Knecht, Thomas C./Wohlenberg, Holger* (Hrsg.), Handbuch, 2006: S. 27–60.

Huhn, Christoph [Eigenverwaltung, 2001]: Die Eigenverwaltung im Insolvenzverfahren, Köln: RWS, 2003 (zugl. Diss. Univ. Köln, 2001).

Hutzschenreuter, Thomas/Griess-Nega, Torsten (Hrsg.) [Krisenmanagement, 2006]: Krisenmanagement, Wiesbaden: Gabler, 2006.

Institut der Wirtschaftsprüfer e. V. (Hrsg.) [WPg Supplement 3/2008]: Die Wirtschaftsprüfung WPg-Supplement, Düsseldorf: IDW, 2008.

Institut für Mittelstandsforschung Bonn [Quoten, 2009]: Die Quoten der Insolvenzgläubiger in Regel- und Insolvenzplanverfahren, von *Peter Kranzusch* unter Mitarbeit von *Annette Icks*, IfM-Materialien Nr. 186, Bonn: IfM, 2009.

James, Christopher [Equity, 1995]: When Do Banks Take Equity in Debt Restructurings?, in: Review of Financial Studies (1995), Vol. 8, S. 1209–1234.

Jänicke, Martin (Hrsg.) [Herrschaft, 1973]: Herrschaft und Krise, Opladen: Westdeutscher Verlag, 1973.

Jänicke, Martin [Krisenbegriff, 1973]: Krisenbegriff und Krisenforschung, in: *Jänicke, Martin* (Hrsg.), Herrschaft, 1973, S. 10–25.

Jauernig, Othmar [Zwangsvollstreckungs- und Insolvenzrecht, 1999]: Zwangsvollstreckungs- und Insolvenzrecht, 21. Aufl., München: C. H. Beck, 1999.

Jensen, Thore [Grundfragen, 2007]: Grundfragen des Rechts der Gläubiger- und Insolvenzanfechtung, Hamburg: Dr. Kovac, 2008 (zugl. Diss. Univ. Tübingen, 2007).

Jordan, Andreas [Insolvenzrechtsreform, 1993]: Reorganisationsverfahren in der Inbsolvenzrechtsreform, Frankfurt am Main: Harri Deutsch – Thun, 1993.

Jost, Peter-J. [Prinzipal-Agenten-Theorie, 2001]: Die Prinzipal-Agenten-Theorie im Unternehmenskontext, in: *Jost, Peter-J.*, Betriebswirtschaftslehre, 2001, S. 11–43.

Jost, Peter-J. (Hrsg.). [Betriebswirtschaftslehre, 2001]: Die Prinzipal-Agententheorie in der Betriebswirtschaftslehre, 2001, Stuttgart: Schäffer-Poeschel, 2001.

Kathke, Claus, J. [Handlungsziele, 2000]: Handlungsziele und Gestaltungsmöglichkeiten des Insolvenzverwalters im neuen Insolvenzrecht, Frankfurt am Main: Lang, 2000 (zugl. Diss. Univ. Frankfurt an der Oder, 1999).

Kautzsch, Christof [Unternehmenssanierung, 2001]: Unternehmenssanierung im Insolvenzverfahren, Lohmar, Köln: Josef Eul, 2001 (zugl. Diss. Univ. Münster, 2001).

Kayser, Georg [Auflösung, 1983]: Sanierung oder Auflösung: Eine Analyse zur Bestimmung der Sanierungsfähigkeit von Unternehmen im Vorfeld der Insolvenz, Frankfurt am Main: Lang, 1983.

Kebekus, Frank [§ 217, 2007]: Sechster Teil, Insolvenzplan, § 217, in: *Graf-Schlicker, Marie Luise* (Hrsg.), InsO, 2007, S. 821–865.

Kießner, Ferdinand [Einführung, 2002]: Einführung, Vor § 1, §§ 1–4, in: *Braun, Eberhard* (Hrsg.), Insolvenzordnung, 2002, S. 1–31 .

Kirchhof, Hans-Peter/Lwowski, Hans-Jürgen/Stürner, Rolf (Hrsg.) [Münchener, 2002]: Münchener Kommentar zur Insolvenzordnung, Band 2, §§ 103–269, München: C. H. Beck, 2002.

Kirchhof, Hans-Peter/Lwowski, Hans-Jürgen/Stürner, Rolf (Hrsg.) [Münchener, 2007]: Münchener Kommentar zur Insolvenzordnung, Band 1, 2. Aufl., § 1–102, München: C. H. Beck, 2007

Kluth, Thomas [Risiken, 2002]: Die „übertragende Sanierung“ – Risiken und Nebenwirkungen einer Packungsbeilage zur Unternehmensveräußerung in der Insolvenz, in: NZI 1 (2002), S. 1–2.

Koch, Asja [Eigenverwaltung, 1998]: Die Eigenverwaltung nach der Insolvenzordnung, Frankfurt am Main: Lang, 1998.

Köchling, Marcel [Fremdverwaltung, 2003]: Fremdverwaltung im Kostüm der Eigenverwaltung?, in: ZInsO 2 (2003), S. 53–58.

Körner, Martin [Eigenverwaltung, 2007]: Die Eigenverwaltung in der Insolvenz als bestes Abwicklungsverfahren?, in: NZI 5 (2007), S. 270–276.

Kranzusch, Peter [Sanierungen, 2007]: Sanierungen insolventer Unternehmen mittels Insolvenzplanverfahren, in: ZInsO 15 (2007), S. 804–807.

Kranzusch, Peter [Anwendung, 2008]: Die Eigenverwaltung im Insolvenzverfahren – Anwendung und Hindernisse, in: ZInsO 24 (2008), S. 1346–1354.

Kraft, Volker [Private Equity, 2001]: Private Equity für Turnaround-Investitionen, Erfolgsfaktoren in der Managementpraxis, Frankfurt am Main/New York: Campus, 2001 (zugl. Diss., Univ. Sankt Gallen, 2001).

Kreft, Gerhart (Hrsg.) [Insolvenzordnung, 2008]: Insolvenzordnung, 5., neu bearbeitete Aufl., Heidelberg: C. F. Müller, 2008.

Krystek, Ulrich [Unternehmenskrisen, 1987]: Unternehmenskrisen: Beschreibung, Vermeidung und Bewältigung überlebenskritischer Prozesse in Unternehmungen, Wiesbaden: Gabler, 1987.

Kudla, Ralph, [Finanzierung, 2005]: Finanzierung in der Sanierung, Situative Strukturierung der Finanzierung von Krisenunternehmen, Wiesbaden: Deutscher Universitäts-Verlag, 2005 (zugl. Diss. Univ. Rostock, 2005).

Kußmaul, Rolf/Stefan, Bernhard [Insolvenzplanverfahren, 2000]: Insolvenzplanverfahren: Der prepackaged Plan als Sanierungsalternative, in: DB 53 (2000), S. 1849–1853.

Lakies, Thomas [Eigenverwaltung, 1999]: Die arbeitsrechtliche Bedeutung der Eigenverwaltung in der Insolvenzordnung, in: BB 34 (1999), S. 1759–1762.

Landfermann, Hans-Georg [Eigenverwaltung, 2008]: Vor §§ 270ff. InsO – Siebter Teil – Eigenverwaltung, in: *Kreft, Gerhart* (Hrsg.), Insolvenzordnung, 2008, S. 1515–1521.

Lange, Ingo [Unternehmenswerterhaltung, 2005]: Unternehmenswerterhaltung und Behavioral Finance in der Insolvenz – Eine ökonomische und verhaltenswissenschaftliche Analyse, Wiesbaden: Deutscher Universitäts-Verlag, 2005 (zugl. Diss. Univ. Rostock, 2005).

Lauscher, Rudolf/Weßling, Johannes/Bange, Hubertus [Muster-Insolvenzplan, 1999]: Muster-Insolvenzplan, in: ZInsO 1 (1999), S. 5–21.

Lenk, Thomas [Mikroökonomie, 2005]: Mikroökonomie, in: *Neubäumer, Renate/Hewel, Brigitte* (Hrsg.), Volkswirtschaftslehre, 2005, S. 31–161.

Littkemann, Jörn/Madrian, Jens-Peter [Prinzipal-Agenten-Ansatzes, 2000]: Die Rolle des Insolvenzverwalters aus der Perspektive des Prinzipal-Agenten-Ansatzes, in: *Beck, Matthias/ Möhlmann, Thomas*, Abwicklung, 2000, S. 73–107.

Lubos, Günther [Sofortmaßnahmen, 2006]: Sofortmaßnahmen und Instrumente zur Unternehmensanalyse, in: *Hommel, Ulrich/Knecht, Thomas C./Wohlenberg, Holger* (Hrsg.), Handbuch, 2006: S. 365–390.

Lüthy, Martin [Unternehmenskrisen, 1988]: Unternehmenskrisen und Restrukturierungen, Bern, Stuttgart: Paul Haupt, 1988 (zugl. Diss. Univ. Zürich, 1987).

Macke, Heinrich/Wegener, Wolfgang [Insolvenzplan, 1998]: Der Insolvenzplan: Kernstück der Insolvenzrechtsreform, in: INF 24 (1998), S. 756–761.

Mankiw, Gregory N./Taylor, Mark [Volkswirtschaftslehre, 2008]: Grundzüge der Volkswirtschaftslehre, 4. Aufl., Stuttgart: Schäffer-Poeschel, 2008.

Maus, Karl-Heinz [Früherkennungssysteme, 2009]: Früherkennungssysteme, in: *Schmidt, Karsten/Uhlenbruck, Wilhelm* (Hrsg.), GmbH, 2009, S. 50–59.

Maus, Karl-Heinz [Insolvenzplan, 2000]: Der Insolvenzplan, in: *Arbeitskreis für Insolvenz- und Schiedsgerichtwesen e. V., Köln* (Hrsg.), Schrift, 2000, S. 931–965.

Menke, Thomas [Betriebsübergang, 2003]: Zum Betriebsübergang im Insolvenzeröffnungsverfahren und zum Verwertungsrecht des vorläufigen Insolvenzverwalters, in: NZI 10 (2003), S. 522–527.

Meyer-Haberhauer, Stefanie [Entscheidung, 2000]: Entscheidung über den Insolvenzplan, Frankfurt am Main u. a.: Lang, 2000.

Minuth, Peter [Sanierungsinstrument, 2008]: Eigenverwaltung als Sanierungsinstrument, in: *Sladek, Raik S./Heffner, Andreas/Graf Brockdorff, Christian*, Insolvenzrecht, 2008, S. 435–462.

Mönning, Rolf-Dieter [Betriebsfortführung, 1997]: Betriebsfortführung in der Insolvenz, Köln: RWS, 1997.

Moll, Wilhelm [Arbeitsrecht, 2009]: Arbeitsrecht im eröffneten Insolvenzverfahren, in: *Schmidt, Karsten/Uhlenbruck, Wilhelm* (Hrsg.), GmbH, 2009, S. 744–789.

Müller, Rainer [Krisenmanagement, 1986]: Krisenmanagement in der Unternehmung: Vorgehen, Maßnahmen und Organisation, 2. Aufl., Frankfurt am Main u. a.: Lang, 1986.

Mummert, Uwe/Sell, Friedrich, L. [Emotionen, 2005]: Emotionen, Markt und Moral, Münster: LIT, 2005.

Neubäumer, Renate/Hewel, Brigitte (Hrsg.) [Volkswirtschaftslehre, 2005]: Volkswirtschaftslehre, 4. Aufl., Wiesbaden: Gabler, 2005.

Niggemann, Karl A. [Liquiditätssicherung, 1980]: Langfristige Liquiditätssicherung – praktische Maßnahmen zur Vermeidung von finanziellen Engpässen, Kissing: WEKA-Verlag, 1980.

Nowak, Barbara [§ 3, 2007]: § 3 InsVV, in: *Kirchhof, Hans-Peter/Lwowski, Hans-Jürgen/Stürner, Rolf* (Hrsg.), Münchener, 2007, S. 1811–1825.

Obermüller, Manfred/Hess, Harald [Darstellung, 1995]: InsO: eine systematische Darstellung der Insolvenzordnung unter Berücksichtigung kreditwirtschaftlicher und arbeitsrechtlicher Aspekte, Heidelberg: C. F. Müller, 1995.

Pape, Gerhard [Qual, 2006]: Die Qual der Insolvenzverwalterauswahl: Viel Lärm um wenig, in: NZI 12 (2006), S. 665–671.

Pape, Gerhard [Kompetenzen, 2006]: Ungeschriebene Kompetenzen der Gläubigerversammlung versus Verantwortlichkeit des Insolvenzverwalters, in: NZI 2 (2006), S. 65–72.

Pape, Gerhard/Uhlenbruck, Wilhelm [Insolvenzrecht, 2002]: Insolvenzrecht, München: C. H. Beck, 2002 .

Paulus, Christoph G. [Insolvenzrecht, 2007]: Insolvenzrecht, Frankfurt am Main: Recht und Wirtschaft, 2007.

Paulus, Christoph G. [Entwicklungslinien, 2000]: Entwicklungslinien des Insolvenzrechts, KTS 2 (2000), S. 239–249.

Picot, Gerhard/Aleth, Franz [Unternehmenskrise, 1999]: Unternehmenskrise und Insolvenz: Vorbeugung, Turnaround, Sanierung, München: C. H. Beck, 1999.

Picot, Gerhard/Aleth, Franz [Restrukturierung, 1998]: Unternehmenskauf und Restruktuierung, 2. Aufl., München: C. H. Beck, 1998.

Piepenburg, Horst [Neustart, 2001]: Neustart nach Unternehmensinsolvenz – Erfahrungsaustausch auf europäischer Ebene, in: ZInsO 4 (2001), S. 596–598.

Prütting, Hanns/Huhn, Christoph [Kollision, 2002]: Kollision von Gesellschaftsrecht und Insolvenzrecht bei der Eigenverwaltung?, in: NZI 8 (2002), S. 777–782.

Rattunde, Rolf [Sanierung, 2003]: Sanierung durch Insolvenz, in: ZIP 24 (2003), S. 2103–2110.

Rattunde, Rolf [Herlitz, 2003]: Sanierung von Großunternehmen durch Insolvenzpläne – der Fall Herlitz, in: ZIP 13 (2003), S. 596–600.

Rattunde, Rolf [Sanierungsplan, 2004]: Sanierungsplan im Insolvenzverfahren – der Fall Herlitz, in: *Brühl, Volker/Göpfert, Burkard*, Unternehmensrestrukturierung, 2004, S. 421–440.

Ringstmeier, Andreas/Homann, Stefan [Gesellschaftsrecht, 2002]: Nebeneinander von Gesellschaftsrecht und Insolvenzrecht bei der Eigenverwaltung!, in: NZI 8 (2002), S. 406–409.

Reul, Adolf/Heckschen, Heribert/Wienberg, Rüdiger [Insolvenzrecht, 2006]: Insolvenzrecht in der Kautelarpraxis, München: C. H. Beck, 2006.

Risse, Winfried [Betriebswirtschaftler, 2001]: Der Betriebswirtschaftler als Sanierer und geborener Insolvenzverwalter, in: ZfB 21 (2001), S. 1131–1143.

Rinklin, Theo Hansjörg [Unternehmung, 1960]: Die vergleichsfähige und die konkursreife Unternehmung, Stuttgart: C. E. Poeschel, 1960.

Rosinski, Iris [Sofortmaßnahmen, 2000]: „Alles hört auf mein Kommando“ – Sofortmaßnahmen zur Betriebsfortführung in der Insolvenz, in: Der langfristige Kredit 7 (2000), S. 213–217.

Rödl, Helmut [Kreditrisiken, 1979]: Kreditrisiken und ihre Früherkennung. Ein Informationssystem zur Erhaltung des Unternehmens, Düsseldorf/Frankfurt am Main: Handelsblatt, 1979.

Schmalenbach, Eugen [Finanzierungen, 1932]: Finanzierungen, Erster Teil. Beteiligungs-Finanzierungen, Leipzig: G. A. Gloeckner, 1932.

Schmidt, Andreas [Kommentar, 2007]: Hamburger Kommentar zum Insolvenzrecht, Münster: ZAP, 2007.

Schmidt, Karsten [Organverantwortlichkeit, 1980]: Organverantwortlichkeit und Sanierung im Insolvenzrecht der Unternehmen, in: ZIP 39 (1980), S. 328–337.

Schmidt, Reinhardt H. [Analyse, 1980]: Ökonomische Analyse des Insolvenzrechts, Wiesbaden: Neue betriebswirtschaftliche Forschung, 1980.

Schmidt, Karsten/Uhlenbruck, Wilhelm (Hrsg.) [GmbH, 1999]: Die GmbH in Krise, Sanierung und Insolvenz, 2. Aufl., Köln: Otto Schmidt, 1999.

Schmidt, Karsten/Uhlenbruck, Wilhelm (Hrsg.) [GmbH, 2009]: Die GmbH in Krise, Sanierung und Insolvenz, 4. neu bearbeitete und erweiterte Aufl., Köln: Otto Schmidt, 2009.

Schmittmann, Jens M. [Kammerberufe, 2004]: Freie Kammerberufe und Insolvenzplanverfahren, in: ZInsO 13 (2004), S. 725–728.

Schmudde, Bettina/Vorwerk, Sabine [Facetten, 2006]: Die Facetten des Insolvenzplanverfahrens – eine Gesamtschau, in: ZInsO 7 (2006), S. 347–352.

Schreiber, Werner/Flitsch, Michael [Geltendmachung, 2005]: Geltendmachung von Forderungen nach Aufhebung des Insolvenzplanverfahrens, in: BB 22 (2005), S. 1173–1179.

Seagon, Christopher [Sanierung, 1998]: § 3 Sanierung im gerichtlichen Verfahren nach der Insolvenzordnung, in: *Andrea K. Buth, Michael Hermanns* (Hrsg.), Restrukturierung, 1998, S. 47–96.

Seagon, Christopher [Sanierung, 2009]: 6. Teil Möglichkeiten der Sanierung nach der Insolvenzordnung, in: *Buth, Andrea K./Hermanns, Michael* (Hrsg.), Restrukturierung, 2009, S. 573-619.

Shleifer, Andrei/Vishny, Robert W. [Liquidation, 1992]: Liquidation Values and Debt Capacity: A Market Equilibrium Approach, in: The Journal of Finance 47 (1992), S. 1343–1366.

Sladek, Raik S./Heffner, Andreas/Graf Brockdorff, Christian [Insolvenzrecht, 2008]: Insolvenzrecht – Aktuelle Schwerpunkte aus Gläubigersicht, Stuttgart: Deutscher Sparkassenverlag, 2008.

Smid, Stefan [Insolvenzrecht, 1999]: Das neue Insolvenzrecht – Probleme, Widersprüche, Chancen, in: BB, 54. Jg., Heft 1, 1999, S. 1–6.

Smid, Stefan [Grundzüge, 2002]: Grundzüge des Insolvenzrechts, 4., völlig neu bearbeitete Aufl., München: C. H. Beck, 2002.

Smid, Stefan (Hrsg.) [Insolvenzrechtsreform, 2006]: Große Insolvenzrechtsreform 2006, Berlin: De Gruyter Recht, 2006.

Smid, Stefan [Planinitiative, 1996]: Zum Recht der Planinitiative gem. § 218 InsO, in: WM 28 (1996), S. 1249–1254.

Smid, Stefan/Rattunde, Rolf [Insolvenzplan, 2005]: Der Insolvenzplan, 2. neu bearbeitete Auflage, Stuttgart: Kohlhammer, 2005.

Smith, Adam [Wealth, 1776]: An Inquiry into the Nature and Causes of the Wealth of Nations, Vol. I, printed for W. Strahn; and T. Cadell, in the Strand, London; München: Idion, 1976.

Spielberger, Karl [Krisenunternehmen, 1996]: Der Kauf von Krisenunternehmen unter bewertungs- und übernahmetechnischen Gesichtspunkten mit Bezug auf deutsches und österreichisches Recht, Hallstadt: Rosch-Buch, 1996 (zugl. Diss. Univ. Sankt Gallen, 1996).

Spies, Jörg [Insolvenzplan, 2005]: Insolvenzplan und Eigenverwaltung, in: ZInsO 23 (2005), S. 1254–1259.

Terhart, Peter [Chapter 11, 1996]: Chapter 11 bankruptcy code: eine Alternative für Deutschland?: Dokumentation, Analyse und Bewertung des amerikanischen Reorganisationsverfahrens mit einer kritischen Stellungnahme zur neuen deutschen Insolvenzordnung, Frankfurt am Main: Peter Lang, 1996 (zugl. Diss. Univ. Regensburg, 1995).

Uhlenbruck, Wilhelm [Jahrhundertgesetz, 2000]: Die Insolvenzordnung – ein Jahrhundertgesetz?, in: NJW 53 (2000), S. 1386–1387.

Uhlenbruck, Wilhelm [Insolvenzverwalter, 2000]: Der Insolvenzverwalter, in: *Arbeitskreis für Insolvenz- und Schiedsgerichtwesen e. V., Köln* (Hrsg.), Schrift, 2000, S. 323–373.

Uhlenbruck, Wilhelm [Kompetenzverteilung, 1999]: Kompetenzverteilung und Entscheidungsbefugnisse, in: WM, Heft 24, 1999, S. 1197–1204.

Uhlenbruck, Wilhelm [Herausforderung, 1998]: Das neue Insolvenzrecht als Herausforderung für die Beraterpraxis, in: BB 53 (1998), S. 2009–2021.

Uhlenbruck, Wilhelm [§ 4, 2006]: Das Insolvenzeröffnungsverfahren, in: *Gottwald, P.* (Hrsg.), Insolvenzrechtshandbuch, 2006, S. 95–378.

Uhlenbruck, Wilhelm [Schicksalsfrage, 2001]: Gerichtliche oder außergerichtliche Sanierung? – Eine Schicksalsfrage Not leidender Unternehmen, in: BB 56 (2001), S. 1641–1648.

Unterbusch, Silke C. [Insolvenzverwalter, 2006]: Der vorläufige Insolvenzverwalter unter besonderer Berücksichtigung aktueller Probleme der Betriebsfortführung, Hamburg: Dr. Kovac (zugl. Diss. Univ. Köln, 2005)

Vallender, Heinz [Unternehmensinsolvenzrecht, 1999]: Aktuelle Tendenzen zum Unternehmensinsolvenzrecht, in: DStR 37 (1999), S. 2034–2041.

Vallender, Heinz [Eigenverwaltung, 1998]: Eigenverwaltung im Spannungsfeld zwischen Schuldner- und Gläubigerautonomie, in: WM 43 (1998), S. 2129–2139.

Vallender, Heinz [Praxis, 2009]: Die Eigenverwaltung in der gerichtlichen Praxis, in: *Schmidt, Karsten/Uhlenbruck, Wilhelm* (Hrsg.), GmbH, 2009, S. 919–925.

Van Zwoll, Christiane [Insolvenzplan, 2008]: Der „außergerichtliche Insolvenzplan“, in ZInsO 8 (2008), S. 418–420.

Wacke, Andreas [Prior, 1981]: Wer zuerst kommt, mahlt zuerst- Prior tempore potior jure, in: JA 13 (1981), S. 94–98.

Wellensiek, Jobst [Praxiserfahrungen, 2000]: Ein Jahr Insolvenzordnung – Erste Praxiserfahrungen mit dem neuen Recht, in BB 55 (2000), S. 1–8.

Wellensiek, Jobst [Sanieren, 1999]: Sanieren oder liquidieren? Unternehmensfortführung- und sanierung im Rahmen der neuen Insolvenzordnung, in: Zeitschrift für Wirtschafts- und Bankenrecht 53 (1999), S. 405–411.

Wellensiek, Jobst [Krisenvermeidung, 1999]: Krisenvermeidung durch betriebliche und rechtliche Gestaltung, in: *Schmidt, Karsten/Uhlenbruck, Wilhelm* (Hrsg.), GmbH, 1999, S. 115–132.

Wellensiek, Jobst [Unternehmensfortführung, 1999]: C. Unternehmensfortführung und übertragende Sanierung im eröffneten Verfahren, I. Aufgaben des Verwalters, in: *Schmidt, Karsten/Uhlenbruck, Wilhelm* (Hrsg.), GmbH, 1999, S. 440–450.

Wellensiek, Jobst [Übertragende, 2002]: Übertragende Sanierung, in: NZI 5 (2002), S. 233–239.

Westrick, Ludger [Eigenverwaltung, 2003]: Chancen und Risiken der Eigenverwaltung nach der Insolvenzordnung, in: NZI 2 (2003), S. 65–72.

Wilden, Patrick [Unternehmenskrisen, 2004]: § 1 Praxisorientierte Verfahren zur Früherkennung von Unternehmenskrisen und Insolvenzgefahren, in: *Buth, Andrea K./Hermanns, Michael* (Hrsg.), Restrukturierung, 2004, S. 1–29.

Witt, Peter [Corporate, 2001]: Corporate Governance, in: *Jost, Peter-J.*, Betriebswirtschaftslehre, 2001, S. 85–115.

Witt, Peter/Schönbucher, Gerald [Unternehmenskrisen, 2006]: Unternehmenskrisen bei jungen Unternehmen, in: *Hutzschenreuter, Thomas/Griess-Nega, Torsten* (Hrsg.), Krisenmanagement, 2006, S. 555–576.

Witte, Eberhard [Nutzungsanspruch, 1981]: Nutzungsanspruch und Nutzungsvielfalt, in: *Witte, Eberhard* (Hrsg.), Nutzen, 1981, S. 13–40.

Witte, Eberhard (Hrsg.) [Nutzen, 1981]: Der praktische Nutzen empirischer Forschung, Tübingen: Mohr, 1981.

Wittig, Arne [Früherkennung, 2009]: Früherkennung durch Kreditinstitute, in: *Schmidt, Karsten/Uhlenbruck, Wilhelm* (Hrsg.), GmbH, 2009, S. 59–81.

Wittig, Arne [Vorfinanzierung, 2009]: Vorfinanzierung von Insolvenzgeld, in: *Schmidt, Karsten/Uhlenbruck, Wilhelm* (Hrsg.), GmbH, 2009, S. 605–613.

Wlecke, Ulrich [Entwicklung, 2004]: Entwicklung und Umsetzung von Restrukturierungskonzepten, in: *Brühl, Volker/Göpfert, Burkard,* Unternehmensrestrukturierung, 2004, S. 33–68.

Wrede, Alexander [Übertragende, 2003]: Übertragende Sanierung bei insolventen Unternehmen, 1. Aufl., Oldenburg: Oldenburger Beiträge zum Zivil- und Wirtschaftsrecht, 2003.

Wöhe, Günter [Betriebswirtschaftslehre, 1993]: Einführung in die Allgemeine Betriebswirtschaftslehre, 18., überarbeitete und erweiterte Aufl., München: Franz Vahlen, 1993.

Woywode, Michael [Überlebenswahrscheinlichkeit, 2006]: Erklärung der Überlebenswahrscheinlichkeit von Unternehmen, Theoretische Ansätze, in: *Hommel, Ulrich/Knecht, Thomas C./Wohlenberg, Holger* (Hrsg.), Handbuch, 2006: S. 61–98.

Zimmermann, Klaus F. [Entwicklungen, 2002]: Neue Entwicklungen in der Wirtschaftswissenschaft, Heidelberg: Physika, 2002.

Zirener, Jörg [Sanierung, 2005]: Sanierung in der Insolvenz – Handlungsalternativen für einen wertorientierten Einsatz des Insolvenzverfahrens, Wiesbaden: Deutscher Universitäts-Verlag, 2005 (zugl. Diss. Univ. Frankfurt an der Oder, 2005).

Zwick, Ansgar/Spencer, Stephen J. [Frühwarnsignale, 2006]: Frühwarnsignale finanzieller Krisen, Vorboten der Insolvenz, in: *Hommel, Ulrich/Knecht, Thomas C./Wohlenberg, Holger* (Hrsg.), Handbuch, 2006: S. 187–210.

Rechtsquellenverzeichnis

AktG	Aktiengesetz
AO	Abgabenordnung
BGB	Bürgerliches Gesetzbuch
EGInsO	Einführungsgesetz zur Insolvenzordnung
EuInsVO	Europäische Insolvenzverordnung
GmbHG	GmbH-Gesetz
HGB	Handelsgesetzbuch
InsO	Insolvenzordnung
InsVV	Insolvenzrechtliche Vergütungsverordnung
KO	Konkursordnung
VerglO	Vergleichsordnung

SPRINGER NATURE

GPSR Compliance

The European Union's (EU) General Product Safety Regulation (GPSR) is a set of rules that requires consumer products to be safe and our obligations to ensure this.

If you have any concerns about our products, you can contact us on ProductSafety@springernature.com

In case Publisher is established outside the EU, the EU authorized representative is:

Springer Nature Customer Service Center GmbH
Europaplatz 3
69115 Heidelberg, Germany